Weihnachten 1991

Willigis Jäger

Suche nach dem Sinn des Lebens

Bewußtseinswandel durch den Weg nach innen

Vorträge
Ansprachen
Erfahrungsberichte

Verlag Via Nova

1. Auflage 1991
Verlag Via Nova, Neißer Straße 9, 6415 Petersberg
Titelbild: Beatrice Grimm, Würzburg
Ausstattung und Typographie: Hans Dieter Bittner, Fulda
Satz/Druck und Verarbeitung: Rindt-Druck, Fulda
Alle Rechte vorbehalten
ISBN 3-928632-03-5

Inhaltsverzeichnis

Vorwort

Seit nunmehr acht Jahren wird im Haus St. Benedikt in Würzburg versucht, die Erfahrungswege der christlichen Mystiker nachzugehen, andere in sie einzuführen und sie auf dem Weg der Kontemplation zu begleiten.

Die hier veröffentlichten Vorträge und Ansprachen von P. Willigis Jäger sind im Laufe dieser Jahre aus seinen zahlreichen Kursen erwachsen. Die Zusammenfassung unter einige größere Themengebiete geschah nachträglich und ohne Anspruch auf Systematik. Auch die eine oder andere Wiederholung entspringt dem lebendigen Kursgeschehen. Manches kann gar nicht oft genug gesagt werden, bis es all unsere Widerstände passiert hat und in einer tieferen Schicht zu wirken beginnt.

Sämtliche Erfahrungsberichte stammen von Kursteilnehmern, die ihr Innewerden einer tieferen Wirklichkeit auf ihre je eigene Art zu Papier brachten, alle in dem Bewußtsein, daß Worte ihr Erleben nur dürftig wiedergeben können.

Das vorliegende Buch möchte nicht Lesestoff für den Intellekt liefern, sondern – wie die Vorträge während eines Kurses –, von Herz zu Herz gesprochen, Menschen begleiten auf dem Weg in die Erfahrung ihres tiefsten Wesens. Im Ungesagten wird das Unsagbare am deutlichsten gesagt.

Würzburg, im März 1991   Uta Dreisbach

I. Teil:
Vorträge

Einleitung

Warum diese Vorträge? Steht nicht schon im Tao-te ching: „Wer weiß, der redet nicht, wer redet, weiß nicht"?

In einem Lehrgedicht des Zen heißt es aber auch: „In der Absicht, Blinde anzuziehen, ließ Buddha seinem goldenen Mund spielerische Worte entspringen".[1] Das Wort ist das Lockmittel, durch das wir auf den Weg gelockt werden, bis wir merken, daß ES darin nicht zu finden ist.

Ferner erwarten heute viele Christen Führung in ihrem kontemplativen Gebet. Sie wenden sich häufig dem Hinduismus und Buddhismus zu, weil sie von christlicher Seite so gut wie keine Führung erhalten. Ja, sie werden sogar nach wie vor – selbst in Klöstern und auch von der kirchlichen Institution – vor der kontemplativen Form des Betens gewarnt.

... in den 15 letzten Sekunden seit dem Urknall ...

Ich möchte mit einer Fiktion beginnen: Etwa 17 Milliarden Jahre existiert nach neuesten Erkenntnissen der Kosmos. Diese 17 Milliarden Jahre auf ein Jahr zusammengedrängt – jeder Monat entspricht gut einer Milliarde von Jahren –, ergibt folgendes Bild:

Durch den Schwung der geheimnisvollen Urexplosion dehnte sich der Urstoff gegen seine Schwerkraft aus und kühlte sich dabei ab. Schon in einem winzigen Bruchteil der ersten Sekunde des ersten Januar entsteht die Materie: die Elementarteilchen und gleich darauf die einfachsten Atomkerne, Wasserstoffe und Helium. Noch vor Ende Januar entkoppeln sich Strahlung und Materie und die Galaxen entstehen.

Mitte August bildet sich aus einer zusammenstürzenden Wolke von Gas und Staub unser Sonnensystem. Auf der Erde entstehen zuerst komplizierte chemische, dann biologische Strukturen. Die ältesten Gesteine der Erdoberfläche gibt es seit Mitte September.

Anfang Oktober ist die Entstehungszeit fossiler Algen. Im Lauf von zwei Monaten wächst nun zunächst in den Gewässern eine ungeheure Vielfalt von Pflanzen und Tierarten heran.

Am 19. Dezember besiedeln die Pflanzen die Kontinente. Am 20. Dezember sind die Landmassen mit Wald bedeckt. Das Leben schafft sich selbst eine sauerstofffreiche Atmosphäre. Am 22. und 23. Dezember entstehen aus Fischen amphibische Vierfüßler und erobern feuchtes Land.

Aus ihnen entwickeln sich am 24. Dezember die Reptilien, die auch das trockene Land besiedeln. Am 25. Dezember gibt es die ersten Warmblüter. Neben den dominierenden Sauriern erscheinen spät abends die ersten Säugetiere. In der Nacht zum 30. Dezember beginnt die Auffaltung der Alpen. In der Nacht zum 31. Dezember (also am letzten Tag) entspringt der Menschenzweig aus einem Affenzweig. 5 Minuten vor zwölf leben die Neandertaler, 15 Sekunden vor zwölf wird Jesus Christus geboren, eine halbe Sekunde vor zwölf beginnt das technische Zeitalter.[2]

Amerikanische Wissenschaftler wollen einen Kosmos entdeckt haben, der nicht aus dem oben genannten Urknall stammt. Kosmische Systeme kommen und gehen offensichtlich ohne Anfang und Ende.

Bedeutung des Menschenlebens

Was bedeuten in kosmischen Zusammenhängen die Geburt und die Lebenszeit des Menschen Jesus (die letzten 15 Sekunden der Geschichte des Universums)?

Wie hat sich die göttliche Wirklichkeit auf anderen Galaxen geoffenbart? Offenbart sie sich nicht immer und überall in allem, was Form annimmt? Ist sie nicht das Strukturprinzip der Evolution? Müssen wir sie wirklich außerhalb suchen?

Was bedeutet Erlösung, was Auferstehung des Leibes? In einer Million Jahren wird der Mensch sich so weit vom jetzigen Menschen entfernt haben, wie sich der jetzige Mensch vom Affen fortentwickelt hat. Als welche Spezies werden wir demnach auferstehen?

Was bedeuten 80 Jahre eines menschlichen Lebens angesichts der Milliarden Jahre kosmischen Geschehens?

Was bedeutet Zeit, was Ewigkeit?

Welche Bedeutung haben menschliche Gedankensysteme, dogmatische Lehrsätze?

Wie lange können wir in unserem Reden über Gott noch so tun, als kreise das Weltall um die Erde?

Geist hat sich im Laufe der kosmischen Evolution wohl tausendfach auch auf anderen Galaxen entwickelt. Ja, Geist ist der Urstoff, aus dem alles gemacht ist. Warum müssen wir ihn dualistisch abtrennen?

Überholtes oder zeitgemäßes Welt- und Religionsverständnis

Die Mystik versuchte schon immer, hinter diese Fragen zu schauen. Sie hat schon immer, wie die Naturwissenschaft und die Transpersonale Psychologie es heute tun, von Bewußtseinsräumen gesprochen, die die Wirklichkeit umfassender erfahren lassen. Der Atomwissenschaftler G. Zukav schreibt: „Seien Sie nicht überrascht, wenn die Vorlesungsverzeichnisse über Physik im 21. Jahrhundert auch Vorlesungen über Meditation enthalten".[3] Er meint hier mit Meditation ein transrationales Erfahren. Der Mensch und der Kosmos sind mehr, als unser intellektuelles Bewußtsein nachweisen kann. Die Ratio ist ein Gefängnis, sagt die Mystik.

Die Formulierung der Erfahrung der letzten Wirklichkeit hängt schließlich davon ab, ob ich ein anthropologisches oder ein kosmisches Selbst- und Weltverständnis habe. Wer die Spezies Mensch für den Mittelpunkt des kosmischen Geschehens hält, wird mit der Beschreibung mystischer Erfahrung immer in Schwierigkeiten geraten. Die Ratio muß nämlich eine vordergründige personhafte Struktur festhalten, weil sie die Welt nicht anders deuten kann. Mystische Erfahrung dagegen überschreitet solch eine vordergründige personhafte Struktur, sie ist transpersonal. Sie überschreitet das dualistische Gegenüber. Sie ist umfassender und von anderer Qualität. Die Ratio kann das nicht begreifen und daher auch nicht annehmen. Sie wittert dahinter eine Auflösung der Person und damit die Gefahr einer Auflösung ihrer eigenen Struktur. Wer nicht annehmen kann, daß es eine Erfahrung gibt, die unsere menschliche Ratio übersteigt, wird immer Schwierigkeiten mit mystischen Erfahrungen haben. Er wird geneigt sein, auch eine ‚echte Gnosis' zu verdächtigen.

Redogmatisierung der mystischen Erfahrung

Da unser christlicher Glaube rational interpretiert wird, mußte die Erfahrung christlicher Mystiker immer redogmatisiert werden, was letztlich heißt: repersonalisiert. Nicht wenige christliche Theologen halten das personale Welt- und Glaubensverständnis für *die* neue Errungenschaft, die durch das Christentum in die Religion gekommen ist. Es gerät aber auf dem Hintergrund fortschreitender naturwissenschaftlicher und psychologischer Erkenntnisse in immer größere Schwierigkeit. Die Interpretation der Lehre und des Lebens Jesu hat mit diesen Erkenntnissen nicht Schritt gehalten. Die letzte Wirklichkeit ist transpersonal und jenseits des Gottesbegriffes der traditionellen theistischen Religionen. Ihnen fehlt die kosmische und holistische Perspektive. Das Weltverständnis des heutigen Menschen und die theologische Interpretation klaffen auseinander. Wir haben im Grunde den sogenannten ontologischen Dualismus zwischen Gott und Schöpfung nicht überwunden, obwohl Jesus gerade dieses Ziel hatte. „Ich bin der Weinstock, ihr seid die Rebzweige." – „Ich nenne euch nicht mehr Diener, sondern Freunde." – „Wie du, Vater, in mir bist und ich in dir bin, sollen auch sie in uns sein, damit die Welt glaubt, daß du mich gesandt hast" (Jo 17,21). Letztlich geht es im Bemühen Jesu darum, uns zum gleichen Bewußtsein zu bringen, das ihn erfüllte. Unser Bemühen in der Kontemplation ist das Bemühen um das Christusbewußtsein.

Immer mehr Menschen gelingt es, den rationalen Erfahrensbereich durch transpersonale Möglichkeiten zu ergänzen. Die esoterischen Wege der großen Religionen erweisen sich dabei als wertvolle Hilfe.

Dank an alle, die mich bereichert haben.

In den folgenden Beiträgen sind nicht nur meine eigenen Erfahrungen und Erkenntnisse niedergelegt, sondern auch die Gedanken und Erfahrungen vieler anderer. Manchmal wußte ich nicht mehr, wessen literarisches Eigengut das Niedergeschriebene ist und wer der Urheber eines Gedankens war. In vielen Einzelgesprächen und auch in manchen Büchern wurden mir wertvolle Erkenntnisse vermittelt. Allen, die zum Entstehen dieser Veröffentlichungen beigetragen haben, sei daher ganz herzlich gedankt.

I. Suche nach dem Sinn des Lebens

1. Wenn die Horizonte fallen

Das menschliche Tagesbewußtsein ist vergleichbar mit einem Passagier auf einem Schiff. Er sieht nur bis zum Horizont. Aber das, was hinter dem Horizont liegt, ist weitaus größer und gewaltiger als alles davor. Unser Ichbewußtsein erkennt nur die Wirklichkeit, die Verstand und Sinnen zugänglich ist. Was hinter diesem Erkenntnisvermögen liegt, ist sehr viel größer und gewaltiger.

„Wie die vor das Auge gehaltene Hand den größten Berg verdeckt, so verdeckt das kleine irdische Leben die Sicht auf die mannigfaltigen Lichter und Wunder, an denen die Welt reich ist, und wer es vor seinen Augen fortzuziehen vermag, wie man eine Hand fortzieht, erblickt den mächtigen Glanz innerer Welten."[4]

Das Wahrnehmungsfeld des Ichbewußtseins ist begrenzt. Wir stehen in einem kosmischen System, das in seinem wirklichen Ausmaß „hinter dem Horizont" liegt, unbegreifbar für unser Ich. Auf der einen Seite verschwindet die Materie im subatomaren Bereich in Energiefeldern, auf der makrokosmischen Seite entweicht sie ins „Schwarzen Loch". Materie ist nichts Beständiges, nichts Festes. Sie ist durchlässig, entsteht und vergeht für unsere Sinne und unseren Verstand. Wir können Materie spalten, aber sie zerfällt nicht mehr in kleinere Teile, sondern geht in Energie über. Und Energie wiederum kann als Partikel, als Materie neu erscheinen. Der Glaubenssatz des bisherigen, von Newton begründeten, naturwissenschaftlichen Weltbildes, daß alle Erscheinungen des Kosmos nur durch materielle Ursachen zu erklären seien, ist nicht mehr haltbar. Die Grundlagen der Materie sind nichtmaterieller Natur. Die Konstante ist nicht die Statik, sondern die Dynamik. Die Kontinuität auch unseres Lebens liegt nicht in dem, was wir jetzt sind, sondern in unserem Wesenskern, der mit uns durch alle Existenzformen geht.

2. Kosmische Dimensionen

In unserem Milchstraßensystem gibt es etwa hundert Milliarden (10 hoch 11) leuchtende Sterne. Mit unseren technischen Geräten können wir ungefähr hundert Millionen (10 hoch 8) solcher Milchstraßensysteme erkennen. Wie viele wir nicht erkennen können, wissen wir nicht. Wir stehen also vor einer multidimensionalen Welt und können nur einige Dimensionen davon erfassen. Hans Peter Dürr gab in einem Vortrag folgendes Beispiel: Wir stehen vor dem Universum wie ein Analphabet vor einem herrlichen Gedicht. Da er nicht lesen und schreiben kann, schaut er sich das Ganze gründlich an und stellt fest, daß manche Zeichen sich ständig wiederholen. Er fängt also an, diese Zeichen zu zählen, zu ordnen und zu katalogisieren. Am Schluß weiß er, daß dieses Papier soundsoviele Zeichen a, b, c usw. hat. Er ist stolz auf sein gelungenes Forschungswerk. Verstanden von diesem Gedicht hat er aber nichts.

Das Universum, das vor undenklichen Lichtjahren entstanden ist und wohl unendlich weitergehen wird – Untergang von Welten und Entstehen von neuen Welten gehört wesentlich zum Strukturprinzip dieses Universums –, ist für unseren Verstand nicht begreifbar. Es ist offensichtlich arational organisiert. Rationalität ist nur e i n „Computerprogramm". Gott hat viele solcher Programme.

Gibt es außer uns Menschen intelligente Wesen im Weltall? Die meisten Wissenschaftler halten es für wahrscheinlich, daß es im Kosmos ähnliche Zivilisationen gibt wie auf unserer Erde. Unter annähernd vergleichbaren Bedingungen kann sich nämlich überall Leben entwickeln, und es gibt im Kosmos sehr viele Planeten ähnlich dieser Erde.

Harlow Shapley, ein amerikanischer Wissenschaftler, macht uns bewußt: „Von allen Sternen im Kosmos hat vielleicht nur jeder tausendste Stern auch Planeten. Nehmen wir wieder ganz vorsichtig geschätzt an, daß nur jedes tausendste Planetensystem einen Planeten besitzt, der lebensfreundliche Temperaturen aufweist. Nehmen wir weiter an, auch unter diesen wäre nur wieder einer von tausend so groß, daß er eine Atmosphäre haben kann. Wählen wir wieder unter den verbleibenden Planeten nur einen unter tausend aus und nehmen an, daß diese Planeten auch chemisch günstig genug zusammengesetzt sind, um Leben erzeugen zu können. Das bedeutete, daß es nach unserer Rechnung unter je tausend Milliarden Sternen gerade einen gäbe, der einen lebensfreundlichen Planeten hätte. Einer unter tausend Milliarden Sternen. Und wieviele lebensfreundliche Planeten gäbe es dann? Dann gäbe es immer noch hundert Millionen lebensfreundliche Planeten im Kosmos. Hundert Millionen Planeten wie die Erde."

Wir sind wohl gar nicht so einzigartig im Kosmos, wie wir gemeint haben. Vielleicht sind andere Wesen viel höher entwickelt. Vielleicht sind wir gar nicht die ‚Krone‘ der Schöpfung.

3. Bedeutung unseres Lebens

Wir fragen uns als Menschen, was unser Leben, das vielleicht 80 Jahre dauert, gemessen an diesen gewaltigen Zeitdimensionen, für einen Sinn haben soll. Was bedeuten in diesen Milliarden von Jahren 80 Lebensjahre? Was bedeutet ein Tag, was eine Stunde? Welches Gewicht hat ein Krieg auf diesem Staubkorn Erde? Wie wichtig ist eine Beleidigung, die uns schier umwirft, in diesem Zusammenhang?

Sinnhaftigkeit ergibt sich in der Mystik in der Erfahrung der Zeitlosigkeit. In der mystischen Erfahrung gibt es den Faktor Zeit nicht. Es gibt keinen Punkt Omega, auf den alles hinzielt. Es gibt nur Alpha und Omega zusammen. Wir sind im Westen gewohnt, linear zu denken. Der Mystiker dagegen erfährt ganzheitlich. Mystische Erfahrung kommt der Begegnung mit einer Kugel gleich. Wenn man die ganze Kugel begreift, ist alles gleichzeitig. Wir müssen von diesem Punkt, auf dem wir stehen, die ganze Kugel erfassen. Das ist Himmel, das ist die visio beatifica. Mystische Erfahrung heißt: Alles gleichzeitig erfahren. Nirvana, sagt Zen, ist nicht ein Platz in weiter Ferne, sondern die Erfahrung des Kommens und Gehens, des Geborenwerdens und Sterbens als ständige Wirklichkeit. Geborenwerden und Sterben sind der Vollzug des Lebens Gottes.

Warum nehmen wir uns und unser Leben vor diesem Hintergrund so wichtig? Warum machen wir so viel Aufhebens davon? Unser Ich engt uns ein. Es dramatisiert die Ereignisse, es bläst sie auf zu belastenden Ungeheuern, vor denen wir uns dann fürchten. Wenn die Erde im Blitz einer atomaren Zerstörung für einige Millionen Jahre unbewohnbar würde, hätte das in der kosmischen Evolution keine besondere Bedeutung. Das passiert im Kosmos unentwegt. Galaxen kommen und gehen. Und es gibt sicher Millionen von Sternen, auf denen intelligentes Leben existiert. Wer die Welt aus der mystischen Sicht sieht, erfährt sie als eine Wasserblase auf einem reißenden Strom. Dieses kleine Staubkorn Erde hängt unbedeutend zwischen Milliarden anderer Gestirne in der Unendlichkeit des Kosmos, der schon seit Milliarden von Jahren existiert.

Was bedeutet die jetzige Sekunde angesichts dieser Milliarden von Lichtjahren? Was bedeutet ein Menschenleben von ein paar Jahrzehnten? In einer solchen Weltsicht bekommen alle persönlichen Probleme, bekommen alle Probleme dieser Spezies Mensch, die seit ein paar hunderttausend Jahren über sich selbst reflektieren kann, eine ganz andere Relation. Sie gibt uns ein Gefühl der Heiterkeit und Leichtigkeit. Es ist die Heiterkeit Jesu, wenn er von den Spatzen auf dem Dach und den Lilien auf dem Feld spricht.

Manchen mag diese Weltsicht dazu verführen, die Hände in den Schoß zu legen und sich in die Kontemplation zurückzuziehen. Aber das wird von allen Religionen als die falsche Haltung und Konsequenz gebrandmarkt. Denn in unserer Existenz liegt eine einmalige Bedeutung. So, wie wir sind, sind wir die Ausdrucksform des Göttlichen. Wir sind eine einmalige und unverwechselbare Offenbarung des göttlichen Lebens.

Wir dürfen unsere Existenz nicht als etwas verstehen, das 80 Jahre erscheint und dann endgültig eingefroren wird in das, was wir Himmel nennen oder Anschauung Gottes. Unsere wahre Existenz ist die Erfahrung des Kommens und Gehens als die Entfaltung des Göttlichen Lebens. Gott ist nicht Statik. Er ist Ruhe und Dynamik. Diese Dynamik im Werden und Vergehen zu erfahren, das ist Himmel. Es ist die Erfahrung der überquellenden „Gottheit", von der Eckehart spricht, wenn er sagt, daß Gott ein In-sich-selbst-Ruhen und Feststehen ist, „überdies aber ein gewisses Kochen oder Sich-selbst-Gebären, das in sich glüht und in sich selbst und über sich selbst verfließt und kocht, ein Licht, das im Licht und ins Licht mit sich ganz sich ganz durchdringt".[5]

4. Das Universum als Selbstoffenbarung Gottes

Wir sind gewohnt, Offenbarung Gottes (Offenbarung der Letzten Wirklichkeit) als etwas zu verstehen, was uns erzählt worden ist. Gott hat einen Propheten etwas erfahren lassen. Dieser faßte es in Worte und verkündete es allen. Das gleiche nehmen wir auch von Jesus an. Die Mystik des Ostens und des Westens aber versteht unter Offenbarung „Erfahrung". Das Göttliche offenbart sich dem Menschen viel intensiver direkt im Geschehen des Augenblickes. Da findet er die wirkliche Gegenwart Gottes. Nur da kann er Gott ‚er-leben'. Über den Verstand kann er Gott nur wissen. Von diesem Gott sagt Eckehart: „Wenn der Gedanke vergeht, vergeht auch Gott." Ich habe schon oft das Beispiel von Ast und Baum erzählt. Wenn der Ast sich als Ast erfährt und die anderen Äste um sich herum wahrnimmt und von Stamm und Wurzel hört, erfährt er sich bildlich gesprochen im Ichbewußtsein. Wenn er sich aber von innen erfährt, dann erfährt er sich als Baum. Dann erfährt er, was er wirklich ist.

So geschieht es auch im Menschen. Solange er Gott nur über den Verstand erkennt, ist es ein sehr dürftiges Wissen. Wenn er aber von innen erfährt, wenn er innewird, was er wirklich ist, dann ist das eine ganzheitliche Erfahrung.

Die Mystik erfährt eine multidimensionale Welt. Wenn sie versucht, diese Welt in unsere begrenzte Begrifflichkeit zu fassen, kann sie nur stammeln. Damit ist nicht gesagt, daß es gar keine Möglichkeit der Aussage gibt. Mystiker haben ihre Erfahrungen immer auch in Worte und Bilder gefaßt. Aber sie wußten, daß diese nicht absolut zu setzende Dogmen sind, sondern Glasfenster, die auf das Licht deuten, das sie erhellt.

> Diesen, der sich rühmte,
> Daß in der Entrückung
> Eins mit Gott er werde,
> Sah in der Entzückung
> Einst ein Mann und fragte:
> ‚Gott! Warum zur Glut
> ist Pharao verdammet,
> Weil er ausgerufen:
> ‚Ich bin Gott!'" und Halladsch
> Ist entzückt zum Himmel,
> Weil er ruft das Gleiche:
> ‚Ich bin Gott!'" – Da hörte er
> Eine Stimme sprechen:
> ‚Pharao, als jenes
> Wort er ausgerufen,
> Dachte nur sich selber,
> Hatte Mich vergessen,
> Halladsch, da er's ausrief,
> hatte sich vergessen,
> Dachte nur mich selber.
> Darum war im Munde
> Pharaos das ‚Ich bin'
> Ihm ein Fluch: das ‚Ich bin'
> Ist in Halladsch eine
> Wirkung meiner Gnade."[6]

5. Das spirituelle Bedürfnis im Menschen

Viele Menschen ahnen heute, daß Leben mehr ist als das, was uns die Ebene des Tagesbewußtseins zu bieten vermag. Sie ahnen, daß es Räume kosmischen Ausmaßes gibt, die mit Intellekt und Sinnen nicht erreichbar sind. Intuitiv erfassen sie, daß nur von dorther das eigene Leben und auch das Leben des ganzen Kosmos seinen Sinn erhält. Sie spüren, daß dieses ihr Leben mehr, gehaltvoller sein könnte. Sie sind unzufrieden. Unzufriedenheit aber ist ein Zeichen, daß Bedürfnisse in uns nicht erfüllt werden. Wenn der Mensch Bedürfnisse verdrängt, wird er krank. Was auf der psychischen Ebene gilt, gilt auch auf der spirituellen Ebene. Das Spirituelle gehört zum Wesen des Menschen. Auch da können Bedürfnisse verdrängt werden, z. B. das Bedürfnis nach Sinndeutung unseres Lebens oder das Bedürfnis, nicht sterben zu müssen. Durch Verdrängung kommt es zu traumatischen Störungen und Blockierungen. Die Transpersonale Psychologie nennt das Metapathologie, Krankheit also, die hinter der normalen psychischen Krankheit liegt.

C. G. Jung hat darauf hingewiesen, daß er keinen Patienten älter als 35 Jahre gehabt hat, dessen eigentliches Problem nicht ein „religiöses" gewesen wäre. Bis zur Lebensmitte ist der Mensch nach außen gerichtet und projiziert dorthin auch seine Heilserwartung. Partnersuche, Sexualität, Macht, Geld, Karriere usw. verdecken die tiefere Sehnsucht nach Sinndeutung und letzter Erfüllung. „Jeder krankt in letzter Linie daran, daß er das verloren hat, was lebendige Religionen ihren Gläubigen zu allen Zeiten gegeben haben, und keiner ist wirklich geheilt, der seine religiöse Einstellung nicht wieder erreicht, was mit Konfession oder Zugehörigkeit zu einer Kirche nichts zu tun hat."[7]

Wohl dem Menschen, der seine spirituellen Grundbedürfnisse spürt und einen „Arzt" findet, der ihm hilft, diesen Hunger zu stillen. Ein echter Therapeut versucht, dem Menschen seinen Heilsweg zu eröffnen. Die Heilswege sind zwar ganz verschieden, haben aber eines gemeinsam: sie führen durch Konfrontation, durch Not, durch Angst, durch Sterben und Tod.

Die meisten Menschen versuchen es mit Religion, und vielen gelingt auch ein Weg in die spirituelle Tiefe. Manche aber sind unbefriedigt von der herkömmlichen Religion und meinen unter Umständen sogar, daß gerade sie den Menschen an seiner persönlichen Entfaltung hindert. Sie suchen daher einen Weg ohne den „unnötigen Ballast" von Religion.

Wieder andere sagen, daß sie von ihren Eltern oder anderen Autoritäten verbildet worden sind, so daß sie heute noch unter ihrer Kindheit leiden. Es nützt uns aber wenig, die Misere auf andere zu schieben. Das Leben ist uns gegeben, damit wir wachsen und reifen, damit wir uns auf den Weg machen, wenn wir der Flachheit unseres Oberflächenbewußtseins überdrüssig geworden sind. Dieser Überdruß ist ein entscheidender Beweggrund, um den Menschen auf den Weg zu setzen. Wir haben ja eigentlich alles, oder wenigstens fast alles, was wir zum Leben brauchen. Warum sind wir nicht zufrieden? Warum hat vielen auch eine ausgiebige Psychotherapie nicht den inneren Frieden gebracht? Warum suchen wir mehr als ein ausbalanciertes psycho-physisches Wohlbefinden? Unzufriedenheit und Leidensdruck sind gleichsam der Brennstoff für die Energie des Suchens. Es ist ein Suchen, das uns über unsere psycho-physische Existenz hinausführen soll. Wir wollen erfahren, wer wir wirklich sind, wir wollen den letzten Sinn des Lebens wissen. Es ist eine „göttliche Unruhe", die uns weitertreibt. So sagt Augustinus: „Unruhig ist unser Herz, bis es ruhet in Dir".

Die Suche nach dem Lebenssinn bzw. die Suche nach unserem wahren Wesen oder – wie wir als Christen gewöhnlich sagen – nach Gott gehört zum Grundprinzip der Evolution. Eigentlich ist es gar kein Suchen. Vielmehr entfaltet sich das Göttliche in uns und durch uns. Das Göttliche kommt in uns zum Bewußtsein. Wir meinen, wir seien als Menschen auf der Suche nach Gott. Aber nicht wir sind es, die die letzte Wirklichkeit suchen, sondern es ist die letzte Wirklichkeit, die den Drang der Unzufriedenheit und des Suchens in uns bewirkt. Gott ist der Suchende. Gott erwacht in uns. Wir selber können nichts „machen", wir können nur loslassen, damit das Göttliche sich entfalten kann. Wir können Gott nur aus dem Wege gehen, wie Eckehart sagt. Die Wesensnatur offenbart sich, wenn wir sie nicht hindern. Und wenn es eine Erlösung gibt, dann ist es die Erlösung von unserem Ichbesetztsein, damit sich entfalten kann, was wir wirklich sind.

6. Sinn des Menschseins

Was ist der Sinn des Kosmos? Was ist der Sinn eines Baumes, eines Tieres, eines Menschen? Eckehart hätte gesagt, sie existieren „sunder warumbe". Und Angelus Silesius dichtet: „Die Ros' ist ohn' Warum, sie blühet, weil sie blüht. Sie acht' nicht ihrer selbst, fragt nicht, ob man sie sieht." Hat unser Dasein mehr Begründung? Warum nicht blühen und vergehen wie eine Blume? Wir können den Sinn unserer Existenz nicht außerhalb unseres Daseins suchen. Er muß in unserem Dasein selbst begründet sein. Dieser Akt unseres Lebens ist von größter Kostbarkeit. Wir haben Möglichkeiten, die andere Erscheinungsformen nicht haben.

Warum sind wir auf Erden? Das war die erste Frage in alten Katechismen. Die Antwort lautete: „Wir sind auf Erden, um Gott zu erkennen, ihn zu lieben, ihm zu dienen und einst ewig bei ihm zu leben". Das kann ich heute noch unterschreiben. Aber meine Auslegung fällt ganz anders aus, als sie mir mein Religionslehrer gegeben hat.

Es gibt dieses alles durchdringende Leben, das wir Gott nennen, das Absolute, die letzte Wirklichkeit, das wahre Sein usw. Dieses wahre Sein ist die Tiefe unserer Existenz. Es ist das Sein, aus dem wir leben. Besser ausgedrückt: Es ist das Sein, das in uns und durch uns lebt. Wir sind seine Ausdrucksform.

Unser Ichbewußtsein hält uns ab, dieses unser wahres Sein zu erfahren. Wir wissen nicht, wer wir sind. Wer wir wirklich sind, können wir auch nicht wissen. Wir können es nur erfahren. Unser Ichbewußtsein schneidet uns von der Erfahrung ab, nicht vom Sein selber. Wenn wir aber von der Erfahrung des Göttlichen Seins abgeschnitten sind, hat es auch keinen Einfluß auf unser Leben. Eine nur philosophische, theologische, rituelle und sakramentale Begegnung mit dem wahren Sein kann dessen Kraft nicht voll wirksam werden lassen. Alle Ausdrucksformen der Religion sollen uns in eine tiefere Erfahrung des Göttlichen führen.

7. Sinn unseres Lebens

Der Sinn unseres Lebens ist es, unsere und aller Wesen Göttlichkeit zu erfahren. Wenn Mystiker vom Göttlichen im Menschen sprechen, sagen sie manchmal: „Ich bin Gott". Das wird leicht pantheistisch mißverstanden. Der Mensch hört nicht auf, Mensch zu sein, aber diese menschliche Form ist die Ausdrucksform Gottes. Wo christliche Mystik nicht durch das Sieb der Dogmatik gepreßt ist, druckt sie das ebenso deutlich aus wie die Mystik des Ostens. So sagt Johannes vom Kreuz: „Unser

Erwachen ist ein Erwachen Gottes, und unser Auferstehen ist ein Auferstehen Gottes".[8]

Die letzte Wirklichkeit Gott kennt nicht innen und nicht außen. Die Welle ist nicht außerhalb des Meeres. Die Welle ist das Meer, aber sie ist auch nicht das Meer. Die östliche Mystik hat dafür den Ausdruck Nicht-Zwei. Wenn man von oben aufs Meer schaut, gibt es Tausende von Wellen, aber von unten gesehen gibt es nur Meer.

Oft wird auch das Lineal zur Verdeutlichung herangezogen. Eine Seite hat die Meßwerte, die andere Seite ist leer. Beides zusammen macht das Lineal aus. Beides zusammen wird als Eines erfahren. So hört der Mensch nicht auf, als Mensch zu existieren, wenn er Gott erfährt. Er erfährt aber diese Existenzform Mensch als Form Gottes. „Die Welle erfährt sich als Meer." – Wenn wir dorthin gelangen, erfahren wir die Einheit aller Wellen mit dem Meer und dadurch die Verbundenheit aller Lebewesen miteinander durch das göttliche Meer bzw. göttliche Leben.

Was diese Erfahrung am Ende ist, können wir nicht mehr ausdrücken. Es ist wohl die Rückkehr in die Identität Gottes, in das, was Tauler den „Grund", Eckehart „Gottheit", Teresa „Innerste Burg", Zen „Wesensnatur" nennt.

Von daher gesehen gibt es nichts, was nicht die Ausdrucksform Gottes wäre. Wenn wir statt Leben Gottes „Energie" sagen, könnte man die Analogie mit H_2O bringen. H_2O kann verschieden organisiert sein: als Wasser, als Dampf und als Eis. Göttliches Leben kann in ganz verschiedenen Formen sich offenbaren und erfahren werden. Religiöses Leben ist ein Eingebundensein ins Göttliche. Das ist nicht gleichbedeutend mit Unterwerfung unter moralische Vorschriften, Glaubenswahrheiten oder Rituale. Es ist vielmehr das, was Eckehart meint, wenn er sagt, daß wir Gott aus dem Wege gehen sollen, damit er Gott in uns sein kann.

Das würde bedeuten, daß es eine hohe Aufgabe für uns ist, all unsere mentalen, psychischen und sinnenhaften Kräfte zu pflegen, um das Göttliche darin zu entfalten und in der Entfaltung zu erleben. Gott ist die einzige Realität. Sie ist immer und in allem gegenwärtig. Sie durchdringt alles und drückt sich in allem aus. Wir sind eine „Spielform" des Göttlichen. Wir sind die „Symphonie Gott". Wir sind der Tanz des Tänzers Gott. Und das Sterben gehört zu diesem Tanz genauso wie das Geborenwerden.

8. Sterben und Leben

Unser eigentliches Problem als Menschen ist die Gewißheit, daß wir sterben müssen. Das Leben, das wir besitzen, ist nicht zu halten. Früher oder später wird es zu Ende gehen. Wir können den Untergang nicht vermeiden. Diese Erkenntnis wehren wir ständig ab und haben viele Mechanismen entwickelt, die uns helfen, den Tod zu verdrängen. Aber alles Verdrängte kehrt wieder, wenn auch unter einer anderen Maske. Wir wissen um den Tod, aber wir ertragen dieses Wissen nicht. Darum stürzen wir uns in alle möglichen Aktivitäten. Der Lärm unseres Ichbewußtseins kann aber letztlich unsere Todesangst nicht verdrängen. Der Tod wird uns eines Tages vernichten. Es ist entscheidend, ob wir ihn als Entwicklungsstufe sehen oder als fürchterliches Übel.

Der gläubige Mensch macht eine grundlegende Erfahrung: Wer das Leben erfährt oder wenigstens daran glauben kann, verliert die Angst vor dem Tod. Das Leben kann nicht sterben. Sterben kann nur eine Form des Lebens. Das ist der Grund aller Erfahrung und die Erkenntnis jeder Mystik.

Sterben und Auferstehen gehören zum Strukturprinzip der Schöpfung. Unser Ich sträubt sich gegen diesen Prozeß des Werdens und Vergehens. Es klebt an der Form. Es will diese Form der Existenz festhalten. Es klammert sich an eine Hülle und vergißt darüber den Inhalt. Wir sind wie verzaubert. Im Hinduismus nennt man das die große Zauberin Maya.

Warum geht diese Erkenntnis vom Leben nicht wie ein Lauffeuer um die Erde? Warum schütteln wir den Tod nicht einfach ab? Weil ich – und diese Erfahrung kann ich nur allein machen – vorher die Erfahrung des Sterbens machen muß. Ich habe alles loszulassen, was mein Ich festhalten möchte. Der mystische Tod ist der Tod des Ich. An diesem Ich aber hält der Mensch krampfhaft fest. Wir westlichen Menschen haben uns so mit unserem Ich identifiziert, daß wir es mit dem Leben gleichsetzen. Wir möchten dieses Ich verewigen. Das aber scheint die Ursünde des Menschen zu sein, daß wir gemeint haben, mit diesem Ich könnten wir „sein wie Gott". Dieses Ich ist nichts anderes als der Kreuzungspunkt unserer psychischen Kräfte, der uns eine Eigenständigkeit vorgaukelt. Es ist die Illusion schlechthin, die es loszulassen gilt. Das Ich ist nur eine kleine Scheibe, die auf unserem Gesamtbewußtsein schwimmt. Es ist nur ein Organ des Gesamtbewußtseins. Es gebärdet sich aber, als wäre es der eigentliche Regent, und liegt so in einem ständigen Kampf mit der Tiefe unseres Seins. Die Aktivität dieses scheinbar eigenständigen Ich und die daraus resultierende Egozentrik ist die eigentliche Krankheit unserer Zeit, vor allem im Westen: man nennt sie „Ich-Neurose".

Wer sein Ich nicht loslassen kann, wer nicht sterben kann, wer dem Tod nicht ins Auge schauen kann, der kann auch nicht leben. Zwar sind viele Menschen bereits unruhig geworden, viele sind dabei, sich neu zu orientieren. Aber der Weg des Ichsterbens – und das ist der mystische Weg – wird nur von wenigen begangen und von noch weniger Menschen zu Ende gegangen. Denn vor dem Sterben steht die Angst.

Nicht jeder Mensch, der an sich selber leidet, ist auch schon in der Lage, einen mystischen Weg aufzugreifen. Nur ein starkes Ich kann loslassen. „You have to be somebody, before you can be nobody" – „Man kann nicht niemand sein, bevor man nicht jemand ist". Für manche Menschen ist es besser, zunächst etwas für ihre Ichstärkung zu tun, bevor sie sich auf den mystischen Weg machen oder wenigstens gleichzeitig in therapeutische Behandlung zu gehen.

Die Auseinandersetzung mit dem Sinn seines Lebens ist die wichtigste Aufgabe, die der Mensch zu leisten hat jenseits der Lebensmitte. Letztlich heißt das, daß er sich auf Reifen und Sterben auszurichten hat. Sterben ist der Preis für das größere Leben. Ohne Tod keine Auferstehung zu einer umfassenderen Existenz. Sterben aber will gelernt sein. Wir müssen unseren physischen Körper und unsere ichgebundene Existenz wirklich loslassen. Wer schon in diesem Leben das Lassen eingeübt hat, wird es ins nächste Leben als Grundtendenz hinübernehmen. So geht es wesentlich darum, unsere Grundmuster, Grundstrukturen, Grundtendenzen zum Positiven hin zu ändern. Sie sind gleichsam ein Netz, das wir neu zu flechten, umzuknüpfen oder zu flicken haben. Das ist die Hausaufgabe unseres Lebens. Nun können wir diese Grundmuster nicht einfach willentlich ändern. Es kommt vielmehr darauf an, daß wir uns von innen her wandeln lassen. Nicht wir verändern uns, sondern das Göttliche entfaltet in uns seine Kraft. Loslassen bedeutet somit nur, die eigenen Tendenzen zurückzunehmen, damit das Göttliche seine volle Kraft entfalten kann. Wir lernen sterben, um zu leben. Der Tod ist das wichtigste Ereignis unseres Lebens.

Wenn wir sterben, werden wir nicht das Gefühl haben, daß wir sterben. Unser Leben geht weiter. Bei Austrittserlebnissen in der Nahtoderfahrung zeigt sich, daß es ein Erfassen und Erfahren außerhalb des Tagesbewußtseins gibt. Was dann empfindet, wird in der Esoterik oft der Astralleib genannt. Wir Christen nehmen dafür das Wort Seele, obwohl beide Ausdrücke nicht unbedingt das gleiche bezeichnen. Wir werden beim Sterben also aus unserem Körper austreten. Der Tod ist nur eine Trennung unserer tieferen Identität von diesem physischen Leib. Es stirbt nur die Form, nicht das Leben. Leben gibt den Milliarden Erscheinungsformen ihre Existenz – und nimmt sie ihnen wieder. Unsere wahre Existenz ist nicht statisch, sondern dynamisch, und diese Dynamik fließt in immer neue Formen. Im Fließen des Lebens also liegt unsere wahre Identität. Wir haben kein eigenes Leben. Alles, was existiert, ist das Geglitzer des Göttlichen. Nicht unser Leben leben wir, sondern das Leben Gottes.

9. Erfahrung der letzten Wirklichkeit

Dem Numinosen kann man sich auf verschiedene Weise nähern, oder besser gesagt, es gibt verschiedene Wege des Loslassens, damit das Göttliche in uns aufbrechen kann:

– Der Weg über den Intellekt. Wir können uns Gedanken machen über Gott und die Welt. Das ist der Ursprung der Philosopie, der Metaphysik und der Theologie.

– Der Weg der Religion, d. h. der Weg des Kultes, des Ritus, der Zeremonie, der Sakramente und – was meistens damit verbunden ist – der Weg des Studiums der Heiligen Schriften, d. h. der Parabeln, der Symbole, des Mythos, der sich dahinter verbirgt und auf das Wesentliche hinweist. Die Parabeln, Symbole und Mythen in den Heiligen Büchern sind wie Glasfenster. Sie werden vom Licht, das dahinter steht, angestrahlt. Das Licht selbst können wir nicht sehen. Wir können es nur in der Reflexion erkennen. Es leuchtet also gleichsam in diesen Glasfenstern der Parabel oder des Mythos auf. Das Licht, das selbst keine Struktur hat und nicht erfaßbar ist, bekommt im Glasfenster Farbe und Struktur. Wichtig ist, daß wir diese Fenster nicht für die letzte Wirklichkeit halten. Sie sind nur ein Aufleuchten jener Wirklichkeit in dieser bestimmten Form. Wir haben hinter die Fenster zu schauen.

– Am besten folgen wir einem der esoterischen Wege der großen Religionen, dem Weg der Kontemplation (Christentum) oder dem Weg des Zen und Vipassana (Buddhismus), des Yoga (Hinduismus), der tibetischen Meditationsformen oder der Sufiform (Islam).

Nach langem Üben auf diesen Wegen kann es so weit kommen, daß alle körperlichen, psychischen und geistigen Bewegungsabläufe im Menschen schweigen. Er ist rein empfangend da. Gott ist eine gefüllte Leerheit. Das Ziel ist nicht die Ekstase (auch wenn das bei manchen christlichen Mystikern und vor allem bei Nichtmystikern so gesehen wird). Ziel ist es vielmehr, die Wirklichkeit als Ganzes zu erfahren. Unser Erkennen folgt nicht einer linearen Entwicklung, die am Ende alles hinter sich läßt, sondern gleicht einem Wachsen wie durch eine Kugel, bis nichts mehr verborgen ist. Jedes einzelne Ding kann Tor zum Ganzen werden. Es ist ein holistisches Erkennen. Alles ist zur Transzendenz hin offen. Alles kann Auslöser und Ausdrucksform der letzten Wirklichkeit sein. Alles ist heilig. Da ist nichts, was nicht „sacramentum" wäre, d. h. die zeichenhafte Außenseite jener Wirklichkeit.

Wer dann aus solcher Erfahrung zurückkommt, dessen Herz ist voller Liebe zu allem und jedem. Und er wird sagen: alles ist gut, so wie es ist. Darin sind sogar Leid und Unglück eingeschlossen. Und er wird sich in den Dienst seiner Mitmenschen stellen, um ihnen herauszuhelfen aus der Enge des Ich.

10. Einsamkeit des Menschen

Der Mensch entwickelte sich aus einem Vorbewußtsein ins Ichbewußtsein. Damit wurde er sich auch seiner Begrenztheit bewußt, seiner Ohnmacht, seines Isoliertseins und seiner Einsamkeit.

Das Gefühl des Abgetrenntseins ist die eigentliche Quelle der Angst im Menschen. Er erlebt sich ungeborgen, abgeschnitten, unfähig, sein Leben aus sich selbst zu deuten. Nachdem er vom „Baum der Erkenntnis" gegessen und sich zum Geistträger entwickelt hatte, war er fähig, zwischen gut und böse zu unterscheiden. Und in diesem Augenblick erkannte er, daß er nackt war, d. h. getrennt, einsam, einer, der noch nicht gelernt hat, aus eigener Kraft zu stehen, seinen Grund in sich selber zu finden.

Seitdem besitzt er eine angeborene Sehnsucht, seine Einsamkeit zu überwinden, sein Abgetrenntsein in Geborgenheit und All-eins-sein zu verwandeln.

C. G. Jung hat den Menschen sicherlich sehr viel besser erkannt als Freud und Adler, als er zum Ausdruck brachte, daß die religiöse Sehnsucht des Menschen eine sehr viel stärkere Triebkraft ist als Sexualität und Machttrieb. Es ist die Ursehnsucht nach Beheimatung.

11. Projektion auf Dinge und Menschen

Viele Scheinmöglichkeiten gibt es, das Problem der Einsamkeit zu lösen: Sex, Drogen, Alkohol, Flucht in die Unterhaltung. . . . Die Tragik liegt nur darin, daß jene Illusion der Einheit und Geborgenheit aufhört, sobald die Wirkung der betreffenden Mittel nachläßt. Die Verzweiflung ist dann tiefer als zuvor.

Getrenntsein läßt den Wunsch nach Liebe und Zuwendung aufkommen. Daher erwartet der Mensch seine Erfüllung zunächst von außen. Das Kind projiziert diese Sehnsucht naturgemäß auf Mutter und Vater. Der junge Mann projiziert auf das Mädchen, das er liebt, und das Mädchen auf den jungen Mann. Eines Tages aber merkt der Mensch, daß sein Partner oder seine Partnerin doch nicht erfüllen kann, was seine Sehnsucht ihm vorgegaukelt hat. Diese Projektion hat alle möglichen Objekte: das Eigenheim, das neue Auto, eine bessere Stellung, ein höheres Gehalt, den nächsten Urlaub usw. So mancher ist blind genug, auf der Jagd nach Erfüllung ein Leben lang seinen Projektionen auf den Leim zu gehen, ohne es zu bemerken.

Projektionen sind etwas Natürliches und wertvolle psychische Energie. Sie gehören wesentlich zu unserem Menschsein. Es ist nur wichtig, sie rechtzeitig zu durchschauen, um herauszubekommen, was unsere Phantasien und Projektionen letztlich ausdrücken wollen. Sexuelle Phantasien z. B. sind meist nichts anderes als Sehnsucht nach Überwindung des Getrenntseins, nach Ganzheit. Wir sollen sie deshalb nicht einfach abschneiden und vertreiben, wenn sie stark werden. Oft liegen sie sowieso außerhalb unserer Bewußtseinskontrolle. Hier hat das Christentum sicherlich gefehlt, wenn es riet, Phantasien möglichst schnell zu fliehen, oder wenn es sie gar als grundsätzlich schlecht einstufte.

12. Projektion auf Gott

Wenn der Mensch erkannt hat, daß er seine Erfüllung nicht in Dingen und Menschen finden kann, beginnt er sie von Gott zu erwarten: Gott ist der Vater, den ich lieben kann, den ich um Vergebung bitten kann, den ich fürchten muß. Gott ist der Vater, dessen Kind ich bin. Er ist allmächtig, allweise, und ich fühle mich geborgen in seinen Armen. Er tröstet mich wie ein Kind, wenn ich zu ihm schreie. Er liebt mich, wenn ich artig bin, er straft mich, wenn ich unartig bin. Die Erfüllung seiner Sehnsucht auf einen Gott zu projizieren, der irgendwo existiert, ihn beobachtet, lenkt, leitet, liebt usw., ist meist die letzte Projektion, die der Mensch vornimmt. So wird Gott in der menschlichen Vorstellung zur richtenden Gewalt, zur Kontrollinstanz des Verhaltens, zu einem Supermenschen, der fähig ist, Gnade zu geben oder zu entziehen. Eine solche Religiösität dominiert in den meisten Religionen.

13. Zerfall der Projektionen in der Erfahrung des Namenlosen

Es ist ein entscheidender Schritt, wenn der Einzelne in der Kontemplation plötzlich erfährt, daß ihm dieser Gott entschwindet, ja regelrecht in Stücke zerfällt. Was er zunächst erlebt, ist unter Umständen eine große Verunsicherung. Die Vaterhand entzieht sich, Einsamkeit und Verlorenheit wachsen ins Bodenlose.

Die Mystik aller Religionen weiß um diesen Vorgang und rät daher von Anfang an, kein Gottesbild festzuhalten, jede Vorstellung von Gott zurückzulassen. Was wir von Gott sagen können, hat nur symbolischen Charakter. Das Symbol ist offen zur ganzen Wirklichkeit hin. Wir sind zwar auf diese Symbole angewiesen, denn nur an einem Gegenüber kann das Unbewußte bewußt werden, aber wir dürfen Symbole und Bilder nicht festhalten und meinen, so sei Gott. Johannes vom Kreuz schreibt daher, daß der Mensch durch Bilder von Gott diesen herabsetzt. „Denn Geschöpfe, ob irdisch oder himmlisch, sowie alle deutlichen Kenntnisse und Bilder, natürliche und übernatürliche, die den Seelenkräften faßbar sind, so erhaben sie in diesem Leben auch seien, stehen doch in keinem Vergleich und in keinem Verhältnis zum Wesen Gottes. Wer also das Gedächtnis und die übrigen Seelenkräfte durch Faßbares behindert, kann Gott nicht geziemend schätzen und erfahren."[9] Es gibt in den

Religionen eine Idolatrie, die schlimmer ist als die Anbetung von Götzenbildern, nämlich die Anbetung von Begriffen und intellektuellen Gottesvorstellungen.

Begriffe und Dogmen sind nur Fenster zur Wirklichkeit. Ein solches Fenster kann dreieckig oder viereckig oder rund sein. Man kann hindurchschauen, um einen Aspekt des Göttlichen zu erfassen, man darf nur nicht sagen: Gott ist dreieckig, er ist viereckig, er ist rund.

Moses erfuhr von Gott keinen Namen, als er ihn danach fragte. Weil er meinte, die Hebräer würden ihm nicht glauben, wenn er nicht Gottes Namen nennen könnte, sagte ihm Gott: „Ich bin, der Ich-bin-da", oder „Ich bin, der ich bin", oder „Ich bin der, der dabei ist". Gott ist nicht etwas, was eine bestimmte Form oder einen Namen hat, er ist der Namenlose, der in allem ist. Daher auch das Gebot, sich von Gott kein Bild zu machen und seinen Namen nicht unnütz auszusprechen. Es soll dem Menschen helfen, sich freizumachen von Gottesvorstellungen. Daraus entspringt wohl auch das Bedürfnis der negativen Theologie, Gott überhaupt keine positive Eigenschaft zu geben. Man kann im Grunde nur sagen, was er nicht ist. Alles, was wir äußern, ist nur hilfloses Gestammel. Darum sagt Eckehart:

„Schweig daher und klaffe nicht über Gott, denn damit, daß du über ihn klaffst, lügst du, tust du Sünde."[10] Und an einer anderen Stelle: „Darum bitte ich Gott, daß er mich Gottes quitt mache".[11]

14. Alle Dinge schmecken nach Gott

Die letzte Wirklichkeit zu erfassen, ist keine denkerische Leistung, sondern nur in der Erfahrung möglich. Es seien einige Stellen von Eckehart angefügt:

„Der Mensch soll sich nicht genügen lassen an einem gedachten Gott; denn wenn der Gedanke vergeht, so vergeht auch der Gott. Man soll vielmehr einen wesenhaften Gott haben, der weit erhaben ist über die Gedanken des Menschen und aller Kreatur. Der Gott vergeht nicht, der Mensch wende sich denn mit Willen von ihm ab. Wer Gott so (d. h. im Sein) hat, der nimmt Gott göttlich und dem leuchtet er in allen Dingen; denn alle Dinge schmecken ihm nach Gott, und Gottes Bild wird ihm aus allen Dingen sichtbar.

Dies kann der Mensch nicht durch Fliehen lernen, indem er vor den Dingen flüchtet und sich äußerlich in die Einsamkeit kehrt; er muß vielmehr eine innere Einsamkeit lernen, wo und bei wem er auch sei. Er muß lernen, die Dinge zu durchbrechen und seinen Gott darin zu ergreifen, um den kraftvoll in einer wesenhaften Weise in sich hineinbilden zu können. Weil er einzig Gott hat und es nur auf Gott absieht und alle Dinge ihm lauter Gott werden. Ein solcher Mensch trägt Gott in allen seinen Werken und an allen Stätten, und alle Werke dieses Menschen wirkt allein Gott; denn wer das Werk verursacht, dem gehört das Werk eigenlicher und wahrhaftiger zu, als dem, der da das Werk verrichtet.

Der Mensch soll Gott in allen Dingen ergreifen und soll sein Gemüt daran gewöhnen, Gott allzeit gegenwärtig zu haben. Denn wer recht daran sein soll, bei dem muß je von zwei Dingen eines geschehen: entweder muß er Gott in den Werken zu ergreifen und zu halten lernen, oder er muß alle Werke lassen. Und der Mensch soll zu allen seinen Werken in allen Dingen Gott ergreifen."[12]

Was Eckehart hier Gott nennt, wenn er sagt, daß alle Dinge ihm „lauter Gott werden", würde man im Osten Leerheit nennen. „Alle Dinge schmecken nach Leerheit." Gott, der weder Gestalt noch Form hat, kann nur in Formen erfahren werden. Leerheit, Gott (besser Gottheit), Nicht-Form, kann denkerisch unterschieden werden von Form und Gestalt. Aber in Wirklichkeit können sie nur zusammen auftreten, so wie Tanz und Tänzer nur zusammen erscheinen können. Tanz kann vom Tänzer unterschieden werden und der Tänzer vom Tanz, aber sie können nur zusammen auf die Bühne kommen. Musik kann vom Musikinstrument unterschieden werden, aber sie können nur zusammen existieren. „Alle Dinge schmecken nach Gott" ist soviel wie „Leerheit ist Form". Es ist das, was in der Erfahrung bleibt, wenn alle Projektionen wegfallen.

Johannes vom Kreuz drückt das so aus: „Wenngleich die Seele hier zu erkennen vermag, daß all diese Dinge als geschaffene von Gott unterschieden sind und nach ihrem Ursprung und mit ihren Wachstumskräften in ihm bestehen, so erkennt sie doch auch, daß Gott in seinem Wesen mit unendlicher Überlegenheit all dieses Geschaffene ist. Und so erfaßt sie die Geschöpfe besser in seinem Wesen als in ihnen selber. Und das ist das Entflammende solchen Wachwerdens, durch Gott die Geschöpfe zu erkennen und nicht durch die Geschöpfe Gott. Das heißt, die Wirkungen aus ihrem Urgrund erkennen und nicht den Urgrund aus den Wirkungen. Denn diese Erkenntnis ist eine abgeleitete, jene aber ist wesentlich."[13]

Gott ist in seinem Wesen alle diese geschaffenen Dinge. Leerheit ist Form. Diese Welt ist die Ausdrucksform des Göttlichen. Aus dem Gott als Gegenüber ist der Gott in allem geworden. So führt echte Mystik zurück in die Welt.

II. Naturwissenschaft und Mystik

1. Der Mensch ist mehr als sein Intellekt

Wir sind viel mehr als unsere intellektuellen Überlegungen und viel mehr als unser Ich-Bewußtsein. Es gibt innere Räume, Ebenen, Welten, die kosmisches Ausmaß haben und alle rationalen Erkenntnisse übersteigen. Es gibt eine Metaerfahrung (mystische Erfahrung), die viel umfassender ist als alles, was Intellekt und Sinne uns begreiflich machen können. An solchen Erkenntnissen gemessen ist Wissenschaft ein gigantisches Unternehmen von Unwissenheit. Nichts läßt sich allerdings schwerer übersteigen als wissenschaftliche Ergebnisse, Überzeugungen und Systeme. Sie sind die hartnäckigsten Feinde jeder umfassenden Erkenntnis. Denn alles, was über das bisher wissenschaftlich Fundierte hinausführt und nicht mehr von vornherein beweisbar ist, gilt für viele Zeitgenossen als irrational und wird abgelehnt. Nun sind zweifellos unsere wissenschaftlichen Erkenntnisse von größter Wichtigkeit, aber wir haben sie durch die Erfahrung zu ergänzen und zu hinterfragen.

So stimmen z. B. die alten Theorien über unsere Gehirntätigkeit nicht mehr. Eccles, ein Naturwissenschaftler, dem für seine Gehirnforschung der Nobelpreis verliehen worden ist, sagt uns ganz klar, daß das Gehirn nicht die Ursache seiner Windungen ist, d. h., unser Gehirn ist nicht der Produzent von Energien, sondern nur der Empfänger, der Impulse aufnimmt und in Daten umsetzt, die dann unser Ich-Bewußtsein begreifen kann. Die Energien selbst kommen aus einem nicht mehr meßbaren Bereich, aus einer rein geistigen Ebene, die nur erfahrbar ist.

Das Vordringen in höhere Bewußtseinszustände, die jenseits unserer rationalen Fähigkeit liegen, scheint für das Überleben der Menschheit von größter Wichtigkeit zu sein.[1] Immer mehr Menschen erkennen, daß sie ihrer Intuition zu folgen haben und sich auf den Weg machen müssen, um tiefere Erfahrungen zu gewinnen. Aber es gehört in unserer Gesellschaft immer noch ein gewisser Mut – um nicht zu sagen eine Portion Narrheit – dazu, sich auf einen solchen Weg zu begeben. Und doch erkennt mancher, daß es gefährlich ist für den Menschen, wenn wir weiterhin abgetrennt von unserem wahren Selbst zu leben versuchen.

2. Elektromagnetische Felder

Es gibt Strukturen, energetische Prozesse, die allen Formen des Lebens und der Materie zugrunde liegen. Diese Energiestrukturen sind unsichtbare Kraftfelder, nach denen sich das Sichtbare ordnet. Die Quantenphysik betrachtet heute die bis jetzt kleinsten Bausteine der Materie, die Quarks, nicht mehr als feste Bausteine, sondern als solche Felder. Sie stellen das Universum dar als ein dynamisches Gewebe. Was wir für feste Materie halten, ist ein Spannungsfeld von unterschiedlicher Dichte. Teilhard de Chardin sagt: „Konkret gibt es nicht Materie und Geist, vielmehr existiert nur die geistwerdende Materie: Der Stoff des Universums ist Geist-Materie." So gibt es auch nicht zwei Arten von Gesetzen: Materie und Geist, sondern nur ein durchgehendes Gesetz für beides. Materie ist der Bereich des Raumes, in dem das Feld extrem dicht ist. Einstein sagt: „In dieser neuen Physik ist kein Platz für beides: Feld und Materie; denn das Feld ist die einzige Realität".

3. Lebensfelder

Ein Wissenschaftler namens Harold Burr hat 40 Jahre lang die elektromagnetischen Felder erforscht, die letztlich alles Leben steuern. Sie lassen sich messen und nachprüfen. Er sagt uns, daß die Wunder der Natur weder eine komplexe Chemie noch eine mechanisch ablaufende Physiologie sind, sondern daß dahinter die ordnende Kraft magnetischer Felder steht.

„Solche Felder sind unberührbar und unsichtbar, aber meßbar. Eisenspäne, die auf einem Stück Papier zerstreut über einen Magneten gehalten werden, richten sich nach dem Muster der Kraftlinien dieses Magnetfeldes aus. Wenn die Späne durcheinander gebracht werden und neu auf dem Papier verstreut zu liegen kommen, bilden sie das gleiche Muster wie vorher, wenn man sie wieder über den Magnet hält. Etwas Ähnliches bewirken die Mikromagnetischen Felder, nur ist der Vorgang viel differenzierter. Burr nennt sie Lebensfelder (L-Felder). Diese L-Felder gestalten alles Leben. Die Forschung sagt, daß die Eiweißmoleküle unseres Körpers – und sie machen unseren Körper vor allem aus – sich jedes halbe Jahr erneuern. Nach einem halben Jahr sind wir nicht mehr die gleichen. Nur dank der steuernden L-Felder sind wir für unsere Mitmenschen noch als die gleichen zu erkennen."[2]

4. Wir sind keine Monaden

Man hat eine Ulme und einen Ahornbaum lange Jahre mit einem Spannungsmeßgerät beobachtet. Die Aufzeichnungen ergaben, daß sich das L-Feld durch Tageslicht, Dunkelheit, Mondzyklen und Sonnenflecken verändert. Auf das komplexe L-Feld des Menschen sind diese Einflüsse noch weit stärker. Wir sind also Teil des Universums und nicht Monaden. Diese Lebensfelder übersteigen die Gesetze der Chemie und Physik. Sie zwingen Atome und Moleküle eines Körpers in seine Ordnung. Nach dem Tod bricht diese Ordnung zusammen, und der Körper zerfällt nach anderen Gesetzen. Die L-Felder lassen letztlich die Formen entstehen. Wir sind nicht ein chemisch – physikalischer Ablauf, wir sind zuerst eine Metastruktur, nach der unser Körper und unsere Psyche sich gestalten. Die übergreifende Organisation der L-Felder ist für Aufbau und Ablauf unserer Existenz verantwortlich. Je offener wir werden zu diesen Metaeinflüssen hin, um so mehr erfassen wir das Ganze, um so mehr entfalten wir alle Möglichkeiten unserer Existenz.

5. Morphogenetische Felder

Die Physik und die Biologie, ja die ganze Naturwissenschaft war bislang auf ein mechanistisches Paradigma eingeschworen. Man nahm an, daß unser Universum bestimmten unwandelbaren und zeitlosen Gesetzen folgt. Diese Ansicht wurde in den letzten Jahrzehnten erschüttert. Wie entstehen die verschiedenen Formen des Lebens? Warum und wie entwickelt sich aus einem Ei ein Lebewesen, aus einem

Samen eine Pflanze? Die Biologie versuchte, den Prozeß der Entstehung von Formen mechanistisch zu erklären. Für sie gibt es nur chemische und physikalische Interaktionen und Abläufe. Aber wir können dadurch nur erfahren, w a s geschieht. Wo der letzte Grund liegt, konnte uns die mechanistische Auffassung nicht sagen. Warum entstehen z. B. unsere Arme und Beine gerade in dieser bestimmten Form? Chemische Substanzen und Reaktionen erklären noch nicht die Form, die daraus wird. Wenn ein Architekt Steine, Mörtel und Holz eines Gebäudes analysiert, weiß er noch nichts über dessen Struktur. Mit den gleichen Ziegeln, dem gleichen Mörtel und dem gleichen Holz kann auch ein ganz anderes Gebäude errichtet werden.

Organismen haben unsichtbare Felder, die ihre Formen bestimmen. Die Entwicklung eines Eies wird nicht von chemischen Abläufen gesteuert, sondern von diesen Metafeldern, die man weder sehen noch messen kann. Wenn z. B. das Ei einer Libelle in der Mitte abgebunden wird, entsteht in der abgebundenen Hälfte nicht ein Teil des Organismus, sondern die ganze Libelle. Schneidet man ein Stück von einer Weide ab und steckt es in den Boden, so entsteht eine neue Weide. Der Teil kann ein neues Ganzes hervorbringen. Das Ganze ist mehr als die Summe seiner Teile. Das morphogenetische Feld wird nicht zerstört, es ist in jedem Teil vorhanden. Morphogenetische Felder nennt Sheldrake diese Metastrukturen, die den Lebewesen letztlich ihre Form geben. Er schreibt: „Die morphogenetischen Felder prägen und steuern die gesamte belebte und unbelebte Schöpfung. Und obwohl die Felder frei von Materie und Energie sind, wirken sie doch über Raum und Zeit und können auch über Raum und Zeit hinweg verändert werden. Eignet sich ein Angehöriger einer biologischen Gattung ein neues Verhalten an, wird sein morphogenetisches Feld verändert. Behält er sein neues Verhalten lange genug bei, beeinflußt die morphische Resonanz eine Wechselwirkung zwischen allen Angehörigen der gesamten Gattung. Die morphogenetischen Felder sind die eigentliche Ursache für die Ordnung, Regelmäßigkeit und Konstanz des Universums – können aber auch gänzlich neue Verhaltensweisen und Verhaltensformen zulassen.[3] Wir sind also in erster Linie nicht physiologische und biologische Wesen, sondern Wesen mit einer geistigen Grundstruktur.

Aber nicht nur der Gesamtorganismus hat ein morphogenetisches Feld, sondern selbst die Moleküle und Atome, so daß ein Körper sich aus verschiedenen morphogenen Strukturen zusammensetzt. Das, was wir Universum nennen, ist wohl nichts anderes als die umfassende morphogenetische Struktur alles Existierenden.

6. Konsequenzen

Aufgrund des weltweiten Einflusses, den diese Felder haben, liegt es nahe anzunehmen, daß auch unser Sitzen im Zen oder unsere Kontemplation einen starken Einfluß auf diese Metastrukturen hat, d. h., wir ändern den Menschen, die Gesellschaft und die Welt durch unser Sitzen, und indem wir uns selbst ändern. Wer sich auf einen der esoterischen Wege der großen Religionen einläßt, leistet die eigentliche Arbeit für die Bewußtseinsveränderung in unserer Welt.

Die Mystik war sich darüber schon immer klar. Wer sich in die Präsenz Gottes gibt, dessen stummes Gebet ist weit stärker und wirkt weit mehr als viele Worte. Er schließt sich gleichsam an das Kraftfeld Gott an und wird zum Energieleiter für andere. Wir haben zu lernen, für diese göttliche Energiequelle offen zu werden, an die jeder von uns angeschlossen ist.

Gott wirkt über seine Schöpfungsordnung. Schöpfung und Erlösung tragen nicht verschiedene Strukturen. Alles ist im Originalplan festgelegt. Wenn wir in die Metastruktur Mensch vordringen und noch weiter in das, was wir das göttliche Leben in uns nennen, verwandeln wir die Welt. Wir verwandeln sie nicht aus eigener Kraft, sondern aus der Kraft des Göttlichen, für das wir uns öffnen. Es wirkt dann in uns und durch uns. Je ungehinderter es das tun kann, je mehr wir Gott zulassen können – Eckehart würde sagen: Je mehr wir ihm aus dem Wege gehen –, desto stärker die Wirkung. Gott möchte sich in uns und in der Welt ausformen. Das ist wohl gemeint, wenn wir von der Ebenbildlichkeit des Menschen sprechen.

Es geht im Zen und in der Kontemplation um ein Öffnen nach allen Seiten. Wir bauen gleichsam Bewußtsein auf, ja es gibt so etwas wie eine Akkumulation von Bewußtsein. Wenn viele Menschen sich in die gleiche Richtung hin öffnen, entwickelt sich offensichtlich eine starke Kraft. Dann kann es zu dem kommen, was man einen Bewußtseinssprung nennt, d. h., andere Menschen werden von uns beeinflußt, ohne daß sie in physischem Kontakt mit uns stehen. Warum sollte das Göttliche nicht auf diese Art und Weise wirken – als Metastruktur unserer Welt? Man kann sich vorstellen, daß über diese Felder auch das, was wir Christen Gnade nennen, effektiv wird.

III. Transpersonale Erfahrung

1. Entfaltung des menschlichen Bewußtseins

Das Universum scheint mit einem unbewußten Zustand begonnen zu haben. Das Bewußtsein hat sich offenbar im Laufe von Jahrmillionen entfaltet und wird sich noch weiter entfalten. Im Menschen ist es zu einer Höhe herangereift, die eine alles Begreifen übersteigende Erfahrung möglich macht. Wir nennen diese Erfahrung transpersonal oder mystisch. Manchmal sprechen wir auch von einer vierten Dimension des Bewußtseins. Das menschliche Bewußtsein kann hinter die Aktivität des Tagesbewußtseins schauen. Es kann mit dem Grund eins werden, aus dem alles entsteht. Der Mensch kann sein persönliches Bewußtsein transzendieren und einer kosmischen Einheit innewerden, die wir in der traditionellen religiösen Sprache Gott, das Absolute oder das Numinose nennen. Es ist offensichtlich der Seinsgrund des Menschen. Solange er von diesem Grund abgespalten ist, kann er seinem Leben keinen Sinn geben. Errettung oder Erlösung ist also die Überwindung dieser illusionären Trennung, der unser Ichbewußtsein ständig verfällt.

Wir haben uns zu öffnen und in die nächste Dimension des Bewußtseins hineinzuwachsen. Der Geist kehrt zu sich selbst zurück in der Evolution des Kosmos. Unser intellektuelles Bewußtsein ist nur ein Zwischenstadium. Der Weg der Kontemplation, des Zen oder des Yoga soll uns helfen, in diese nächste Bewußtseinsstufe hineinzuwachsen. Auch die Religionen haben ihren intellektuell-dogmatischen Part zu transzendieren und den Menschen in die Erfahrung des transpersonalen Göttlichen zu führen.

Die Geschichte des Menschen ist eine Geschichte der Entfaltung von der Amöbe über das Reptil zum Affen und zum Menschen, also offensichtlich eine Bewegung vom Niederen zum Höheren, gleichzeitig eine Entfaltung unseres Bewußtseins und – damit verbunden – auch unseres religiösen Selbstverständnisses. Wir sind als Menschen aus einer prämentalen Zeit in das mentale Zeitalter eingestiegen. Dazwischen liegt das Zeitalter des magischen und des mythischen Bewußtseins. Warum sollte die Entwicklung nicht weitergehen und das, was manche Heilige und Mystiker ahnen, nämlich daß der Mensch im transmentalen Bewußtsein seine nächste Entwicklungsstufe hat, tatsächlich stimmen? Wir scheinen etwa in der Mitte unseres Weges zum vollen und ganzen Menschen zu stehen. Gerade da sind wir besonders gefährdet. Nicht mehr Tier, haben wir doch noch nicht unsere volle Reife erlangt, nämlich jene mystische Dimension des Bewußtseins, in der offensichtlich die Zukunft des Menschen liegt. Bis wir dort angekommen sind, befinden wir uns in einem eher tragischen Stadium, wie die Situation unserer Welt beweist.

2. Stufen des Bewußtseins

Der Mystiker verkörpert die höchste Stufe, die ein Mensch innerhalb einer Religion erreichen kann. Er ist also gleichsam das Ziel des religiösen Lebens und – ich wage zu sagen – gleichzeitig auch das Ziel der Evolution, das Ziel des Menschwerdungsprozesses. Immer mehr Menschen scheinen sich diesem Ziel zu nähern und es auch zu erreichen.

Daher ist es ein Gebot der Zeit, daß sich auch die westlichen Religionen mit der Frage nach der Mystik befassen. Während im Osten die mystische Erfahrung immer Mitte und Ziel der Religionen war, konnten sich mystische Strömungen im Westen meist nicht frei entfalten, weshalb sie sich dann oft außerhalb der organisierten Kirchen und Bekenntnisse ansiedelten.

Im großen und ganzen unterscheidet man heute vier Stufen des Bewußtseins:[1]

a) Vorrationale Stufe (vorpersonal):
    Es ist die Stufe der Körper- und Sinneswahrnehmung, der Emotionen, einfacher, bildhafter und symbolischer Erkenntnisse und mythischer Vorstellungen, jedoch ohne klar rationale Erkenntnis.

b) Rationale Stufe (personal):
    Damit ist die Stufe der Ichebene, des Tagesbewußtseins, klarer rationaler Vorstellungen und logischer Denkvorgänge gemeint. Die höchste Ebene auf dieser Stufe stellt die integrale Persönlichkeit dar, die Schatten und Persona integriert hat. Es ist auch die Stufe der theologischen Auseinandersetzung mit Gott.

c) Transpersonale Stufe (transpersonal):
    Diese Stufe wird noch einmal unterteilt in zwei Ebenen:
    Die feinstoffliche Ebene: Hierher gehören parapsychologische Erscheinungsformen, Visionen, Prophetie, Sprachengabe.
    Diese Ebene schließt sich an die personale Stufe an. Das Auge des Schauens wird langsam geöffnet. Es wird auch manches erfahren, was wir paranormal nennen, was also nicht jedem Menschen ohne weiteres zugänglich ist. Das Schauen ist aber noch nicht formlos, radikal das Bildhafte übersteigend. Die Einsichten werden vielmehr in ganz bestimmten Strukturen, Symbolen erfahren.
    Ferner die kausale Ebene: Hier wird Einheitserfahrung mit dem Objekt der Religionen möglich, mit dem personalen Gott, Purusha, Brahman, Jahwe, Allah.

d) Kosmisches Bewußtsein:
    Diese Stufe wird bezeichnet mit den Worten Leere, Gottheit, Sunyata, Tathagata, Grund. Hier erfährt der Mensch das reine Sein, den Ursprung, aus dem alles kommt. Es ist die Stufe, die allem, was entstehen kann, vorausliegt. Gleichzeitig wird auch erfahren, daß das Sein nichts anderes ist als das, was daraus entsteht: „Leere ist Form. Form ist Leere". Natur und Übernatur sind Nicht-Zwei. Im Zen ist die Stufe, in der der Erleuchtete auf den Markt zurückkehrt. Alle Dinge sind eins und bleiben doch voneinander getrennt. Bewußtsein wird erfahren als der eigentliche Weltprozeß, der nichts ausschließt. Diese Erfahrung verändert nicht die Welt, sondern die Sicht der Welt. Da aber eine neue Sicht der Welt die Persönlichkeit verändert, verändert sich letztendlich auch die Welt.

3. Namen für die letzte Wirklichkeit

Die esoterischen Wege der einzelnen Religionen, die Stufe für Stufe zur Erfahrung führen können, werden verschieden benannt. Im Mahayana-Buddhismus sind es die Wege der Tibeter oder der Weg des Zen (Shikantaza – Koan), im Hinduismus sind es die verschiedenen Formen des Yoga, im Islam die des Sufismus, im Judentum die Lehre der Kabbala und im Christentum die Kontemplation. Alle können bis zur letzten Stufe führen, in das kosmische Bewußtsein, die „visio beatifica". Es braucht dazu aber einen Begleiter, der den Weg selbst gegangen ist.

Religion ist begründet in der Offenbarung Gottes. Diese Offenbarung hat zwei Aspekte:

Sie geschieht im reinen Bewußtsein des Menschen.

Sie ist formlos, vorsprachlich und vorkultisch.

Die im reinen Bewußtsein erfahrene Offenbarung ist ewig gleichbleibend. Leibniz hat dafür das Wort „philosophia perennis" geprägt. Die Erfahrung der letzten Wirklichkeit ist nicht adäquat ausdrückbar. Der Mensch hat sich zu bemühen, selbst in die Erfahrung einzutreten. Religiöse Sprache und Riten sollen Führer und Begleiter auf dem Weg sein.

Mit der Offenbarung ist es wie mit der Musik. Musik kann man nur hörend erfassen. Wenn sie schriftlich mitgeteilt werden soll, muß sie niedergeschrieben werden als Partitur. Formsprache und Kult einer Religion gleichen der Partitur. Das Geoffenbarte ist die Musik. Wie eine Partitur in ganz verschiedenen Notensystemen aufgezeichnet sein kann und die Musik doch die gleiche bleibt, so ist das Geoffenbarte, das in der Mystik erfahren wird, immer das gleiche. Die „Musik" klingt immer und ewig gleich. Trotz aller Religionskriege haben die wahrhaft Weisen um diese Einheit der Erfahrung des Göttlichen gewußt. Alle Partituren sind Aufzeichnungen der gleichen Musik.

Religionen haben also ihren eigentlichen Quellgrund in der mystischen Erfahrung. Dieser Ausgangspunkt, von den Weisen verschieden benannt, ist vorverbal, gestaltlos, formlos, symbollos und wortlos. Gestalt, Form, Wort, Symbol, Parabel, Glaubenslehre gehören zum Nachher.

Wenn sich das Geoffenbarte in Form oder Kultsprache einer Religion ausdrückt, nimmt es Ausdrucksform und Sprache des betreffenden Volkes an. So müssen Religionen notgedrungen verschieden sein, weil Völker, Brauchtum und Zeit verschieden sind. Auch in den sogenannten Offenbarungsreligionen (Judentum, Christentum und Islam) geschieht Offenbarung im vorsprachlichen Raum. Warum sollte es bei Jesus, von dem wir glauben, daß er ganz Mensch war, anders gewesen sein? Auch seine Verbalisierung der Botschaft von Gott mußte sich in einer ganz bestimmten Form niederschlagen, wenn er die Menschen erreichen wollte.

Wie ein erleuchteter Mensch seine Erfahrung ausdrückt, hängt ab von seinem Bildungsstand, seiner Religion, dem Kulturkreis und der Zeit, in der er lebt. So verbalisierte z. B. Parmenides im 5. Jahrhundert vor Christus seine Erfahrung ganz anders als Plotinus, der nach Christus lebte, ein Zenmeister der klassischen Zenzeit in China anders als Patanjali und die Upanishaden oder Eckehart und Johannes vom Kreuz. Sie kommen alle aus der gleichen Seinserfahrung, die sich aber aufgrund der Unterschiede von Zeit, Kultur, Bildung und religiöser Beheimatung dieser Menschen ganz verschieden artikuliert hat. Die Erfahrung im reinen Bewußtsein konkretisiert sich in den darunterliegenden Schichten des Bewußtseins. Ein Beispiel:

Moses hatte zuerst seine Erleuchtungserfahrung am brennenden Dornbusch. Dann erst kam ihm die Frage nach der Bezeichnung des Erfahrenen. Er gab ihm schließlich den Namen: „Ich bin, der Ich-bin!" (Ex 3,14).

Jesus, der wohl immer in der Seinseinheit mit der letzten Wirklichkeit gelebt hat, gab dieser erfahrenen Wirklichkeit Namen wie „Vater", „Reich Gottes" oder „ewiges Leben". Er hat sich nächtelang in die Einheitserfahrung mit dem Göttlichen zurückgezogen. Als er dann vom Berg herunterstieg, schenkte er den Menschen das „Vater unser", die „Acht Seligpreisungen" und seine Parabeln. Aber das waren bereits Ausformungen seiner Einheitserfahrung. In den Abschiedsreden drückte er sie so aus: „Wer mich gesehen hat, hat den Vater gesehen" (Joh. 14,9), oder: „Ehe Abraham ward, bin ich" (Joh. 8,38).

4. Religion und Heilige Schriften

Mystiker und Heilige Schriften kann man auf ganz verschiedener Ebene lesen und verstehen. Ein deutliches Beispiel scheint mir im Neuen Testament das Gespräch Jesu mit der Samariterin zu sein (Joh. 4,5). Er spricht schon längst vom Wasser des Lebens, während die Frau immer noch das natürliche Brunnenwasser meint.

Jesus verweist bei dieser Gelegenheit auch auf die Tatsache, daß Gott nicht etwas ist, was man auf diesem oder jenem Berg anbeten kann, sondern daß Gott im Geist und in der Wahrheit angebetet werden muß: „Gott ist Geist, und die ihn anbeten, müssen ihn im Geist und in der Wahrheit anbeten" (Joh. 4,24).

Wenn Jesus vom Vater gesprochen hat, meinte er damit nicht ein väterliches Superego. Die Massen, zu denen er redete, hatten kein Verständnis für das, was er wirklich meinte. Er wollte Gott aufzeigen, der weder sinnenhaft noch intellektuell begreifbar, nur erfahrbar ist. Für die meisten Menschen aber war Gott oder Vater das Superego, das liebt und straft, selig macht und verdammt.

Wer meint, das Absolute sei eine Art großer Vater, der über alle wacht wie ein Schäfer über seine Herde, der praktiziert Religion wie ein Bittsteller. Sein Ziel ist schlicht und einfach, Schutz und Segen jenes Gottes zu erhalten und ihm als Gegenleistung Verehrung und Dankbarkeit entgegenzubringen. Er versucht in Übereinstimmung mit dem zu leben, was er für Gottes Gesetz hält, und hofft, daß er dafür den Lohn des ewigen Lebens erhält. Diese Art von Religion verfolgt das Ziel, erlöst zu werden, erlöst von Schmerzen, von Leiden, vom Übel, letzten Endes sogar vom Tod.

Angelus Silesius und Eckehart, um nur zwei zu nennen, haben die Schrift auf einer ganz anderen Ebene verstanden. Sie haben sie von ihrer religiösen Erfahrung her interpretiert.

So dichtet Angelus Silesius: „Wer Gott um Gaben bitt', der ist gar übel dran. Er betet das Geschöpf und nicht den Schöpfer an".

Eckehart sagt:

Du erniedrigst den unendlichen Gott zur melken Kuh, die man um der Milch und des Käses, um des eigenen Profits willen schätzt. „Isti faciunt capram de Deo, pascunt eum foliis verborum. Item faciunt Deum histrionem, dant sibi veteres et viles vestes suas" – „Diese machen aus Gott eine Ziege, füttern ihn mit Wort-Blättern.

Ebenso machen sie aus Gott einen Schauspieler, geben ihm ihre alten und schlechten Kleider."²

„Ich sage fürwahr: Solange du deine Werke wirkst um des Himmelreiches oder um Gottes oder um deiner ewigen Seligkeit willen, (also) von außen her, so ist es wahrlich nicht recht um dich bestellt. Man mag dich zwar wohl hinnehmen, aber das Beste ist es doch nicht. Denn wahrlich, wenn einer wähnt in Innerlichkeit, Andacht, süßer Verzücktheit und in besonderer Begnadung Gottes mehr zu bekommen als beim Herdfeuer oder im Stalle, so tust du nicht anders, als ob du Gott nähmest, wändest ihm einen Mantel um das Haupt und schöbest ihn unter eine Bank. Denn wer Gott in einer (bestimmten) Weise sucht, der nimmt die Weise und verfehlt Gott, der in der Weise verborgen ist. Wer aber Gott ohne Weise sucht, der erfaßt ihn, wie er in sich selbst ist; und ein solcher Mensch lebt mit dem Sohne, und der ist das Leben selbst."³

Solche Beispiele dürfen uns nicht dazu verleiten, das mündliche Beten zu verachten. Eckehart war Priester und Ordensmann. Er hat sicher die Messe gelesen und das Offizium gebetet. Solange wir Menschen sind, werden wir das Göttliche ansprechen und auch feiern. Das können wir nur in Wort, Bild, Zeremonie und Ritus. Es ist jedoch wichtig, sich dabei bewußt zu bleiben, daß dies nur „Finger" sind, die auf den Mond zeigen. Es sind wohl nur ganz wenige Menschen berufen, sich in einen liturgielosen Raum zurückzuziehen.

Heilige Schriften und Religion insgesamt sind also Niederschlag tiefer mystischer Erfahrung, und umgekehrt ist es Aufgabe der Religion, den Menschen zu einer solchen Erfahrung zu erwecken.

5. Die mystische Erfahrung

a) vollkommen und erfüllend

Das mystische Bewußtsein könnte beschrieben werden als eine Region des Erfahrens, in der alles so ist, wie es ist, und so wie es ist, auch vollkommen ist. Dort ist man nicht glücklich und nicht unglücklich, nicht zufrieden oder unzufrieden, nicht froh und nicht traurig. Frohsein wäre bereits ein Weniger, genauso Traurigsein. Angenommensein und Liebe gehören bereits zu einer untergeordneten Region. Es gibt keine Seligkeit, kein Glück im Sinne eines Gefühles. Alle anderen Bewußtseinsebenen erscheinen daneben relativ, während jener Zustand in sich geschlossen und vollkommen ist und bis aufs äußerste erfüllt. Die anderen Bewußtseinszustände sind vorläufig und unerfüllt.

In diesem Bewußtsein sind Form und Formlosigkeit eins. Es ist die Erfüllung all unserer Sehnsüchte. Es gibt dort nicht Subjekt und Objekt, sondern nur Sein. Dort erfährt der Mensch seinen göttlichen Ursprung, und er ist geneigt zu sagen „Ich bin Gott". Dieses Wort enthält jedoch keinerlei Arroganz. Es ist vielmehr getragen von einer ungeheuren Demut und begleitet vom Bedürfnis, allen Lebewesen zu dieser Erfahrung zu verhelfen. Hier hat das erste Gelübde des Buddhismus seinen Grund: „Die Lebewesen sind zahllos, ich gelobe, sie alle zu retten".

Im mystischen Bewußtsein erkennt der Mensch, daß sein Ego-Verständnis dieser Welt nur wie der Blick durch eine Röhre zum Himmel ist, also ein sehr begrenzter

Teilausschnitt. Unser konzeptionelles Verständnis des Kosmos, mag es noch so wissenschaftlich sein, ist ein erbärmliches Teilverständnis. Von dieser Sicht aus gesehen ist Wissenschaft einengend. Allmählich jedoch beginnt sie, sich zu entfalten und das mystische Bewußtsein in ihre Forschungen mit einzubeziehen; denn sie hat gemerkt, daß die Welt mit den Newtonschen und Cartesianischen Kategorien allein nicht erklärbar ist.

Mit unseren religiösen Systemen machen wir eine Menge kosmischen Lärm und meinen, wir könnten damit Gott erreichen. Unsere Gebete, unsere Gedanken an Gott sind jedoch angesichts dieser großen mystischen Erfahrung nicht mehr als das Kochen im kleinen Reagenzglas Ich.

Die Gefahr, daß wir uns mit all unseren Vorstellungen von Gott selber anbeten, ist sehr groß. Die Idolatrie religiöser Begriffe ist die große Gefahr jeder Religion. Wir sind arrogant, wenn wir uns von Gott ein Bild machen oder ihn in unseren Konzepten festhalten. Eckehart und Teerstegen sagen mit Recht: „Ein Gott, den ich begreifen kann, das ist nicht Gott."

Unsere religiösen Systeme gleichen Computerprogrammen. Wie der Computer außerhalb seiner Programme keine neuen Erkenntnisse liefern kann, so bleiben auch die theologischen Aussagen über Gott eng begrenzt, wenn wir sie nicht erweitern durch die mystische Erfahrung.

Wir haben auch zu lernen, daß Mystik sich nicht unbedingt in pietistisch frommem Vokabular ausdrücken muß, als ob mystische Zustände etwas mit Bigotterie oder Betschwesterntum zu tun hätten. Mystik ist vielmehr die Erfahrung des Alltäglichen, des Hier und Jetzt. Diese Erfahrung kann sehr banal sein. Sie kann im Misthaufen genauso gemacht werden wie in einer Blume, dem Wind oder einer religiösen Zeremonie.

Wir müssen uns auch klar sein, daß es viele Lebewesen mit ganz anders organisiertem und auch Wesen mit einem viel umfassenderen Bewußtsein gibt, als wir Menschen es haben.

So ist es Zeit, die Sicherheit unseres Ichbewußtseins etwas zu erschüttern und mutig in andere Bewußtseinsräume vorzudringen. Manche Menschen bekommen Angst. Es bleibt uns aber nichts anderes übrig, als unsere Angst einzugestehen und trotzdem weiterzugehen. Manche bekommen Zweifel, weil ihr Glaubensgebäude erschüttert wird. Freilich kann eine enge, dogmatisch verstandene Konfession ein Hindernis sein, in dieses neue Bewußtsein hineinzugehen, aber wenn wir unsere Heiligen Bücher neu lesen lernen, finden wir darin eine Möglichkeit, auch unser Glaubensverständnis zu wandeln.

b) zeitlos und nicht mitteilbar

Das „Wissen" wird in der mystischen Erfahrung überschritten. Bilder, Symbole und Sprache des Menschen sind einem ständigen Wandel unterworfen, das Göttliche dagegen ist zeit- und raumlos. Es bleibt von allem Wandel unberührt, obwohl es letztlich das Wesen von allem ist, was sich wandelt. Selbst das Denken des Göttlichen bedeutet bereits eine Begrenzung. Hier verstehen wir das „Nada, nada" eines Johannes vom Kreuz, „Nicht dies, nicht dies", „neti, neti" – mehr kann nicht gesagt werden. Das Wesentliche jeder Religion ist die Erfahrung der letzten Wirklichkeit. Sie überschreitet alle Schranken und Begrenzungen von Raum und Zeit.

Schranken und Begrenzung entstehen nur dadurch, daß der Mensch das Unaussprechliche begrifflich festlegen will. Solche religiösen Ausdrucksweisen sind zeitbedingt und daher nicht von Dauer. Die Erfahrung aber ist zeitlos und übersteigt alle Unterschiede dogmatischer Art. Sie ist der gemeinsame Grund, auf dem die einzelnen Religionen aufbauen.

In der Unaussprechlichkeit der letzten Wirklichkeit sind sich alle Religionen einig. Die letzte Wirklichkeit kann nur erfahren werden. Alles, was der Mensch darüber sagt, ist bereits eine Verzerrung. Und so meint Eckehart: „Hätte ich einen Gott, den ich erkennen könnte, ich würde ihn nimmer für Gott ansehen" – „Du sollst ihn (Gott) lieben, wie er ist, ein Nicht-Gott, ein Nicht-Geist, eine Nicht-Person, ein Nicht-Bild, mehr noch: wie ein lauteres, reines, klares Eines ist, abgesondert von aller Zweiheit".[4]

In seinem Buch „Aufstieg zum Berge Carmel" sagt Johannes vom Kreuz ähnliches, indem er von der Schädigung spricht, die die Seele erfährt, wenn sie irgend etwas in Formen und Bildern, in Gedächtnis oder Phantasie festhalten will. „Denn Geschöpfe, ob irdisch oder himmlisch, sowie alle deutlichen Kenntnisse und Bilder, natürliche und übernatürliche, die den Seelenkräften faßbar sind, so erhaben sie in diesen Leben auch seien, stehen doch in keinem Vergleich und in keinem Verhältnis zum Wesen Gottes."[5]

Johannes vom Kreuz nennt alle Bilder und Vorstellungen nur die Lakaien des Königs. Je mehr man auf die Lakaien schaut, um so weniger sieht man den König. „Folglich irren jene, die solche bildhaften Wahrnehmungen nicht nur schätzen, sondern gar meinen, Gott sei einem von ihnen vergleichbar und sie könnten durch etwas derartiges zur Vereinigung mit Gott gelangen" (Johannes vom Kreuz, ABK III, 12,3).[5]

Ähnliches sagt der Dichter Kabir. Er war Sohn einer muselmanischen Mutter, wurde später von einem Brahmanen aufgezogen und stand so zwischen den beiden großen Religionen Islam und Hinduismus. Beide haben ihn bekämpft, beide haben allerdings auch nach seinem Tod um seinen Leichnam gestritten, weil sie ihn als großen Heiligen für sich haben wollten:

„O, der du Mir dienst, wo suchst du Mich?
Siehe, Ich bin bei dir.
Ich bin weder im Tempel noch in der Moschee,
weder in der Kaaba noch auf dem Kailash.
Weder bin ich in Riten und Zeremonien
noch in Yoga oder Entsagung.
Wenn du ein wahrhaft Suchender bist,
wirst du Mich sogleich sehen,
mir begegnen im gleichen Augenblick.
Kabir sagt: O Sadhu!
Gott ist der Atem
allen Atems."[6]

Rimi, ein islamischer Dichter, schreibt:
„Was ist zu tun, o Moslems? Ich
kenne mich selbst nicht mehr. Ich bin
weder Christ noch Jude, weder Perser
noch Moslem. – Ich bin vom Osten nicht
und nicht vom Westen, vom Lande
nicht und nicht vom Meer, nicht
aus der Werkstatt der Natur, noch
aus dem kreisenden All.
Ich bin nicht aus Erde, Wasser, Luft
oder Feuer. Ich komme nicht aus dem
Empyreum, noch aus dem Staub, bin
nicht im Endlichen, noch im Unendlichen. – Ich komme nicht aus Indien,
China oder Bulghar, nicht aus dem
Königreich des Irak noch vom Lande
Chorassan. – Ich bin weder von dieser
Welt noch von jener, nicht aus dem
Paradies und aus der Hölle nicht.
Mein Ort ist ortlos, spurlos meine
Spur, mein Körper körperlos und see-
lenlos die Seele, denn ich gehöre dem
Geliebten. Alles Endliche wird so
unendlich. Ich habe alle Trennung
überwunden, ich sehe beide Welten
als All-Einheit."[7]

Der Verstand kann die letzte Wirklichkeit niemals ausschöpfen. Ramakrishna pflegte zu sagen: „Alle Schriften und heiligen Bücher, die Veden, Puranas, Tantras usw., sind in gewissem Sinne ihrer Reinheit beraubt, weil ihr Inhalt von menschlichen Zungen geäußert wurde. Was Brahman wirklich ist, hat noch keines Menschen Zunge je beschreiben können. Darum ist Brahman nach wie vor unberührt und unverfälscht".

Aus den vielen Zentexten möchte ich nur einen zitieren:
Daio Kokushi:
„Es gibt eine Wirklichkeit, die selbst Himmel und Erde
vorausgeht.
ES hat keine Form, viel weniger einen Namen.
Augen verfehlen ES, wenn sie ES suchen.
ES hat keine Stimme und ist so nicht entdeckbar für Ohren. . . .
O meine lieben erhabenen Freunde, hier versammelt,
wenn ihr euch sehnt, die donnernde Stimme des Dharma zu
hören,
laßt eure Rede erschöpfen, entleert eure Gedanken,
dann kommt ihr so weit, das eine Sein zu erkennen."

Auf der Stufe der Erfahrung sind alle Religionen eins. Aber jedes Individuum, das über seine Erfahrung sprechen will, hat sich mit Ausdrucksformen zu bescheiden, die ihm auf seinem kulturellen Hintergrund zur Verfügung stehen. Und so reflektiert die Verschiedenheit der esoterischen Wege die Verschiedenheit der Kulturen, aber in ihrer Essenz sind sie sich einig.

Religion ist zu vergleichen mit dem Mond, der die Erde erleuchtet, aber seine Strahlkraft von der Sonne erhält. Wenn der Mond der Erde zu nahe kommt und sich zwischen Sonne und Erde schiebt, gibt es eine Sonnenfinsternis, und es wird dunkel auf der Erde.

Die Sonne ist zu vergleichen mit dem Göttlichen. Es strahlt die Religion an, damit sie dem Menschen leuchtet auf seinem Weg zur Erfahrung. Wenn aber Religion sich zu wichtig nimmt und sich zwischen Gott und den Menschen schiebt, verdunkelt sie Gott. Es gibt eine Gottesfinsternis.

Wer einmal erfahren, d. h. „gekostet" hat, frei von jedem Wort und jeder Form, der weiß, wie relativ jedes Wort und jeder Gedanke ist und wie vorläufig jede Formulierung. Der Mensch erfährt dann die Wirklichkeit, wie sie ist. Er unterliegt nicht mehr seinen Projektionen und seinen einengenden Vorstellungen. Wer einmal Baum von innen erfahren hat, nicht als Botaniker, der Eichen, Buchen und Tannen sieht, sondern als einer, der das Gewand der Sprache abgelegt hat und Baum „erfährt", der weiß um die Dürftigkeit von Sprache und Ausdruck im religiösen Bereich.

c) ein Erwachen Gottes

Johannes vom Kreuz sagt einmal: „Unser Erwachen ist ein Erwachen Gottes, und unser Auferstehen ist ein Auferstehen Gottes".[8] Er nennt also die mystische Erfahrung ganz klar und deutlich ein Erwachen Gottes in uns. Dieses Erwachen kann aber letztlich nicht mitgeteilt werden, darum sagt er an einer anderen Stelle: „Das, was eine Seele erfährt von Gott in diesem Erwachen, ist vollständig jenseits aller Worte".[9]

Die Geschichte dieses Erwachens wird uns in allen religiösen Büchern erzählt. Es ist die „Liebesgeschichte" zwischen dem Göttlichen und dem Menschlichen, wobei die Initiative immer von Gott ausgeht. Wir meinen nur, wir seien die Suchenden, in Wirklichkeit sind wir die Gesuchten.

Die Buddhisten haben eine Geschichte, ähnlich der vom Verlorenen Sohn im Neuen Testament, die dasselbe zum Ausdruck bringt:[10]

In Indien lebte ein steinreicher Edelmann, der nur einen Sohn hatte. Eines Tages wurde dieser entführt oder wollte nicht mehr heimkehren. Der Vater tat alles, was er konnte, um den geliebten Sohn wiederzufinden. Aber es war umsonst. Jahre vergingen, ohne daß er irgendetwas erfuhr. Je älter der Vater wurde, um so stärker wuchs seine Sehnsucht nach dem vermißten Sohn. Als der reiche Mann eines Tages aus einem Fenster im obersten Stock seines Hauses blickte, sah er einen jungen Bettler vor dem Haus stehen. Er bekam ein Almosen und wollte gerade wieder fortgehen.

Der reiche Mann sah das Gesicht des Bettlers und sprang in großer Verwunderung auf, denn er hatte seinen verlorenen Sohn erkannt. Er rief Diener und befahl ihnen, den jungen Bettler zurückzuholen. Einige liefen dem Bettler nach und versuchten, ihn zurückzuhalten, aber der junge Mann weigerte sich und sagte: „Obwohl ich ein Bettler bin, habe ich nichts Schlechtes getan." Die Diener versicherten ihm, daß sie ihm nichts vorzuwerfen hätten: „Unser Herr will dich sehen". Sie konnten ihn aber nicht zur Rückkehr bewegen. Er wurde im Gegenteil noch ängstlicher und begann zu zittern: „Ich habe nichts mit einem solchen vornehmen Edelmann zu tun". Zuletzt mußten die Diener heimkehren und ihrem Herrn erzählen, daß sie nichts hätten ausrichten können.

Voll Liebe zu seinem Sohn befahl der Reiche einem seiner jungen Diener, sich selbst als Bettler, dem Sohn gleich, zu verkleiden und sich mit ihm zu befreunden. Als der Diener-Bettler die Zeit für gekommen hielt, sagte er zu dem bettelnden Sohn des Reichen: „Ich habe eine gute Stellung gefunden. Die Arbeit ist nicht schwer, und die Bezahlung ist gut. Wir bekommen auch ein kleines Zimmer. Laß es uns versuchen". So wurden beide als Gärtner bei dem Reichen angestellt.

Der junge Mann arbeitete eine Weile als Gärtner. Als er sich dort eingewöhnt hatte, beförderte ihn der Vater zum Hausdiener. Nachdem er auch hier seine Arbeit gut verrichtete, übergab ihm der Reiche die Aufsicht über seinen Besitz. Schließlich wurde er sein Sekretär, damit er dem Vater nahe blieb und dessen Verpflichtungen übernahm.

Jahre vergingen. Der reiche Mann wurde älter und erkannte, daß er nicht mehr lange zu leben hatte. Da versammelte er seine Verwandten um sich und stellte den jungen Mann vor mit den Worten: „Dieser Jüngling ist in Wirklichkeit mein Sohn, der verschwand, als er ein kleines Kind war". Er übergab ihm seinen ganzen Besitz und seine Stellung. –

Im Alten Testament ist Gott der eifersüchtige Liebhaber. Der Mensch ist die Geliebte, die immer wieder davonläuft und untreu wird. Das Ziel ist die Liebesvereinigung, die Unio. Das Verhältnis Gott – Mensch wird auch im Wort „Bund" ausgedrückt, was in der archaischen Gesellschaft absolute Zusammengehörigkeit, ja Einheit bedeutet. „Bund mit Gott" ist etwas, was immer da war und ist, was ich erfahren muß.

Im Neuen Testament wird uns das gleiche durch Jesus Christus mitgeteilt. Er ist „die uns zugewandte Seite Gottes". Durch ihn können wir die abgewandte, d. h. die intellektuell und begrifflich nicht erfaßbare Seite Gottes erfahren. Er ist die Tür, durch die wir in den innergöttlichen Raum eintreten können. Und das ist das eigentliche Ziel des Menschen, das Erfahren der letzten Wirklichkeit Gott. Die Buddhisten sagen dazu Nirvana, die Hindus Moksha, wir Christen Himmel, ewiges Leben oder Reich Gottes. Für die Sufis ist es die Vereinigung mit dem Geliebten, für die jüdische Mystik (Kabbala) die Rückkehr ins Gelobte Land.

Die Hindus reden von Krishnabewußtsein, die Buddhisten von Buddhabewußtsein oder Buddhanatur. Als Christen können wir dieses Erwachen ein Erwachen zum Christusbewußtsein nennen. Mögen Ritual und Lehre der Religionen noch so verschieden sein, sie wollen den Menschen letztlich zu diesem Erwachen führen, zum Erfahren Gottes.

6. Heimweh nach Gott

Was den „Verlorenen Sohn" letztlich nach Hause zurückführt und die Geliebte zum Geliebten (Gott), ist wohl das, was C. G. Jung die Individuationskraft nennt. Es ist jene spirituelle Kraft, die aus der Tiefe unserer Wesensnatur kommt. Wir können sie auch „Leben Gottes" nennen oder „Heiliger Geist". Diese Kraft ist zielgerichtet, auch wenn unser Ich ihr nicht immer folgen will. Manche spüren sie sehr stark und machen sich auf die Suche. Immer wieder sagen Menschen: „Ich habe Heimweh nach einem Ort, den ich nicht kenne, wo ich aber hingehöre. Dort ist alles in Ordnung". Vielleicht sagen sie auch ganz einfach: „Ich habe Sehnsucht nach Gott".

Wenn die menschlichen Leidenschaften in geordnete Bahnen gelenkt sind (und hierin allein liegt der Sinn christlicher Aszese), kann aus der Ruhe heraus diese neue Kraft aufbrechen. Oft wird sie gerade dann ungestüm erfahren, wenn der Mensch durch Leid und Schicksalsschläge die Sinnlosigkeit seiner Existenz erlebt.

Der Mensch wird nämlich zutiefst nicht von Instinkten geleitet, sondern von den „Metawerten", wie Abraham Maslow sagt. Die Kraft, die aus ihnen kommt, hat eine teleologische Funktion, d. h., sie ist gerichtet. Sie ist die Grundkraft der ganzen evolutionären Bewegung in unserer Welt. Wer den Weg der Kontemplation oder des Zen geht, versucht, diese Kraft freizulegen. Auf den genannten Wegen nämlich kann nichts mit eigener Kraft bewirkt werden. Es gibt keine „Selbst-Erlösung". Erlösung kann nur aufgefunden werden. Sie ist immer da. Die Kraftquelle sprudelt in jedem von uns, und unser Bemühen kann nur dahin gehen, die Hindernisse wegzuräumen, die uns davon trennen. Diese Quelle durchpulst alles, was lebt. Sie durchflutet alle Bereiche unseres Daseins. Sie ist immer da. Diese Kraft, die uns hindrängt zur Vollendung, zu Gott, gleitet uns auch nach dem Tod, wenn wir ihr in diesem Leben Raum gegeben haben.

7. Erlösung ist Erfahrung der ganzen Wirklichkeit

Der Unterschied zwischen den sogenannten Offenbarungsreligionen (Islam, Judentum, Christentum) und den östlichen Religionen (Hinduismus und Buddhismus) besteht darin, daß Gott für uns im Westen ein ontologisch Anderes ist, etwas also, was seinem Wesen nach von uns getrennt ist und immer getrennt bleibt. Zwischen Gott und Mensch besteht eine tiefe Kluft. Es ist dem Abendland nicht gelungen, diese Kluft wirklich zu überbrücken. In den Hauptrichtungen des Hinduismus und Buddhismus dagegen sind Gott und Mensch eins und zugleich verschieden. Sie sind Nicht-Zwei.

In den nicht mystischen Traditionen der westlichen Religionen erfährt sich der Mensch abgetrennt von Gott. Das einzelne Wesen hat die Verbindung mit dem Urgrund verloren, es kann sie jedenfalls nicht mehr erkennen. Die Einheit von Gott und Mensch wird wiederhergestellt durch einen Bund. Gott fügt gleichsam wieder zusammen, was zerbrochen ist. Für das Zusammenfügen muß ein hoher Preis gezahlt werden, der Tod Jesu Christi.

Das ist dem Osten nur schwer nachvollziehbar. Er geht nicht vom Anthropos, d. h. vom einzelnen Menschen, aus, sondern vom Kosmos, von der Einheit. Diese Einheit kann nie so aufgehoben werden, daß der Mensch oder die einzelnen Dinge von ihrem letzten Ursprung getrennt würden. Trennung ist lediglich verursacht durch die Egozentrik des Tagesbewußtseins, das uns vortäuscht, wir seien selbständig und damit abgetrennt. Daß wir dieser täuschenden Tendenz des Ego ständig verfallen, daß wir seiner Eigenmächtigkeit folgen, das ist die Ursünde.

Im Westen sind Gott und Mensch also wesenhaft getrennt, im Osten dagegen sind sie von gleicher Wesenheit. Diese letzte Wesenheit ist der Urgrund allen Seins. Gott ist sowohl die Form als auch das Formgebäude. Er ist nichts, was man getrennt sehen könnte. Diese letzte Wirklichkeit ist Ursprung von allem, aber nie getrennt von allem und nie essentiell anders als alles.

Hat das vielleicht auch Jesus gemeint, als er sagte: „Der Vater ist der Ursprung allen Lebens, und er hat dem Sohn Macht gegeben, genauso wie er selbst Leben zu schenken" (Joh. 5,26)? Oder eine andere Stelle: „Vater, die Herrlichkeit, die du mir gegeben, habe ich ihnen gegeben" (Joh. 17,22).

Eckehart meint: „Gott unterscheidet sich vom Menschen durch Gebären und Geborenwerden. Aber Gebären und Geborenwerden ist *ein* Sein, *ein* Leben".[11]

Diese letzte Wirklichkeit, die wir Christen Gott nennen, ist gleichsam der Ozean, der vor der Welle ist, aber nicht getrennt von ihr. Sie ist der Stamm, aus dem der Rebzweig kommt, aber sie ist nie getrennt vom Rebzweig. Diese letzte Wirklichkeit ist also nicht ein Sein, das getrennt existiert von allem. Sie ist das Formlose, das in der Form erscheint. Der Mensch, wie auch alle anderen Erscheinungsformen dieser Welt, ist die Form dieser letzten Wirklichkeit, Form des Lebens, Form Gottes.

Wenn wir Gott so sehen, dann ändert sich unser Reden über ihn. Denn so lange wir Gott nur von der Bewußtseinsperipherie her als Vater sehen, analog zum menschlichen Vater, der über uns wacht, der uns straft, der uns belohnt, von dem wir etwas erbitten können und der uns etwas versagen kann, der uns ewiges Leben schenkt in dem, was wir Himmel nennen, der uns auch ewig verdammen kann in dem, was wir Hölle nennen, dann werden wir nur bitten. Wenn wir aber Gott als integrales Ganzes sehen, dann hat Religion den Sinn, uns zu helfen, dieses integrale Ganze zu erfahren. Erretten und erlösen ist dann Erfahren der ganzen Wirklichkeit. Es ist Schauen, visio beatifica. Wir sind nicht ein Teil, der aufgepfropft ist, sondern ein Teil, in dem das Ganze sich verwirklicht. Das ist die Heimkehr zu Gott. Erlösung meint dann die Einordnung unseres personalen Ich, das uns ein Abgetrenntsein von Gott vorgaukelt, in das Ganze. Das wird in der Mystik mystische Union genannt, in anderen Religionen Erleuchtung, Befreiung, Satori, Samadhi usw.

Das Anliegen Jesu war wohl, uns zu helfen, zu Gott zu erwachen. Erlösung ist Metanoia, diese Wende zu Gott, zum Reich Gottes. „Das Reich Gottes ist in Euch" (Lk 17,21). „Die Zeit ist erfüllt, und das Reich Gottes ist nahe gekommen. Kehrt um und glaubt an die Heilsbotschaft" (Mk 1,15). Weder in der östlichen noch in der westlichen Mystik ist Erlösung etwas, was ich selber machen kann. Sie ist immer schon da und wartet auf mich, bis ich sie nach Durchschreiten eines Reinigungsprozesses erfahren kann.

8. Evolution und Ursünde

Sowohl von der mystischen Einheitserfahrung her als auch von seiten der modernen Erkenntnisse der Evolution des menschlichen Bewußtseins kann man auch die Ursünde neu sehen und in den Verwandlungsprozeß des Menschen tiefer einordnen.

Das Göttliche ist ein Mysterium. Die eigentliche Offenbarung Gottes liegt jenseits der Schicht unseres Tagesbewußtseins. Darum wird sie diesem immer nur bedingt erfaßbar sein und erscheint ihm ganz neu, wenn der Mensch in die Tiefe vorstößt. Die Mystiker nennen diese tiefste Schicht, in der die Offenbarung für den Menschen geschieht, den Grund, das Wesen, die Unio Mystica. Hier erfährt der Mensch nicht etwas, hier „ist" nur.

Offenbarung geschieht analog dem Stand unseres Erkennens, d. h. Stufe für Stufe; denn auch unser Bewußtsein entfaltet sich im Rahmen der Evolution.

Alle Religionen wissen um den unvollkommenen Zustand des Menschen. Viele sprechen von einem „Fall", von der „Ursünde". Ursünde ist aber nicht der Fall von einem höheren Bewußtseinszustand in einen unvollkommeneren, sondern das Heraustreten aus einem „vorpersonalen Himmel", das Erwachen aus der Dumpfheit des Vorbewußten in eine Ich-Erfahrung, aus dem Zustand des Instinktes in den des Erkennens von Gut und Böse, wie die Schrift sagt. Das war ein großer Fortschritt in der Evolution, zog allerdings auch die ganze Belastung nach sich, die mit dieser Ich-Erfahrung verbunden ist, nämlich die Erfahrung von Krankheit, Leiden, Schuld, Einsamkeit und Tod.

Der sogenannte Sündenfall brachte also nicht die Sterblichkeit, sondern die Erkenntnis der Sterblichkeit und des Wandels aller Dinge. Bis dahin lebte der Mensch gleichsam das Leben der Blumen und der Tiere.

Nicht das Essen vom Baum der Erkenntnis ist also Sünde – das ist nur ein Bild –, sondern daß der Mensch sich bei der Ich-Werdung von Gott getrennt hat. „Sie waren nackt", heißt es in der Schrift. Das hat nichts mit Kleidung zu tun; es will vielmehr sagen: sie waren hinausgeworfen in die Einsamkeit des Ich. Die Vertreibung aus dem Paradies ist das Hinaustreten in den personalen Zustand ohne diese Einheitserfahrung mit Gott. Ursünde ist keine Schuld im eigentlichen Sinn des Wortes, das haben wir längst erkannt. Es ist ein Faktum, das sich aus der Entwicklung unseres Bewußtseins ergibt.[12]

Der Weg in die mystische Erfahrung ist der Weg ins Paradies, aber nicht in jenes, aus dem der Mensch vertrieben wurde. Das wäre Regression und käme einer Flucht zurück in den Mutterschoß gleich. Die Evolution geht weiter. Wir werden eines Tages erkennen, daß Gott immer mit uns „im Garten Eden spazieren ging", daß wir nie von ihm getrennt waren – auch wenn wir es jetzt nicht wissen, wir werden es erfahren. Das Paradies liegt vor uns. Daher nennen wir Christen es das „Neue Jerusalem". Es ist die Erfahrung der Einheit mit Gott.

9. Der Strom des Lebens

Das Unendliche leuchtet im Endlichen auf. Wir sind Träger des Unvergänglichen im Vergänglichen und daher mehr als die Form, als die wir herumlaufen. Im Menschen ist Leben zu einer Dichte herangereift, in der es sich seiner selbst bewußt werden kann.

Indem sich Leben in ein Ichbewußtsein entfaltet, erfährt es, daß es in dieser menschlichen Form endlich ist. Alle Religionen sagen uns, daß die Existenz zwischen Geburt und Tod nur eine Phase unseres Gesamtlebens ist. Wir stehen in einem Evolutionsprozeß, der zu einer Erfahrung unserer endgültigen, letzten Wesenheit führen soll. Die Spanne zwischen Geburt und Tod ist uns gegeben zum Wachsen und Reifen. Wer reifen will, darf nicht festhalten. Alles, was wir festhalten, wird zu Gift. Wenn wir die Luft festhalten, ersticken wir. Wenn wir die Nahrung festhalten, vergiftet sie uns. Aufnehmen und Ausscheiden gehören zum Strukturprinzip dieser Welt. Sterben ist genauso der Vollzug des Wachsens und Reifens wie Geborenwerden.

Unser Ich sträubt sich gegen den Prozeß des Werdens und Vergehens. Es will nicht glauben, daß Sterben Tor zu Neuem ist. Wir haben aber zu lernen, daß dieses unser Leben nur ein Akt innerhalb eines Schauspiels ist. Es gehen Akte voraus, und es folgen Akte nach. Unser Ich neigt dazu, das Welttheater anzuhalten. Das freilich gehört zur Ursünde, daß wir meinen, dieses kleine Ich verewigen zu können. Der Abschnitt zwischen Geburt und Tod ist nur ein Ausschnitt aus unserer Gesamtexistenz. Unser Sterben ist nur Transitus, Übergang zu Neuem. Der Mensch aber möchte vergessen, daß sein Leben ein Vorspiel und ein Nachspiel hat.

Der Sinn unseres Lebens liegt also in einer Permanenz, die nicht an der Oberfläche zu finden ist, sondern im transpersonalen Sein des Menschen liegt. Stabilität und Kontinuität liegen in der Dynamik. Der „Erleuchtete" ist einer, der den Strom des Lebens erfährt. Aber er erfährt ihn im Hier und Jetzt.

Der Mystiker ist daher ein weltzugewandter Mensch. Am deutlichsten kommt das in den sogenannten Ochsenbildern des Zen zum Ausdruck. Das letzte Bild zeigt den Erleuchteten auf dem Markt. Er kauft und verkauft, lacht und redet und ist als Mystiker nicht erkennbar. Er hat seine Erleuchtung vergessen. Er lebt aus seiner gewandelten Persönlichkeit.

Wer zum Strom des Lebens durchstößt, erfährt das ewige Jetzt. Das Leben bekommt von dorther gesehen eine andere Wertigkeit. Der Mystiker will gar nicht in erster Linie die Welt ändern. Vielmehr ändert sich durch seine Erfahrung seine Einstellung zur Welt und zu den Dingen. Die Projektionen, denen der Durchschnittsmensch ständig verfällt, verschwinden. Welt und Dinge werden erfahren als das, was sie wirklich sind. Es geht also nie um Vernichtung oder Abtötung. Was vernichtet wird, ist das „Scheinsein" der Dinge, die von der Egozentrik des Menschen falsch eingeschätzt und bewertet werden.

Wenn „Konrad und Heinrich", wie Eckehart den Durchschnittsmenschen nennt, zum wesentlichen Sein wiedergeboren sind, dann feiern auch die Dinge dieser Welt ihre Auferstehung zum wesentlichen Sein. Der Mensch erfährt die Immanenz Gottes in der Welt und der Welt in Gott. Das gegenseitige Durchdrungensein leuchtet auf. Von daher bekommt die Spanne zwischen Geburt und Tod ihre tiefe Bedeutung. Sie ist uns gegeben zum Werden und Reifen. Wir sind erst auf dem Weg zum vollen

Menschentum oder – wenn Menschsein nicht unsere letzte Bestimmung ist – zu dem Wesen, das wir werden sollen.

In einem solchen Bewußtseinszustand würde sich das Zusammenleben der Menschen ändern. Das heißt nicht, daß es keine Spannungen mehr auf unserer Erde gäbe. Wir werden nie ein Paradies schaffen; einer derartigen Utopie verfällt kein Mystiker. Aber wir könnten lernen, zusammenzuleben ohne Egoismus.

Unser Ich-Bewußtsein ist nur ein Organ unseres Gesamtbewußtseins, gebärdet sich aber als Alleinherrscher und liegt in ständigem Kampf mit der Tiefe unseres Seins. Solange es die Oberhand behält, gibt es keinen Frieden. Nur wenn wir ins Transpersonale vorstoßen, in jene umfassendere Dimension unseres Bewußtseins, werden wir mit den Problemen dieser Welt so weit fertig werden, daß wir menschenwürdig leben können. Es kommt darauf an, wer die Oberhand behält; ob wir mehr und mehr nach unseren inneren Forderungen leben oder ob wir über das Besetztsein von Gefühlen, Bildern und Konzepten nicht hinauskommen; ob unser Ich sich einordnen läßt als Organ unserer Gesamtpersönlichkeit oder ob es uns triumphierend überall hinzerren darf.

Dieses Leben ist uns gegeben, daß wir uns wandeln. Wer sich wandeln will, muß lernen loszulassen; nur so wird er transformationsfähig. Wer davon überzeugt ist, bekommt eine andere Einstellung zum Leben, zur Umwelt und Gesellschaft. Er wird sich als Gast aller Dinge erfreuen, ohne sie besitzen oder beherrschen zu wollen. Er hat den Mut zum einfachen Leben, weil Leben in den einfachen Dingen viel stärker zu spüren ist. Er erkennt, daß es nicht um die Quantität geht, sondern um die Qualität. Damit sind wir wieder beim Bewußtseinswandel, ohne den es keine Wandlung des Menschen und der Gesellschaft gibt.

Wer wirklich durchbricht zur letzten Erfahrung, bleibt nicht in einem Wolkenkuckucksheim hängen, auch nicht in einer Ekstase. Er kommt immer im jeweiligen Augenblick an. Die wahre Erfahrung ist Erfahrung der Fülle im Augenblick.

Ich möchte das mit der folgenden Geschichte verdeutlichen:

Ein Mann hackte Unterholz am Waldrand ab, verkaufte es und lebte vom bescheidenen Erlös. Eines Tages kam ein Einsiedler aus dem Wald, und der Mann fragte ihn um einen Rat für sein Leben. Der Einsiedler riet ihm: „Geh tiefer in den Wald!". Der Mann ging daraufhin tiefer in den Wald und fand wunderbare Bäume, die er als Bauholz verkaufte. Reich geworden, erinnerte er sich plötzlich wieder an den Rat des Einsiedlers: „Geh tiefer in den Wald!". Und so ging er tiefer in den Wald und fand eine Silbergrube. Er baute sie ab und wurde noch wohlhabender. Eines Tages fiel ihm wieder der Einsiedler ein: „Geh tiefer in den Wald!". Und so wagte er es, weiter vorzudringen in das Dunkel des geheimnisvollen Waldes. Bald fand er wunderbare Edelsteine. Er nahm sie in die Hand und erfreute sich an ihrem Glanz, aber dann fiel ihm das Wort des Einsiedlers ein: „Geh tiefer in den Wald!" Die Edelsteine in der Hand, wanderte er weiter. Und plötzlich stand er beim Morgengrauen wieder am Waldrand. Er nahm seine Axt und hackte das Unterholz ab und verkaufte es an seine Mitmenschen. –

Von da aus verstehen wir den 6. Zenpatriarchen, der in einem solchen Augenblick gesagt hat: „Wie wunderbar, ich hacke Holz, ich trage Wasser".

Erleuchtung führt in den Augenblick. Wir kommen dort an, wo wir sind. Es geht um die Qualität des Lebens, nicht um die Quantität.

10. Mystische Erfahrung und soziale Verantwortung

Wenn einer den Weg nach innen beschreitet, wird ihm sehr rasch der Vorwurf gemacht, er denke nur an sich selbst, es mangle ihm an sozialer Verantwortung. Das kann sein, aber dann ist der Betreffende sicher nicht auf dem rechten Weg.

Die mystische Erfahrung durchbricht die Schranke des Ich und der Selbstgenügsamkeit. Die Erfahrung des gemeinsamen Lebens, das alles durchpulst, läßt Leid und Freude des anderen als eigenes Leid und eigene Freude erfahren. Die Schranken des Ich sind durchbrochen; der Egoismus, das Hauptlaster der Menschen, ist überwunden.

So sagt Eckehart:

„Wenn du hundert Mark bei dir mehr liebst als bei einem anderen, so ist das unrecht . . . und hast du deinen Vater und deine Mutter und dich selbst lieber als einen anderen Menschen, so ist das unrecht. Und hast du die Seligkeit in dir lieber als in einem anderen, so ist das unrecht. Es gibt viele gelehrte Leute, die das nicht begreifen.[13]

Wir sind ein Leib. Und so dient jedes Glied zunächst dem ganzen Körper. „Das Auge sieht nicht mehr für sich als für den Fuß, sondern gleichmäßig für sich und die einzelnen Körperteile."[14]

Am deutlichsten tritt die Einstellung der Mystik jedoch in der eigenwilligen Auslegung Eckeharts zu Maria und Martha zutage. Nicht Maria, die in Verzückung zu Füßen Jesu sitzt, ist das Ideal, sondern Martha, die sich abrackert und bedient. Eines der großen Mißverständnisse des Abendlandes in bezug auf Mystik ist die falsche Auffassung, daß Ekstase der Höhepunkt der mystischen Erfahrung sei. Ekstase ist nur eine Nebenwirkung. Ziel ist die Erfahrung des Göttlichen in jeder Form, in jeder Bewegung, Aufgabe und Arbeit. Maria ist daher noch nicht am Ziel. Sie muß erst noch „Martha" werden.

Für die Mystik sind Maria und Martha keine Gegensätze, sie sind vielmehr die beiden Aspekte der einen Wirklichkeit. Kontemplation und Aktion gehören zusammen wie Potenz und Akt. Ein spiritueller Weg, der nicht in den Alltag und zum Mitmenschen führt, ist ein Irrweg. Das gilt von der Mystik aller Religionen. Das wichtigste Gelübde, das in jedem Zentempel täglich wiederholt gebetet wird, ist das Bodhisattva-Gelübde: „Die Lebewesen sind zahllos, ich gelobe, sie alle zu retten". Mitleiden mit allen Lebewesen ist die Grundtugend des Buddhismus. Wer das gemeinsame Leben, das alles durchpulst, erfährt, der erfährt Leid und Freude des anderen als eigenes Leid und eigene Freude.

Ein deutliches Beispiel ist der Vers zum Koan 46 im Mumonkan: „Ziehe nicht den Bogen eines anderen, reite nicht eines anderen Pferd". Das heißt, wenn du einen Bogen ziehst, ist es immer der deine; du reitest immer dein Pferd, auch wenn es einem anderen gehört. Näherhin ist gemeint: Wenn du schlecht über einen anderen redest, redest du schlecht über dich. Die Erfahrung der grenzenlosen Offenheit und Freiheit – dieser letzte mystische Zustand – ist die Grundlage des buddhistischen Erbarmens. Armapa drückt das in einem Gebet folgendermaßen aus: „Im Augenblick der Erleuchtung, sobald ich das ursprüngliche Antlitz des Geistes erblicke, steigt ein grenzenloses Mitleid in mir auf. Je größer die Erleuchtung, umso stärker ist das Mitleid."[15]

Aus dieser Einstellung bezieht der Buddhismus auch sein ethisches Handeln, wenngleich solche Grundwahrheiten dort wie im Christentum manchmal vergessen worden sind. In der mystischen Erfahrung brechen sie elementar auf.

Darum ist der „wahre" Mystiker nicht der Einsiedler, der auf die schnöde Welt herabschaut. Es geht um das Erfassen Gottes in den Dingen dieser Welt. Eckehart sagt dazu: „Das kann man nicht durch Fliehen lernen, indem man vor den Dingen flüchtet und sich äußerlich in die Einsamkeit kehrt; der Mensch muß vielmehr eine innere Einsamkeit lernen, wo und bei wem er auch sei. Er muß lernen, die Dinge zu durchbrechen und seinen Gott darin zu ergreifen".[16]

11. Wandel der Persönlichkeit – Wandel der Welt

Der Mystik aller Religionen geht es um einen Persönlichkeitswandel. Der Mensch soll erfahren, wer er wirklich ist.

Der Mensch ist mehr als Körper und Ichbewußtsein. Die mystischen Wege wollen in eine Selbsterfahrung des ganzen Menschen führen, also auch seiner transpersonalen Existenz. Hier aber scheiden sich die Geister seit eh und je. Wer diese andere Ebene als irrational oder gar als psychopathologisch ablehnt, der klammert eine Hälfte der menschlichen Persönlichkeit bewußt aus. Er negiert damit die eigentlichen Kräfte, die einen Bewußtseinswandel im Menschen hervorbringen und ihm helfen könnten, seine Zeitprobleme zu bewältigen. Bewußtseinswandel stand am Anfang einer jeden neuen Epoche. Genau das ist das Ziel der mystischen Wege.

Wir sind im allgemeinen geneigt, unsere Probleme nach dem Grundsatz der Christlichen Arbeiterjugend zu lösen: „Sehen, urteilen, handeln". Das ist recht und gut. Wir erkennen eine Sache als falsch und ändern sie mit guten Vorsätzen und Taten. Die Mystik hat einen anderen Weg. Sie versucht, den Menschen von innen zu wandeln. Die Erfahrung der transpersonalen Ebene läßt ihn die tieferen Zusammenhänge menschlichen Lebens erkennen. Sie wandelt den Kern der Persönlichkeit. Aus dem gewandelten Menschen kommen dann neue Verhaltensweisen, Wertungen und Intentionen. Die Ethik dieser gewandelten Persönlichkeit erweist sich viel tragfähiger als willentliche Vorsätze, mit denen, wie wir sagen, oft die Straße zur Hölle gepflastert ist.

Der Mystiker ist allerdings der letzte, der sich Illusionen hingibt. Er weiß aus eigener Erfahrung, wie schwer und langwierig der Weg zum Persönlichkeitswandel ist. Daher ist er offen für jede Form der Zusammenarbeit, um die Probleme unserer Gesellschaft zu lösen.

Folgende alte Geschichte gibt einen kleinen Einblick in das, was geschehen könnte, wenn wir bereit wären, auch jenen transpersonalen Teil unserer Persönlich-

keit zu Hilfe zu nehmen, um die Welt zu verändern. Es ist die Regenmacherge-
schichte:

In einem Dorf hatte es lange nicht geregnet. Alle Gebete und Prozessionen
hatten nichts genützt, der Himmel blieb verschlossen. In der größten Not
wandte sich das Dorf an den Großen Regenmacher. Er kam und bat um eine
Hütte am Dorfrand und um Brot und Wasser für fünf Tage. Dann schickte er
die Leute zu ihrer täglichen Arbeit. Am vierten Tag regnete es. Die Menschen
kamen jubelnd von ihren Feldern und Arbeitsplätzen und zogen vor die Hütte
des Regenmachers, um ihn zu feiern und nach dem Geheimnis des Regen-
machens zu fragen. Er antwortete ihnen: „Ich kann keinen Regen machen".
„Aber es regnet doch", sagten die Leute. Der Regenmacher erklärte ihnen:
„Als ich in euer Dorf kam, sah ich die äußere und innere Unordnung. Ich ging
in die Hütte und brachte mich selber in Ordnung. Als ich in Ordnung war,
kamt auch ihr in Ordnung, und als ihr in Ordnung wart, kam auch die Natur in
Ordnung, und als die Natur in Ordnung war, hat es geregnet".

Eine Geschichte, die in ihrer Einfachheit mehr sagt als viele Weltverbesserungs-
vorschläge und -programme.

12. Aufgabe der Religionen

Auf der intellektuellen Ebene wird es keine Einheit der Religionen geben. Die
Gegensätze tun der Wahrheit aber keinen Abbruch, ist doch die eine Wahrheit zu
vergleichen mit dem einen Licht, das sich in vielen Farben bricht. Die mystische
Erfahrung ist das eine Licht, das sich in den vielen Facetten der Religionen ausdrückt.

Religionen haben die Aufgabe, den Menschen an das Ewige im Zeitlichen zu erinnern. Die meisten Menschen sind weit davon entfernt, das Erwachen zu Gott als letztes Ziel immer vor Augen zu haben. Zu viele suchen ihr Heil im reinen Diesseits und
erhoffen sich ihr Glück in Projektionen auf Vorläufiges. Sie sind von der Vorstellung besessen, daß Karriere, Besitz, Urlaub, Sexualität dem Leben Sinn geben könnten, und identifizieren sich ausschließlich mit ihrem Körper, ihren Gefühlen und
intellektuellen Vorstellungen. Das bringt keine Sinndeutung. Wer im Egobereich
des Menschseins steckenbleibt, bleibt auf halbem Weg stecken. Die Religionen
sagen uns, daß zum ganzen Menschen das Ewige, das Göttliche gehört. Es ist der
innerste Kern der menschlichen Existenz. Die Religionen waren es bis jetzt – und
werden es wohl auch bleiben –, die uns das immer wieder ins Gedächtnis riefen. Ihre
Vertreter und Anhänger mögen noch so unvollkommen sein, unsere Religionen bleiben der Finger, der auf Gott zeigt.

Noch aus einem anderen Grund sind sie von größter Bedeutung. Ein Mensch kann
zur Erfahrung der letzten Wirklichkeit vorgestoßen sein und seine Konfession überschritten haben. Es bleibt im allgemeinen aber das Bedürfnis, diese Wahrheit zu
feiern und auszudrücken. Da bieten sich die traditionellen Formen der Religion an;
es sei denn, einer zieht es vor, seinen eigenen Kult und sein eigenes Glaubensbekenntnis zu schaffen. Es ist gut, in einer lebendigen Tradition beheimatet zu sein,
denn der Mensch braucht ein Rahmenwerk, in dem er sich selber verstehen und aus-

drücken kann. Wer diese Beheimatung nicht hat, läuft Gefahr, durch eine mystische Erfahrung mehr irritiert als gefestigt zu werden. Das gilt vor allem von jungen Menschen. Darum verdienen die mystischen Wege, die aus den großen Religionen kommen, volles Vertrauen. Dort findet der Mensch im allgemeinen auch die notwendige Begleitung für den nicht ungefährlichen Weg. Er wird auch vor Überspanntheit und Übertreibung bewahrt und fällt nicht Scharlatanen zum Opfer.

Ich glaube an den göttlichen Kern des Menschen. Je mehr wir uns diesem Kern öffnen können, um so besser und schneller werden wir auch unsere gesellschaftlichen, politischen und sozialen Probleme lösen. Der Mensch der Zukunft wird ein Mystiker sein, oder er wird überhaupt nicht mehr sein (Abwandlung eines Wortes von Karl Rahner). Er wird in diese neue Dimension des Bewußtseins hineinwachsen. Was heute noch die Ausnahme ist, wird eines Tages die Regel sein. Der Mensch wird sein mentales Bewußtsein übersteigen und ergänzen durch die transpersonale Ebene. Ihm dabei zu helfen, ist die wichtigste Aufgabe der Religionen.

IV. Religion oder Esoterik?

1. Religion und Esoterik[1]

Was wir mit Gott bezeichnen, ist jene für den Menschen tief in seinem Innern erfahrbare Macht, die ihn von dorther leitet. Wenn er gegen diese Macht handelt, handelt er gegen sich. Er hindert sich an seiner Entfaltung. Diese innere Instanz treibt die Evolution voran. Sie ist das, was wir das Wesen Gottes, das Leben Gottes nennen, was Eckehart Gottheit, Zen Leerheit, Yoga Sunyata und die Philosophie das Absolute nennt.

Ich möchte das Wort „Gott" im folgenden aber nicht gebrauchen. Ich spreche von einer „inneren Macht" oder „immanenten Instanz" oder auch von einer „letzten Wirklichkeit", von „Ganzheit", vom „Einen" oder auch vom „Göttlichen". Wenn ich das Wort „Gott" aber doch benütze, dann immer nur in der herkömmlichen, meiner Meinungen nach archaischen Form des personhaften Gottes. Mit den oben erwähnten Begriffen möchte ich überholte archaische Inhalte umgehen.

Auf einem esoterischen Weg versucht der Mensch, sich dieser inneren Macht zu öffnen. Sie kann nicht über einen Willensakt oder durch Belehrung vermittelt werden, sondern nur durch direkte Erfahrung. Diese Erfahrung widerfährt. Die Theologie bezeichnet das als Gnade. Über die Gnade können wir nicht verfügen, aber wir können uns auf ihren Empfang vorbereiten. Die eigentliche Bedeutung eines spirituellen Führers liegt darin, den Menschen auf das Wirken der Gnade vorzubereiten, ihm zu helfen, Hindernisse aus dem Weg zu räumen, damit er das Göttliche erfährt und es aus der Tiefe heraus zur Entfaltung kommen läßt.

Damit sind wir an einem wichtigen Unterscheidungspunkt zwischen Esoterik und Religion angelangt. Die Esoterik sucht die Präsenz dieser inneren Macht im Menschen und in allen Dingen zu erfahren. Diese Macht ist immer in ihrer ganzen Fülle da. Aber unsere Ichzentrierung hindert uns, sie wahrzunehmen. Erlösung ist für die Esoterik die Erfahrung dieser inneren Wirklichkeit. Und alle Heiligen und Weisen sind nur Begleiter und Helfer, um andere zu dieser Erfahrung zu führen. Erlösung ist immer da. Wir können uns dieser erlösenden Macht nur öffnen und uns von anderen zu dieser Öffnung verhelfen lassen.

Im Gegensatz dazu versucht die Theologie, Gott über den Intellekt zu erreichen. Sie arbeitet mit Vorstellungen, Bildern, Symbolen. Gott ist so ein transzendenter Gott, der ein ontologisch anderes Sein hat und die Menschen gleichsam von außen leitet, der sich auch durch Gebet und Opfer umstimmen läßt, der ewiges Heil schenken oder verweigern kann.

2. Wie kam es zu den Gottesbildern?

Der Mensch hat sich früher diese innere Macht als ein metaphysisches Wesen vorgestellt. Das Göttliche erschien ihm vor allem in Visionen als eine konkrete psychische, ja physische Macht. Im bildhaften Schauen dieser psychischen Strukturen erkannte er ein personales Wesen, das die Geschicke der Welt lenkt. So entstanden die Schöpfungsmythen. So entstand aber auch der „Nahe Gott", den Moses im brennenden Dornbusch erkannte und den er den Israeliten als den „Gott, der da ist", verkündete. Der personhafte Gott, der den Menschen begleitet, ihn belohnt und straft, der geschichtsmächtig ist, hat sich in dem niedergeschlagen, was „Heilsgeschichte" genannt wird. Dieser Gott ist in der Vorstellung der Menschen bei ihnen und mit ihnen. Er wohnt unter ihnen, wie die Bibel sagt, ist unvermischt mit all den anderen Lebewesen.

Auch wenn Theologie heute von Geschichts-Offenbarung redet, steht dahinter diese transzendente, dualistisch-mythische Gottesvorstellung, die in Gesichten gewonnen worden ist. Gesichte, so wissen wir heute, sind eine innere Wahrnehmung, in der sich das Göttliche in archetypischen Bildern als eine dem Ich überlegene Macht kundtun kann.

Diese Gestalten, die in Gesichten erscheinen, sind oft für eine Personifizierung Gottes gehalten worden. Obwohl alle Hochreligionen wissen, daß Gott alles Begreifen übersteigt und daß man sich von ihm kein Bild machen soll, hängen viele Richtungen an diesen Bildern und Begriffen, die zu nicht mehr hinterfragbaren Glaubenssätzen erhoben wurden. Man hat vergessen, daß sich in ihnen nur eine Botschaft des Göttlichen übermitteln will. Es ist eine Botschaft, die den Menschen angepaßt ist und daher für jede Zeit und Menschengruppe neu ausgelegt werden muß. Nicht die personhaften Bilder sind entscheidend, sondern die Botschaft. Die Visionen göttlicher Wesenheiten manifestieren sich immer in Übereinstimmung mit den geistigen Mustern und Neigungen des Schauenden, die aber nach Zeit, Kultur und Veranlagung des einzelnen sehr verschieden sein können.

3. Atheismus und Agnostizismus

Der personhafte Gott, wie ihn die theistischen Religionen verkündeten, wurde von der Wissenschaft im Laufe der letzten Jahrhunderte entthront. Man glaubte, die Welt im Darwinismus und Neodarwinismus als mechanische Entwicklung über Mutation und Selektion erklären zu können. Ein Naturwissenschaftler konnte es sich nicht leisten, in dieser positivistischen Weise zu forschen und nebenbei noch im Sonntagsgottesdienst in eine archaische Gottesvorstellung zurückzufallen, und wurde so zum Atheisten.

Mehr und mehr jedoch empfand man diese positivistische Welterklärung als nicht ausreichend. Der Glaube an die Allmacht der Technik und Wissenschaft wurde durch neue Erkenntnisse und Forschungsergebnisse sehr gedämpft. Wir wissen heute mehr über den Kosmos als je eine Zeit vor uns, wir wissen aber auch, daß wir im Grunde nichts wissen.

Die Menschen neigen daher heute mehr zum Agnostizismus. Sie bleiben bei ihrer intellektuellen Unfähigkeit, Wirklichkeit zu definieren, stehen; denn sie erkennen klar, daß sich diese letzte Wirklichkeit nicht rational beweisen läßt.

4. Offenbarung

Wie aber offenbart sich das Göttliche dem Menschen? Unter Offenbarung versteht man die Kundgabe des göttlichen Willens. Alles religiöse Wissen beruht auf Offenbarung. Man nennt sie übernatürlich, weil sie nicht unseren Sinnen und nicht unserem Nachdenken entsprungen ist. Es ist vielmehr eine direkte Enthüllung der Wahrheit. Sie wurde den Sehern, Propheten und Weisen in bildloser Weise zuteil. Sie haben sie in Worte gefaßt und an ihre Mitmenschen weitergegeben. Was sie im strukturlosen Raum des Bewußtseins erkannten, kleideten sie in Bilder, Parabeln und Worte, die sie dann über Ansprachen, Riten und Zeremonien verkündeten. Oft floß die Erfahrung in ein personales Gegenüber, das sie den Menschen als getrenntes Wesen verkündeten.

Das „Sehen" von Gestalten kann mit einem außerordentlichen, tiefen Erleben verbunden sein. Dieses „Sehen" widerfährt auch in unseren Tagen noch manchen Menschen. Sie sehen dann Jesus Christus oder Maria, oft auch eine Gestalt aus einem anderen Kulturkreis, z. B. aus der griechischen Mythologie. Von manchen wird das als Gotteserlebnis gedeutet. Sie sagen dann, daß ihnen Jesus Christus, Maria usw. erschienen ist. In diesen Figuren hat sich aber nur die letzte Wirklichkeit richtungweisend gezeigt. Es gilt daher, nach der Botschaft zu fragen und nicht nach der Erscheinung. In der Botschaft liegt der Wert.

Von diesen inneren Bildern wird der Mensch geleitet und im allgemeinen zu einer reiferen Persönlichkeit herangebildet.

Im Grunde läßt sich Offenbarung auf innere Erfahrungen zurückführen, die alle den Stempel der kulturellen Zugehörigkeit des „Sehers" tragen. Religion hat sich teilweise noch zu wenig von diesen archaischen Gottesbildern, in die Propheten und Seher ihre Erfahrung gekleidet haben, gelöst, und sie hat die Offenbarung nicht klar genug nach ihrer Botschaft hinterfragt. Denn unter den Theologen ist sie den einen selbstverständlich, so daß sie gar nicht daran denken, sie zu hinterfragen. Den anderen wird mehr oder weniger bewußt, daß ihr Gottesbild eine gewaltige Erschütterung erfahren müßte, wenn sie den Vorgang der Offenbarung ernsthaft prüfen würden.

Die Esoterik versteht unter Offenbarung eine strukturlose Erfahrung in der Tiefe des Bewußtseins, also im transpersonalen Bewußtseinsraum, die dann, wenn sie in den personalen Raum fließt, in Formen, Bildern, Symbolen und Gestalten für den Menschen bis zu einem bestimmten Grad konkretisiert wird. Es sind Bilder, die aus der strukturlosen Tiefe aufsteigen und in Informationen und rational verstehbare Erkenntnisse fließen. Diese Bilder sind – so weiß die Esoterik – Chiffren, in denen sich das Göttliche bewußt zu machen sucht.

5. Esoterik – Religion – Naturwissenschaft

Die Naturwissenschaft, die den archaischen Gott entthront hat, ist dieser inneren Instanz wieder auf die Spur gekommen. Den Anfang machte die Psychologie. Vor allem C. G. Jung erkannte, daß sich in der Tiefe der Psyche Strukturen befinden – er nannte sie archetypische Bilder –, in denen sich für den Empfänger wichtige Botschaften verkörpern.

In den Erkenntnissen der naturwissenschaftlichen Grundlagenforschung läge reiches Potential für eine zeitgemäße Theologie. Die Naturwissenschaft hat wieder den „Geist" entdeckt, der in den letzten hundert Jahren verpönt war. Freilich ist es nicht mehr der Geist, den man gleichsetzen kann mit dem archaischen Gottesbegriff. Es ist der Geist, der zusammen mit dem Feststofflichen den anderen Aspekt der Wirklichkeit bildet und ihre Nicht-Zweiheit begreiflich macht. Der Name Gottes ist heute mehr denn je: Eins, Einheit, Einfaltigkeit, Ganzheit. Dieses Eine entfaltet sich in der Evolution wie ein Fächer aus der „Einfaltigkeit" in die „Vielfalt". Das Göttliche offenbart sich polar. Es hat zwei Aspekte: Einheit und Vielheit.

Leider ist die Theologie weitgehend bei ihren archaischen Vorstellungen geblieben. Es gibt überhaupt wenig interdisziplinäre Forschung, die Theologie aber scheint sich noch mehr als andere Disziplinen abgegrenzt zu haben. Sie ist – den engen Vorschriften des Lehramtes entsprechend – systemintern geblieben. Dazu kommt die Schwierigkeit, neue Sachverhalte und Erkenntnisse in die überkommenen theologischen Begriffe zu zwängen. Religion, wie sie heute fast überall in den Institutionen vermittelt wird, scheint leider vielen Menschen den Weg in eine tiefe religiöse Entwicklung zu versperren. So beginnt sich eine ganz neue Religiösität außerhalb der bekannten Religionen zu entwickeln.

Gott ist nicht mehr nur der, der alles leitet und regelt; sondern was wir mit Gott bezeichnen, ist die Ganzheit dessen, was existiert. Diese letzte Instanz, das Göttliche, ist holistisch zu verstehen. Die Wissenschaft meint also mit Ganzheit und Einheit nicht den alten Begriffsinhalt von Gott, sonst wäre durch die Hintertüre wieder eine überholte Gottesvorstellung eingetreten. Gott offenbart sich als Geist und Materie. Die theistische Theologie nennt das fälschlicherweise Pantheismus, weil sie nicht verstehen kann, was die Esoterik mit Nicht-Zweiheit ausdrücken will, nämlich die Erfahrung von Begriffspaaren als Einheit der Wirklichkeit.

Wir kommen leider zu keiner Aussage, ohne daß wir Begriffspaare bilden. Diese Begriffspaare als Einheit der Wirklichkeit zu erleben, ist die mystische Erfahrung. Nur in der Erfahrung lassen sich Begriffspaare überschreiten. Und nur wenn wir sie transzendieren, erfahren wir, was Wirklichkeit ist. Zen nennt diese beiden Aspekte der Wirklichkeit Leerheit und Form. „Form ist wirklich Leerheit, Leerheit wirklich Form." Das Göttliche ist eine bipolare Einheit. Es gehört nicht auf die Seite eines Poles. Es ist das, was beide Pole in der Einheit transzendiert.

Diese Wirklichkeit ist aber mit der üblichen Gottesvorstellung nicht zu beschreiben. Sie ist – um das noch einmal zu betonen – nicht der Gott, den sich Menschen gemacht haben, sondern sie ist diese letzte Wirklichkeit, die nur als Geist und Materie existiert und nur in einer transpersonalen Erfahrung wirklich begriffen werden kann.

Stärkeres Eingehen auf die Astrophysik und die Relativitätstheorie hätten der theistischen Theologie geholfen, in der Gottesvorstellung mit der allgemeinen Entwicklung des Bewußtseins Schritt zu halten. Sind doch viele Spitzenwissenschaftler wie Planck, Einstein, Born, Bohr, Jordan, Bohm, Heisenberg an die Grenze des rationalen Wissens gestoßen und reden offen von dieser anderen Instanz, die nicht mehr mental erfaßbar ist, die sich der mathematischen Formel entzieht, aber zu dem gehört, was wir Wirklichkeit nennen. Und sie sind überzeugt, daß diese letzte Instanz andere Fähigkeiten besitzt als unser Ichbewußtsein und daß es letztlich diese Fähigkeiten sind, die mit Hilfe des Ichbewußtseins alle Evolution vorantreiben.

6. Pantheismus – Monismus

Diese beiden Begriffe beschäftigen auch heute noch die Theologen. Die holistische Weltsicht ist jedoch etwas anderes als die monistische. In der holistischen Sicht der Wirklichkeit erscheinen Geist und Materie als Eines mit zwei Aspekten. In der monistischen Sicht dagegen sind Materie und Geist in der Substanz eines. Genau das aber ist nicht der Fall. Immer wieder betont die holistische Sicht die Nicht-Zweiheit.

Im Buddhismus erläutert man sie mit einem ‚Goldenen Löwen‘. Gold kann nur in einer Form erscheinen (Löwe). So sind Form (Löwe) und Gold eines. Aber Gold ist nicht Löwe und Löwe nicht Gold. Pantheismus würde bedeuten, Löwe und Gold haben die gleiche Substanz. Das sagt die Esoterik nicht. Aber Löwe und Gold können nur zusammen auftreten. Sie brauchen einander, um zu erscheinen. Sie sind koexistent.

Ein anderes Bild ist: Licht und Schatten. Sie können nur zusammen auftreten. Sie sind nicht dasselbe, aber eines kann nicht allein erscheinen. Wo Licht ist, da ist Schatten, wo Schatten, da ist Licht.

Darum sagt Eckehart: „Auf einmal und zugleich, als Gott war, da er seinen ihm gleich ewigen Sohn als ihm völlig gleichen Gott erzeugte, schuf er auch die Welt“.[2] Oder: „Desgleichen kann zugegeben werden, daß die Welt von Ewigkeit her gewesen ist“.[3]

Als Christen könnten wir die beiden Pole oder Aspekte Vater und Sohn nennen, Vater als den Aspekt des Ursprungs (Geistes) und Sohn als Aspekt der Form (Schöpfung). Beide zusammen machen die Wirklichkeit aus. Wenn man Vater sagt, gehört dazu Sohn. Wenn man Sohn sagt, gehört dazu Vater. Sie sind koexistent und in ihrer Existenzform eins. Darum sprechen wir vom „Einen Gott“. Aber unser diskursives Denken muß sich als Begriffspaar auseinandernehmen. Die letzte Wirklichkeit ist eine holistische Instanz. Der eine Aspekt offenbart sich im anderen. Es gibt also keine Transzendenz, die sich nicht holistisch offenbart. Diese letzte Instanz ist etwas, was sich in materiellen, psychischen und geistigen Formen manifestiert.

7. Die bipolare Einheit

Die Wirklichkeit hat zwei Aspekte, wie jeder Stab zwei Enden hat. Wir nennen den einen Aspekt Form (im Zen) oder Schöpfung (im Christentum). In der Welt der Formen spiegelt sich der andere Aspekt der Wirklichkeit, den wir verschieden benennen: Gottheit, Leerheit, Brahman, das Absolute usw. Beide zusammen machen die Wirklichkeit aus.

In der Ganzheit gibt es keine Polarität, keine Zeit und keinen Raum. Für unser menschliches Bewußtsein ist diese Ganzheit nicht faßbar. Das kränkt die Ratio. Weil die mystische Erfahrung Erfahrung dieser Ganzheit ist, gerät sie oft in Gegensatz zur Theologie, die in der Welt der Polarität angesiedelt ist. Nicht als ob die Mystik gegen die Theologie wäre, sie betont nur diese Seite der Ganzheit, die sie erfährt, die aber der Ratio verschlossen bleibt.

Ich möchte ein Wort von Nikolaus von Kues anführen. Selbst ein großer Philosoph, Theologe und Mathematiker, ist er wohl unverdächtig, wenn er schreibt: „Beinahe alle, die sich dem Studium der Theologie widmen, beschäftigen sich mit gewissen festgelegten Traditionen und deren Formen, und wenn sie so reden können wie andere, die sie sich als Vorbilder aufgestellt haben, halten sie sich für Theologen. Sie wissen nichts vom Nichtwissen jenes unerreichbaren Lichtes, in dem keine Dunkelheiten sind. Die aber, die durch das wissende Nichtwissen vom Hören zur Schau des Geistes gebracht werden, freuen sich darüber, das Wissen des Nichtwissens durch sichere Erfahrung erlangt zu haben".[4]

Jede Form präsentiert einen Inhalt, den Verstand und Sinne nicht begreifen können. Die Welt der Formen ist die Kontaktstelle zur Nicht-Form. In der Welt der Formen spiegelt sich das Wirkliche wieder. Die Welt der Formen ist Maya oder Schöpfung. Hinter der Welt der Formen liegt die Ganzheit, ein Zustand, der alles in ununterschiedener Weise enthält.

Noch treffender wäre vielleicht der Vergleich mit einem Lineal, das auf der einen Seite in Zentimetern mißt und auf der anderen Seite keine Einteilung besitzt. Beides zusammen macht ein Lineal aus. Unser Verstand kann immer nur eine Seite sehen. Die mystische Erfahrung erfährt beide Seiten als eines. Darum spricht die Mystik statt von der Ganzheit auch von der Einheit.

Ziel der mystischen Erfahrung ist es also gar nicht, der Polarität zu entrinnen, sondern diese als Ausdrucksform der Einheit zu erfahren. Beide Aspekte gehören zusammen: Einheit (Ganzheit) und Polarität (Vielheit), so wie zwei Seiten zur einen Münze gehören.

Die Polarität ist eine Gefängniszelle. Sie bringt dem Menschen, wie Shakyamuni Buddha sagt, Schmerz, Leid, Alter und Tod. Innerhalb der Welt der Formen gibt es keine erfüllende oder befriedigende Sinndeutung des Lebens.

Der Mensch kann dieser Gefängniszelle entrinnen und eins werden. Den Schritt aus der Polarität in die Einheit nennt die Esoterik Erleuchtung, die große Befreiung, Satori, Unio Mystica usw. Da dieser Schritt aus der Polarität herausführt, entzieht er sich jeder Formulierung und Darstellung.

Wenn Menschen dieser Schritt gelungen ist, müssen sie ihre Erfahrungen in Bilder und Symbole kleiden. Diese drücken besser als abstrakte Worte das Unsagbare aus. Doch auch alle Bilder und Symbole gehören dem Reich der Formen an. Sie sind nur Mittler zum Inhalt hin. Sie verhalten sich zu ihrem Inhalt wie die Traumbilder zu ihrer psychologischen Bedeutung. Wenn Bilder und Symbole wörtlich verstanden, verabsolutiert und „angebetet" werden, erstarrt eine Religion. Das Gold wird gleichsam mit der Form verwechselt.

Eine Religion, die in Formen erstarrt ist, sieht nur diese Formen und vergleicht sie mit anderen Religionen. Das Argumentieren und die Auseinandersetzung beginnen. Die eigene Religion ist selbstverständlich sehr viel besser oder gar „wahrer" als die andere. Man sieht nicht mehr, daß Religionen zwar formal sehr verschieden sind, aber aus der gleichen absoluten Wahrheit kommen und zur gleichen Wahrheit zurückführen wollen. Die gleiche Flüssigkeit erscheint in verschiedenen Gefäßen. Die Gefäße können ganz verschiedene Größe und Form haben. Wer nur das Äußere sieht, muß die Unterschiede betonen. Wer den Inhalt kostet, schmeckt die gleiche Wirklichkeit. Er muß aber selber davon trinken, eine Beschreibung reicht nicht aus.

Das hat nichts mit Synkretismus zu tun, ganz im Gegenteil: Der Mensch braucht die verschiedenen Gefäße, um die Vielfalt des Göttlichen zu erkennen.

Alle Religionsstifter, alle Mystiker des Ostens und des Westens haben einen Weg in die Erfahrung des Göttlichen gelehrt. Sie haben, wenn auch in ganz verschiedenen Worten, das gleiche gemeint. Sie zeigten den Weg aus der Polarität in die Ganzheit.

8. Rückkehr in die Ganzheit

Der Mensch muß zurückfinden in die Ganzheit. Ganzheit umschließt alles. Es gibt nichts, was außerhalb wäre. In der Ganzheit gibt es weder Zeit noch Raum. Raum und Zeit sind nur innerhalb der Polarität möglich. Die Ganzheit kann nicht konkret, nur in Paradoxien, in Parabeln und Mythen beschrieben werden. Nur die paradoxe Formulierung läßt sie aufleuchten.

Wenn das Eine heraustritt in die Schöpfung, ist es polar. Schöpfung heißt, daß die Einheit in Vielheit zerfällt. Ein beliebtes Bild versucht, dies klar zu machen: Licht fällt durch ein Prisma. Licht steht für Einheit, die Farben sind die Polarität. Das Prisma zerlegt das Licht in viele unterscheidbare Farben. Das Licht bleibt jedoch immer das, was es ist: Licht. Ein anderes Bild ist der Fächer. Er (das Eine) faltet sich aus ins „Vielfältige". Er ist einfaltig und vielfaltig.

Yoga sagt: Wenn in der Milch ein Amethyst liegt, erscheint die ganze Milch grünlich. Aber Milch und Amethyst bleiben, was sie sind. Diese Bilder machen deutlich, daß die mystische Einheit kein Monismus ist. Die Nicht-Zweiheit bleibt gewahrt.

Die polare Welt existiert in Wirklichkeit nicht so, wie wir sie sehen. Sie ist eine Täuschung, sagt die Esoterik immer wieder. Unser Ich hypnotisiert uns ständig. Dies einzusehen, ist schwierig, solange man in die Täuschung eingekapselt ist. Aber es nicht einsehen zu können, bedeutet, ewiger Gefangener der Täuschung zu bleiben. Jeder esoterische Weg will von dieser Illusion befreien. Die Ein-sicht, daß die Welt der Polarisierung nicht existiert, ist die Befreiung.

Der Traum kann uns das erläutern. Wenn wir nachts träumen, halten wir alles für wirklich. Da sind Wälder, Menschen. Wir fliegen oder gehen unter Wasser usw. Wenn wir aus dem Schlaf erwachen, stellen wir fest, daß all das gar nicht existiert. Um das zu erkennen, muß man erwachen. Auch das Universum, um dessen Deutung wir Menschen uns so sehr mühen, ist nur ein Traum. Das kann man aber erst erfahren, wenn man erwacht ist. Darum wird Erleuchtung auch Erwachen genannt. Es ist eine Befreiung aus den Fesseln der Polarität in die Einheit.

9. Mythos – die Sprache der Religion

Es gehört zur Tragik der theistischen Religionen, daß sie die Geschichte überbetonen. Die Wahrheit einer Religion liegt jedoch im Symbol, im Bild, im Mythos[5] verborgen. Diese sind wie Glasfenster, die durch das „ewige Licht" erleuchtet werden. Die Glasfenster geben dem Licht Struktur und Farbe, damit darüber gesprochen werden kann. Wir haben zu lernen, sie zu deuten. Wer sie nur historisch versteht, verschließt ihren wahren Sinn.

Der Mythos hat letztlich immer Befreiung oder – wie wir gewöhnlich sagen – Erlösung zum Inhalt. Erlösung wird im Ritual oder in der Liturgie wie in einem

Drama aufgeführt. Im Christentum entfaltet es sich im Laufe des Kirchenjahres. Es ist die Aufführung der ewigen Wahrheit im Ritual. Wer jedoch das Leben Jesu nur als Mysterienspiel sieht, geht genau so in die Irre wie der, der nur die historischen Reminiszenzen sieht. Mythos und Geschichte gehören zusammen. Die Liturgie wird zur Darstellung eines kosmischen Mysterienspieles. Gespielt wird das Kommen und Gehen des Göttlichen Lebens in der Vielfalt der Formen. Evolution ist das Spiel der Entfaltung des Göttlichen.[6]

Mit dem Mythos der Religion soll man umgehen wie mit Träumen. Man muß fragen, was die Bilder zu sagen haben. Wer seine Traumbilder vordergründig oder gar wörtlich nimmt, mißdeutet sie genauso wie der, der sie als Nonsens abtut. Wer ihre wirkliche Aussage finden will, muß tief in die allgemeinmenschliche Symbolik vordringen. Die Bilder sind nur Metaphern, Analogien und Archetypen, deren Bedeutung es zu finden gilt. Genauso muß man mit den Bildern und Symbolen heiliger Schriften umgehen.

Der Mythos behält seine Bedeutung. Wir müssen nur wissen, daß er kein historisches Geschehen erzählt. In der Religion bleiben wir häufig beim vordergründig Historischen stehen. Wenn wir die Tiefe der Religion erfahren wollen, sollten wir ein äußeres Glaubensverständnis überschreiten. Wir dürfen Vater, Sohn und Geist nicht nur als Personen nehmen, die wir anrufen können, um die Geschicke unseres Lebens und dieser Welt zu ändern, sondern auch als Metaphern, die uns eine hintergründige, tiefergehende Wahrheit vermitteln wollen. Der Mythos vermittelt nicht Sachwissen, sondern Erkenntnis über das, was wir wirklich sind und was wir als Wahrheit erfahren sollen.

Es werden immer neue Mythen entstehen.[7] Sie sind offensichtlich für die Reifung des Menschen zur Ganzheit von größter Wichtigkeit. Sie helfen uns den Anschluß an unser Unbewußtes zu finden, wo wir die eigentliche Botschaft für die Entfaltung unserer Persönlichkeit in Form von Träumen und Anstößen erhalten. Sie bringen uns Zielvorstellungen für unsere Reifung und Ganzwerdung. Im biblischen Jesusmythos ist uns eine solche voll entfaltete Persönlichkeit vor Augen gestellt. Wenn wir diese Zielvorstellung verwirklichen, entfalten wir uns zur vollen „imago dei" (Bild Gottes) und sind würdig – um in der Sprache der Bibel zu bleiben – in den Himmel aufgenommen zu werden, das heißt letztlich, vollkommener, ganzer Mensch zu werden, der in der „visio beatifica", in der seligen Schau, die Ganzheit der göttlichen Offenbarung begreift.

Im Christentum haben wir dieses Motiv in der Eucharistie. Das Bild von den über den Acker zerstreuten Weizenkörnern, die im Brot eins werden, geht auf die Vorstellung zurück, daß das Eine zerstückelt wird, um wieder zur Einheit zurückzukehren. Wenn das Göttliche (die Ganzheit) heraustritt und in das Viele geht, wenn also Schöpfung wird, stirbt die Einheit, stirbt gleichsam das Göttliche, um in der Eucharistie unter den Aspekten Brot und Wein wieder als Eines aufzuerstehen.

10. Ich und Selbst

Was ist das Ich? Unser Ich ist die Abgrenzung, die uns Gestalt und Form gibt. Es ist der ‚Löwe' (Form), in dem sich das Gold offenbart. Es ist das, was uns zur Person macht, damit das Göttliche durchtönen (lat. personare) kann. Es ist absolut notwendig, es ist koexistent mit dem anderen Aspekt der Wirklichkeit. Das Krankmachende ist nur die Überheblichkeit des Ich. Dann wird es nämlich undurchlässig für das Göttliche.

Unser Ich ist also eine Kostbarkeit. Dazu gehört auch unser Körper, die materielle Schicht, die Psyche, der Intellekt. Daher rührt alle Ehrfurcht vor dem, was Form hat; spricht sich darin doch die letzte Instanz aus.

Das Ich macht uns zum Menschen. Es ist kulturschaffend und schöpferisch in Fortschritt und Entwicklung auf allen Gebieten. Wir dürfen es in keinem Augenblick negativ sehen. Negativ ist nur, daß es sich herrisch auf den Kutscherbock gesetzt hat und ohne rechte Orientierung durch das Leben fährt. Allzuoft wirft es den Wagen um. Es hat zu lernen, seine Orientierung aus der Tiefe des wahren Wesens zu holen. Es muß zurückfinden zur Ganzheit.

Der Mensch grenzt sich innerhalb dieser Ganzheit ein Stück ab und sagt: „Das gehört mir". Er zäunt gleichsam ein Stück Land ein. Zu dem sagt er „mein". Das Land war seit Urzeiten da und wird auch nach dem Besitzer noch da sein. Das Land wird vom Zaun nicht berührt. Und Sonne, Regen, Wind, Insekten und Vögel nehmen davon keine Notiz. Der Zaun existiert in Wirklichkeit nicht. Es sei denn, man glaubt an ihn. Die Idee des eigenen Grundstückes ist davon abhängig, daß Besitzer und einige andere daran glauben. Der Zaun ist das Ich des Menschen, das nur als Idee existiert. Mit seinem Ich grenzt der Mensch sich ab und aus. Das Ich schafft Polarität. Das Ganze ist das Innen und Außen.[8]

Jeder Heilsweg bringt notgedrungen die Auseinandersetzung mit dem Ich. Der Mensch muß die dominierende Macht des Ich brechen und seine Identifikation mit ihm auflösen. Er kann sonst nicht das Ganze erfahren. Dieser Weg heißt Selbsterkenntnis, Selbstfindung, Selbstverwirklichung. Das Selbst ist der Raum, in dem wir Ganzheit erleben. Es ist die „scintilla animae", der „Seelenfunke", von dem Eckehart spricht, die „innere Burg" einer Teresa von Avila, der „Grund" eines Johannes Tauler.

Das Selbst ist also eine Art Zentrum, in dem Wirklichkeit erfahrbar wird. Es ist der Platz, an dem die bipolare Wirklichkeit als Eines einsichtig wird. Das Selbst ist also nicht das Göttliche. Aber in ihm wird die letzte Wirklichkeit erfahren. Es ist der Schnittpunkt, in dem sich die beiden Aspekte Geist und Materie treffen und als Ganzes erfahrbar werden.

Unser Ich hat, wie die Erzählung von der Ursünde im Paradies bereits zeigt, den Drang, diese Eingrenzung immer wieder zu durchbrechen. Ja, darin besteht die Ursünde, daß wir diese Einheit immer wieder mit unserer Ichabgrenzung zerreißen. Religion soll dem Ich helfen, im Gleichschritt mit dem innersten Wesen zu gehen. Ethische Vorschriften sollen animieren, im Gleichklang mit dieser inneren Instanz zu leben, um so zur reifen Persönlichkeit heranzuwachsen, die in Harmonie mit ihrer

Tiefeninstanz lebt. Es ist Sinn dieser unserer irdischen Existenz, zu reifen und ganz zu werden und zur Einheit zurückzukehren.

In langen Übungen der Kontemplation erscheinen manchen Menschen archetypische Bilder wie Licht, Jesus, Maria, aber auch Shiva und Kannon als erschütternde und eindrucksstarke Symbolgestalten des Göttlichen. In der Mystik werden sie gelehrt, daß solche „Visionen" nicht die Wirklichkeit selber sind, sondern Strukturen, in denen sich die letzte Wirklichkeit dem Ichbewußtsein mitteilt, und zwar meist in einer Intensität, die das Leben verwandelt.

Symbole, Mythen und Rituale werden zu Erlebnisformen der Ganzheit, die immer zwei Aspekte hat: das Faßbare und das Unfaßbare. Ohne solche Erlebnisformen können wir nur schwer Vorstellungen über Gott entwickeln. Sie helfen uns, den Inhalt der Religion in gelebtes Leben umzusetzen. Darum behalten all diese Aussagen ihre tiefe Bedeutung.

Wenn da gesagt wird, daß Gott Vater seinen Sohn in die Welt gesandt hat, um sie durch seinen Opfertod zu erlösen, und daß er wieder auferstanden ist, um zum Himmel zurückzukehren, dann ist das nicht nur der Bericht über ein historisches Faktum, sondern auch eine symbolische Aussage für das sonst unanschaulich bleibende evolutionäre Geschehen überhaupt. Dieser Mythos hat, wenn er sich im Kirchenjahr entfaltet, eine lebenssteigernde Intensität und trägt so entscheidend zu meiner psychischen und gesamtmenschlichen Reife bei.

Wenn die Menschen anfangen zu formulieren, werden die Aussagen widersprüchlich. Alle Aussagen sind nur wie Speichen, die an der Nabe befestigt sind. Die Nabe selbst aber ist Leerheit, Gottheit, Sunyata, Nirvana. Das bedeutet nicht Nichts, es bedeutet vielmehr, daß dort alle Speichen zusammenlaufen oder von dort ausgehen und daß alles von dorther seine Bedeutung bekommt, wie auch das Rad seinen Sinn von der Nabe her erhält. Wenn diese leere Nabe nicht wäre, wäre dem Rad sein Sinn genommen. Wenn diese Leerheit nicht wäre, ergäbe alles Leben keinen Sinn. So läuft alles, was ist, in dieser Leerheit (Gottheit) zusammen. Die Leerheit aber ist nicht leer. Von ihr gehen alle „Speichen des Seins" aus.

V. Christliche Mystik und die östlichen esoterischen Wege

1. Rationales Erfassen und mystische Erfahrung

Die Astrophysik hat in letzter Zeit ungeheure Fortschritte gemacht und Erkenntnisse gewonnen, die uns Menschen und unsere Erde sehr bescheiden werden lassen. Wir sind absolut nicht mehr der Mittelpunkt des Weltalls, wie wir das so lange gemeint haben. Unsere Erde ist ein Staubkorn am Rande des Weltalls, beheimatet in einer relativ kleinen Milchstraße, von denen es Millionen gibt, die meisten bei weitem größer als die unsere. Das Weltall begann wahrscheinlich vor urdenklichen Zeiten mit einem Urknall und dehnt sich seitdem mit nahezu Lichtgeschwindigkeit aus. Wir hören von pulsierenden Quassaren und von schwarzen Löchern. Und man vermutet, daß dieses Weltall nach unvorstellbar langen Zeiten wieder kontrahiert. Unsere Sonne wird dann längst erkaltet sein und das Leben auf der Erde erstorben.

Wir sind auch dabei, den Mikrokosmos zu erforschen. Wir können das Atom spalten und fürchterliche Folgen heraufbeschwören. Wir können das Leben auf diesem unserem Erdenschiff vernichten. Wir haben andere subatomare Teilchen gefunden, wie etwa die Quarks. Von ihnen können wir nicht mehr angeben, wo sie sich gerade befinden und mit welcher Geschwindigkeit sie sich bewegen, ja wir können die Grenze von Materie und Energie nicht mehr unterscheiden, da diese Teilchen abwechselnd als Materie oder als Energiewellen auftreten. Wir experimentieren und rechnen zwar immer noch, aber wir wissen schon nicht mehr recht, womit wir eigentlich experimentieren.

Wir haben uns zu hüten vor der Auffassung, die Welt könnte nach rationalen Gesichtspunkten organisiert sein. Sie ist offensichtlich arational organisiert, und ihre innere Struktur hat nichts zu tun mit intellektuellen Überlegungen. Anders ausgedrückt: sie hat Dimensionen, die rational nicht mehr erfaßbar sind. Ich erinnere an die Theorie der Superstrings, die 10 Dimensionen postuliert. Sie definiert die Welt zehndimensional, nämlich neun räumliche Dimensionen und die Zeit. Andere Physiker fordern bis zu 26 Dimensionen.[1] Wir haben uns Menschen eine viel zu große Wichtigkeit beigemessen und viel zu genau gewußt, wer Gott ist. Wir leben aber an einem winzigen Punkt dieses Kosmos zwischen Qarks und schwarzen Löchern. Sowohl die Mikrowelt als auch die Makrowelt überfordert unser Vorstellungsvermögen.

Das rationale Bewußtsein ist nur eine Form von Bewußtsein, neben der noch andere zu uns gehören. Es betrachtet das Universum in der ihm eigenen begrenzten Art und Weise. So können wir mit ihm nur vier Dimensionen wahrnehmen. Die übrigen sind offensichtlich nur mit anderen Bewußtseinsformen erfaßbar. Wirklichkeit ist etwas ganz anderes, als uns diese sehr begrenzte Ratio erschließen kann.

Die Theologie redet von Gott nur auf der Ebene der Rationalität. Auch was wir Offenbarung nennen, ist verbalisiert auf dieser vierdimensionalen Ebene. Nun geht die Naturwissenschaft über alle traditionellen mathematischen Aussagen vom Universum bereits hinaus. Muß nicht auch die Theologie ihre rationalen Aussagen von Gott übersteigen? Warum diese ängstliche Abwehr in kirchlichen Kreisen? In der Institution hat man nach wie vor Angst vor der Mystik.

Die Mystik wußte schon immer um andere Dimensionen. Das Ich, sagt sie, muß transzendiert werden, um in die Erfahrung zu gelangen. In der Sprache der Mystik hieß das: Das Ich muß sterben. Sie konnte die Erfahrung anderer Dimensionen ebensowenig benennen wie die Naturwissenschaftler; denn auch sie vermag Erfahrung nicht einzufangen in eine Sprache, die auf rationalem Denken beruht. Die Naturwissenschaft erkennt heute in den östlichen esoterischen Systemen eine gewisse Verwandtschaft zu ihren eigenen Grenzerfahrungen.

Die östlichen Religionen haben beides: Eine Theologie und eine Praxis, die in die Erfahrung führt. Die Theologie ist sehr vielfältig und sehr subtil. Die Praxis wird mit einem allgemeinen Namen „Tantra" genannt. Tantra kommt aus dem Sanskrit und bedeutet „weben". Über Tantra redet man nicht, man muß es tun. „Die Philosophie kann intellektuell begriffen werden, Tantra dagegen nicht. Die buddhistische Philosophie ist eine Funktion der Ratio. Tantra transzendiert das Rationale. Die subtilsten Denker der indischen Zivilisation erkannten, daß Wort und Begriff sie nur bis zu einem bestimmten Punkt brachten. Jenseits dieses Punktes lag die eigentliche Ausübung einer Praxis, deren Erfahrung unbeschreiblich ist. Das hielt sie nicht davon ab, die Praxis zu einer äußerst wirkungsvollen und hochentwickelten Reihe von Techniken auszubilden, aber es verhinderte, daß sie die Erfahrung, die diese Techniken bewirkten, beschreiben konnten."[2] Eine wichtige Funktion der östlichen Religionen besteht darin, dem Geist die Möglichkeit zu geben, Einschränkungen der Symbolik zu entkommen. Symbole sind nach dieser Auffassung alles, nicht nur Wörter und Begriffe, sondern auch Menschen und Dinge. Jenseits der Grenzen der Symbolik liegt das, was ist, reines Gewahrsein, die Erfahrung des ‚Soseins' der Realität.

Nichtsdestoweniger gebrauchen auch die östlichen Religionen Symbole, aber sie gebrauchen sie, um der Einschränkung der Symbole zu entkommen. Religion wird immer Symbole, d. h. Worte, Riten, Mythen, Sakramente benützen müssen. Aber sie sind nur der Finger, der auf den Mond zeigt. Wir haben als Christen wieder zu erkennen, daß Religion ebensosehr auf der Erfahrung beruht wie auf dem Wort. Die östlichen Religionen zeigen uns das sehr deutlich.

In naturwissenschaftlichen und transpersonalen Zeitschriften finden sich heute mehr Artikel über Mystik als in den christlichen spirituellen; denn die Mystik ist in den letzten 200 Jahren aus den christlichen Kirchen ausgewandert, was mit ein Grund sein mag, daß viele Menschen unserer Zeit so unzufrieden mit ihrer Kirche sind. Tatsächlich haben sich die neuen naturwissenschaftlichen Erkenntnisse in unseren Vorstellungen und in unserem Reden von Gott noch zu wenig niedergeschlagen. Noch ist die christliche Religion zu sehr im Cartesianischen und Newtonschen Weltbild beheimatet. Nur die Mystik hält offensichtlich einem zeitgenössischen Weltbild stand. Sie überschritt schon immer das vierdimensionale Verständnis, um die letzte Wirklichkeit umfassender zu schauen.

Als die Bibel geschrieben wurde, sah sich der Mensch als Zentrum der Schöpfung. Das Weltall kreiste für ihn um die Erde. Er glaubte an einen Gott, der das alles gebildet hat und sorgfältig lenkt. Dieser Gott hatte sich ein Volk ausgesucht, für das er in besonderer Weise da war, mit dem er einen Bund schloß, dem er Gesetze gab. Er zürnte von Zeit zu Zeit mit diesem Nomadenstamm (denn mehr war dieses Volk nicht) und war ihm wieder gut. Zwar erschien Gott auch damals schon unbegreiflich, aber er war im Grunde ein Superwesen, ein Patriarch, der alles überschaute und lenkte. Diese Auffassung spielt heute noch die entscheidende Rolle im Christentum, auch wenn es uns in Anbetracht unserer kosmischen Kenntnisse im Kopf schwerfällt, solch einen patriarchalischen Lenker des Universums anzunehmen, und wir es fast für eine Beleidigung halten, angesichts der Unermeßlichkeit des Universums so von ihm zu reden. Das Mystische ist im Gegensatz zu den östlichen Religionen im Westen unterentwickelt. Es wird heute – vor allem wenn es Anleihen bei den östlichen Religionen macht – verdächtigt und in einen Topf geworfen mit pseudomystischen Strömungen unserer Zeit. Das wird sich sicher eines Tages ändern. Zukav meint in seinem eben zitierten Buch: Falls Bohms oder eine ähnliche Physik in Zukunft zur Hauptstoßrichtung dieser Wissenschaft werden sollte, könnten Erkenntnisse des Ostens und des Westens in außerordentlicher Harmonie ineinander übergehen. „Seien sie nicht überrascht, wenn die Vorlesungsverzeichnisse über Physik im 21. Jahrhundert Vorlesungen über Meditation enthalten."[3]

Die Verfasser der folgenden Berichte schildern den Umbruch ihrer Religiosität:

Ein Priester: „Der tiefere Konflikt in mir ist die Loslösung von einer Überlieferung, die uns sehr geprägt hat, nicht in der bewußten Ausübung der kirchlichen Tradition, nein, in einer viel tieferen, unbewußten Schicht. Und seltsamerweise kommt es mir erst jetzt zum Bewußtsein, wie sehr dieses Christentum in tausend Abwandlungen verfremdet wurde und noch als Grundmotiv in unserem Denken und in der Kultur mitschwingt. Wenn sich nun das Bild, das Jesus Christus uns gegeben hat, das Bild vom Vater-Gott, auflöst, dann ist es schwer, sich in völlig neuer Wirklichkeit zurechtzufinden. Jesus hat den Menschen dieses Bild gegeben, weil sie es schon in sich trugen ... Unsere Zeit aber erträgt die Begrenzung nicht mehr. Vor ein paar Tagen las ich etwas von einem orthodoxen Priester über Kontemplation: ,... wenn du Gott schaust, siehst du nichts, und das ist genau der Punkt: wenn du auf nichts schaust, dann gibt es keine Erfahrung oder Erkenntnis. In der Tat, da ist, was Gott ist, Gott ist nichts'. Und gleich darauf sah ich ,Nichts'. Es war die zaunlose Wirklichkeit, die radlose Wirklichkeit, und alle meine Anhänglichkeit war in diesem Sehen verschwunden. ... Je mehr Ichbewußtsein wegfällt, desto mehr ist man in dieser inneren Wirklichkeit, in diesem ,Nichts'. Es war, als ob die Vergangenheit und die Zukunft aufgehört hätten zu bestehen. Ich konnte mich nicht einmal dazu bringen, mich zu erinnern. Da war nur die Freiheit des Sehens, des Hörens und des Tuns".

Eine Frau: „Ich befinde mich seit geraumer Zeit in einem inneren Zwiespalt mit meiner Kirche; das Nest ist über Nacht zu eng geworden. So bin ich – von meiner Umgebung unbemerkt – heimlich ,ausgewandert', habe das äußere Gefüge von Formen und Strukturen zurückgelassen und möchte doch Menschen dorthin führen, wo sie in religiöser Beheimatung ihren Lebensgrund als kostbaren Schatz entdecken und er-leben! ... Religion ist etwas anderes als das, was die Kirche ‚veranstaltet'. Wenn ich hinterfrage, was meinen Rückzug aus gewohnten Strukturen – besonders aus dem gesamten liturgischen Bereich – bewirkt hat, so kann ich mein Verhalten rational nicht erklären, ebensowenig psychologisch ... Eine starke Sehnsucht nach Verinnerlichung religiöser Erfahrung bestimmt wohl meine Fluchthaltung auf liturgischem Gebiet: Flucht vor Zeremonien, Riten, Gebärden, Worten, Bildern, Dekorationen, Zeichen, in denen der religiöse Mensch sich zum Ausdruck bringt. ... Gott, der in mein Leben als eine so machtvolle Wirklichkeit eingebrochen ist, möchte den Seelengrund ganz ausfüllen. Das ist wie eine Kernumwandlung, in der Einswerdung geschieht, und ich kann diesen Prozeß der Umwandlung, der Verschmelzung derzeit nur geschehen lassen, ohne ihn zeichenhaft umzusetzen. Ich verstehe meine Veränderung, die vielleicht nur eine Durchgangsphase darstellt, selber nicht. Und es schmerzt mich, daß ich nicht wie früher mit Euch ‚feiern' kann. Die Form dafür ist noch nicht geboren". –

Es gibt sehr viel mehr Mystiker in unserer Zeit, als man landläufig vermuten mag.

Mystische Erfahrung transzendierte immer und überall dogmatische Einengungen, wenn sie auch oft genug gezwungen war, sich in herkömmliche Begriffe und Symbole zu pressen. Im Abendland ist sie, seitdem die Gnosis aus dem Christentum verbannt worden war, in Seitenströmungen aufgetaucht, z. B. in der Alchemie, in der Astrologie, aber auch in der Theosophie, der Philosophia perennis und in Teilen der Psychologie (vor allem der C. G. Jungs und heute speziell in der Transpersonalen Psychologie). Menschen, die erschütternden religiösen Erfahrungen ausgesetzt sind, suchen nicht zuletzt deshalb oft in therapeutischer Behandlung Hilfe, weil sie von den kirchlichen Organen nicht verstanden werden. Es gibt eine internationale Organisation namens „Spiritual Emergency Network", in der vor allem Psychologen, Therapeuten und Sozialarbeiter zusammengeschlossen sind. Diese Organisation gibt Anschriften von Personen, an die man sich wenden kann, wenn man mit einem transpersonalen Erlebnis nicht zurechtkommt. Die Not solcher Menschen drückt der folgende Bericht einer jungen Frau aus:

„Bei meiner Erstkommunion hatte ich ein tiefes Erlebnis. Was ich bis dahin geglaubt hatte, nämlich, daß Gott i s t, erfuhr ich an diesem Tag mit meinem ganzen Sein. Und Gott war nicht nur in mir. Er war in allen Menschen um mich herum, und er war überall. Er war die Mitte aller Dinge. Dieses Erlebnis war so stark, daß ich es mitteilen mußte. Aber mein Seelsorger, an den ich mich wandte, sagte mir: ‚Du hast dir etwas eingebildet; du hast phantasiert'. Diese Antwort schockierte mich, denn die Tiefe des Erlebnisses machte es mir unmöglich, es mit Einbildung oder Phantasie zu bezeichnen. So trug ich es mit mir herum, bis ich im Alter von ungefähr 18 Jahren anfing, nach Erklärungen zu suchen. Da ich in der christlichen Kirche vergeblich suchte, ging ich zu den Theosophen. Unter ihnen erfuhr ich, daß dieses Erlebnis, das noch heute mein Leben bestimmt, eine echte mystische Erfahrung war. In der Theosophie erfuhr ich auch von Wegen, die in eine solche Erfahrung führen können. Ich bin heute noch dankbar, gläubige Menschen gefunden zu haben, die mich verstehen."

Es ist für das Selbstverständnis des Menschen wichtig, daß er seine religiöse Erfahrung einordnen kann. Wenn ihm das nicht gelingt, schlittert er leicht in eine Neurose. Seine Erfahrung hat ihm nämlich ein ganz neues und überzeugendes Verständnis von Wirklichkeit gegeben, das aber der Überzeugung der Umgebung widerspricht und deshalb vom Ich nur äußerst schwer im alltäglichen Leben aufrechterhalten werden kann.

Religiöse Erfahrung entläßt den Menschen immer mehr in die Selbständigkeit. Besonders auffällig ist dies bei Frauen. Nach meiner Erfahrung gelangen Frauen viel häufiger und eher in einen mystischen Bewußtseinsraum als Männer, da hier meines Erachtens besonders die weibliche Qualität im Menschen eine Rolle spielt, das Sich-lassen-, Sich-hingeben-, Sich-öffnen- und Aufnehmen-können. Das fällt dem östlichen Menschen leichter, und darum wurde mystische Erfahrung dort immer als zentrales Anliegen anerkannt. Heute entdecken Frauen vielfach dieses ihr weibliches Erbe, das für die Mystik öffnet. Das macht Männern Angst. So manche Frau hat mich darauf hingewiesen, daß das mangelnde Verständnis einer von Männern geführten Kirche ihren Auszug aus der Institution bewirkt hat. Dabei wäre gerade die Entwicklung der weiblichen Qualität im Westen und im abendländischen Christentum, die grundlegend ist für eine Fortführung der mystischen Tradition, die beste Antwort auf die religiöse Sehnsucht des westlichen Menschen. Heute, im Zeitalter der großen Kommunikationsmöglichkeiten, haben wir die Chance, vom Osten zu lernen und damit unsere mystische Tradition wieder zu beleben. Vielleicht wird das zu einer Frage des Überlebens von Kirche und Gesellschaft.

2. Exoterik und Esoterik in den Religionen

Der Unterschied in der Religion verläuft für mich nicht mehr zwischen den einzelnen Religionen, also nicht zwischen Buddhismus, Christentum, Islam und Hinduismus – um nur die großen zu nennen –, sondern zwischen esoterischer und exoterischer Spiritualität. Ich muß hier kurz erklären, was ich unter Esoterik und Exoterik verstehe, um nicht auf Mißverständnisse zu stoßen. Esoterik kommt vom griechischen Wort „esoteros" = drinnen, innerhalb. Exoterik kommt von „exoteros" = populär, für Laien verständlich. Ich gebrauche das Wort Esoterik hier aber nicht im Sinne von Eingeweihten, Menschen also, die sich zu einer esoterischen Gruppe zählen; und das Wort Exoterik nicht im Sinne von Nichteingeweihten, Außenstehenden. Mit dem Wort Esoterik benenne ich vielmehr eine Spiritualität, die auf Erfahrung zielt und in diesem Ziel auch den Sinn der Religion sieht. Mit Exoterik bezeichne ich eine Spiritualität, die ausschließlich auf Schriften, Dogmen, Ritual oder Symbol beruht. Ein Esoteriker ist also nicht ein Mensch mit elitärem Bewußtsein, sondern ein Mensch, der sich auf den Weg gemacht hat, das Göttliche in sich und in allem zu erfahren.

Der fundamentale Unterschied in den Religionen besteht also nicht zwischen den Lehren und Riten der einzelnen Religionen, sondern zwischen ihrer esoterischen oder exoterischen Spiritualität. Der Schnitt verläuft horizontal, nicht vertikal. Ich möchte das mit einem Bild anschaulich machen:

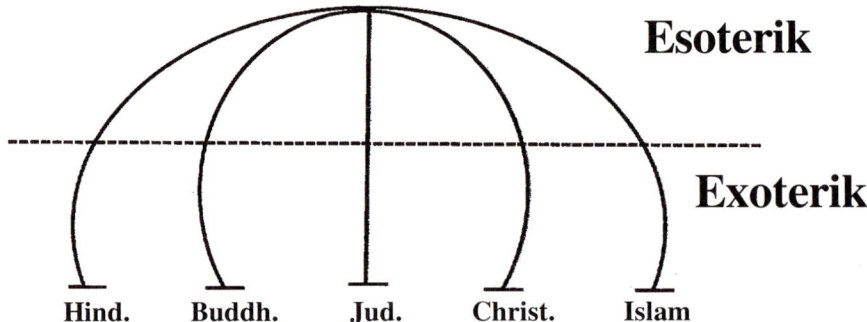

Esoterik

Exoterik

Hind.   Buddh.   Jud.   Christ.   Islam

Die letzte Wirklichkeit, von den verschiedenen Religionen verschieden benannt (das Absolute, die Gottheit, das Tao, Sunyata, Nirvana), entzieht sich jeder Benennung oder Sichtbarmachung durch Verstand und Sinne. Der Versuch, ihr einen für alle akzeptablen Namen zu geben, trennt die Religionen. Daher kam es in der Geschichte immer wieder zu Glaubenskriegen, zu Verfolgungen, Verleumdungen, Herabsetzungen usw. Heute sind wir wenigstens, wenn auch nicht durchwegs, beim Dialog angekommen. Religionen sind Wege, auf denen der Mensch zu seinem Ursprung zurückgeführt werden soll, zu dem, was wir unser tiefstes Wesen nennen oder auch das Göttliche in uns und in allem, was existiert.

Die Erfahrung ist so tief in der menschlichen Existenz verborgen, daß sie jedem Mitteilungsversuch widersteht. Das ist der Grund, warum der Mystik oft Vernunftfeindlichkeit und elitärer Erleuchtungsdünkel vorgeworfen wird. Wird diese Erfahrung dann doch artikuliert, kann sie von Exoterikern nur schwer angenommen werden, weil sie für den Intellekt nicht einsichtig ist. Die Esoteriker dagegen können Ausformulierungen eines Glaubens durchaus akzeptieren, wenn diese nicht absolut gesetzt werden. So hat die Mystik in der Geschichte tatsächlich diese Doppelgesichtigkeit: Sie kann Dogmen wirkungsvoll unterstützen oder unterminieren. An Eckeharts Schriften wird deutlich, daß Mystik nicht im Gegensatz zu subtilen theologischen Überlegungen stehen muß. Trotzdem hatten die Esoteriker in den meisten Religionen an der Härte der Institution zu leiden. Viele wurden nicht nur exkommuniziert, sondern auch in Gefängnisse geworfen und verbrannt.

Der Exoteriker hat Angst, er könnte die Wahrheit seiner religiösen Auffassung verraten. Da sein Glaube in einer ganz speziellen Aussage beheimatet ist, kann er nur schwer annehmen, daß Wahrheit auch in anderen Religionen zu finden sein soll. Das würde seinen eigenen Glauben ja relativieren und ihn so in große Unsicherheit führen, weil seine Glaubenssicherheit doch gerade im Unterschied zu anderen Religionen liegt. Von toleranteren Menschen wird zwar zugegeben, daß auch in einer anderen Religion Wahrheit zu finden ist, aber es kann doch immer nur weniger sein als in der eigenen.

Die Wahrheit, die allen gemeinsam ist, liegt im Herzen jeder Religion. Da diese Wahrheit aber sämtliche Formen transzendiert, in denen sie erscheint, ist es offensichtlich nur wenigen Menschen gegönnt, zu ihr vorzustoßen. Daher ist Religion wichtig. So wenig wie der Mensch ohne Körper leben kann, so wenig kann eine Religion ohne Ausdrucksformen existieren. Heilige Schriften, Theologie und Ritus sind gleichsam die Landkarte, nach der ein gläubiger Mensch seinen Weg zu Gott findet. Er braucht Richtung, Ermutigung und Begleitung, damit er seinen Weg nicht verliert. Der Mensch lebt in einer Welt von Symbolen, Bildern und Formen, und auch um eine Religion mitzuteilen, braucht es diese Ausdrucksformen. Das Gesagte richtet sich also nicht gegen Religion an sich, sondern nur gegen ein verengtes, ausschließlich exoterisches Glaubensverständnis.

Religion ist vergleichbar mit einem Glasfenster. Es bleibt dunkel, wenn es nicht von hinten durch das Licht erhellt wird. Dieses Urlicht ist selbst nicht sichtbar, bekommt aber im Glasfenster der Religion Struktur und wird für jeden Menschen begreifbar. Obwohl Religion oft die Tendenz hat, ihre Anhänger auf die Strukturen des Fensters festzulegen, sollten wir nie vergessen, daß nicht das Glasfenster das Letzte ist, sondern das Licht, das dahinter leuchtet. Nur wer hinter all den Strukturen das Licht Gott sieht, hat Sinn und Ziel der Religion verwirklicht. Die Gefahr besteht darin, daß die Symbole und Bilder von Gott die Wirklichkeit, die sie aufleuchten lassen sollen, mehr verdecken als erhellen.

3. Bedeutung der östlichen Esoterik für die westliche Mystik

Zen half mir, einen wichtigen Teil unserer christlichen Spiritualität zu verstehen, der in der traditionellen Gebetslehre verlorengegangen ist, nämlich das mystische Element. Das Christentum lehrt gewöhnlich mündliches und meditatives Gebet, ein bestimmtes moralisches Verhalten und soziales Engagement. Das ist aber nicht viel mehr als die Elementarschule einer Religion. Viele Christen bleiben in den Kinderschuhen stecken. Wenn sie erwachsen werden, lassen sie diese kindlichen Formen fallen, haben aber nie eine Erwachsenenform des Gebetes gelernt. Das ist so in fast allen Religionen. Auch im Buddhismus und Hinduismus kommen die meisten Anhänger über eine sehr einfache Form nicht hinaus. So sind meines Erachtens alle Religionen erst auf dem Weg, sich aus dem kindlichen Selbstverständnis in eine Erwachsenenform zu entwickeln.

Ich unterscheide zwischen Spiritualität und Religion. Spiritualität lehrt einen Weg in die Erfahrung und befaßt sich mit dem, was erfahren wird. Religion dagegen ist Unterweisung, die sich zum Dogma entwickelt hat. Diese Dogmen stammen wohl aus der Erfahrung, haben sich aber verabsolutiert und werden nur von wenigen Gläubigen als Erfahrung nachvollzogen. In der Esoterik gibt es eine Unterweisung, aber kein Dogma. Die „Lehre" bezieht sich hier auf das Gehen des Weges, um zu einer eigenen Erfahrung zu kommen.

Diese Gedanken legen möglicherweise das Mißverständnis nahe, es könnte Esoterik allein geben. Religion braucht immer die beiden Säulen Esoterik und Exoterik, sonst verfehlt sie leicht ihr Ziel. Auch Esoteriker sind über die Religion auf den Weg in die Erfahrung gekommen. Sie werden Religion nie ablehnen, aber sie erkennen klar die Einseitigkeit, die jede Formulierung mit sich bringt. Weil der Mensch ein Leib-Geist-Wesen ist, braucht er Religion als Konfession und braucht Sprache als Ausdrucksmittel. Aber wahre Religion versucht, über sich hinauszuführen zur Erfahrung des Göttlichen.

Die christliche Religion ist meine Heimat, auch wenn ich mich nicht mit allem identifizieren kann, was die Tradition daraus gemacht hat. Wir haben ein großes Erbe
erhalten, und nur wenige von uns wären auf den Weg der Kontemplation gekommen,
wenn sie das Christentum nicht auf die Spur gesetzt hätte. Ich fühle mich für dieses
Erbe verantwortlich und möchte einiges wieder ans Licht holen, was meiner Ansicht
nach verschüttet ist.

4. Esoterik und Alltag

Der Esoterik geht es nicht in erster Linie darum, den Geist auf eine Stufe des
Erfahrens zu heben, auf der er das Eingebundensein ins Irdische vergißt. Sie soll
vielmehr jenen Klarblick bringen, der alle Ichzentrierung beseitigt und die Welt in
ihrem Sosein begreifen läßt. Das allein führt auch zu jener umfassenden Liebe, die
unser menschliches Leben erst möglich macht.

Es gibt ein altes Mandala, das sowohl im Osten wie im Westen bekannt ist und den
Standort des Mystikers klar und deutlich ausdrückt: zwei übereinander stehende
Kreise, die sich in ihrem mittleren Teil überlappen. Im Christentum nennen wir es
Mandorla. Jesus Christus in der romanischen Kunst wie auch Shakyamuni Buddha
in den Bildnissen des Buddhismus werden in diesen beiden Kreisen abgebildet. Das
Mandala ist wohl älter als beide Religionen. Es kennzeichnet die Übernatur und die
Natur, das Göttliche und das Menschliche, Geist und Materie. Dort, wo sich die bei-
den Kreise überschneiden, sitzt der „Gott-Mensch". Dort ist die Stelle, wo beide
Aspekte der Wirklichkeit in eins zusammenfallen.

Die Mandorla bezeichnet die Vereinigung der scheinbaren Gegensätze, die
coniunctio oppositorum oder, wie Nikolaus von Kues sagen würde, die coincidentia
oppositorum. Es ist die bipolare Einheit, von der die Mystik spricht. Unser Ichbewußtsein teilt die Wirklichkeit in Subjekt und Objekt, unser wahres Selbst dagegen erlebt Einheit und Harmonie. In der Mandorla fallen die beiden Aspekte zusammen. Nikolaus v. Kues schreibt: „Ich habe den Ort gefunden, in dem man Dich
unverhüllt zu finden vermag. Er ist umgeben von dem Zusammenfall der Gegensätze (coincidentia oppositorum). Dies ist die Mauer des Paradieses, in dem Du
wohnst. Sein Tor bewacht höchster Verstandesgeist (spiritus altissimus rationis).
Überwindet man ihn nicht, so öffnet sich nicht der Eingang. Jenseits der Mauer des
Zusammenfalls der Gegensätze vermag man Dich zu sehen, diesseits aber nicht".[4]

Esoterik meint also nicht Ausstieg aus der Welt. Im Gegenteil, sie sieht die Welt
und die Wirklichkeit, wie sie ist, und nicht, wie sie uns Sinne und Verstand vorgau-
keln. Unser menschlicher Reifungsprozeß besteht darin, diese beiden Kreise mehr
und mehr zur Deckung zu bringen. Esoterik und Exoterik gehören zusammen. Auch
im Johannesevangelium gibt es Stellen, die Ähnliches beinhalten, wenn Jesus z. B.
zu den Jüngern sagt: „Jeder, der mich gesehen hat, hat den Vater gesehen" (Joh
14,9). Noch deutlicher sprechen manche apokryphen Texte von dieser Einheit.
„Wenn ihr die zwei zu eins macht und wenn ihr das Innere wie das Äußere macht und
das Äußere wie das Innere und das Obere wie das Untere und wenn ihr das Männliche und das Weibliche zu einem Einzigen macht, so daß das Männliche nicht mehr

männlich und das Weibliche nicht mehr weiblich ist, ... dann werdet ihr ins Reich eingehen".[5]

Letztlich geht es in der Esoterik um ein neues Erfahren und Erfassen der Wirklichkeit. Die wahren esoterischen Wege führen nicht aus dieser Welt hinaus, sondern hinein in den Augenblick, ins Leben. Es geht nicht um Weltverachtung, sondern um eine ganz neue Form der Weltliebe. Damit kommen wir zum Wesen der Mystik des Westens und des Ostens: Religion ist das Leben, und das Leben ist Religion. Wenn ich erfahre, daß mein Aufstehen am Morgen und das Anziehen der Hausschuhe ein tiefreligiöser Akt ist, dann habe ich erkannt, was Religion ist. Aber das ist wohl ohne tiefe Erfahrung nicht möglich. In der Eucharistie verkünden wir feierlich, daß da nicht nur Brot ist (also nicht nur die Form), sondern daß hier das wesenhaft Göttliche in dieser Form erscheint. Wir sollen darin also die beiden Aspekte der Wirklichkeit, Form und Leere, Gott und Materie erkennen. Wir verkünden in der Eucharistie feierlich, daß nichts existiert, was nicht Gott ist, und daß wir eigentlich auch unser Frühstück erfahren müßten als die Ausdrucksform des Göttlichen. Es ist eine heilige Handlung, sein Leben hier und jetzt zu leben. Letztlich ist das Sakrament des Augenblickes nichts anderes als „im Willen Gottes leben". Das ist der Weg zum Glück.

5. Abbau von Vorurteilen

Die Esoterik soll jenen Klarblick bringen, der alle Ichzentrierung beseitigt und die Welt in ihrem Sosein begreifen läßt, aber auch relativiert. Dieses Sosein wird von den Religionen verschieden benannt. Der Osten nennt es oft „Leerheit", was sich im europäischen Sprachgebrauch am ehesten mit dem Wort „das Numinose" oder „das Absolute" übersetzen läßt. Eckehart würde das Wort „Gottheit" gebrauchen. Alle Dinge sind im Grunde ohne selbständige und dauerhafte Substanz. Sie sind reine Erscheinungsformen, die außerhalb des Göttlichen – also außerhalb der Leerheit – nicht auftreten können. Wenn der Osten sagt: „Alle Dinge sind leer", so heißt das nicht, daß die Dinge nicht existieren, sondern daß sie nichts als bloße Erscheinungsformen sind. Die Dinge haben keine ihnen eigene Existenz. Die Leerheit macht die Form also erst möglich und verbindet gleichzeitig alle Formen.

Alles hier Gesagte kann sehr leicht verwechselt werden mit Monismus, Pantheismus, Quietismus, Animismus, Gnostizismus oder – um neuere geistige Strömungen zu nennen – mit Anthroposophie, Theosophie, Christian Science. Aber das stimmt nur, wenn ich die mystische Erfahrung von der rationalen Ebene her zu deuten versuche, auf der sie einfach nicht faßbar ist. Die mystische Spiritualität ist die reife Religiosität, die aus jeder Religion hervorgehen kann. Alles ist mit Gott wesenseins. Es gibt keinen Lebens- oder Erlebnisbereich, der davon ausgenommen wäre. Das ist die Aussage jeder Mystik, sofern sie sich frei und unzensiert ausdrücken darf.

Wir haben Mystik auch zu befreien von aller Bigotterie, Frömmelei, ja von dem, was wir im Christentum Gabe der Prophetie oder Visionen nennen. Damit ist nicht gesagt, daß sich so etwas in der Mystik nicht ereignen und für den einzelnen und vielleicht auch für eine Gruppe von Bedeutung sein könnte. Eine mystische Erfahrung kann aber auch etwas sehr Banales sein und den Menschen doch vollkommen erfüllen. Sie muß sich absolut nicht in religiöser Sprache ausdrücken. Ihre ureigenste Sprache im Westen ist das Liebeslied. Im Zen weiß man, daß ein mystisches Erlebnis im Bad und auf der Toilette, im Geschlechtsverkehr und beim Holzhacken auftreten kann. Das Göttliche offenbart sich in allem und immer dann, wenn es uns geschenkt ist, loslassen zu können.

Ein weiterer Einwand ist der, daß in der Esoterik das Gottesverständnis der Subjektivität des einzelnen unterworfen bleibe. Für eine echte Erfahrung gibt es Kriterien, die freilich wiederum in der eigenen Erfahrung begründet und daher rational nicht festlegbar sind. Das macht jeden Esoteriker machtlos, wenn er Beweise bringen soll. Darum wird die Mystik so lange den kürzeren ziehen müssen, bis ein größerer Teil der Menschheit mit einer solchen Erfahrung beglückt wird. Die Zahl der Menschen, die transpersonale Erfahrungen machen, ist im Wachsen. Leider müssen sich viele außerhalb der organisierten Kirchen etablieren, weil sie innerhalb abgelehnt werden.

Noch ein Vorurteil soll angesprochen werden: Kontemplation sei Selbsterlösung. Weder Zen noch die höheren Formen des Yoga noch Kontemplation haben etwas mit Selbsterlösung zu tun. Erlösung ist immer da. Sie wird vom Menschen nicht gemacht. Er kann sich nur bereiten, sie zu erfahren. Er kann nur versuchen, die Schichten abzutragen, die ihn von ihr trennen. Wie das Verhältnis zwischen göttlicher Gnade und menschlichem Bemühen zu sehen ist, sagt Eckehart im folgenden Text: „Es ist ein Augenblick: das Bereitsein und das Eingießen. Wenn die Natur (gemeint ist der Mensch und sein Bemühen) ihr Höchstes erreicht, dann gibt Gott die Gnade; im gleichen Zeitpunkt, da der Geist (des Menschen) bereit ist, geht Gott in ihn ein, ohne Verzug und ohne Zögern".[6]

Ich halte es für wichtig, daß wir so manches, was wir im Lauf der Geschichte mit Irrlehre bezeichnet haben, neu in Augenschein nehmen. Der wirkliche Dialog zwischen den Religionen wird in Zukunft auf der Ebene der Erfahrung geführt und nicht auf der Ebene der Theologie. Die Zahl der Menschen, die transpersonale Erfahrungen machen, ist im Wachsen. Bleibt zu hoffen, daß die christlichen Kirchen die Zeichen der Zeit erkennen und sich nicht gegen den neuen religiösen Aufbruch stellen, sondern in ihrer eigenen Tradition wiederfinden, was die Menschen heute so sehnsüchtig suchen.

C. G. Jung hat die ganze Problematik einmal auf einen sehr einfachen Nenner gebracht. Mystik ist für ihn nicht eine Sache des Glaubens, sondern der Erfahrung. Er schreibt: „Religiöse Erfahrung ist absolut. Man kann darüber nicht diskutieren. Man kann nur sagen, daß man niemals eine solche Erfahrung gehabt habe, und der Gegner wird sagen: ‚Ich bedaure, aber ich hatte sie'. Und damit wird die Diskussion zu Ende sein. Es ist gleichgültig, was die Welt über die religiöse Erfahrung denkt; derjenige, der sie hat, besitzt den großen Schatz einer Sache, die ihm zu einer Quelle von Leben, Sinn und Schönheit wurde und die der Welt und der Menschheit einen neuen Glanz gegeben hat".[7]

VI. Kontemplatives Beten – eine alte christliche Tradition

1. Begriffsbestimmung

Kontemplation ist das Wort, das im ganzen Mittelalter für das gegenstandsfreie Beten verwendet worden ist. Sie war höchste Form und Ziel jeder Gebetsunterweisung.

Man unterschied drei Gebetsformen:
1. Mündliches Gebet – oratio
2. Betrachtendes Gebet – meditatio
3. Kontemplatives Gebet – contemplatio

Theresia von Avila hat eine noch genauere Einteilung überliefert:
1. Mündliches Gebet
2. Mentales (andächtiges inneres) Gebet
3. Meditation (Betrachtung, evt. mit Lesung)
4. Gebet der Sammlung (aktiv und passiv)

Nach diesen Formen beginnt das eigentliche kontemplative Gebet:
5. Gebet der Ruhe
6. Kontemplation (auch unio mystica, Versenkung, Kunst des Liebens genannt)

Die ersten vier Formen sprechen die intellektuelle und sensitive Begabung des Menschen an, d. h., er betet mit Sinnen, Gefühl und Verstand, er befaßt sich mit Bewußtseinsinhalten wie Bildern, Worten, Metaphern oder der Natur, wodurch die Kräfte der Seele angeregt werden.[1] Die Mystiker nennen das Meditation, heute würde man Betrachtung dazu sagen.

Kontemplation dagegen ist nur möglich, wenn Verstand, Gedächtnis und Wille zur Ruhe gekommen sind. Alle seelischen Kräfte verhalten sich in der Kontemplation passiv. Es geschieht etwas mit dem Betenden. Keinerlei Inhalte werden angenommen, selbst religiöse Bilder, Visionen, innere Ansprachen und fromme Gedanken zurückgelassen. Kontemplation ist reines Schauen. Dem Beter widerfährt etwas. Es ist ein Erwachen zu unserem wahren göttlichen Wesen.

2. Kataphatische und apophatische Spiritualität

Es gibt wohl keine Religion, die nicht einen zweifachen Weg zu Gott zeigt. Die Religionswissenschaft hat dafür eigene Begriffe geprägt: apophatisch und kataphatisch (apo = weg; kata = gemäß, entsprechend; phatis = Rede, Wort). Der eine Weg verläuft also ohne, der andere mit Rede und Wort.

Die kataphatische Spiritualität arbeitet mit Bewußtseinsinhalten, d. h. mit Bildern, Symbolen, Vorstellungen und Begriffen. Sie ist inhaltsorientiert und geht von der Überzeugung aus, daß der Mensch Bilder und Begriffe braucht, um zu Gott zu kommen. Diese seien für die Entfaltung des religiösen Lebens von größter Bedeutung.

Die apophatische Spiritualität ist auf das reine, leere Bewußtsein hin orientiert. Inhalte werden als Hindernis angesehen. Solange das Bewußtsein an Bildern oder Konzepten festhält, ist es noch nicht dort, wo die eigentliche Erfahrung Gottes geschieht. Sie verdunkeln das Göttliche mehr, als daß sie es erhellen.

Die meisten Menschen gehen wohl einen kataphatischen Weg, also den Weg der Bilder, der Vorstellungen und Worte von Gott. So wurden sie von Kindheit an gelehrt, darin finden sie Halt. Die kataphatische Spiritualität spielt deshalb in allen Religionen die größere Rolle. Je stärker Religion aber ins Mystische hineingeht, um so mehr wird sie apophatisch, d. h., sie verläßt die Bilder, die Vorstellungen und Konzepte, weil diese von einem bestimmten Punkt an Gott eher verdunkeln.

So braucht Religion einerseits Bilder und Worte, weil Glaube ohne sie nicht mitgeteilt werden kann, andererseits ist die Gefahr, sie zu verdinglichen und letztlich sogar anzubeten, sehr groß. Bilder und Symbole sind echte Wege, die in die letzte Wirklichkeit hineinführen, aber auch zum Hindernis werden können.

Die apophatische Spiritualität war in den Offenbarungsreligionen, vor allem im Christentum von jeher etwas suspekt. Sie stellte zwar immer eine mehr oder weniger breite Strömung dar, die manchmal mehr unterirdisch, manchmal aber auch stark und breit überirdisch dahinfloß. Dennoch verlor die Institution nie einen gewissen Argwohn ihr gegenüber. Manchmal war er berechtigt, vor allem dann, wenn sich der mystische Weg stark antitheologisch oder gar antiintellektuell gebärdete und ins Unkritische, manchmal sogar ins Parapsychische absank. Mystik und Theologie sind die beiden Säulen einer Religion. Erst wenn beide stark und ausgewogen existieren dürfen, blüht das religiöse Leben.

3. Religion und Persönlichkeitsstruktur

Welchen religiösen Weg der Mensch geht, hängt stark von seiner Persönlichkeitsstruktur ab. Wer sehr subjekt-objekt-orientiert ist, hat meist Angst sein Ich loszulassen oder, wie die Mystik sagt, sterben zu lassen. Solche Menschen brauchen ein Gegenüber, an dem ihr Ich sich festhalten kann. Dazu dienen meist religiöse Bilder und theologische Begriffe. Bilder können dem Menschen zwar das Mysterium Gottes näherbringen, können es aber auch verstellen; denn das Ichbewußtsein benützt sie gern, um sich gegen seine Auflösung zu schützen. Die Kritik am bildlosen kontemplativen Weg kommt daher oft aus der Angst: wenn das Bild Gottes losgelassen wird, dann entschwindet auch das eigene Ich. Darum werden Bilder sehr leicht für das gehalten, wofür sie nur stehen. Sie werden zu Idolen. Das Festhalten von Bildern und Begriffen scheint einer der raffiniertesten Tricks des Ichbewußtseins zu sein, um eine tiefere Vereinigung mit Gott zu verhindern.

Egobewußtsein und Einheitserfahrung sind Todfeinde. Sie können nicht nebeneinander bestehen. Für die Dauer des mystischen Erlebens verliert der Mensch sein Ichbewußtsein. So hat das Mysterium etwas Bedrohliches an sich. Der Mensch steht eine Zeitlang voller Ehrfurcht und auch voller Angst davor. Nur langsam kommt eine tiefere Bereitschaft, sich dem Mysterium zu öffnen. Das bedeutet immer ein Loslassen des Ich und seiner Vorstellungen.

Unser Ich ist etwas, das ständig vom Gedächtnis konstituiert wird, aber keine Existenz in sich selbst hat. Im Laufe des kontemplativen Weges erfährt der Mensch, daß sein Eigentliches sehr viel tiefer liegt als dieses oberflächliche Ich, das von Intellekt, Sinnen und Wille geformt wird. Die meisten Menschen fallen aber einem Täuschungsmanöver zum Opfer, indem sie das Bild, das sie von sich haben, für ihr wahres Selbst halten. Dieses falsche Selbstbild gilt es loszulassen, wenn die größere Wirklichkeit Gott erfahren werden soll.

Wohl in jedem Menschen mischen sich die beiden spirituellen Wege in der Praxis. Der Mystiker nimmt an Gottesdiensten teil und verkündet im allgemeinen auch seinen Glauben. Seine spirituelle Erfahrung allerdings übersteigt dies alles.

4. Einübung in die Kontemplation

Es taucht immer wieder die Frage auf, ob man schon den Weg in die Kontemplation „Kontemplation" nennen soll. Die meisten mittelalterlichen Meister sprechen vom Einüben in die Kontemplation. So sagt z. B. Johannes vom Kreuz, daß man sich „auf den kontemplativen Weg machen muß".[2] Er kennt sogar eine „Stufenleiter" zur Kontemplation.[3]

Madame Guyon (1648–1717) spricht vom kurzen und leichten Weg zum inneren Gebet, den alle ohne Schwierigkeit gehen können und auf dem sie in kurzer Zeit weit kommen werden.[4]

Kontemplation kann also eingeübt werden. Sie ist vergleichbar mit dem Gehen auf einen Berg (vgl. Joh. v. Kreuz, Aufstieg zum Berge Karmel). Joh. v. Kreuz schreibt von einem „Stand der Fortschreitenden".[5] Osuna spricht sogar davon, daß man das Haus der Kontemplation bauen muß.[6]

Durch das Üben bildet sich in der Seele ein Zustand aus, durch den sie in die Beschauung versetzt werden kann.[7] Der Zustand der Kontemplation – dieses liebende Erkennen – kommt erst nach und nach, weil die Seele das, was sie sucht, anfangs noch nicht wahrnehmen kann, obwohl es da ist.[8]

Vor Osuna, Joh. v. Kreuz und Theresia hat schon Hugo von St. Viktor einen klaren Weg in die Kontemplation aufgezeigt. Hugo spricht vom dreifachen Auge des Menschen: „Auge des Fleisches, Auge der Vernunft, Auge der Kontemplation". Mit dem Auge des Fleisches werden die äußeren Dinge erfaßt, mit dem Auge der Ratio werden die geistigen Dinge erfaßt und mit dem Auge der Kontemplation die göttlichen Dinge.[9] Mehr oder weniger findet man diese drei Stufen dann auch bei Richard von St. Viktor, bei Bonaventura und anderen. Die oberste Stufe wird jeweils Kontemplation genannt. Daher wäre es sinnvoll, wenn wir im christlichen Bereich dieses Wort für unseren gegenstandsfreien Weg des Gebetes beibehalten würden. Es entspräche der Tradition. Kontemplation ist ein paralleler Weg zu den Wegen des Zen, des Vipassana und des Yoga hin zum gleichen Ziel.

Bonaventura gibt in seinem Itinerarium eine Beschreibung des Weges. Für ihn ist die Kontemplation das eigentliche Ziel des christlichen Lebens, dem alles dienstbar gemacht werden muß, auch Philosophie und Theologie.[10] Einen klaren Weg zeigt auch jener englische Mystiker des 14. Jahrhunderts, dessen Schriften bei uns bekannt sind unter dem Titel „Wolke des Nichtwissens" und „Wolke des Schweigens".[11]

Für die genannten Autoren war Mystik nicht etwas, was sie vorrangig beschreiben wollten, sondern etwas, zu dem man gelangen kann, für das man sich anstrengen und einsetzen muß. Die letzte Erfahrung ist Gnade. Das wird von keinem in Zweifel gestellt. Aber alle wissen auch, daß menschliches Bemühen und die Hilfe anderer auf diesem Weg sehr förderlich sind.

5. Wer soll sich auf den Weg der Kontemplation machen?

„Alle sind geeignet für das Innere Gebet. Es ist ein großes Unglück, daß fast jedermann sich in den Kopf setzt, nicht zum Inneren Gebet berufen zu sein. Wir alle sind zum Inneren Gebet berufen, so wie wir alle zum Heil berufen sind", schreibt Madame Guyon.[12]

Johannes v. Kreuz schreibt in seinem Buch „Aufstieg zum Berge Karmel": „Das Buch handelt davon, wie die Seele sich bereiten kann, um in Kürze mit Gott vereinigt zu werden. Es gibt Weisung und Lehre, sowohl für Anfänger wie auch für Fortgeschrittene …".[13]

Für Ludwig Blosius, einen Mystiker aus dem 14. Jahrhundert in Frankreich, ist der Status der Kontemplation mindestens für jeden Mönch die größte Selbstverständlichkeit. „Wenn du sagst, diese Vollkommenheit ist für mich zu hoch …, so antworte ich dir: Dann bist du kein Mönch." Es gibt ein Zitat aus dem Zen, das diesem sehr ähnlich ist: „Ein Mönch ohne Kensho (Wesensschau) ist keinen Pfennig wert".

Immer wieder kommen Menschen in Kontemplationskurse, denen bereits eine tiefe mystische Erfahrung zuteil geworden ist. Darunter sind Christen, aber auch Menschen, die ihr Christentum nie praktiziert haben, ja einer kirchlichen Bindung fernstehen. Andere brechen in diesen Kursen sehr rasch zu einer genuin mystischen Erfahrung durch. Es ist durchaus möglich, daß sich die Erfahrung von Christen in nicht religiösen Bildern niederschlägt und daß Agnostiker plötzlich mit christlichen Bildern aufwarten. Beide sind möglicherweise über diese Situation entsetzt.

Als Christen laufen wir Gefahr, nur das als echte mystische Erfahrung gelten zu lassen, was mit dem Rahmenwerk der dogmatischen Aussagen übereinstimmt. Die Erfahrung ist aber nicht an einen bestimmten Glauben, an eine Konfession gebunden. Gott hat sich immer auch Menschen geoffenbart, die nicht in einer bestimmten Religion beheimatet waren. Anders gesagt: Die Erfahrung fließt immer in die bereits vorhandenen Bewußtseinsräume eines Menschen, die ihrerseits abhängen von seiner Vorbildung und Persönlichkeitsstruktur.

Daraus und aus der praktischen Erfahrung ergibt sich die Tatsache, daß auch Menschen, die ihrer Religion fernstehen, diesen Weg gehen und zu echten mystischen Erfahrungen kommen können. Manche kehren zurück in eine kirchliche Bindung. manche erkennen keine Notwendigkeit dazu.

6. Grundformen der Einübung

Es scheint, daß sich die mystischen Wege des Ostens und des Westens auf zwei Grundformen der Einübung zurückführen lassen:
– den Weg der Bewußtseinssammlung,
– den Weg der Bewußtseinsentleerung.

Man könnte auch den ersten Weg den konzentrativen und den zweiten den rezeptiven nennen.

Der Weg der Bewußtseinssammlung besteht im Bündeln oder Konzentrieren der psychischen Kräfte an einem Meditationsobjekt, z. B. einem Wort oder einem Koan. Setzt man die Übung des Verweilens bei diesem Objekt für längere Zeit fort, führt sie zum Verlust der Ego-Ebene des Bewußtseins. Der um das Ego kreisende Gedankenstrom und das Ego selbst werden vom Übungsobjekt gleichsam aufgesogen. Am Ende tritt die Erfahrung des absolut EINEN hervor, denn wo nur EINES das ganze Bewußtsein erfüllt, ist alles andere verschwunden, auch das Ego. Die Einheitserfahrung tritt an seine Stelle.

Der Weg der Bewußtseinsentleerung hat seine Grundstruktur im Nichtreagieren des Bewußtseins. Es ist hellwach, bindet sich aber an keinen Gedanken, läßt sich von keiner Vorstellung gefangennehmen und von keiner Emotion davontragen. Was immer im Bewußtseinsfeld erscheint, wird wahrgenommen und dann losgelassen. So gleicht der Bewußtseinskegel einem Spiegel. Was immer vor ihn hintritt, wird reflektiert. Der Meditierende spürt, daß der beobachtende Grund verschieden ist von den beobachteten Bewußtseinsinhalten, und widersteht der Tendenz, sich mit diesen Inhalten zu identifizieren.

Naranjo beschreibt die meditative Übung so:

„Sie ist eine andauernde Bemühung, alle Bedingungen, alle zwanghaften Abläufe in Geist und Körper, alle durch Gewohnheit bedingten emotionalen Reaktionen aufzuspüren, die die gänzlich einfache Situation vergiften, die der Ausübende benötigt, um sich von ihnen zu befreien."[14]

So führt das Voranschreiten auf dem mystischen Weg zur Entautomatisierung des Bewußtseins. Reaktions- oder Verhaltensmuster sowohl beim Erfassen der ganzen Wirklichkeit um uns als auch beim Bewältigen von Situationen werden durch die Meditation gelöst, abgebaut und endlich abgelegt. Der Meditierende wird wieder fähig, alles, was im Bewußtseinsfeld erscheint, so zu sehen, wie es ist und nicht wie seine Projektionen und Ängste es vorher haben erscheinen lassen.

Auf dem Gebiet der Psychologie ist in den letzten Jahren sehr viel geforscht worden. Wer sich heute mit Mystik befaßt, kommt an dem, was die Transpersonale Psychologie dazu veröffentlicht hat, nicht mehr vorbei. Bis zu einem bestimmten Grad kann sie die mystischen Vorgänge erhellen und viele Aspekte „entmystifizieren", nicht jedoch den letzten Zustand beschreiben oder definieren.

Nicht nur der Christ, wie Karl Rahner einmal sagte, sondern der Mensch der Zukunft wird ein Mystiker sein. Die Menschheit ist wieder einmal am Ende einer ihrer Entwicklungsepochen, nämlich der mentalen Phase, angelangt.[15] Es scheint, daß unser Überleben damit zusammenhängt, ob der Sprung auf die nächste Bewußtseinsstufe, die Jean Gebser die aperspektivische Ebene nennt, gelingen wird oder nicht. Die Jugend zeigt sich für den mystischen Weg bereits viel offener und begabter als die ältere Generation. Der mystische Strom entfaltet sich allerdings mehr außerhalb der organisierten Kirchen als innerhalb; denn die Humanwissenschaften und die verschiedenen Zweige der Psychologie und der Psychiatrie zeigen gegenwärtig ein größeres Interesse für die Tiefendimensionen der menschlichen Seele als die religiösen Institutionen.

a) Die Übung mit dem Atem

Die christliche Mönchstradition kennt schon immer das Eintreten in die Versenkung mit Hilfe des Atems. Aus der Philokalia, einem Buch, das vom Gebetsleben der Mönche der Ostkirche berichtet, seien einige Beispiele genannt.[16]

„Dir ist ja bekannt, Bruder, wie wir atmen: Wir atmen ein und aus. Ohne das ist Leben unmöglich. Wenn Du dich also in Deiner Zelle niederläßt, sammle Deinen Geist, binde ihn an den Atem, durch den die Luft in Dich einströmt, zwinge ihn durch Dein Einatmen in Deine Mitte und lasse ihn dort. Laß ihn dort, aber nicht still und müßig, sondern mit folgendem Gebet: ‚Herr Jesus, Sohn Gottes, erbarme dich meiner‘. Das soll ihn immer beschäftigen, nie soll er damit aufhören.“

„Ein Mensch, der das lernen möchte, sollte wissen, daß, wenn man den Geist daran gewöhnt hat, durch das Einatmen in die innere Mitte zu kommen, man auch praktisch gelernt hat, ihn in dem Augenblick, in dem er sich anschickt, in die innere Mitte zu gelangen, von jeglichem Gedanken zu befreien, so daß er einfach wird und bloß, frei von allen Erinnerungen, außer jenem Ruf zum Herrn Jesus Christus.“

„Dein Denken an Jesus verbinde sich mit deinem Atem, dann erst wirst Du den Sinn des Schweigens verstehen. Hesychius lehrt: ‚Möchtest Du wirklich Schweigen bewahren, wie Du eigentlich solltest, und ohne Anstrengung wachen Herzens sein, dann binde das Jesus-Gebet an Deinen Atem‘.“[16]

b) Die Übung des Sitzens

Das lange, ruhige Sitzen wird von jeher als wichtig angesehen. Man kann sich in einer Kirchenbank niederlassen oder zu Hause auf einem Stuhl oder auf einem niedrigen Bänkchen. Mancher sitzt auch lieber auf den Fersen. Wenn man sich ein Kissen zwischen Gesäß und Fersen legt, ist es leichter, längere Zeit in dieser Stellung auszuhalten. Die christlichen Mönche kannten von alters her das lange Sitzen und das andauernde Üben. Die Übung soll jedoch auch im Alltag fortgesetzt werden.

Cassian, ein Mönch, der uns vom Gebetsleben der Eremiten und Zönobiten in der Wüste berichtet hat, beschreibt die Einübung des mystischen Betens so: Er empfiehlt einen kurzen Satz: ‚O Gott, komm mir zu Hilfe, Herr, eile mir zu helfen‘.

„Das Gebet dieses Verses soll also mit unablässiger Stete gepflegt werden bei Widrigem, damit wir errettet werden, bei Günstigem, damit wir bewahrt werden und uns nicht überheben. Die Anwendung dieses Verses, sage ich, soll ununterbrochen in deinem Herzen erwogen werden. Laß nicht ab, ihn bei jeglichem Werk oder Dienst und auch auf dem Wege zu beten. Pflege ihn beim Schlafen und Essen und in der äußersten Notdurft des Leibes. Dieses Erwägen im Herzen wird dir wie eine heilmächtige Formel sein und dich auch zu der unsagbaren und nur von wenigen erfahrenen Glut des Gebetes hinreißen. Wenn du diesen Vers im Innern pflegst, mag dich der Schlaf überkommen, wenn du nur am Ende, durch seine unaussprechliche Übung geformt, ihn auch im Schlafe zu beten gewöhnt bist. Er soll dir beim

Gewecktwerden zuerst begegnen, beim Erwachen nehme er alle Gedanken vorweg. Bist du vom Lager aufgestanden, so mag er dich zur Kniebeugung geleiten und von da zu allem Werk und Tun. Er begleite dich zu jeder Zeit. Ihn sollst du auf Schwelle und Tür deines Mundes schreiben. Ihn schreibe an die Wände deines Hauses und in das Innere deines Herzens, so daß, wenn du zum Gebete niederfällst, er dein Aufgesang sei, und stehst du sodann auf und begibst dich zu allen notwendigen Lebensbeschäftigungen, so werde er dir das aufrechte und stete Gebet."

Auch die Mönche der Thebais und Skytis kannten das lange Sitzen.

„Der Mönch hockte in seiner Zelle auf einer Matte oder einem niedrigen Papyrusbündel – es mögen zehn Stunden oder mehr des Tages gewesen sein."[18]

„Die Philokalia schreibt: „Nach Sonnenuntergang setze dich auf einen niedrigen Stuhl in deiner ruhigen Zelle bei gedämpftem Licht und sammle deinen Geist von seinem gewöhnlichen Herumschweifen und Draußen-herumwandern und geleite ihn ruhig in dein Herz auf dem Weg des Atems und bleibe beim Gebet: ‚Herr Jesus Christus, Sohn Gottes, erbarme dich meiner', verbunden mit dem Atem."[19]

c) Die Übung mit dem Wort

Der Schreiber der „Wolke des Nichtwissens", einer mystischen Schrift aus dem 14. Jahrhundert, rät ein Wort zu benützen, um das Bewußtsein zu sammeln, und zwar ein kurzes. Die Erfahrung zeigt tatsächlich, daß ein kurzes Wort besser ist als ein langes, ja sogar, daß ein dunkler Vokal leichter fließt und bessere Schwingungen mit sich bringt als ein heller. Als geeignete Worte haben sich in der christlichen Kontemplation z. B. ‚Jesus', ‚Christos', ‚Schalom' erwiesen. Beim innerlichen Aussprechen und Ausatmen verlängert man den letzten Vokal ganz natürlich. Wenn das Wort zwei- oder dreisilbig ist, z. B. ‚Jesus' oder ‚Herr Jesus', dann kann man das Wort wie folgt trennen: HERR nimmt man zum Einatmen, JESUS zum Ausatmen oder die erste Silbe JE zum Einatmen, die zweite SUS zum Ausatmen.

Wenn man mit seiner Übung so weit gekommen ist, dann richtet man die Aufmerksamkeit nicht mehr auf den Atem, sondern auf den Laut. Der Vokal wird gleichsam innerlich gesungen, er führt den Atem. Das Ziel ist, eins zu werden mit dem Wort, bessert mit dem Vorgang des innerlichen Aussprechens oder Singens. Es gilt, dieser Laut selbst zu werden. Dadurch beruhigt sich unser Inneres. Man sammelt das Bewußtsein gleichsam an diesem Wort bzw. Vokal. Damit werden die vielen anderen Dinge losgelassen. Nur noch eines ist im Bewußtsein: dieser Vorgang des langgezogenen Vokals, verbunden mit dem Atem. Kontemplation schiebt also nicht Bewußtseinsinhalte beiseite im Sinn einer Verdrängung, sie läßt nur durch die Sammlung auf dieses eine Wort die vielen anderen Dinge los, d. h., Gedanken, Gefühle, Stimmungen treten für die Dauer des kontemplativen Betens zurück. Das Wort bzw. der Vokal fesselt die ganze Aufmerksamkeit.

d) Vom Lassen der Gedanken

Über das Wort nachdenken aber wäre Meditation über etwas. Eine Grundanweisung aller Mystiker lautet: Man muß aufhören nachzudenken. Auch die frömmsten

Gedanken helfen auf dem Weg nicht weiter. Fromme Gefühle müssen zurück-
bleiben.

Der Verfasser der „Wolke des Nichtwissens" gibt in den Kapiteln 7, 36, 37, 39
Anleitungen zum Gebrauch des Wortes in der Kontemplation: „... nimm ein kurzes
einsilbiges Wort, eines mit einer Silbe ist besser als eines mit zwei Silben, und je
kürzer es ist, um so mehr hilft es dir auf deinem geistlichen Weg. Ein solches Wort
ist z. B. ‚Gott' oder ‚Liebe'. Wähle davon, welches du willst, oder ein anderes. Achte
aber darauf, daß es eine Silbe hat. Verankere dieses Wort fest in deinem Herzen,
damit es bei dir ist, was immer auch kommen mag. Es sei dein Schild und dein Speer
im Kampf und in der Ruhe. Mit diesem Wort schlage auf die Wolke und das Dunkel
über dir. Wehre ab mit ihm jede Art von Gedanken und stoße ihn unter die Wolke des
Vergessens. Und sollte ein Gedanke dich verfolgen und fragen, was du tust, dann
antworte ihm nur mit diesem Wort. Solltest du aber versucht sein, dieses Wort zu
zerlegen, dann erinnere dich, daß du es ganz und nicht entfaltet haben möchtest.
Wenn du dich fest danach richtest, kannst du sicher sein, daß die Versuchung bald
vorbei ist".

„Es geht nicht darum, das Wort mit der Neugier des Verstandes zu zergliedern
oder es im Hinblick auf seine Eigenschaften zu erörtern, als ob du durch eine der-
artige Betrachtung deine Kontemplation steigern könntest. Ich glaube, daß man nie
so verfahren sollte, wenn man sich auf diesen Weg begeben hat. Bewahre vielmehr
alle diese Wörter bei dir in ihrer Ganzheit."

„Gott läßt sich nicht durch Nachdenken erfassen. Man kann ihn lieben, ihn aber
nicht denken. Liebe kann ihn begreifen und umfassen, nicht aber der Gedanke.
Obwohl es gut ist, bisweilen auch über die Güte und Freundlichkeit Gottes nachzudenken, obwohl dich das weiterbringen kann und auch nicht ganz unwichtig ist im
kontemplativen Leben, rate ich dir trotzdem, solche Gedanken zu unterlassen, wenn
du dich bei der kontemplativen Übung befindest, und sie mit der Wolke des Vergessens zu bedecken."

„Sollte sich aber ein Gedanke regen und sich zwischen dich und dieses Dunkel
über dir drängen und dir sagen: ‚Was suchst du denn? Und was willst du eigentlich?',
dann antworte, daß Gott es ist, den du willst ... Selbst dann sollst du es so machen,
wenn dieser Gedanke dir wirklich heilig erscheint und dir sogar helfen möchte auf
deiner Suche nach Gott."

e) Die Übung der Hingabe und Liebe

Der Schreiber der „Wolke des Nichtwissens" rät, das Wort aufzuladen mit Hingabe, mit Liebe und mit Vertrauen. Dies widerspricht nur scheinbar der Anweisung,
daß man nicht an Gefühlen hängen soll. Liebe, Hingabe, Sehnsucht sind Grundbe-
wegungen unserer Seele, die das Wort durchaus begleiten können. Sie richten uns
aus und dienen uns zur Sammlung. Jemand, der Durst hat, braucht nicht an Wasser
zu denken. Die Sehnsucht nach Wasser steckt ihm im Leib. So ist es auch mit der
Liebe. Wer wirklich liebt, wer Sehnsucht hat, wer sich hingibt, der ist nicht zerstreut. Die Übung der Kontemplation wird einem solchen Menschen eher gelingen.
Man darf jedoch nicht verwundert sein, wenn solche Gefühle oft fehlen. Der Weg

führt über lange Strecken der Trockenheit, er führt durch Wüste und Nacht, wie die Mystiker sagen. Es ist dann von größter Bedeutung, daß man weiterübt, auch, ja gerade dann, wenn keine Gefühle mehr da sind.

f) Wahrnehmung des eigenen Seins

Der Schreiber der „Wolke des Nichtwissens" kennt neben dem Weg der Bewußtseinssammlung auch den rezeptiven Weg in die mystische Erfahrung, nämlich die Bewußtseinsentleerung. Er spricht oft von der Wahrnehmung des eigenen Seins. Im Laufe der Übung merkt man, daß in der Tiefe von Gedanken, Gefühlen und Intentionen noch etwas existiert, was unabhängig ist von den Bewegungen, die über die Psyche laufen. Gedanken und Gefühle kommen von dorther, aber sie sind nicht dieser Grund. Die „Wolke des Nichtwissens" nennt ihn das Sein. Vielleicht kommt man in einen Zustand, in dem man erfährt, daß man ist. Man weiß aber nicht, wo man ist und wer man ist. Man erfährt das nackte Sein. In diesem Zustand gibt es aber immer noch zwei, ein Ich, welches erfährt, und das, was erfahren wird. Von hier aus weiterzukommen, ist sehr schwer. Das Ziel ist, auch noch dieses Ich hinter sich zu lassen und nur das Sein Gottes zu erfahren. Das kann aber nicht mit einem Willensakt erreicht werden. Es bleibt nichts übrig, als in Treue weiter zu üben. Fahre mit der Gebetsübung fort! Fließe ganz in sie hinein! Dann kann dir die Erfahrung geschenkt werden.

g) Das mantrische Beten

Durch die Kraft unserer Sinne, also durch unser Schauen, Sprechen, Berühren, Hören usw. treten wir tagaus tagein mit der Außenwelt in Kontakt. Wir können die Fähigkeit unserer Sinne aber auch nach innen richten. Dann werden sie uns Führer in eine tiefere Wirklichkeit.

Alle Religionen kennen heilige Worte und Laute, die sie ständig wiederholen. So hat der Islam die 99 Namen Allahs, die an der Perlenschnur wiederholt werden. Den hundertsten Namen Allahs allerdings, sagt man, kennt nur das Kamel; denn der ist intellektuell nicht zu fassen, er kann nur erfahren werden. Die Sufis haben die Wazifas, die Hindus kennen Mantras, die Buddhisten wiederholen das Nembutsu oder die Sutren. Wir Christen haben ebenfalls Worte und Gebete, die wir ständig wiederholen, wie etwa das Jesusgebet: „Herr Jesus Christus, Sohn Gottes, erbarme Dich meiner". Aber auch das Kyrie ist ein solches Wort, ebenso das Alleluja, Maranatha oder Schalom, das tönend wiederholt wird. Der Laut hat eine Dynamik in sich, die weit über seine Schwingungen hinausgeht und uns in die Tiefe unseres Bewußtseins führen kann. Selbstverständlich gehören Rosenkranz und Litanei zu den mantrischen Formen des Betens. – Der Einfachheit halber möchte ich im folgenden ein solches Gebetswort „Mantra" nennen.

Das Mantra fängt gleichsam das Unendliche im Endlichen ein. Das Unendliche wird im Laut erfahren. Es ist also keine magische Beschwörungsformel, es hat auch keinen hypnotischen Charakter und keine eigene Macht. Es verstärkt vielmehr Kräfte in uns, die bereits vorhanden sind. Es schließt uns an etwas an, was schon da ist. Es verbindet unser Tagesbewußtsein mit der Tiefe unseres Seins.

Diese Tiefe ist umfassender als Sprache und Begriff. Und so ist das Mantra vorsprachlich und sehr geeignet, uns weg vom Tagesbewußtsein hineinzuführen in ein umfassenderes Erfahren. Der Inhalt des Wortes ist hier nicht von Bedeutung. Es wirkt auf der psycho-spirituellen Ebene, die unserem diskursiven Denken nicht unterworfen ist. Das Mantra verbindet uns mit Kräften und Strömen, die immer durch unseren Körper fließen, die aber durch diese sich ständig wiederholende Gebetsübung verstärkt werden. Es bringt etwas in uns in Schwingung, es bringt uns auf eine Bahn nach innen und führt uns zu den eigentlichen Quellen unseres Seins.

„In den alten Schriften des Tantra-Buddhismus heißt es über das OM: ‚Dieses Mantra ist das mächtigste; seine Kraft kann allein schon Erleuchtung vermitteln‘. Und die Upanishaden sagen: ‚Wer immer dieses Mantra fünfunddreißig Millionen mal sagt, das Mantra des Heiligen Wortes, wird befreit von seinem Karma und von all seinen Sünden. Er wird erlöst von allen Banden und erreicht absolute Befreiung‘.“[20]

In den „Aufrichtigen Erzählungen eines russischen Pilgers“ lesen wir von der Anweisung des Starez, das Jesusgebet zwölftausendmal täglich zu wiederholen.[21] Wer das 10 Jahre lang praktiziert, kommt auf eine ähnliche Zahl wie in den Upanishaden, nämlich auf 43.800.000. Die Wiederholung spielt beim mantrischen Beten eine wichtige Rolle. Nach einiger Zeit entfaltet das Gebet eine eigene Dynamik. Es betet in uns.

Schwingungen und Harmonie im Mantra

Man weiß heute, daß jedes Partikel im Universum seine eigene Frequenz hat. Die Identität eines Dinges scheint in seiner Frequenz zu liegen. Der Philosoph Pythagoras sagte bereits, ein Fels sei zu Stein gewordene Musik. Die Wissenschaft hat erkannt, daß jedes Partikel im physischen Universum ein eigenes Muster von Frequenzen und Schwingungen besitzt. Die Welt ist wirklich Klang, auch wenn wir nicht alle Klänge hören können. Wir Menschen sind wohl viel mehr von Schwingungen abhängig, als wir meinen. Cleve Backster, ein Experte des Lügendetektors, machte bei einem Experiment mit Pflanzen eine eigenartige Entdeckung. Er wollte untersuchen, wie sie reagieren, wenn man ihre Blätter mit einer Kerze anbrennt. Die Meßapparate schlugen bereits in dem Augenblick aufs stärkste aus, als er nur den Gedanken hatte, eine Pflanze anzusengen. Pflanzen verstehen also Gedanken.[22] Wir wissen, daß Pflanzen bei manchen Menschen besser gedeihen als bei anderen, daß sie also offensichtlich sehr stark auf Schwingungen reagieren. Ob wir Menschen nicht auch viel stärker davon beeinflußt werden, als wir meinen?

Frequenzen wirken also offensichtlich stark auf unser Leben ein. Wären wir uns dessen nur mehr bewußt, dann würde uns klar werden, daß z. B. böse und neidische Gedanken in unserer Familie, unserer Gesellschaft, zwischen Partnern oder Arbeitskollegen einen viel stärkeren Einfluß haben, als wir meinen. Ebenso wirken natürlich auch alle wohlwollenden Gedanken, die wir einander entgegenbringen, positiv. Harmonisches Zusammenleben hat seinen Ausgangspunkt in dem, was nonverbal von uns ausgeht.

Eine solche Harmonisierung ist meßbar. Wenn zwei Menschen ein gutes Gespräch miteinander führen, dann fallen die Wellen ihrer grauen Gehirnrinde in eins zusammen; oder auch, wenn zwischen Prediger und Gemeinde ein guter Kontakt besteht. Ähnlich ist es natürlich auch bei Ehepartnern. Selbst bei Tieren können wir das beobachten, wenn z. B. Fisch- oder Vogelschwärme wie auf Kommando ihre Richtung ändern. Ein Forscher schreibt: „Der Schwarm gleicht mehr einem Einzelwesen, einem Organismus".[23] Die Befehle gehen vom Kollektiv aus. Harmonisierung und Resonanz nennt das die Physik. Man nimmt heute auch an, daß Krankheiten vor allem Rhythmusstörungen sind. Schmerzen und Krankheiten scheinen nicht zuletzt dadurch zu entstehen, daß unser Körper nicht an allen Stellen harmonisch mitschwingen kann.

Tönen

Mantras bestehen aus Schwingungen. Wenn wir tönen, kommen wir selber in Schwingung. Es ist wichtig, daß wir nicht den Ton machen, sondern selbst zum Klangkörper werden. Der Laut soll durch den ganzen Körper vibrieren. Man kann sogar die einzelnen Teile des Körpers, wie Bein, Becken, Brustraum, Hals, Arme und Kopf, besonders ansprechen. Das mantrische Rezitieren und Tönen lockert die Verkrampfungen.

Wir können den Ton auch mit Gefühlen aufladen, z. B. mit Hingabe, Liebe, Vertrauen, Wohlwollen. Er ist auch geeignet, Aggressionen abzulassen, solange wir sie nicht gegen jemand richten. Aber das sind nur Zwischenziele. Eigentlich sollten wir versuchen, eins zu werden mit dem Ton, so daß da nur noch Ton ist. Alles andere verschwindet daneben, geht gleichsam unter in ihm oder ist nur noch dieser Ton. Ihn in uns und in allem zu erfahren, ist wohl das Ziel des Tönens. Einswerden mit dem Ton bringt eine Öffnung des Bewußtseins. Alles schwingt im gleichen Rhythmus. Die Ichgrenzen fallen, und wir erfahren uns eins mit dem Göttlichen in uns und in allen Dingen.

Der Rosenkranz

Der Rosenkranz ist wohl das mantrische Gebet, das unter den Christen – vor allem unter den Katholiken – am besten bekannt ist. Seine stärkste Kraft entfaltet er, wenn er gemeinsam gebetet, ja rhythmisch geleiert wird.

Meine ersten Gebetserfahrungen sind mit dem Rosenkranzgebet verbunden. Ich war etwa sechs Jahre alt und nahm in der Kirche am Rosenkranz teil, der von ein paar Frauen in der üblichen Weise leiernd und eintönig vorgebetet und von der Gemeinde murmelnd fortgesetzt wurde. Das führte mich plötzlich in einen Bewußtseinszustand, der nicht mehr der alltägliche war, und ich wußte, daß hinter all den Worten eine Wirklichkeit stand, die über das Alltagsbewußtsein hinausging. Ähnliches wurde mir als Kind an den Litaneien klar, die mich in ihrem wiederholenden Singsang in eine tiefere Gebetserfahrung führten. Das Rhythmische und Geleierte ist ein wichtiger Bestandteil des mantrischen Betens. Was von manchen Christen so verächtlich abgetan wird, bringt den wirklichen Beter auf eine Bahn nach innen und in einen innigeren Kontakt mit Gott.

Etwas Ähnliches geschieht, wie schon erwähnt, beim Jesusgebet. Es hat die gleiche Wirkung wie das Rosenkranzgebet. Statt diese Gebetsform zu verachten, sollten wir sie selbst einmal versuchen.

Wiederholung eines Wortes

Auch die Wiederholung des „Wortes" in der Kontemplation fällt unter das mantrische Beten. Dieses Wort begleitet uns bis zu unserem Tod, ja über den Tod hinaus. Es ist eine Form des Loslassens aller Bilder und Vorstellungen, um uns dann ganz dem Willen Gottes zu überlassen. Es löst uns aus der Verkrampfung in der Formenwelt, so daß wir nicht mehr bitten, in den Himmel zu kommen, sondern daß sich der Wille Gottes an uns vollziehen kann: „Vater, in Deine Hände empfehle ich meinen Geist".

Dazu braucht es allerdings das Einüben zu Lebzeiten. Nur dem wird das Gebetswort helfen, dem es bereits zu Lebzeiten immerwährendes Gebet geworden ist.

Wir haben im Westen die mantrischen Gebetsformen fast vergessen. In den östlichen Religionen sind sie hoch geschätzt. John Blofeld erzählt in seinem Buch „Die Macht des Heiligen Lautes" von einem alten Mönch, der auf die Frage nach dem Ursprung der heiteren Ruhe, die er ausstrahle, geantwortet habe, daß es der Klang des Mantras sei, der es dem Geist ermögliche, auf geheimnisvolle Weise seine verborgene Übereinstimmung mit dem Tao, dem Ur-Weg und dem Ur-Sinn des Seins, zu erfahren. Blofeld schreibt: „Ich selbst wurde schließlich fähig, die Überlegenheit der mantrischen Form gegenüber dem Gebet zu erfahren. Da Gebete eine begriffliche Bedeutung haben und das durch sie heraufbeschworene Denken die Stille des Geistes beeinträchtigt, kann der Geist keinen ruhigen und ungestörten Zustand erlangen, in dem die Stille des Ursprungs widergespiegelt wird. Er bleibt an Dualismen hängen – wie ‚Ich, der Beter' oder ‚Er, der Angebete'. Das Gebet ist bestenfalls eine Vorform der mystischen Vereinigung. Und was Gebete betrifft, die eine Bitte enthalten, kann wohl kaum etwas unspiritueller, ungeistlicher sein, als um Sieg oder um ein bestimmtes Wetter oder um Glück zu beten, was doch letztlich immer nur auf Kosten anderer erreicht werden kann.[24]

Angelus Silesius drückt das gleiche in einem Vers aus: „Wer Gott um Gaben bitt', der ist gar übel dran. Er betet das Geschöpf und nicht den Schöpfer an".

VII. Gebetswege großer Mystiker

A. DIE WÜSTENVÄTER (3./4. Jh.):
Puritas cordis – Reinheit des Herzens

Der Wüstenvater Johannes Cassianus entstammte einer römischen Kolonisten-familie und wurde etwa im Jahr 360 am Schwarzen Meer in Constanza im heutigen Rumänien geboren.

Mit Germanus, seinem Freund, zog er in jungen Jahren nach Bethlehem. Dort fand er nicht, was er suchte, und begab sich daher zu den Mönchen in die Wüste, von deren Gebetsleben er uns ausführlich berichtet.

Später wanderte er weiter und gründete um 415 zwei Klöster in Marseille. Er starb um 435. In seinem Werk „Collationes" hat er uns die Konferenzen des Abtes Isaak über das Gebet hinterlassen.

Im folgenden halte ich mich vor allem an diese Überlieferung.

Cor, Herz, ist bei Cassian die Hauptfähigkeit des Erkennens, besser des Erfahrens. Es ist jener Seelenfunke, mit dem wir unser wahres göttliches Leben nicht nur erfahren, sondern der dieses göttliche Leben ist.

Erfahren wird nicht durch Nachdenken erreicht oder durch Worte, die im Gedächtnis haften: „denn die Weise dieser Dinge kann durchaus nicht durch müßiges Nachdenken oder durch bloßes Wort eingesehen oder gelehrt oder im Gedächtnis behalten werden, denn fast alles beruht hier auf Erfahrung allein. Und wie diese Dinge nur von dem Erfahrenen gelehrt werden können, so können sie auch nur von dem erfaßt und verstanden werden, der sie mit gleichem Eifer und Fleiß zu lernen sich abmüht".[1]

Der Weg in die Erfahrung führt über das Wissen vom Weg, über „die praktiké". Sie wird in drei Abschnitte gegliedert:
– Die Arbeit am inneren Menschen (Kampf gegen Sünde)
– Der Dienst an den Brüdern
– Die Gleichgestaltung mit Christus

a) Reinheit des Herzens

Die Schau ist das eigentliche Ziel des Mönchtums. Aber sie ist Geschenk und unterliegt nicht unserem Wollen. Daher ist das Nahziel die Reinheit des Herzens (puritas cordis). „So ist das Endziel unseres Berufes das Reich Gottes, aber unser nächstes Ziel die Reinheit des Herzens."[2]

Wir würden diese jedoch falsch verstehen, wenn wir sie als Sündenlosigkeit im moralischen Sinn deuten wollten. Es ist vielmehr eine seelische Verfassung, die rein, d. h. frei ist von Besetztsein, von Verwirrung und Aufregung. Sie ist Ruhe, die alles losgelassen hat, um frei und offen zu sein für Gott. „Was immer die Reinheit und Ruhe unseres Herzens stören könnte, ist als schädlich zu vermeiden."[3]

Der Prozeß des Freiwerdens, bei Johannes v. Kreuz später aktive und passive Reinigung genannt, ist ein psycho-spiritueller Prozeß, der zunächst zu tun hat mit der Aufarbeitung von psychischen Defekten wie angstbesetzten Kindheitserlebnissen, Traumata und ähnlichen Störungen im persönlichen Unbewußten. Fernerhin bedeutet Reinigung auch das Freiwerden von allem Besetztsein durch die Triebe.

Die Leidenschaften, die dem Menschen vom Schöpfer gegeben sind, sind gut. Böse ist nur ihr pervertierter Gebrauch. So ist z. B. der Nahrungstrieb nicht schlecht, wohl aber die Völlerei, weil sie den Menschen lähmt. Cassian rät in vernünftiger Weise, nicht außerhalb der Zeit zu essen und nicht wählerisch zu sein. Eigentlich geht es ihm mehr noch um das innere Fasten: nicht allem nachhängen, was der Verstand uns anliefert.

Unzucht ist eine besondere Form des Besetztseins. Dagegen hilft Arbeit.

Habsucht nennt er die Sünde der Lauen, die sich einen neuen Götzen schaffen.

Traurigkeit vergleicht er mit dem Bild der Motten, des Holzwurmes und des Rostes. Sie verdrängt den Geist aus dem Zustand der Reinheit.

Überdruß führt zu Müßiggang und Schlafsucht. Er vernebelt den Kopf.

Ruhmsucht und Stolz sind die Laster der Vollkommenen, die schon ein Stück auf dem geistigen Weg vorangekommen sind.

All diesen Lastern hängt eine Qualität der Schwere, der Undurchlässigkeit und Stumpfheit an. Sie verursachen Unruhe und Verwirrung und hindern so auf dem Weg zur Reinheit des Herzens.

b) Die Praxis

Der Mönch hockte in seiner Zelle auf einer Matte, einem Papyrusbündel oder einem Schemel wohl bis zu zehn Stunden am Tag. Selbst nach der mitternächtlichen Psalmodie legte man sich nicht hin. Cassian berichtet, wie ihn Abt Theodor einmal beschworen hat, diese kostbare Zeit nicht zu vergeuden:

Abt Theodor „... kam unversehens um Mitternacht an meine Zelle. erkundigte sich heimlich mit väterlicher Besorgnis, was ich noch unerfahrener Einsiedler mache, und als er fand, daß ich sofort nach dem feierlichen Nachtgebet den müden Leib zur Ruhe gebracht hatte und auf der Decke dalag, stieß er aus dem Grunde seines Herzens Seufzer aus und sprach, indem er mich beim Namen nannte: O Johannes, wie viele reden in dieser Stunde mit Gott und umfangen und halten ihn in ihrem Herzen, und du läßt dich um dieses große Licht bringen, vom trägen Schlafe aufgelöst".[4]

Auch während der Handarbeit ging die Kontemplation weiter. „So mag einer, während er sich mit apostolischer Arbeit (d. h. mit Handarbeit wie die Apostel) den Lebensunterhalt verschafft, in der Tiefe seines ruhigen Herzens die Scharen der umherschwirrenden Gedanken wie ein trefflicher Fischer mit Aufmerksamkeit und Ruhe fangen, indem er gleichsam von vorragendem Felsgestein angespannt in die Tiefe blickt und in heilsamer Unterscheidung beurteilt, welche er mit seiner Angel heranziehen soll, in kluger (Unterscheidung) aber auch, welche er als böse und schädliche Fische abtun und zurückweisen soll."[5]

Wüste, Zelle, Arbeiten, Fasten und Schriftrezitation, das ist der Kern der praktiké. Wie weit der einzelne war, konnte er an seinen Träumen ablesen. „Wenn der Geist des Menschen sein eigenes Licht zu sehen beginnt, wenn er sich auch durch Traumgesichte nicht beunruhigen läßt und wenn er selbst angesichts der Ereignisse des Lebens gelassen bleibt, dann hat ein solcher Mensch Apatheia erreicht."[6]
Der Weg der Praxis ist ein Wandeln und Reifen zu einem rein rezeptiven Bewußtseinszustand hin. Jesus ist für die Mönche der vollendete mystische Beter. Sein Beten auf dem Berg war die Apatheia, die Schau Gottes. So wie Jesus auf dem Berg betend in der tiefen Erfahrung dessen stand, was er Vater nannte, so soll auch der Mönch in diesem Gebet verharren.
„Diesen Zustand stellte auch unser Herr in jenem Gebet dar, das er auf dem Berg zurückgezogen und schweigend – wie geschrieben steht – darbrachte, als er, selbst ein unnachahmliches Vorbild der Hingabe, in der Not des Gebetes Blutstropfen vergoß."[7]
Das Einüben versucht, alle Bilder und Worte zu übersteigen. Cassian spricht von Mönchen, die nicht beten können, wenn sie sich nicht irgendein Bild vorstellen:
„Diese (ungebildeten Mönche) meinen gar nichts mehr zu haben, wenn sie sich nicht irgendein Bild vorstellen, das sie im Gebet ständig ansprechen, im Geist mit sich herumtragen und immer fest vor Augen haben . . .
Nach dem Maß seiner Reinheit wird . . . ein jeder Geist in seinem Gebete aufgerichtet und überhaupt gebildet, indem er nämlich so weit von der Betrachtung der irdischen und materiellen Dinge sich entfernt, als ihn der Zustand seiner Reinheit führt und ihn Christus – entweder noch niedrig und im Fleische oder verherrlicht und in der Glorie seiner Majestät kommend – mit den inneren Blicken der Seele schauen läßt. Denn die werden Jesus nicht als König kommen sehen, die – noch befangen in einer gewissermaßen jüdischen Schwäche – nicht mit dem Apostel sagen können: ‚Und wenn wir Christus dem Fleische nach gekannt haben, jetzt kennen wir ihn nicht mehr so' (2 Kor 5,16). Aber nur jene schauen seine Gottheit, welche von den niedrigen und irdischen Werken und Gedanken aufsteigen und sich mit ihm zurückziehen auf den hohen Berg der Einsamkeit, der – frei von dem Lärm aller irdischen Gedanken und Wirren . . . – die Herrlichkeit des göttlichen Angesichts und das Bild seiner Verklärung denen offenbart, die würdig sind, ihn mit reinen Blicken der Seele anzuschauen."[8]

c) Das Einüben mit der Formel

Cassian berichtet von einer heilsmächtigen Formel, die dazu dient, den Geist zu sammeln. So läßt er Isaak sagen: „Es muß euch die Formel der geistlichen Schau übergeben werden, auf die ihr immer frei euren Blick heftet, wodurch ihr lernt, sie in ununterbrochener Stete heilsam zu bewegen und durch ihren Gebrauch und ihre Meditation zu höherer Schau aufzusteigen".[9]
Das mantrische Beten z. B. – die ständige Wiederholung des Gebetswortes – weckt Kräfte in uns, die immer schon da sind. Es verbindet unser Tagesbewußtsein mit der Tiefe unseres Bewußtseins. Auch das Tönen weckt Kräfte in uns. Es eint Körper und Psyche in der gleichen Schwingung und öffnet die tieferen Schichten.

Ein solches Mantra der Wüstenväter war offensichtlich der Vers: „O Gott, komm mir zu Hilfe, Herr, eile, mir zu helfen". Cassian zeigt uns an diesem Mantra, wie wir es zu gebrauchen haben:

„Die Meditation dieses Verses soll ununterbrochen in deinem Herzen umgehen (volvatur). Laß nicht ab, ihn bei jeglichem Werk oder Dienst und auf dem Wege zu beten. Meditiere ihn beim Schlafen und Essen und in der äußersten Not des Leibes. Dieses Bewegen im Herzen wird dir wie eine heilsmächtige Formel sein und wird dich auch von allen ansteckenden Lastern des Irdischen reinigen und dich zu der unsichtbaren himmlischen Schau (theoria) hinführen und dich auch zu der unsagbaren und nur von wenigen erfahrenen Glut des Gebetes hinreißen. Im Meditieren dieses Verses treffe dich der Schlaf, bis du – durch seine ununterbrochene Übung geformt – dich gewöhnst, ihn sogar im Schlafe zu beten (decantare!) . . . Ihn schreibe auf Schwelle und Tür deines Mundes! Ihn schreibe an die Wände deines Hauses und in das Innere deines Herzens, so daß, wenn du zum Gebete niederfällst, er dein Aufgesang sei, und wenn du aufstehst und dich zu allen notwendigen Lebensverrichtungen begibst, so werde er dir das lautere und immerwährende Gebet".[10]

Das Bewußtsein hat schließlich nur noch den Inhalt des Mantra. Die vielen Dinge sind losgelassen. Eckehart würde das die vollkommene Armut nennen oder die Abgeschiedenheit, in der allein Gott erfahrbar ist. „Was könnte noch vollendeter und erhabener sein, als das Gedenken Gottes in einer so gedrängten Übung zu umfassen?"[11]

B. Meister Eckehart (1260 – 1328): Die Gottesgeburt in der Seele

a) Nichtsuchen als Weg zu Gott

Für die Forschung war Eckehart bisher in erster Linie als Theologe und eigenständiger Denker interessant und wurde vor allem den Philosphen und Philologen überlassen. Eckehart als Mystiker, der einen Weg in die Gotteserfahrung lehrte, war nicht gefragt. Nun hat er in der Tat keinen systematischen Übungsweg hinterlassen. Aber er sagt in seinen Schriften genug über die innere Einkehr, so daß daraus leicht ein Weg ersichtlich wird.

Die Zeit, in der Eckehart lebte (1260–1328), war eine Epoche religiösen Suchens, wie es kaum ein zweites Mal in der Menschheitsgeschichte gegeben hat. Dominikus, Franziskus, die Beginen und die Wiederbelebung der alten Orden ließen eine große Zahl von religiösen Gemeinschaften entstehen. Der englische Chronist Matthäus Paris hat uns einige Zahlen überliefert. Danach gab es in Straßburg zur Zeit Eckeharts 7 Dominikanerinnenklöster und 85 Beginenhäuser. In Köln, wo er ebenfalls wirkte, gab es 169 Beginenhäuser. Matthäus Paris nimmt an, daß zur Zeit Eckeharts in Deutschland, das damals zwischen 8 und 14 Millionen Einwohner zählte, 1 Million Beginen lebten, also eine unverhältnismäßig große Zahl von Menschen in klösterlichen Gemeinschaften. Die meisten Klöster hatten extreme aszetische Praktiken. Kasteiungen aller Art waren an der Tagesordnung.

Eckehart wollte die Menschen vor dieser übertriebenen und selbstzerstörerischen äußeren Askese bewahren und für einen geistigen Wandel und eine innere Nachfolge Christi gewinnen. Worum es ihm ging, war die Übung, die das Innere des Menschen – wir würden heute sagen: sein Bewußtsein – wandelt. Er unterscheidet zwischen dem „natürlichen Menschen" und dem „gottgeborenen Menschen", der sich eins weiß mit dem Göttlichen. Die Frage für Eckehart ist: Wie kann der Mensch die Einheit mit Gott finden und leben und so wahrer Mensch werden und ganz im Leben stehen? Sein Weg ist der Weg der Gottesgeburt in der Seele. Er betonte immer wieder, daß die Gotteserfahrung vom Menschen her nicht machbar, durch Übung oder gar gewalttätige Aszese nicht erzwingbar, sondern Gnade ist. Man kann das Göttliche nicht verdienen. „Weil es Gnadengaben sind, können wir sie nicht aus eigener Kraft erwerben."[12]

Für Eckehart ist das Suchen nach Gott zwecklos. Der Wunsch, die Gottesgeburt zu erfahren, hindert den Menschen sogar daran, Gott näher zu kommen: „Je mehr man dich (Gott) sucht, um so weniger findet man dich. Du sollst ihn suchen so, daß du ihn nirgends findest. Suchst du ihn nicht, so findest du ihn".[13] Eckehart unterscheidet sich hier nicht von anderen Mystikern. So schreibt der Verfasser der „Wolke des Nichtwissens", daß man seine Sehnsucht nach Gott vor Gott verbergen soll. Ähnliches sagt folgender Zentext: „Joshu fragte: ,Soll ich mich dem Weg zuwenden oder nicht?' Nansen sagte: ,Wenn du dich ihm zuwendest, gehst du gegen ihn'. Joshu fragte: ,Wenn ich mich dem Weg nicht zuwende, wie kann ich dann wissen, daß es der Weg ist?' Nansen antwortete: ,Der Weg gehört nicht zu Wissen oder Nichtwissen'".[14]

Eckehart fragt selber, ob der Mensch denn dann Gottes Willkür ausgeliefert ist. Nein, für Eckehart gibt es wie für jeden Zenmeister den Weg: „Suchst du ihn nicht, so findest du ihn". Suchen liegt noch zu sehr auf der Egoebene. Der Mensch will noch etwas. Das Ich ist noch zu sehr beteiligt. Nur wenn er vollkommen losgelassen hat, ist er bereit für die Gnade. Alles Üben ist ein Üben des Loslassens. Wird der Mensch wirklich gelassen und leer, muß Gott sich eingießen: „Es ist ein Augenblick: das Bereitsein und das Eingießen. Wenn die Natur ihr Höchstes erreicht, dann gibt Gott die Gnade; im gleichen Zeitpunkt, da der Geist bereit ist, geht Gott (in ihn) ein, ohne Verzug und ohne Zögern".[15] Bereitsein und Eingießen ereignen sich im gleichen Augenblick: „Deshalb muß Gott sich notwendig einem abgeschiedenen Herzen geben".[16]

Wenn der Mensch sein Ich gelassen hat, erscheint das Göttliche in der Tiefe seiner Seele. Das Lassen oder, wie wir meistens sagen, das Loslassen hat nichts mit einem Willensakt zu tun. Willentlich können wir nicht lassen. Wir müssen gleichsam in uns selbst einkehren, bis auch unser Wille in der Abgeschiedenheit untergeht. Unser Wille muß uns auf den Weg setzen, uns motivieren, aber dann in der Gebetsübung untergehen.

b) Zwei Arten von Wissen

Eckehart unterscheidet zwei Arten von Wissen: Das Wissen, das über alles sinnenhafte und intellektuelle Erkennen hinausgeht, und das Wissen, das sich nur auf das Endliche beschränkt.

Ersteres ist das Erkennen auf „göttliche" Weise, letzteres das Erkennen auf „irdische" Weise. Um zum „göttlichen" Erkennen vorzustoßen, bedarf es des vollständigen Loslassens. Eckehart zählt in der Predigt 32 eine Vielzahl von Übungen auf, die für die Gnade der Gottesgeburt bereiten: „über die Leidenschaften herrschen", „die Aufnahme des Glaubens", „Liebe, nämlich die Gottes- und Nächstenliebe", „ein wohlgefälliger Wandel", „ständige Vermehrung guter Werke", „eifrige Versenkung in die göttlichen Dinge", „eine in allem beständige Ausdauer im Gehorsam".

Eckehart steht den Sakramenten nicht negativ gegenüber. Er unterscheidet allerdings stark zwischen dem äußeren Tun und der rechten inneren Haltung. Sie dürfen nicht magisch oder mechanisch verstanden werden.

Da es Eckehart um den geistigen Wandel geht und er sich gegen extreme Formen des Bußlebens jener Zeit wie „Fasten, Wachen, Beten, Knien, Sich-Kasteien, härene Hemden tragen, hart liegen"[17] wendet, schreibt er auch keine bestimmte Zahl von Übungen vor. Es kommt ihm nur auf die innere Wandlung an. Er gleicht da wiederum dem östlichen Meister, der eines Tages einen Ziegelstein polierte. Als seine Schüler ihn fragten, was er denn da mache, antwortete er: „Ich poliere den Ziegel, bis er zum Edelstein wird". Als die Schüler ihm erwiderten, daß das unmöglich sei, antwortete er: „Genausowenig könnt ihr durch das Sitzen Buddha werden". Alle Übungen haben nur die eine Funktion, loslassen zu lernen. Eckehart nennt diese vorbereitenden Übungen „innere Übungen". Sie helfen, „wenn man sich mit verständnisvoller Umsicht von innen her übt".[18]

Zunächst werden sie in der Klosterzelle und in der Kirche praktiziert, dann geht es jedoch darum, den Zustand der Innerlichkeit auch in der Welt zu leben. Wiederum sei hier auf Zen verwiesen, wo der Aufstieg auf den Berg der ekstatischen Erleuchtung nur der Anfang des Weges ist. Entscheidend ist, vom Berg herunterzusteigen in den Alltag. Der Heilige des Ostens endet auf dem Marktplatz des Lebens. Dort erst zeigt sich, ob er wirklich erleuchtet ist.

c) Anweisungen zur Übung

Welches sind nun die Übungen, die Eckehart empfiehlt? Was kann ein Mensch beitragen, um zur Gottesgeburt zu gelangen? Der Kernsatz seiner Anweisungen ist in den Reden der Unterweisungen zu finden: „Daß er (der Mensch) überdies in allen Dingen Bindungslosigkeit gewinne und gegenüber den Dingen völlig frei bleibe. Dazu gehört zu Beginn notwendig Überlegung und ein aufmerksames Einprägen wie beim Schüler in seiner Kunst".[19] Eine gewisse intellektuelle Erkenntnis oder eine gewisse Intuition sind Voraussetzung für den Weg. Es ist die Intuition, die sicher ist, daß Gott nur jenseits der intellektuellen Erkenntnis zu finden ist. Aber intellektuelle Erkenntnis bringt uns auf den Weg: „Erkenntnis aber hat den Schlüssel und schließt auf und dringt und bricht durch und findet Gott unverhüllt".[20]

Dieser Satz hat viele Forscher zur Annahme verleitet, die Gottesgeburt im Menschen sei eine intellektuelle Leistung. Eckehart gibt jedoch folgende Erklärung: „So auch, fürwahr, vermag aller Kreaturen Wissen, noch deine eigene Weisheit, noch dein gesamtes Wissen, dich nicht dahin zu bringen, daß du Gott auf göttliche Weise zu wissen vermöchtest. Willst du Gott auf göttliche Weise wissen, so muß dein Wissen zu einem reinen Unwissen und einem Vergessen deiner selbst und aller Kreaturen werden".[21] Erkenntnis ist bei Eckehart meist eine „Herzenstugend", keine „Kopfarbeit". Es handelt sich vielmehr um das, was in der Mystik mit Erfahrung benannt wird, ein „göttliches Erkennen".

d) Die innere Übung

Voraussetzung für die „innere Übung" ist bei Eckehart ein Fünffaches: 1. Ruhe – 2. Sammlung – 3. Gelassenheit – 4. Armut – 5. Abgeschiedenheit. Auch hier gibt er keine systematische Darstellung, sondern sein Werk insgesamt spricht davon. Vieles war für seine Hörer damals einfach selbstverständlich.

1. Ruhe.

Nur in „lauterer Ruhe" kann der Mensch Gott schauen.[22] Nur in der Ruhe gebiert Gott seinen Sohn in der Seele. Diese Übung der Ruhe steht bei Eckehart vor jeder anderen Übung: „Des Wachens, Fastens, Betens und aller Kasteiung achtet und bedarf Gott nicht im Gegensatz zur Ruhe".[23] Zwei Schritte kennt Eckehart: „Entziehe dich der Unruhe äußerer Werke! Fliehe weiterhin und verbirg dich vor dem Gestürm innerer Gedanken".[24] Es reicht nicht aus, sich äußerlich abzuschließen, man kann das nicht durch Fliehen lernen. Das Innere des Menschen muß beruhigt werden: „Alle Stimmen und Laute, die müssen fort und es muß eine lautere Stille dasein, ein Stillschweigen".[25] Eckehart weiß sehr gut, daß diese innere Ruhe sehr viel schwerer herzustellen ist als die äußere.

2. Sammlung.

„Wer Gottes Lehre empfangen soll, der muß sich sammeln und in sich verschließen vor aller Sorge und Kümmernis und dem Getriebe niederer Dinge."[26] Was auf den ersten Blick wie eine Verengung des Bewußtseins aussieht, führt in Wirklichkeit in eine Bewußtseinserweiterung: „Je mehr sich die Seele gesammelt hat, um so enger ist sie, und je enger sie ist, um so weiter ist sie".[27] Bewußtseinssammlung ist also die Vorstufe für die Bewußtseinserweiterung. Bewußtseinssammlung ist ein Loslassen aller anderen Möglichkeiten des Bewußtseins.

3. Gelassenheit.

Gelassenheit meint bei Eckehart etwas anderes, als der gewöhnliche Wortsinn besagt. Das wird klar aus einem Schriftzitat: „Niemand kann mein Wort hören noch meine Lehre, er habe denn sich selbst gelassen".[28] Gelassenheit hat bei Eckehart also zu tun mit Lassen und Loslassen. Nur wer sein Ich lassen kann, kommt der Forderung des Meisters nach. Eckehart ist auch hier von der Konsequenz eines Zenmeisters. Der Mensch muß so lassen, daß er „niemals nur einen Augenblick auf das sieht, was er gelassen hat".[29] „Wer die Hand an den Pflug legt und zurückschaut, ist meiner nicht wert," sagt Jesus. Aber der Mensch darf auch nicht nach vorne blicken auf das, was er erlangen möchte: „Hast du es aber auf das, was dir zuteil werden soll, abgesehen und schielst du danach, wird dir nichts zuteil".[30]

4. Armut

Sie ist ein anderes Wort Eckeharts für Loslassen. Er meint nicht leibliche Armut, sondern bezeichnet damit vor allem ein Lassen der intellektuellen Tätigkeit, wie die Predigt 32 („Beati pauperes spiritu ...") deutlich zeigt. Darin stehen Sätze wie: „Darum bitten wir Gott, daß wir Gottes ledig werden". „Darum bitte ich Gott, daß er mich Gottes quitt mache, denn mein wesentliches Sein ist oberhalb von Gott." Und dann sagt er in nicht überbietbarer Radikalität, daß der Mensch sogar den Willen lassen muß, den Willen Gottes zu erfüllen. Der Mensch muß so arm sein, daß er nicht einmal erkennt und empfindet, daß Gott in ihm lebt und daß Gott auch die Stätte im Menschen sein will, auf der er wirkt. Die Werke, die der Mensch dann wirkt, sind nicht mehr seine Werke, sondern Gottes Werke.

Dasselbe meint Kabir, wenn er dichtet:
„Der Mond scheint in mir,
aber meine blinden Augen können's nicht sehen.
Der Mond ist in mir, die Sonne auch.
Die ungeschlagene Trommel der Ewigkeit
ist in mir zu hören;
aber meine tauben Ohren können's nicht hören.
Solange ein Mensch noch schreit
nach ‚Ich' und ‚Mein',
sind seine Werke ein Nichts.
Wenn alle Liebe zum ‚Ich' und ‚Mein' tot,
dann wird das Werk Gottes getan."[31]

Jede menschliche Aktivität muß zurücktreten auf dem Weg der Kontemplation. Erst dann kann das Göttliche in uns aufleuchten.

5. Abgeschiedenheit.

Darunter versteht Eckehart weniger einen Rückzug in die Einsamkeit als vielmehr die innere Abgeschiedenheit von Vorstellungen und Konzepten. „Wenn ich predige, so pflege ich zu sprechen von Abgeschiedenheit, und daß der Mensch ledig werden soll seiner selbst und aller Dinge ... .[32] Abgeschiedenheit übertrifft jede Tugend. Abgeschiedenheit erzwingt Gottes Selbstmitteilung. Diese Abgeschiedenheit soll der Mensch auch in seinem äußeren Tun behalten. Eckehart bringt hier das Gleichnis von der Türangel, die unbeweglich bleibt, auch wenn die Tür sich dreht. Gemeint ist ein inneres Zur-Ruhe-kommen der Seelenkräfte Intellekt, Gedächtnis und Wille, damit das göttliche Erkennen, die mystische Erfahrung, aufleuchten kann. Das Herz „muß auf einem reinen Nichts stehen". Diese Zurücknahme der Aktivität des Ichbewußtseins wird bei allen esoterischen Wegen als unabdingbare Voraussetzung genannt. Sie ist das A und O jedes Übungsweges und führt den Menschen zur Einförmigkeit mit Gott. Das Wort Jesu: „Es ist gut für euch, daß ich fortgehe", legt er entsprechend aus: „Darum scheidet ab die bildhafte Erscheinung, und vereinigt euch mit dem formlosen Sein". Auch das Bild Jesu und alle Gottesbilder müssen gelassen werden, um Gott wirklich zu erfahren. „Wer nun den Adel und Nutzen vollkommener Abgeschiedenheit erkennen will, der beachte Christi Worte, die er über seine Menschheit sprach, als er zu seinen Jüngern sagte: ‚Es ist euch nütze, daß ich von euch gehe, und gehe ich nicht von euch, so kann euch der Heilige Geist nicht zuteil werden' (Jo 16,7), gleichsam, als ob er spräche: Ihr habt zuviel Wohlgefallen an meiner gegenwärtigen Erscheinung gefunden, deshalb kann euch die vollkommene Freude des Heiligen Geistes nicht zuteil werden. Darum scheidet ab die bildhafte Erscheinung und vereinigt euch mit dem formlosen Sein, denn Gottes geistiger Trost ist feingeartet."[33]

Abgeschiedenheit ist gleichsam die Türangel, die dem Menschen auch in den stürmischsten Zeiten Ruhe beschert: „Eine Tür geht in einer Angel auf und zu. Nun vergleiche ich das äußere Brett der Tür dem äußeren Menschen, die Angel aber setze ich dem inneren Menschen gleich. Wenn nun die Tür auf- und zugeht, so bewegt sich das äußere Brett hin und her, und doch bleibt die Angel unbeweglich an ihrer Stelle und wird deshalb niemals verändert. Ebenso ist es auch hier, wenn du's recht verstehst".[34] „Wenn die Abgeschiedenheit zum Höchsten gelangt, so wird sie von Erkennen erkenntnislos und von Liebe lieblos und von Licht finster."[34]

e) Kontemplation und Aktion

Ruhe, Sammlung und Gelassenheit sind für Eckehart nur Voraussetzung für das rechte Handeln. Der Mensch muß aus der Einsamkeit heraustreten, um alle drei im Alltag zu erfahren: „Achte darauf, wie du deinem Gott zugekehrt bist, wenn du in der Kirche bist oder in der Zelle: diese selbe Gestimmtheit behalte und trage sie unter die Menge und in die Unruhe und in die Ungleichheit".[35] Die Werke, die der Mensch dann wirkt, sind nicht mehr seine Werke, sondern Gottes Werke. Auch hier gleicht Eckehart in seinen Aussagen wieder dem Zen, wo z. B. das Koan 46 im Mumonkan erläutern will: „Du mußt vortreten von der Spitze eines 100 Fuß hohen Mastes und es ganz durch alle Welt und in den 10 Richtungen manifestieren".

Kontemplation und Aktion gehören zusammen. Der Mensch soll „mitten im Wirken ungebunden" sein.[36] Wie Johannes vom Kreuz verweist Eckehart auf die eigentliche Seinsweise der Dinge, die göttlich ist: „Jedoch die äußeren Erscheinungsformen sind den geübten innerlichen Menschen eine inwendige göttliche Seinsweise".[37] Johannes vom Kreuz nennt das, „die Dinge in Gott erkennen". Wenn sich die Gottesgeburt im Menschen ereignet hat, muß er sich nicht mehr zurückziehen in die Einsamkeit. Er erfährt die „letzte Wirklichkeit" im Geschehen.[38]

C. Johannes vom Kreuz (1542–1591): Liebendes Aufmerken – Dunkle Nacht

a) Liebendes Aufmerken

Johannes vom Kreuz will einen Weg in die mystische Erfahrung lehren. Nirgendwo steht das klarer als in der Einleitung zu seinem Buch „Empor den Karmelberg". Dort heißt es: „Der Aufstieg zum Berg Karmel erklärt, wie man die göttliche Vereinigung schnell erreichen kann".

Die Wegbeschreibung läßt sich leicht auf die Kurzform bringen, wie sie in seinem Buch „Die lebendige Flamme" zu finden ist:

„Die Seele muß Gott ein liebevolles Aufmerken entgegenbringen, nur dies, ohne in Akten sich zu besondern; rein empfangend muß sie sich verhalten, ohne eigene Beflissenheit, mit dem entschlossenen schlichten Aufmerken der Liebe, so wie jemand in liebreicher Achtsamkeit die Augen öffnet."[39]

Der von Johannes vom Kreuz beschriebene Weg in die Kontemplation ist liebende Aufmerksamkeit oder, wie er es an anderer Stelle nennt, das „passiv liebende Empfangen".[40]

Wie andere Mystiker lehrt auch er, während der kontemplativen Übung alle Überlegungen, selbst fromme Gedanken und Gefühle, beiseite zu lassen:

„Dem Geist ist diese Unabhängigkeit und Unberührbarkeit vor allem aus dem Grunde not, weil irgendein Gedanke, Einfall oder Genuß, bei denen die Seele zu solcher Stunde sich aufhalten möchte, sie behindern und beunruhigen würde. Diese Vorgänge würden Lärm schlagen in der tiefen Stille, deren die Seele an Leib und Geist bedarf für das Auffangen des Zarten und Tiefen, das Gott in solcher Einsamkeit im Herzen einspricht".[41]

Dieses liebende Aufmerken ist ein Horchen nach innen. Gott ist in uns, „die Mitte der Seele ist Gott",[42] sagt Johannes vom Kreuz. Wir können dies normalerweise nicht wahrnehmen, nicht erfahren, weil unser Verstand, unsere Sinne und unser Wille so laut sind. Es ist nicht leicht, sich auf diesem Grat des Lauschens nach innen zu halten. Man darf weder ins diskursive Denken abgleiten noch ins Dösen oder gar ins Schlafen geraten. Es ist eben letztlich diese liebende Aufmerksamkeit, die – ohne Vorstellung von Gott und ohne bestimmte Erwartungen – lauscht und schaut, da „Gott die Mitte der Seele ist".

Verstand, Gedächtnis und Wille müssen vollständig ausgeschaltet bleiben. Die zarte Beziehung dieser liebenden Aufmerksamkeit zum Mittelpunkt des eigenen Seins wird durch die leiseste Regung dieser Seelenkräfte zerstört. So warnt Johannes vom Kreuz in den Erläuterungen zur dritten Strophe:

„Äußerst leicht – schon bei der geringsten Eigenregung der Seele im Bereich des Gedächtnisses, des Erkennens, des Wollens, bei dem leisesten Versuch, die Sinne heranzuziehen, den Trieb, die Wahrnehmung, die Lust, – wird dies Werk gestört, sein Schmelz verwischt. Und das ist schwerer Schaden, großer Schmerz und Jammer".[43]

Weiter schreibt er vom Einschläfern und Entfremden der Sinne[44] und vom Abdunkeln der Beziehungen zu Gott:

„Ich sage also: um sich durch den Glauben gut zu diesem Stande führen zu lassen, muß die Seele das Dunkel wahren, nicht nur im Bereich ihrer Beziehungen zu den Geschöpfen und zeitlichen Dingen, nämlich im sinnlichen und niedrigen Teil, (wovon wir schon sprachen), sondern sie muß sich auch blenden und abdunkeln im Bereich ihrer Beziehungen zu Gott und zum Geistigen, nämlich im vernünftigen und höheren Teil. Davon wollen wir nun sprechen. Denn dies ist klar: Will eine Seele zur übernatürlichen Umgestaltung gelangen, so muß sie alles, was ihrer Natur eignet, das Sensitive wie das Rationale, verdunkeln und übersteigen. Denn übernatürlich heißt ja, was über die Natur hinausgeht; das Natürliche bleibt dann unten.

Da nämlich diese Umgestaltung und Vereinigung nicht dem menschlichen Sinnen und Trachten zugehört, muß sich die Seele, soweit es an ihr liegt, im Gemüt, sage ich, und im Willen, leer halten von allem, was deutlich und gewollt in sie eindringen könnte, sei es von oben oder von unten. Was aber an Gott liegt – wer wollte ihn hindern, in der gelassenen, vernichteten, entblößten Seele zu wirken, was Er will? Die Seele hat sich also leer zu halten, als wäre sie dazu imstande, so zwar, daß sie auch im Besitze vieler übernatürlicher Güter wie ihrer entblößt und im Dunkel sei – gleich einem Blinden –, gestützt auf den dunklen Glauben, durch ihn geführt und erleuchtet, nicht aber auf etwas gestützt, das sie begreift, verkostet, fühlt oder ersinnt. Denn all dies ist Finsternis, die irreführt, und der Glaube ist über allem Verstehen und Verkosten und Empfinden und Sichvorstellen. Und wenn sie sich nicht gegen all dies blind macht, um völlig im dunkeln zu bleiben, so kommt sie nicht zum Höheren, das der Glaube lehrt“.[45]

Am Anfang ist dieses liebevolle Erkennen des inneren Lichtes fast nicht wahrnehmbar, sagt Johannes vom Kreuz. Er gibt auch den Grund an: „Es ist so zart, daß der Mensch, der an die Übung des Betrachtens gewohnt ist, das unfaßbar Neue nicht fühlen kann“.[46]

Er vergleicht diesen Vorgang mit der Wahrnehmung des äußeren Lichtes. Dessen Sichtbarkeit ist dort am besten, wo es reflektiert wird. Der durch das Fenster einfallende Sonnenstrahl kann vom Auge besser erfaßt werden, wenn umherfliegende Stäubchen sein Licht reflektieren. So klammert sich die Seele anfangs noch an die „Stäubchen“, die in ihrem Innenraum umherfliegen, weil sie die Dunkelheit des unerschaffenen Lichtes noch nicht erfassen kann. „Das Licht selbst ist nicht Gegenstand des Sehens,“ sagt Johannes vom Kreuz, „sondern nur das Mittel, Sichtbares wahrzunehmen.“[47] So geht das Schauen nach innen durch einen langen Entwicklungsprozeß.

b) Einüben der liebenden Aufmerksamkeit

Johannes vom Kreuz setzt voraus, daß Anfänger in der Kontemplation die bildhafte Betrachtung intensiv gepflegt haben.[48] Doch wenn die Freude daran erlischt, soll die Seele beginnen, sich mit diesem liebenden Aufmerken zu beschäftigen, auch wenn es ihr erscheint, als tue sie nichts.[49] Das Licht Gottes mangelt der Seele nie. Doch wegen der Bilder und Hüllen, die den Grund verdecken, kann es nicht wahrgenommen werden. Daher gilt es zu lernen, in liebender Aufmerksamkeit vor Gott zu verweilen.[50]

Dieses Verweilen muß oft und regelmäßig geschehen, damit es, wie er sagt, zu einem Zustand führt: „Da nun viele Akte, welcher Übung auch immer, in der Seele einen Zustand ausbilden, so bildet auch die oft wiederholte Übung des liebenden Erkennens, der sich die Seele fallweise hingibt, durch Gewöhnung einen Zustand aus".[51]

Ständiges Üben ist demnach von größter Bedeutung. Ruhiges Sitzen und gleichmäßiges Atmen erleichtern die Übung, wie sich aus den Schriften der Mönchsväter entnehmen läßt. Das liebende Aufmerken sollte man aber nicht nur beim Sitzen oder Knien haben, sondern es sollte durch den Tag begleiten und immer da sein, wenn verstandesmäßige Arbeit den Geist nicht beschäftigt hält. Die Stunden schlafloser Nächte sollten zu kostbaren Übungsstunden werden. Diese Ausrichtung nach innen, wo „Gott die Mitte des Menschen ist", und die Entschlossenheit, in der Übung zu bleiben, ist nach Ansicht aller geistlichen Führer eine der wichtigsten Voraussetzungen für das Fortschreiten auf dem kontemplativen Weg. Es ist bekannt, daß man im Zen und im Yoga während besonderer Übungsperioden bis zu 10 Stunden täglich in tiefer Sammlung verbringt. Sowohl von den Mönchsvätern als auch von den östlichen Meditationswegen ist also zu lernen, daß der Weg wesentlich in einem ausdauernden Sicheinlassen in die Beziehung zur eigenen Mitte besteht. Am Anfang muß man aktiv sein, etwas tun, sich anstrengen, um im Zustand des wachen, liebenden Aufmerkens zu bleiben, bis man durch Beharrlichkeit zur Reife des kontemplativen Gebetes gelangt ist. Sobald Verstand, Phantasie, Gedächtnis und Wille schweigen, beginnt der Weg der Kontemplation. Dieser Übung soll sich die Seele hingeben, sagt Johannes vom Kreuz, damit sie durch Gewöhnung einen Zustand in sich ausbildet, der sie dann in die Beschauung versetzt.[52]

Das bedeutet nicht, daß man die mystische Erfahrung „machen" oder „erzwingen" könnte; sie wird immer reines Geschenk sein. Es geht darum, sich zu bereiten durch die Übung des Loslassens und des Leerwerdens. Von Johannes vom Kreuz wird uns berichtet, daß er sich stunden-, ja nächtelang diesem Gebet hingab und es am liebsten wie Jesus, sein Meister, im Freien oder am offenen Fenster verrichtete.[53]

c) Der Reinigungsprozeß – Die Dunkle Nacht

Keine der Ego-gesteuerten Seelenkräfte, wie Verstand, Gedächtnis oder Wille, dürfen im Zustand der Kontemplation aktiv sein. Diese Übung ist nicht leicht, denn der Verstand darf sich an nichts festhalten. Auch die Gemütsbewegungen sollten vorüberziehen. Es ist ein liebendes Aufmerken, das nichts weiß und nichts will. Wer sich auf diesen Weg macht, wird bald feststellen, wie sehr ihn die Alltagsgedanken bedrängen.

Aber nicht nur Alltagsgedanken erschweren die Übung. Alles, was im Laufe der Jahre ins persönliche Unbewußte verdrängt, „unter den Teppich gekehrt" wurde, fühlt sich jetzt ermutigt, auf der inneren Bühne seinen Platz einzunehmen. Gewöhnlich haben daher Anfänger auf dem Weg zuerst mit ihren angstbesetzten Kindheitserlebnissen, Traumata und neurotischen Blockierungen zu kämpfen.

Bei manchen werden die inneren Schwierigkeiten so stark, daß sie der kontemplativen Übung nicht mehr folgen können. Spätestens dann ist es angezeigt, daß man sich einem Führer anvertraut. Der Einzelne braucht auf dem Weg ständige Ermutigung und Hilfestellung.

Die störenden Kerne im Unbewußten können als Angst auftreten. Der Einzelne weiß nicht, wovor er Angst hat, aber er spürt, daß sie ihn hindert, auf dem kontemplativen Weg fortzuschreiten. Manchen gelingt es, die Angst anzunehmen, stehenzulassen und weiterhin mutig die liebende Aufmerksamkeit auf Gott zu richten. Andere sehen sich genötigt, die Kontemplation einzustellen, um sich zuerst einer therapeutischen Behandlung zu unterziehen. Für den normal veranlagten, gesunden Menschen genügt es, die Angst anzunehmen und seinen Weg fortzusetzen. Mit der Zeit werden die Angstzustände meist geringer und bleiben schließlich ganz aus.

Während dieser aktiven Reinigungsphase kann der Mensch noch etwas zu seinem inneren Wandel beitragen. Doch mit dem Beginn der „passiven Reinigung", die vor allem das kollektive Unbewußte zu läutern scheint, fällt alles Agieren weg. Diese Bewußtseinsschichten sind dem aktiven Zugriff des Menschen verschlossen. Die letzte Reinigung muß erlitten werden.

Der ganze Vorgang kann ungeheuer schmerzvoll sein. Nur wer ihn selbst durchgestanden oder lange mit Menschen, die davon betroffen wurden, gearbeitet hat, weiß um die Not. Das 6. Kapitel des 2. Buches der „Dunklen Nacht" von Johannes vom Kreuz gibt einen Einblick. Dort heißt es: „Die dritte Art von Passion und Pein, die hier über die Seele kommt, entspringt aus zwei anderen Gegensätzen, dem Göttlichen und dem Menschlichen, die nun zusammentreffen. Das Göttliche ist diese läuternde Kontemplation, und das Menschliche ist das Subjekt der Seele. Wenn nun das Göttliche sie überfällt, um sie auszureifen, zu erneuern und dadurch göttlich zu machen – wenn es sie nun von allen eingewurzelten Neigungen, von allen klebenden und eingefleischten Eigenheiten des alten Menschen vollkommen entblößen will, dann zerstückelt und vernichtet es derart ihre geistige Substanz in einer sie umschlingenden, dichten und tiefen Finsternis, daß sich diese Seele angesichts ihrer Erbärmlichkeiten in einem grausamen Geistestod hinschmelzen und hinschwinden fühlt. Nicht anders, als fühlte sie sich eingeschluckt in den düsteren Bauch eines Ungetüms und von ihm zersetzt – in den gleichen Erstickungsnöten wie Jonas im Bauche jenes Meerungeheuers (Jo. 2). Denn in solcher Gruft, in solch finsterem Tode muß sie ihrer geistlichen Auferstehung entgegenharren".[54]

Die Worte, die Johannes vom Kreuz in diesem Kapitel gebraucht, lassen das Furchtbare des Reinigungsprozesses ahnen:

„Ringsum Geröchel des Todes – Qualen der Hölle – in die Finsternis geworfen – versenkt in den Pfuhl der untersten Tiefe – lichtlose Schatten des Todes – Todesschatten, Todesstöhnen, Höllenqualen – beklemmendes Leiden – aufgehängt in der Luft, ohne atmen zu können, die Knochen müssen im Feuer verbrennen – weggezehrt wird das Fleisch – die Gliedmaßen werden zerlöst (Ez 24,10) – tödliches Hinschmachten – die Seele sieht die Hölle vor sich aufklaffen".

Diese Phase der Kontemplation kann für den Einzelnen entsetzlich sein und sehr lange dauern. Die Zustände gleichen im allgemeinen einer tiefen Depression. Hier wird es wichtig, daß der Übende diesen Prozeß nicht einfach als ein Leid betrachtet, das ihn befallen hat, sondern als einen spirituellen Reinigungsvorgang. Nur dann wird er überhaupt die Kraft aufbringen, diesen Prozeß bis zum Ende durchzustehen. Die Haltung gegenüber dem inneren Erleben macht den Unterschied aus. Das läßt sich an einem Beispiel zeigen. Man denke an zwei in der Wüste zurückgelassene Touristen, denen für die nächsten vier Wochen nichts anderes als Wasser zur Verfügung steht. Der eine ist ständig auf Nahrungssuche, stellt sich nur eßbare Dinge vor, träumt vom Essen, hungert und ist schließlich am Ende der vier Wochen tatsächlich verhungert.

Der zweite stellt sich auf eine vierwöchige Fastenzeit ein, eine Zeit psychischer und physischer Reinigung. Weil er zu fasten versteht, geht er gestärkt und gereinigt aus dieser Mangelphase hervor, während der erste in Not, Angst und Ausweglosigkeit steckenblieb.

Die passive Reinigung kann eine Zeit der Hilflosigkeit, des Schmerzes, der Verkrampfung, der Verzweiflung, der Panik und des Horrors sein. Nicht ohne Grund nannten die Mystiker diesen Zustand horror vacui, das Grauen (vor) der Leere. Nur wenige werden durch diese Prüfungen ohne ermutigenden Führer gehen können.

Was über die dunkle Nacht gesagt worden ist, klingt für manche beängstigend und negativ. Für Johannes vom Kreuz ist diese Reinigung jedoch ein Freiwerden von Hindernissen, die den Menschen von der Erfahrung Gottes trennen. Die „liebende Seele" listet dem Geliebten nicht auf, was sie um seinetwillen aufgeben mußte. Es zählt nicht. Es schmerzt nicht einmal. So kann der ganze Weg der Reinigung von einer großen Innigkeit begleitet sein, die eines Tages endgültig in die Freude mündet.

d) Führung auf dem kontemplativen Gebetsweg

Johannes vom Kreuz legt größtes Gewicht auf Seelenführung. Jemand ohne Seelenführung ist wie ein Garten ohne Zaun.[55] Er spricht in vielen Kapiteln seiner Werke von spiritueller Führung, von Spiritualen und Beichtvätern, mit denen er allerdings streng ins Gericht geht. Nach Ansicht von Fernando Urbina, einem der besten Kenner von Johannes vom Kreuz, schrieb dieser seine Bücher nur, weil die Angst vor der Inquisition die Beichtväter seiner Zeit davon abhielt, mystisch begabte Menschen auf dem kontemplativen Weg zu begleiten. Johannes vom Kreuz wirft diesen Seelenführern Mangel an Verständnis vor, weil sie versuchten, jene Menschen, die daran waren, in die Dunkelheit und Leere der Kontemplation einzutreten, zu Betrachtung und frommen Übungen zurückzuholen.

„Wenn die Seelen zu dieser Zeit bei niemandem Verständnis finden, dann fallen sie zurück, den Weg verlassend und erlahmend; zum mindesten aber behindern sie selber ihren Fortschritt, weil sie sich darauf versteifen, durch Meditation und Auseinanderlegung voranzukommen; und dabei pressen sie zu hart auf ihre natürlichen Kräfte, in der Meinung, durch ihre Nachlässigkeit und ihre Sünden steckenzubleiben" – „und darin gehen sie fehl, denn zu dieser Zeit leitet Gott sie bereits auf einem anderen, auf einem durchaus unterschiedenen Wege, dem der Kontemplation. Der eine Weg ist ein Weg des veranschaulichenden Nachsinnens, der andere hat nichts mit Anschaulichkeit und Überlegung zu tun."[56]

„In dieser Nacht der Sinne müssen sie sich über nicht mehr zeitgemäße Meditation und Grübeleien hinwegsetzen . . ., auch wenn sie überzeugt sind, ihre Zeit im Nichtstun zu verlieren und aus Schlaffheit die Gedankenarbeit zu meiden."[57]

„Manchmal wollen sie (die Seelen) nicht ins Dunkel eintreten, noch sich hineinziehen lassen. Manchmal verstehen sie es nicht und es mangelt ihnen an geeigneten und erfahrenen Führern, sie auf den Gipfel zu geleiten" – „Sie bleiben bei ihrer niedrigen Weise, mit Gott zu verkehren, weil sie es nicht anders wollen oder wissen oder niemand da ist, sie auf den Weg des Lassens jener Anfänge zu führen. Begnadet unser Herr sie endlich so sehr, daß sie ohne dieses und jenes hindurchkommen, so gelangen sie doch viel später und mühseliger und weniger verdienstlich ans Ziel."[58]

e) Kritik an den Seelenführern

Dies ist ein kritischer Punkt auf dem inneren Weg. Statt ihr Beichtkind zurückzurufen, sollten geistliche Führer es ermuntern, mit der Übung des liebenden Aufmerkens mutig und treu fortzufahren trotz aller Trockenheit, Einsamkeit und Leere. In seinem Buch „Die Lebendige Flamme" kommt er ausführlich darauf zu sprechen.[59] Dort droht er z. B.:

„Groß ist Gottes Zorn gegen solche (Seelenführer). Durch Ezechiel droht er ihnen Strafe an: ‚Mit der Milch meiner Herde habt ihr euch genährt, und mit ihrer Wolle habt ihr euch bedeckt. Dennoch habt ihr meine Herde nicht geweidet. Aus euern Händen werde ich meine Herde zurückfordern'".[60]

In der Vorrede zum Buch „Aufstieg zum Berge Karmel" nennt Johannes vom Kreuz die disqualifizierten Seelenhirten „Erbauer des Turmes von Babel". In „Die lebendige Flamme" werden sie „Grobschmiede" geheißen, die nur daraufloszuhämmern verstehen,[61] „Füchslein", die den blühenden Weinberg des Herrn zertreten,[62] „Blinde", die das Wirken des Heiligen Geistes stören, und Leute, die andern „die Himmelstür verriegeln".[63]

Er rät daher den Menschen, auf dem geistlichen Weg vorsichtig zu sein und sich nicht jedem anzuvertrauen. „Die Seele, die auf diesem Wege der Sammlung und Vervollkommnung voran gelangen will, muß als erstes überlegen, in wessen Hände sie sich gibt, denn wie der Meister so der Schüler, wie der Vater so der Sohn."[64]

Alle Mystiker weisen darauf hin, daß die Zeit kommt, in der man das Nachdenken über Gott und damit auch so manche Frömmigkeitsübung zurücklassen muß, wenn man auf dem Weg der Kontemplation weiterkommen will. Trotzdem raten auch heute noch viele Beichtväter und Spirituale den Menschen ab weiterzugehen, wenn sie an diesen Punkt kommen. Wer selber keine Erfahrung auf diesem Gebiet hat, tut sich in der Tat schwer, andere in das gegenstandsfreie Beten zu entlassen. Es sei daher auch noch Johannes Tauler zitiert, der offensichtlich mit dem gleichen Problem in der Seelenführung zu tun hatte. In seiner 29. Predigt ist zu lesen:

„. . . bist du nicht in diesen Grund gelangt, so wirst du mit äußerem Tun nicht dahin kommen. Strenge dich nicht zwecklos an! Wenn du deinen äußeren Menschen besiegt hast, kehr' in dein Inneres, geh' in dich und suche diesen Grund: Du findest ihn nicht in den äußeren Dingen, in Anweisungen und Vorhaben . . .

Wer solche Leute (die den Grund suchen) von da in seine grobe Art äußerer Übung herüberzieht, so daß sie solche Gnade verlieren, bereitet sich selber ein furchtbares Urteil. Solche Menschen, wahrlich, mit ihren besonderen Frömmigkeitsübungen, zu denen sie jene Leute herüberziehen wollen, legen deren Fortschritt mehr Hindernisse in den Weg, als es je Heiden und Juden taten. Ihr also, die ihr mit heftigen Worten und zornigen Gebärden urteilt, nehmt euch in acht, wenn ihr über innerliche Menschen sprecht."[65]

Tauler ist zutiefst betrübt, daß „Heiden" den Weg in den eigenen Seelengrund besser kennen als Christen. Denn so heißt es weiter in der gleichen Predigt:

„Hierzu sagt ein heidnischer Lehrmeister, Proklus: ‚Solange der Mensch mit den Bildern, die unter uns sind, beschäftigt ist und damit umgeht, wird er, so glaube ich, niemals in diesen Grund gelangen. Es gilt uns als Aberglaube, daß dieser Grund in uns sei; wir können nicht glauben, daß dergleichen sei und in uns sei. ‚Daher', so fährt er fort, ‚willst du erfahren, daß er besteht, so laß alle Mannigfaltigkeit fahren und betrachte nur diesen einen Gegenstand mit den Augen deines Verstandes; willst du aber höher steigen, so laß das vernünftige Hinsehen und Ansehen, denn die Vernunft liegt unter dir, und werde eins mit dem Einen.' Und er nennt das Eine eine göttliche Finsternis, still, schweigend, schlafend, übersinnlich. Ach, ihr Lieben, daß ein Heide das verstanden hat und darauf kam, wir aber dem so ferne stehen und so wenig gleich sind, das bedeutet für uns einen Schimpf und eine Schande".[66]

Johannes vom Kreuz verlangt vom Führer in der Kontemplation nicht unbedingt Heiligkeit, aber Erfahrung. Auch bestimmte psychologische Voraussetzungen sind notwendig, um andere zu führen.

„Dabei ist zu beachten: Für diesen Weg, zumindest für die obere Strecke, aber auch für die mittlere, wird kaum ein Führer gefunden, der alle Erfordernisse erfüllt. Umsicht und Unterscheidungsgabe genügen hier nicht, es muß ein solcher darüber hinaus Erfahrung besitzen .... Fehlt die Erfahrung dessen, was reiner und wahrer Geist ist, so wird es nicht glücken, die Seele in dem von Gott Empfangenen zu prüfen oder solchen Geist auch nur zu verstehen."[67]

Vielleicht besser als alle weiteren Zitate sagt der folgende Abschnitt, was Johannes vom Kreuz von einem Seelenführer verlangt: „Solche Seelenführer mögen sich bewußt sein, daß der eigentliche Beweger und Führer der Seele nicht sie sind, sondern der unablässig um sie bemühte heilige Geist, da sie nur Wegweiser sind für den Aufstieg zur Vollkommenheit kraft des Glaubens und des göttlichen Gesetzes, zu einer Vollkommenheit gemäß dem Geiste, den Gott in jede Seele besonders eingießt. Und so sei denn sein ganzes Bestreben, sie nicht eigensinnig seiner eigenen Weise anzugleichen, sondern sich zu prüfen, ob er den Weg erkennt, den Gott sie führt. Und wenn er ihn nicht erkennt, soll er jene Gott überlassen, statt sie zu verstören".[68]

Johannes vom Kreuz verweist allerdings auch sehr deutlich auf Vernunft und natürliche Urteilskraft. Niemand soll blindlings seiner eigenen Erfahrung folgen, sondern sich rückversichern bei seinem Seelenführer.

„Wenn Gott damals etwas sprach, so gelangte dies durch keine Autorität oder Gewalt zu voller Glaubwürdigkeit, wenn nicht der Mund eines Priesters oder Propheten es bestätigte. Weil Gott es so sehr liebt, daß der Mensch wieder durch einen anderen Menschen seinesgleichen geleitet und betreut werde und daß natürliche Vernunft den Menschen führe und lenke, verlangt Er durchaus, daß wir den Dingen, die uns übernatürlich zukommen, nicht vollen Glauben schenken, noch uns auf eigene Kraft und Sicherheit stützen, ehe sie uns durch einen menschlichen Mund wie durch ein menschliches Brunnenrohr zugeleitet sind. Darum legt Gott in die Seele, der Er etwas sagt oder enthüllt, eine gewisse Neigung, es demjenigen mitzuteilen, dem es zusteht. Und Er pflegt volle Zufriedenheit nicht eher zu gewähren, als der Mensch es von einem Menschen seinesgleichen übernommen hat."[69]

Das ist ein Rat, der von geistlichen Führern immer wieder gegeben wurde. So schreibt Augustinus, daß der Mensch durch Menschen gerettet wird und sich daher auch durch Menschen führen lassen soll. Er verweist dabei auf Johannes Chrysostomus, der in seiner 1. Homilie etwas Ähnliches sagt, und auf Paulus, der vor Damaskus eine mystische Erfahrung hatte, aber dann zu Ananias geschickt wurde für weitere Unterweisung.

Vor allem braucht die Phase der „Dunklen Nacht" die Begleitung eines Führers. Diese Nacht ist ein letztes Handanlegen Gottes an den Menschen, das oft einhergeht mit starken Gefühlen der Gottverlassenheit und Sinnlosigkeit.

D. Madame Guyon (1648–1717): Der Nachtweg

Eine kurze Schilderung ihres Lebensweges findet sich in: Egner-Walter, Das innere Gebet der Madame Guyon, Münsterschwarzach 1989.

Jeder Mensch ist nach Madame Guyon zum inneren Gebet berufen. Zwei Gründe gibt sie an:
– Jeder Mensch hat eine natürliche Neigung zu Gott. Er muß nur aufgerüttelt werden.
+ Jeder ist zum Heil berufen.

Man kann sich nach Madame Guyon auf drei verschiedene Arten Gott nähern. Diese ergeben sich aus dem Weg der Reinigung. Sie nennt diese drei Wege:
a) aktiver Lichtweg
b) passiver Lichtweg
c) Nachtweg

(Diese Einteilung stammt von Peter Poiret, der die Schriften Madame Guyons bearbeitet hat.)

Die Aufgabe des Menschen schlechthin ist es, schon in diesem Leben zu Gott heimzukehren, indem er zu einer wesensmäßigen Vereinigung mit ihm findet. Diese wird auch beschrieben als die Vereinigung mit der eigenen Mitte oder dem eigenen Zentrum.[70]

Nachdem Madame Guyon alle drei Wege geprüft hat, ist sie überzeugt, daß nur der Nachtweg wirklich zur Vereinigung führt. Sie gebraucht das Bild von den drei Flüs-

sen, die verschieden schnell vom Meer, zu unserem eigentlichen Ursprung zurück-
fließen.

a) Der aktive Lichtweg

Es ist der Weg der Menschen, die betrachten und meditieren, etwa über ein
Schriftwort oder ein Bild. Sie versuchen, die Wahrheit intellektuell zu verstehen.
Sie versuchen, sich über „gute Vorsätze" zu reinigen. Sie lieben Gemeinschaften,
die karitativ tätig sind.

„Sie unternehmen tausend heilige Unternehmungen und tausend Praktiken, um
Gott näher zu kommen, um sich in der Gegenwart Gottes zu erhalten. Dies alles
jedoch geschieht auf Grund ihrer eigenen Anstrengungen, unterstützt und gefördert
durch die Gnade Gottes. In diesen Menschen scheint das eigene Wirken, das Wirken
Gottes zu überwiegen, und Gottes Wirken verhält sich zu ihrem eigenen nur nach-
helfend und verstärkend."[71]

Diese Menschen sind nach Madame Guyon stark bestimmt von ihren unbeständi-
gen Gefühlen. Sie finden nicht zur inneren Ruhe, die Voraussetzung ist für eine tiefe
Begegnung mit Gott.

„Sie haben niemals jene heitere Meeresstille, jenen tiefen Frieden, jene Ruhe des
Volkes Gottes (Hebr. 4,9 f), deren andere Menschen selbst mitten in Zerstreuungen
sich erfreuen."[72]

Im Bild des Flusses ausgedrückt heißt das, daß er nicht genug Wasser hat, weil die
Quelle nur dürftig fließt und oft austrocknet. Sie erlangen das Heil, aber bis ins Meer
kommen sie bei Lebzeiten sicher nicht zurück.

b) Der passive Lichtweg

Der zweite Weg ist nach Madame Guyon ein Weg des Lichtglaubens und der
Offenbarung. Man kann auf diesem Weg Einsichten haben, sogar Verzückungen
und Gesichte. Solche Menschen werden daher von anderen umringt, weil sie parapsychische Fähigkeiten aufwiesen. Im Osten sagt man: Wenn ein Gaukler und ein
Weiser in eine Stadt kommen, laufen die Menschen dem Gaukler nach. „Viele Heilige, die am kirchlichen Himmel wie Sterne erster Größe funkeln, sind über diesen
Grad nie hinausgelangt."[73]

Madame Guyon hat hohe Achtung vor diesen Menschen. Sie sind von einer starken Liebe ergriffen, die ihnen hilft, alle Versuchungen zu bestehen. Sie machen
auch Erfahrungen der Gegenwart Gottes, ja Gott schenkt ihnen sogar Kräfte, mit
denen sie Wunder wirken können. Ihre Sprache ist die Sprache der Mystik: Sie reden
vom Absterben, Verlassen, Verlieren.

„Was ihr eigenes Wirken betrifft, sind sie ihm (Gott) auch tatsächlich gestorben,
denn sie empfangen die Lichter passiv. Nicht gestorben sind sie, was den tiefsten
Grund betrifft."[74]

Aber Fähigkeiten und Gaben sind eher Hindernisse auf dem Weg. Man kann stolz
darauf werden und sich selber betrügen. An solchen Kreuzwegen des spirituellen
Lebens ist es gut, wenn man einen Begleiter hat, der einen weiterdrängt. Die Gaben

sind noch etwas Vorläufiges. Sie sollen zum Geber der Gaben führen. Leider ist es oft umgekehrt, sie hindern.[75] Madame Guyon fragt daher gar nicht, ob die Gaben von Gott sind oder anderswoher kommen. Da sie nicht das Ziel sind, ist das uninteressant, auch wenn es sich um Verzückungen, Visionen, Prophetie oder ähnliche Erscheinungsformen handelt.

„Es ist unnötig, unterscheiden zu wollen, ob diese Dinge von Gott seien oder menschlich, weil man sowieso über sie hinweggehen soll. Sind sie von Gott, so werden sie durch seine Vorsehung in Erfüllung gehen, der wir uns überlassen haben. Sind sie nicht von ihm, sondern aus dem Eigenen, so werden wir wenigstens nicht betrogen sein, da wir uns nicht dabei aufhielten."[76]

In der bildhaften Sprache mit den drei Flüssen gleichen diese Menschen breiten, träge und mit majestätischer Kraft dahinfließenden Strömen, die das Meer nur sehr spät oder überhaupt nicht erreichen.[77]

c) Der Nachtweg – allgemeine Beschreibung

Dieser Weg besteht in einem einfachen Schauen nach innen, das Madame Guyon auch das ‚einfache Anblicken‘ nennt.

„Das allerbeste Mittel unter allen ist das, den Verstand in das Innere einzuziehen, und zwar vermittelst des seinen Gott liebenden Willens, der alle Kräfte der Seele zu sich sammelt und sie mit sich zu vereinigen scheint. Das ist ein liebevolles Anschauen, welches auf nichts Deutliches in Gott sieht, ihn aber desto mehr liebt, je mehr sich der Verstand dem dunklen Glauben, nicht zwar mit Zwang, noch mit Bemühung des Verstandes, sondern aus Liebe unterwirft. Man tut seinem Verstand keinen Zwang an, ihn abzuziehen, sondern indem sich die Seele je mehr und mehr in die Liebe einsenkt, so gewöhnt sie den Verstand, alle Gedanken fallen zu lassen; nicht, wie bereits gesagt, mit Arbeit und vernünftigem Überlegen, sondern, indem man sie nicht mehr behält, so fallen sie von sich selbst ab. Alsdann geht die Seele die rechte Bahn, so die innere Sammlung ist, darin sie die Gegenwart Gottes und einen wunderbaren Zufluß seiner Güte findet, welche macht, daß alle Vielfältigkeit, alle Wirksamkeit, alles Sprechen unvermerkt wegfallen muß und die Seele in eine süße Stille bringt."[78]

Solche Übung führt zur Gleichförmigkeit mit Gott und befreit vom zerstreuten Denken. Dieser letzte Weg ist, im Bild der drei Flüsse ausgedrückt, äußerst schnell. Der Lauf kennt keine Hindernisse mehr.

„Was sollen wir von den Menschen des dritten Weges sagen? Sie sind wie die Ströme, die vom Kamm des Gebirges herabstürzen. Sie brechen aus Gott selbst hervor und ruhen keinen Augenblick, bis sie sich wieder in ihn verloren haben. Nichts hemmt sie. Sie sind mit nichts beladen. Sie sind ganz nackt und bloß und brausen mit einer Schnelligkeit fort, die auch dem Beherztesten Angst einjagt . . . Ohne sich an ihr eigenes Flußbett zu binden, suchen sie sich überall Durchbruch zu schaffen. Ja, sie haben gar kein eigenes Flußbett wie die anderen, noch folgt ihr Wasser bestimmten Regeln. Man sieht sie sich ohne Aufenthalt ihren eigenen Weg bahnen. Sie zerschellen am Felsen. Sie stürzen tosend den Abhang hinab . . . bis sie endlich nach langem Irrweg, auf dem sie häufig zergeißelt und zerschellt worden waren, sich mehrmals verloren und wieder fanden, das Meer erreichen und sich in ihm verlieren, um sich nie wieder zu finden."[79]

Der Nachtweg ist der einzige Weg, der in diesem Leben schon zur Vereinigung mit Gott führt, weil nur auf ihm der Reinigungsprozeß wirklich vonstatten gehen kann.

d) Der Reinigungsprozeß   *4. Stufen*

Das große Hindernis auf diesem Weg ist die Egozentrik, die bei Madame Guyon Eigenmächtigkeit genannt wird. „... Nichts steht Gott mehr entgegen als die Eigenmächtigkeit, und alle Bosheit des Menschen liegt in dieser Eigenmächtigkeit als der Quelle seiner Bosheit."[80] Das Hindernis der Ichaktivität wird mit folgenden Worten herausgestellt: „Es ist noch notwendig zu verstehen, daß unter dem Begriff Eigenheit alle eigenen Handlungen, Sich-selber-suchen, alles, was mit uns zu tun hat, ebenso wie alle Zwischenräume zwischen Gott und der Seele, alle Widerstände, sogar aller Widerwille, alles, was mit einem selber zu tun hat, geistlich und zeitlich zu verstehen ist: die Eigenliebe ist in allem dem und die Eigenheit".[81]

Wie alle mystischen Wege führt auch der Weg, den Madame Guyon empfiehlt, über die Zurücknahme des Ego. Die Aktivitäten des Ego sind nach scholastischer Auffassung Verstand, Gedächtnis und Wille. Vielleicht hat Madame Guyon Johannes vom Kreuz gelesen, der auf diese Kräfte ausgiebig zu sprechen kommt. Die negative Sprache der christlichen Mystik darf uns dabei nicht abschrecken. Auch im Osten spricht man vom Sterben auf dem Kissen. Es geht um die Zurücknahme der Egotätigkeit, damit umfassendere Möglichkeiten des Erfahrens in uns wach werden können. Es geht um den Reinigungsprozeß, der Voraussetzung für alle Gotteserfahrung ist.

Dieser Prozeß verläuft in vier Stufen:

1. Ein Angerührtsein, das den Menschen einlädt, nach innen zu gehen, während die äußeren Sinne austrocknen.

2. Ein passiver Reinigungsprozeß, in dem Gott die Führung übernimmt, in dem die „inneren Sinne" Verstand, Gedächtnis und Wille sterben.

3. Das Loslassen auch des religiösen Haltes. Gott ist nicht mehr erfahrbar. Der Mensch fühlt sich von allem verlassen. Es ist die Stufe des mystischen Todes.

4. Hier geschieht die Rückkehr ins Leben, die Auferstehung und Integration der Erfahrung in den Alltag.

Über das Nichts führt der Weg ins Alles. „Es gibt nur diese zwei Wahrheiten, das Alles und das Nichts. Alles andere ist Lüge. – Wir können dem göttlichen Alles nur dadurch Ehre erweisen, daß wir zunichte werden. Und kaum sind wir zunichte geworden, da wird uns Gott, der keine Leere zuläßt, ohne sie zu füllen, mit sich selbst erfüllen."[82]

1. Stufe des Reinigungsprozesses:

Madame Guyon lehrt zwei verschiedene Formen des inneren Gebetes:

– Betrachtung und betrachtendes Lesen. Beim betrachtenden Lesen (lectio divina) bleibt man bei einer Wahrheit, die einen anspricht, stehen, um sie zu verkosten. Erst wenn man keinen Geschmack mehr an ihr findet, liest man weiter. Man soll jedoch sehr wenig auf einmal lesen, höchstens eine halbe Seite.

Die Betrachtung zielt auf die Wahrnehmung der Gegenwart Gottes im eigenen Innern. Man sammelt die Sinne. Dann liest man einen Satz aus einer geistlichen Lektüre. Über diesen Satz denkt man aber nicht nach, sondern nimmt ihn in sich hinein und verkostet ihn. Daraufhin läßt man die Seele in Stille und Frieden in Gott ruhen. Wenn die Sinne davonlaufen, geht man einfach, wenn man es merkt, wieder zur Übung zurück.

– Das Erfahren der Gegenwart Gottes führt zur zweiten Stufe, zum Gebet der Einfachheit. Dieses Gebet wird auch Gebet der Ruhe oder Kontemplation genannt. Der Mensch findet Geschmack an der Gegenwart Gottes. Sobald das der Fall ist, soll man in dieser Gebetsform bleiben und sich um nichts anderes kümmern. Worte sind dann nicht mehr notwendig. Ein Blick ins eigene Innere reicht vollkommen aus. Man soll auf Trockenheit gefaßt sein. Sie hat eine reinigende Wirkung. Auf jeden Fall wäre es falsch, die Gegenwart Gottes mit Bemühen des Verstandes und der Sinne zurückzuholen. Man soll Gott um seiner selbst willen suchen, nicht aber der angenehmen Erfahrungen wegen. Ein zentraler Begriff ist ,Übergabe‘, engl. ,abandon‘. Auf dem Weg zu Gott ist das die wichtigste Übung.

Madame Guyon fordert auf, seine religiösen Verhaltensweisen zu ändern, wenn man sich dazu gedrängt fühlt. Man soll Übungen ablegen, wenn sie zum Hindernis werden.

„Laßt ihn (Gott) doch handeln und seid von Euch aus an nichts verhaftet. Mag es Euch auch gut erscheinen, es ist für Euch dann nicht gut, wenn es Euch von dem abwendet, was Gott von Euch will. Der Wille Gottes aber ist allem anderen vorzuziehen.“[83]

„Wenn jemand vorgeschriebene Gebete zu verrichten hat, soll er das tun. Aber er wird bald merken, daß es ihn zu seiner Gebetsübung zieht, und es kommt die Zeit, da es nicht mehr möglich ist, Gebete zu sprechen. Würde er sich zwingen, würde er den inneren Frieden verlieren.“[84]

Dann sagt Madame Guyon aber, daß bis hierher alles nur Spiel gewesen ist.

„Bis hierher jedoch ist alles nur Spiel gewesen, woran der Mensch sich leicht gewöhnen könnte, wenn der göttliche Freund nicht sein Betragen ändern würde. Ihr Gott liebenden Menschen, die ihr wehklagt über die Flüchtigkeit seiner Gegenwart, ihr wißt nicht, daß alles bisherige nur wie Spiel und Neckerei gewesen ist, Proben und Prüfungen. Bald werden die Stunden seines Ausbleibens zu Tagen werden, zu Wochen, Monaten und Jahren . . . .“[85]

2. Stufe des Reinigungsprozesses:

Der folgende Text ist in eine Sprache gekleidet, die uns heute nicht mehr liegt. Aber er zeigt deutlich das Auf und Ab des kontemplativen Weges.

„Leiden, ohne daß der göttliche Geliebte es weiß, leiden, während er uns zu verschmähen und sich von dem, was wir ausstehen, um ihm zu gefallen, wegzuwenden scheint, leiden, während er nur Ekel an allem bezeugt, womit wir sonst ihn zu entzücken pflegten, ihn dies alles mit Kälte und Entfremdung betrachten sehen, was wir auch beginnen mögen, um ihm Freude zu machen, und dennoch nicht aufhören, dasselbe zu tun; sehen, daß, je eifriger wir ihn verfolgen, er uns nur um so flüchtiger enteilt, sich alles nehmen zu lassen ohne eine Klage, alles, was er uns früher als Beweise seiner Liebe gegeben hat und was man glaubt, durch die Liebe, die Treue und das Leiden bezahlt zu haben, nicht nur ohne eine Klage diese Beraubung zu sehen, sondern auch zu sehen, daß andere mit dem Beraubten bereichert werden, und dann trotzdem nicht ablassen, fortwährend alles zu tun, was den göttlichen Freund erfreuen könnte, nicht aufhören, ihm nachzulaufen, und wenn man in Selbstvergessenheit einen Augenblick stillgestanden und Zeit verloren hat, durch verdoppelte Eile das wieder ersetzen, geradeaus voranzugehen in seinem Lauf, ohne die Abgründe zu scheuen, in die man sich stürzen könnte, ohne den Staub und Schlamm zu achten, womit man sich beschmutzen und besudeln könnte,

nicht darauf achten, ob man fällt und wiederum fällt, und tausendmal fällt, sich unzählige Male wieder aufraffen, bis man endlich ganz und gar erschöpft und kraftlos liegenbleibt und verschmachtet, ohne daß der ‚Allzustrenge‘ auch nur einmal sich umwendet und uns mit einem Blick der Liebe erquicken würde: Dies alles gehört nicht zu diesem Grade, es gehört zu dem, welcher folgt.“[86]

Gott selber greift nun ein, um den Menschen voranzubringen. Es geht auf dieser Stufe um die Vernichtung von Intellekt, Gedächtnis und Wille. Der Mensch kann nichts beitragen zu dieser Reinigung. Er kann nur aushalten.

Die Liebe ist nicht mehr spürbar. Freude und Friede verlieren sich. Es kommt ein Unvermögen, an sich zu arbeiten. „Je mächtiger Gott in uns wird, je schwächer werden wir.“

3. Stufe des Reinigungsprozesses:

Es gibt keinen Halt. Nach Zeiten der Ruhe tut sich ein neuer Abgrund auf. Einen Abgrund kann ich in der Mystik nie umgehen. Es gibt nur das Hindurch.

„Er geht leise und gelassen seines Weges, als plötzlich ein neuer Abgrund sich vor ihm auftut, steiler und drohender als der vorige. Er tritt zurück. Umsonst: es gilt zu fallen! Und immer tiefer zu fallen! Von Fels zu Fels, von Schlund zu Abgrund!“[87]

Die falschen Griffe zum Festhalten, die vermeintlichen Stützen der Sicherheit werden dem, der wirklich auf dem Weg ist, ständig aufs neue geraubt. Das Ende dieser Entwicklung ist der mystische Tod. Es gibt nichts mehr, woran der Mensch Gefallen finden würde, selbst das religiöse Interesse schwindet.

„Dieser leidende Mensch sieht dann wohl ein, daß es ans Sterben geht. Er findet das Leben nirgends. Es wird ihm alles zum Kreuz. Nur Tod: das Gebet, das Lesen, die Unterhaltung, alles ist tot. Es gibt dann nichts mehr, woran er etwas Geschmack finden könnte."

4. Stufe des Reinigungsprozesses:

Die Empfänglichkeitsanlage, wie Eckehart die mystische Fähigkeit des Menschen nennt, erweitert sich. Im Bild vom Strom stellt sich das so dar: Der Strom ist ins Meer zurückgeflossen und hat Teil an dessen Unermeßlichkeit. Zunächst unterscheidet er sich noch eine Zeitlang an der Farbe seines Wassers. Aber mit der Zeit nimmt er die Farbe des Meeres an. Es ist ein langsamer Prozeß.

„. . . ebenso wie der Mensch nur nach und nach und stufenweise entblößt wird, so wird er auch nur nach und nach wieder bereichert und belebt."[88]

Der Mensch ist im Frieden, was allerdings nicht heißt, daß er nicht mehr leiden kann. Sinne und Geist können das durchaus noch.

„Es ist wahr, daß sie (diese Menschen) das Alleräußerste leiden. Es ist zugleich wahr, daß sie überall nicht leiden, sondern in vollkommener Ruhe und nie zu trübender Zufriedenheit stehen. Selbst wenn sie in die Hölle geführt werden sollten, würden sie zwar die Marter der Hölle erleiden, aber jene Zufriedenheit würde ihnen bleiben."[89]

„Man merkt diesen Menschen nichts an. Es ist höchstens jene Freiheit, mit der sie durchs Leben gehen. Daran nehmen manche Anstoß. Auch Emotionen, Leidenschaften bleiben noch. Es ist allerdings nicht mehr möglich zu sündigen."[90] Solche Sätze haben natürlich die Theologen gereizt und zur Verfolgung von Madame Guyon geführt. Sie hat jedoch nichts anderes gemeint als Augustinus, wenn er schreibt: „Liebe und tue, was du willst".

Der Mensch bleibt Mensch mit all seinen Charakterzügen. „Er wird reden, schreiben, handeln, die Geschäfte betreiben, perfekter und erfolgreicher als jemals, wo er noch alles auf seine Weise betrieb und nicht nach der Weise Gottes."[91]

„Es gibt für ihn jetzt keine besonderen Orte und Zeiten mehr, wo er beten würde oder Gott suchen müßte. Gott ist in allen Dingen. Der Mensch könnte die Ewigkeit in der Hölle oder im Himmel verbringen, denn er sieht Gott sowohl im Erzengel als auch im Teufel."[92]

„Hier ist alles Gott. Gott ist überall und in allem. So ist auch der vergottete Mensch überall und in allen derselbe. Seine Hoffnung ist Gott. Seine Freude ist Gott. Sein Gebet ist Gott. Immer dasselbe, immer und ununterbrochen. Sein Gebet ist inhaltslos, ununterbrochen, formlos. Dies ist der Stand des Menschen. Er betet allezeit, allezeit! Es ist dem Menschen völlig gleich, ob er in der Einöde sei oder unter den Menschen, ob er der Bande des Leibes entledigt sei oder diesen noch weiter mit sich herumtragen muß."[93]

E. Verfolgung und Niedergang der Mystik

a) Das Gebet der Kontemplation bis zum 16. Jahrhundert

Im Erfahren des Göttlichen lag der Sinn der christlichen Gebetslehre bis ins hohe Mittelalter. Ziel jeder Gebetsunterweisung war das gegenstandsfreie Beten, genannt Kontemplation. Davon ist heute nicht mehr die Rede. Wir entdecken gerade wieder die Meditation. Im Buddhismus und Hinduismus dagegen zielt die Form, die der christlichen Kontemplation entspricht, nach wie vor auf die Begegnung mit der letzten Wirklichkeit. Nicht zuletzt deshalb wenden sich heute viele Christen dem Zen und dem Yoga zu. Sie finden dort, was sie im zeitgenössischen Christentum offensichtlich vermissen.

Dabei war noch bis vor zweihundert Jahren Kontemplation eine Selbstverständlichkeit in der Gebetserziehung.

Madame Guyon (18. Jh.) hat in ihrer Anweisung zum kontemplativen Beten betont: „Alle sind geeignet für das Innere Gebet. Es ist ein großes Unglück, daß fast jedermann sich in den Kopf setzt, nicht zum Inneren Gebet berufen zu sein. Wir alle sind zum Inneren Gebet berufen, so wie wir alle zum Heil berufen sind".[94] Sie hebt hervor, daß dieses Gebet sehr leicht ist. Und sie bedauert, daß es von den Priestern nicht gelehrt wird.

Johannes vom Kreuz gibt Anweisungen für jeden, wenn er im Vorwort zum „Aufstieg zum Berg Karmel" schreibt: „Diese Abhandlung erklärt, wie man die göttliche Union schnell erreicht. Sie bringt Instruktionen und Unterweisungen für Anfänger …".

Auch in der „Wolke des Nichtwissens", jenen Anweisungen eines unbekannten Mystikers aus dem 14. Jahrhundert Englands, erfahren wir, daß Kontemplation für jeden ernsthaften Christen ein Weg ist. Er verteidigt diese Gebetsform in seinem Vorwort, und im Kap. 74 weist er darauf hin, daß der Ruf zu kontemplativem Beten an alle Ordensleute und Laien ergeht.

b) Niedergang des Gebetes der Kontemplation

Bis zur Aufklärung also war Kontemplation das selbstverständliche Ziel des christlichen Gebetslebens. Sie war der esoterische Weg der Christen, wie Zen und Vipassana der Weg der Buddhisten, Joga der Weg der Hindus und die Sufi-Formen der Weg des Islam sind. Thomas Keating, ein Zisterzienserabt aus den USA, macht in einem Überblick zur Geschichte der Kontemplation verschiedene Ereignisse für das Verschwinden dieser Gebetsart verantwortlich:

– „Die unglückliche Neigung, die ‚Geistlichen Exerzitien' (des Ignatius) auf eine Methode diskursiven Meditierens zu verkürzen."[95]
– Die Auseinandersetzung der Institutionellen Kirche mit dem Quietismus und ihre scharfe Verurteilung dieser Strömung. Quietismus lehrt ein passives Geschehenlassen und ein sich ergebenes Führenlassen von der Gnade. – Es kam zur latenten Angst der Institution vor der Mystik überhaupt, und die Mystik geriet in Verruf.
– Der Jansenismus und seine Nachwirkungen. Jansenismus kommt einem Determinismus sehr nahe. Der Mensch ist vorherbestimmt und kann daran nicht viel

ändern. Gott erwählt den Menschen und verleiht ihm die Gnade, gut zu handeln und so sein Heil zu wirken.

– Die Überbetonung von Erscheinungen und Privatoffenbarungen und die sich daraus ergebende Abwertung der Liturgie.
– Die Verwechslung des wahren Wesens der Kontemplation mit Phänomenen wie Levitation, Zungenreden, Stigmata und Visionen.
– Die Verwechslung von Mystik mit frömmelnder Bigotterie.
– Die Verzeichnung des Bildes von Mystikern und die Gleichsetzung von Mystik und weltfremder Aszese.
– Der zunehmende Legalismus der Römischen Kirche.

Abt Curthbert Butler faßte die Spiritualität des 19. und frühen 20. Jahrhunderts mit folgenden Worten zusammen: „Von einigen wenigen ungewöhnlichen Berufungen abgesehen war das normale Gebet für jedermann, einschließlich beschaulicher Mönche und Nonnen, Bischöfe, Priester und Laien, das systematische Meditieren nach einer genau festgelegten Methode. Vier standen zur Wahl: entweder Betrachtung gemäß drei Kräften, wie sie in den Geistlichen Exerzitien niedergelegt sind; oder nach der Methode des Heiligen Alfons (einer leichten Überarbeitung der Ignatianischen Exerzitien); oder nach der Methode, die Franz von Sales in seiner ‚Einführung in die Frömmigkeit‘ beschreibt; und schließlich nach der Methode von St. Sulpice“.[96]

„Der letzte Nagel, der in den Sarg der traditionellen Lehre (der Kontemplation) getrieben wurde, war die Behauptung, es sei vermessen, kontemplatives Beten anzustreben. Novizen und Seminaristen bekamen so eine verstümmelte Sicht spirituellen Lebens vermittelt, die sich mit der Schrift, der Tradition und der normalen Erfahrung des Wachstums im Gebet nicht deckte. Versucht man nämlich, in diskursiver Meditation (betrachtendes Gebet) weiter zu verharren, nachdem einen der Heilige Geist darüber hinaus gerufen hat, wie es gewöhnlich geschieht, so endet man schließlich in einem Zustand äußerster Frustration.... . Da fromme Menschen unwillkürlich zu solcher Entwicklung in ihrem Gebet vorgedrungen waren, litten sie unter der negativen Haltung gegenüber der Kontemplation .... . Schließlich gaben sie auch das mentale (betrachtende) Gebet ganz auf als etwas, wofür sie offensichtlich gänzlich ungeeignet waren, oder aber sie fanden durch Gottes Erbarmen einen Weg, auf dem sie trotz fast unüberwindbarer Hindernisse (zur Kontemplation) fortschreiten konnten.“[97]

c) Verfolgung der Mystiker

Es gibt nur wenige Mystiker, die wegen ihrer Lehre nicht angefeindet wurden.

Juan de Avila (1499–1569) wurde in den Jahren 1531–33 einige Monate ins Gefängnis gesteckt. Während dieser Zeit wurde seine Lehre untersucht.[98]

Ramon Llull (1232–1316) wurde nicht selig gesprochen, weil ihm seine Gegner fälschlicherweise alchemistisch-magische Schriften unterschoben, an denen der Prozeß scheiterte.[99]

Luis de Granada (geb. 1504) mußte von Spanien nach Portugal gehen. „Es wird vermutet, daß der leidenschaftliche Prediger mit seiner mystischen Neigung den

Argwohn der Inquisition erregt hatte."[100] Teresa empfahl ihren Mitschwestern, seine Schriften zu lesen.

Francisco de Osuna (1492–ca. 1542), aus dessen Büchern Teresa von Avila ihren eigenen Aussagen nach schöpfte, blieb zwar zu seinen Lebzeiten unbehelligt, aber seine Bücher kamen auf den Index. Er war der eigentliche Meister Teresas. Aber sie durfte ihn nicht mehr lesen.

Teresa von Avila (1515–1582) stand oft im Konflikt mit der kirchlichen Autorität im eigenen Land wie auch in Rom. Sie war als Häretikerin verdächtigt und mußte sich immer wieder bei der Inquisition der Rechtgläubigkeit ihrer Schriften vergewissern. Als Einundfünfzigjährige verfaßte sie ein Gebet, das bald in die Hände der kirchlichen Zensoren fiel:

„Mein Schöpfer . . . als du auf Erden warst, bist du, weit davon entfernt, die Frauen zu verachten, ihnen mit großem Wohlwollen begegnet. Du hast bei ihnen größere Liebe und mehr Glauben gefunden als bei Männern; denn unter ihnen befand sich deine heiligste Mutter . . . . Wenn ich unsere Welt von heute sehe, dann finde ich es nicht gerecht, daß Menschen mit einem tugendhaften und starken Gemüt verachtet werden, einzig und allein, weil sie Frauen sind".[101]

Der päpstliche Nuntius beobachtete Teresa argwöhnisch. Er stellte ihr 1578 ein schlechtes ‚Führungszeugnis‘ aus und nannte sie in einem Brief nach Rom „ein unruhiges Frauenzimmer, herumstreunend, ungehorsam und verstockt. Unter dem Schein der Frömmigkeit denkt sie falsche Lehren aus. Sie doziert wie ein Theologieprofessor, obgleich der Hl. Paulus sagt, daß Frauen nicht reden dürfen". Papst Gregor XIII. lieh der Verleumdung sein Ohr. In einem Brief nannte er Teresa „eine schmutzige und sittenlose Nonne, die im höchsten Grad unzüchtig ist und ihre betriebsamen Klostergründungen nach der ursprünglichen Regel nur zum Vorwand nimmt, um ihren ausschweifenden Gelüsten zu frönen".[102]

Johannes vom Kreuz (1542–1591) wurde von seinen Mitbrüdern 9 Monate eingesperrt. Wiederholt war er bei der Inquisition angeklagt. Er bekam in dieser Zeit kein Hemd zum Wechseln.

Am 1. Juni 1591 tagte das Generalkapitel des Ordens in Madrid unter Dorias. Johannes wurde dabei aller Ämter enthoben. P. Diego wurde von P. Doria beauftragt, Material gegen Gracian zu sammeln. Er sammelte gleichzeitig Material gegen P. Johannes. Die Methode war sehr einfach. Er ging in die Karmelitinnenklöster und fragte die verschüchterten Nonnen so lange, bis sie sagten, was er ihnen in den Mund legen wollte, z. B. Johannes habe eine Nonne durch das Sprechgitter geküßt. Gegen Johannes wurde eine Akte angelegt, die man erst nach seinem Tod als unsinnigen Unrat verbrannte. Johannes erklärte sich auf Druck hin bereit, mit einer Missionsgruppe nach Mexiko, dem damaligen Sibirien der Spanier, zu ziehen. Er starb aber noch vor dieser Verbannung.

Luis de Leon (1527 – 1591) verbrachte fünf bittere Jahre im Gefängnis.

Margareta Porete wurde am 1. Juni 1310 auf dem Scheiterhaufen verbrannt. Ihre Mystik hat sie im „Spiegel der einfachen Seelen" niedergelegt.

Madame Guyon (1648–1717) wurde fünf Jahre lang in der Bastille eingesperrt.

Miguel de Molinos, ein spanischer Priester, wurde 1685 gefangengenommen und vor die Inquisition geführt, die ihn zu lebenslangem Kerker verurteilte. Er starb in der Haft (1696). Den Todestag weiß man nicht.

Pere La Combe wurde wegen seiner angeblichen Beziehungen zu Molinos eingekerkert und starb 1715 im Kerker in völliger Umnachtung.

Jakob Böhme (1575–1624) wurde, sobald er mit seinen Erfahrungen an die Öffentlichkeit trat, von den Theologen, vor allem von Pastor Gregor Richter von Görlitz, bekämpft. Unter dem Slogan: „Schuster, greif nach dem Leder und nicht nach der Feder!" hat man versucht, Böhme lächerlich zu machen. Er hatte unter unglaublichen, unchristlichen Gehässigkeiten zu leiden. Gegen den Willen des geistlichen magisteriums setzte der Magistrat von Görlitz aber dann doch ein würdiges Begräbnis für Böhme durch. Der evangelische Oberpastor, der die Totenansprache zu halten hatte, konnte sich jedoch die Worte nicht verkneifen, daß er lieber 20 Meilen woanders hingegangen wäre, als hier dem Willen seines ehrbaren Stadtrates nachzukommen.

Angelus Silesius (alias Johann Scheffler) lebte von 1624 bis 1677, also in der Zeit des Dreißigjährigen Krieges. 1653 trat der Dr. med. und phil. als Leibarzt des Herzogs Sylvius Nimrod zur kath. Kirche über. Bei der Firmung nahm er den Namen Angelus Silesius an. Er quittierte seinen Dienst bei seinem protestantischen Brotherrn. Mit der Religionsfreiheit war es schlecht bestellt im Lande. Unter dem Grundsatz „cuius regio, eius religio" amtierte der Landesherr als ‚summus episcopus', als höchster Bischof, und bestimmte den Glauben seiner Untertanen. Angelus Silsius zog sich nach Breslau zurück und starb 1677 in der Nähe der Stadt.

Die Skepsis gegen kontemplative Gebetsformen ist der Kirche bis heute geblieben. In Zeitschriften für Spiritualität wird mehr gewarnt und kritisiert als aufgezeigt, begleitet und empfohlen. In psychologischen Veröffentlichungen kann man ausführlicher über Mystik lesen als in christlichen. Selbst Naturwissenschaftler sind an der Thematik mehr interessiert als Kirchenmänner, so daß G. Zukav schreiben kann: „Seien Sie nicht überrascht, wenn die Vorlesungsverzeichnisse über Physik im 21. Jahrhundert auch Vorlesungen über Meditation enthalten.[103]

Ob die Theologie dann auch so weit sein wird, wage ich zu bezweifeln. Daher wundert es nicht, daß Menschen, die einen Weg in die transpersonale Erfahrung suchen, sich außerhalb der Kirchen ansiedeln und die Mystik auf diese Weise aus dem Christentum auswandert.

Es ist kein Geheimnis, daß die Menschen sich nicht zuletzt deshalb aus der Kirche entfernen, weil sie absolut gesetzte theologische Aussagen nicht mehr akzeptieren können. Auf die Frage nach dem Sinn des Lebens gibt es keine befriedigende theoretische Antwort, auch nicht in der Religion. Nur in der Tiefe unseres Seins, wenn uns eine Ahnung des Göttlichen aufleuchtet, erhält unser Leben Sinn. Eckehart weiß das wie alle Mystiker, wenn er schreibt: „Der Mensch soll es sich nicht genügen lassen mit einem gedachten Gott. Denn wenn der Gedanke vergeht, vergeht auch der Gott".

Der Mensch ist ein „Homo religiosus". Das Göttliche ist sein tiefstes Wesen. Aber die Äußerung seiner Religiosität muß nicht unbedingt herkömmlich kirchlicher Art sein, wie die Erfahrungsberichte am Schluß dieses Buches zeigen.

VIII. Jesus Christus in der Kontemplation

1. Vertiefung des Glaubens

Die Kontemplation vertieft den Glauben an Jesus Christus und wandelt ihn dadurch. Sie führt vom Jesus zum Christus.

Bei Johannes sagt Jesus in den Abschiedsreden: „Ich sage euch die Wahrheit: Es ist gut für euch, daß ich weggehe, denn wenn ich nicht weggehe, wird der Helfer nicht zu euch kommen" (Joh. 16,7). Von den Mystikern, vor allem von Johannes vom Kreuz, wird diese Stelle immer so ausgelegt, daß die Gestalt Jesu zurücktreten muß, damit der eigentliche Jesus Christus erfahrbar wird. Man muß alle Vorstellungen von Jesus loslassen, damit der wirkliche Jesus in Erscheinung treten kann.[1]

Johannes vom Kreuz sagt dort, daß der Mensch in der Kontemplation alles fliehen soll, was über die leiblichen Sinne kommt. Er meint, aus diesem Grunde habe Jesus zu Maria Magdalena und Thomas gesagt: „Rühr mich nicht an". „Verachtet man sie (die mit den Sinnen erfaßbaren Dinge) nicht, so behindern sie den Geist; denn die Seele hält sich dabei auf und der Geist fliegt nicht zum Unsichtbaren; dies ist einer der Gründe, die den Herrn zu den Jüngern sagen ließ, es sei gut, wenn er hingehe, auf daß der Heilige Geist komme (Joh. 16,7). Ebenso beließ er als Auferstandener Maria Magdalena nicht zu seinen Füßen (Joh. 20,17)."[2]

Im Aufstieg zum Berge Karmel schreibt er im Kap. 12 das gleiche von der Einbildungskraft und der Phantasie, und im Kap. 13 und 14 gibt er an, warum und wann der Mensch eintreten soll in das kontemplative Gebet. Von diesem Zeitpunkt an muß er alle Bilder und Vorstellungen von Jesus während der Zeit des kontemplativen Betens zurücklassen.

2. Wandlung, nicht Nachahmung

In der Kontemplation geht es um einen Wandlungs-, nicht so sehr um einen Nachahmungsprozeß. Im Menschen soll stattfinden, was in Jesus Christus stattgefunden hat. Jesus Christus, der ganz Gott ist und ganz Mensch, ist der Typus für jeden Menschen. Jeder ist mit der gleichen Aufgabe wie er konfrontiert: Jeder hat das Göttliche in sich ungehindert zum Ausdruck kommen zu lassen. Der Mensch soll im Vollzug seines eigenen Lebens Jesus gleich werden. „Es ist in der Christenheit ein ewiges Gepredige über das, was dann nach Christi Tod geschehen sei, wie er gesiegt und wie seine Lehre siegreich die ganze Welt erobert habe; kurz, man hört lauter Predigten, die päßlich mit Hurra statt mit Amen schließen würden. Nein, Christi Leben hier auf Erden, es ist das Paradigma; zur Gleichheit mit ihm soll ich mein Leben zu bilden versuchen."[3] Wir haben aus Jesus Christus einen Kultgegenstand gemacht. Wir haben ihn zum Glaubensgegenstand erklärt und ihm mittels unserer Dogmatik genaue Funktionen zugeschrieben. Er ist ein ‚Objekt der Nachfolge' geworden, ein Beispiel, das wir nachahmen sollen. Jesus Christus ist zu stark ein Objekt der Religion geworden und kaum das eigentliche Subjekt eines inneren Prozesses, des Erfülltwerdens mit der göttlichen Fülle (Eph. 3.19). Zu dieser von der Religion einseitig vermittelten Christusgestalt haben viele Menschen keinen Zugang mehr. Auf ihrer Suche nach echter Gotteserfahrung gehen sie oft deshalb an unseren Kirchen vorbei.

Was ist in unserer Christusverkündigung zu kurz gekommen?

„Als Weg, Tür und Licht öffnet uns Christus einen inneren Zugang zum göttlichen Grund, mit dem wir eins werden sollen, wie er damit eins geworden ist. Als Brot, Wasser und Saft des Weinstocks soll er in uns eingehen, damit wir das durch ihn erschlossene göttliche Leben in uns erspüren können. Die johanneischen Christussymbole sind nicht zur Vergegenständlichung gedacht, sondern zur Verinnerlichung. Sie öffnen die göttliche Mitte unseres Lebens und machen deutlich, daß Jesus Christus die Gestalt unseres wahren erlösten Seins verkörpert. Das, was wir in ihm erfahren, ist das, was wir eigentlich werden möchten. Er begegnet uns nicht von außen, er erwacht in uns von innen.“[4] Christus ist Symbol für die erwachende göttliche Gestalt in uns.

Nicht so sehr die „Imitatio“ als vielmehr die „Conformatio“ spielt dabei eine Rolle. Es geht um die Freilegung des Göttlichen in uns, so wie es in Jesus Christus offenbar war. Der Erlösungsprozeß in uns zielt auf einen Christus-Werdungsprozeß, was letztlich der volle Menschwerdungsprozeß, ja ein „Gott-Werdungs-Prozeß“ ist.

3. Weg der Reinigung

Dieser Prozeß führt durch die passive Reinigung. Nach Johannes vom Kreuz hat Jesus die Welt erlöst in der Kenosis, in der letzten Entäußerung am Kreuz.

„. . . Im Augenblick des Todes war er (Jesus) auch der Seele nach vernichtet, ganz ohne Trost und Hilfe, da der Vater ihn dem niederen Bereich innerster Trockenheit überließ. Dies drängte ihn zu dem Schrei: Mein Gott, mein Gott, warum hast du mich verlassen. Es war die tiefste fühlbare Verlassenheit seines Lebens. Und in ihr wirkte er das größte Werk.“ „. . . Dem möge der im Geist Strebende das Geheimnis der Tür und des Weges Christi zur Vereinigung mit Gott entnehmen.“[5]

Jesus Christus in dieser Vernichtung gleich zu werden, ist der höchste Stand, den die Seele erreichen kann. Dieser höchste Stand besteht im erlebten Kreuzestod, sinnlich und geistig, innerlich und äußerlich. Für Johannes vom Kreuz ist die Gleichgestaltung mit Jesus Christus in seiner tiefsten Entäußerung die Voraussetzung für eine mystische Erfahrung. Entäußerung und Leere sind aber nicht das Ziel, sondern nur Durchgang und Voraussetzung für die Auferstehung.

4. Loslassen aller religiösen Vorstellungen

Worte wie „Losschälung“, „Abtötung“, „Sterben“ wecken in uns negative Assoziationen. Wir denken sofort an asketische Übungen in der Form von Fasten, Kasteien, Weltverneinung und Ähnlichem. Johannes vom Kreuz geht es aber vor allem um das Lassen von Vorstellungen und Bildern von Gott. Er lehrt, solche Inhalte nicht festzuhalten, auch wenn sie im frömmsten Kleid auftauchen. „Wer sich Gott unter einem Bilde dieser Art denkt, gleich einem großen Feuer oder lichten Glanz oder wie immer, und meint, dies sei Ihm ähnlich, geht sehr in die Irre. Den

Anfängern sind solche Erwägungen und Bilder und Betrachtungsweisen nötig, um durch Sinnenhaftes die Liebe zu mehren und die Seele zu nähren."[6]

Wirkliches Kennen Jesu Christi ist für Johannes vom Kreuz Gleichgestaltung mit Jesus Christus, und er bedauert sehr, daß das von denen, die viel über Jesus Christus reden und sehr gelehrt sind, nicht auch verkündet wird: „Ich sehe, daß Christus von jenen, die sich für seine Freunde halten, sehr wenig gekannt wird ... – den großen Gelehrten und Machthabern und ihresgleichen, die da mit der Welt leben –, sie kennen Christus nicht. Solchen Leuten hätte es ja vor allem geziemt, das Wort Gottes zu künden, da Gott sie durch Gelehrsamkeit und hohen Stand zu Ansehen erhoben hat".[7]

5. Jesus Christus, der Archetypus der Einheit

Jesus Christus ist gleichsam der Archetypus der Einheit von Mensch und Gott, den wir in uns tragen. Das ist sicher einer der Gründe, warum sich so viele Menschen über die Jahrhunderte hinweg zu ihm hingezogen fühlen. Er manifestiert deutlich, daß der ganze Mensch „göttlich und menschlich" ist. Die offiziellen Gebete der Kirche schließen mit den Worten „durch Jesus Christus unsern Herrn". Damit wird diese Einheit immer wieder neu bestätigt.

Aus dieser Einheitserfahrung heraus dichtete Angelus Silesius:

Das edelste Gebet ist,
wenn der Beter sich
in das, vor dem er kniet,
verwandelt inniglich.

und:

Willst du den neuen Mensch'
und seinen Namen kennen,
so frage Gott zuvor,
wie er pflegt sich zu nennen.

Das Göttliche schläft in jedem Menschen wie ein Samenkorn. So wie es sich in Jesus Christus entfaltet hat, soll es auch in jedem Menschen erwachen und sich entfalten. Jesus Christus war ganz transparent. Gott leuchtete durch ihn hindurch, er leuchtete in ihm auf. Das gleiche hat auch mit uns zu geschehen. Gott möchte sich in uns entfalten, sich zeigen, sich auswirken, sich darstellen, so wie Paulus gesagt hat: „Mit Christus bin ich gekreuzigt, ich lebe, doch nicht mehr ich, sondern Christus lebt in mir" (Gal 2,19 f).

Jesus ist gekommen, um uns von der irrigen Meinung zu heilen, daß wir von Gott getrennt leben. Sein Kreuzestod hat diese falsche Auffassung vernichtend getroffen. Wenn es uns geschenkt wird, mit ihm zu sterben, werden wir auch mit ihm leben (Röm 6,4). Der Weg der Kontemplation ist der Weg durch Leiden und Sterben in die Erfahrung der Einheit mit Gott.

Es geht also darum, das Göttliche in uns zuzulassen, ihm Raum zu geben. Das ethische Bemühen dient der Entfaltung dessen, was in uns lebt, damit das Tun des Menschen ein „Tun Gottes" wird. All die negativen Ausdrücke (Losschälung, Abtötung usw.) wollen also nichts anderes als die Freiheit bezeichnen, in die wir gelangen sollen. Sterben im Sinne der Kontemplation ist wirklich Gewinn, Gewinn des ganzen und vollen Lebens. Freilich ist das nur möglich, wenn der Mensch seine Ichaktivität so weit zurücknimmt, daß sein Eigentliches, das Leben Gottes, aufscheinen kann.

6. Jesus Christus, der Führer zum Göttlichen

Wir haben im Neuen Testament zwar eine breite Auswahl für unser Christusverständnis, doch sind dort nicht alle Gemeindetheologien aufgenommen. Bis ins 4. Jahrhundert hinein waren eine ganze Reihe anderer Evangelien im Umlauf. Sie hatten ein Jesusverständnis, das unser neutestamentliches ergänzen könnte. Dabei spielen vor allem die Apokryphen Evangelien, die in der Nag-Hammadi-Bibliothek zusammengefaßt sind, eine große Rolle. Sie wurden 1945 in Oberägypten gefunden. Die wichtigsten sind: Das Thomas-Evangelium, das Evangelium nach Philippus, das Apokryphon des Jakobus, die Paulus-Apokalypse, die Briefe des Petrus an Philippus und die Petrus-Apokalypse.[8]

Diese Schriften sind zwar in koptischer Sprache geschrieben, gehen aber auf Texte zurück, die teilweise so alt sind wie unsere vier Evangelien, teilweise vielleicht sogar älter. In ihnen wurde Jesus als ein Führer verstanden, der eine esoterische Botschaft zu vermitteln hat.

Ich glaube nicht, daß Jesus eine institutionalisierte Religion wollte. Er nannte sich Menschensohn. Er verstand sich als Verkörperung des neuen Menschen der Schöpfung Gottes, als der Mensch, der das „Reich erben wird". Er sprach vom neuen Zeitalter des Reiches Gottes, in welches nur der eintreten kann, der eine Metanoia durchmacht. Der Mensch muß wiedergeboren werden zu einem höheren Bewußtseinszustand. Er muß in das Reich des Vaters hineingeboren werden, in jenen neuen Seinsgrund also, den Jesus Kindschaft Gottes oder ewiges Leben nannte. Wir sind aufgefordert, zum anderen Christus zu werden, d. h. zu jener transpersonalen Seinsstruktur vorzudringen, in der unser göttliches Wesen dominiert. Jesus beanspruchte diese Seinsstruktur des Göttlichen nicht nur für sich:

> „Er war Gott gleich,
> hielt aber nicht daran fest, wie Gott zu sein,
> sondern er entäußerte sich
> und wurde wie ein Sklave
> und den Menschen gleich.
> Sein Leben war das eines Menschen.
> Er erniedrigte sich und war gehorsam bis zum Tod,
> bis zum Tod am Kreuz.
> Darum hat Gott ihn über alle erhöht
> und ihm den Namen verliehen,
> der größer ist als alle Namen,
> damit alle im Himmel,
> auf der Erde
> und unter der Erde
> ihre Knie beugen vor dem Namen Jesu,

und jeder Mund bekennt:
Jesus Christus ist der Herr" (Phil 2,5-11).

Jesus war ein historischer Mensch, Christus aber ist Symbol für die ewige transpersonale Seinsweise, die in allen Menschen angelegt ist und sich entfalten soll. Wir sind alle gesalbt mit dieser Seinsweise. Wir haben wie er diese Seinsform zu leben, wir haben in gewisser Weise Christus, d. h. Christusse zu werden. Jesus hat uns nicht aufgefordert, ihn zu verehren. Es geht um viel mehr. Wir sollen ihm nachfolgen, d. h. ihm gleich werden. Seine Seinsform ist unsere Seinsform. Er ist der Erstgeborene in dieser Schöpfung. Wir sind seine Brüder und Schwestern.

Jesus wollte unser Führer ins Reich Gottes sein, wir dagegen haben seine Gottheit überbetont. Solange wir eine unüberbrückbare Kluft zwischen Jesus und uns aufrichten, wird das Christentum seine wahre Mission nicht erfüllen. Solange wir Jesus nur anbeten, werden wir ihm nicht als Führer folgen. Er ist der Erstgeborene unter Brüdern und Schwestern, der uns gesagt hat, wer wir wirklich sind, Kinder Gottes. Diese Kindschaft gilt es zu erfahren. Das Göttliche möchte in uns zum Durchbruch kommen.

Wir haben unseren Ursprung vergessen; das scheint mir die Sünde wider den Hl. Geist zu sein. Sie kann nicht vergeben werden, weil sie eine falsche Ausrichtung ist, d. h., der Mensch geht in die falsche Richtung, so daß er Ziel und Sinn seines Lebens verfehlt. Das hat nichts mit Sünde zu tun, auf die eine Strafe folgt. Vielmehr straft sich der Mensch selbst, weil er sich vom Leben entfernt. Die Verleugnung des Göttlichen in uns ist die eigentliche Sünde. Erlösung ist Befreiung aus der Unkenntnis zur Erkenntnis unseres wahren göttlichen Wesens.

Jesus wollte also in die Erfahrung Gottes, in die Fülle des Lebens führen. Er nannte diese Fülle des Lebens „Reich Gottes" oder „ewiges Leben". Er wollte zur Umkehr zu diesem Leben bewegen. Um das zu erfahren, müssen wir „wiedergeboren werden", wie Jesus zu Nikodemus sagt. Wir müssen unser wirkliches Leben erfahren. Die leibliche Geburt hat uns diese Erfahrung nicht gebracht.

Wir haben einzutreten in die ständige Kommunikation mit Gott, d. h. mit unserem tiefsten Wesen, das göttlich ist. Leben ist Religion, es ist nicht nur religiös. Man tritt in einen religiösen Weg nicht wirklich ein, wenn man nicht erkennt, daß der Lebensweg der religiöse Weg ist. Religiöses Leben heißt: ständige Kommunikation mit Gott im täglichen Leben, nicht nur in Gebet, Ritual und Sakrament, sondern im Vollzug des Alltags. Die Kontaktstelle zu Gott ist hier und jetzt; denn nichts ist, was nicht göttlich wäre. Hier und jetzt ist auch die Hölle. Himmel und Hölle sind nur getrennt durch unser Ich. Wer es lassen kann, geht ein ins Reich Gottes. Es gibt keine magischen Rituale, die uns dorthin führen, sondern nur das Sterben unseres falschen Ich. Nur die Liebe gibt uns Kraft, alles zu lassen, um in diese neue Seinsordnung einzutreten.

IX. Psychologische Aspekte des inneren Weges

A. Achtsamkeit

1. Die Übung der Achtsamkeit

Eines Tages sagte ein Mann aus dem Volk zu Zen-Meister Ikkyu: „Meister, wollt Ihr mir bitte einige Grundregeln der höchsten Weisheit aufschreiben?" Ikkyu griff sofort zum Pinsel und schrieb: „Aufmerksamkeit".

„Ist das alles?" fragte der Mann, „wollt Ihr nicht noch etwas hinzufügen?" Ikkyu schrieb daraufhin zweimal hintereinander: „Aufmerksamkeit. Aufmerksamkeit".

„Nun", meinte der Mann ziemlich gereizt, „ich sehe wirklich nicht viel Tiefes oder Geistreiches in dem, was Ihr gerade geschrieben habt."

Daraufhin schrieb Ikkyu das gleiche Wort dreimal hintereinander: „Aufmerksamkeit, Aufmerksamkeit, Aufmerksamkeit".

Halb verärgert begehrte der Mann zu wissen: „Was bedeutet dieses Wort ‚Aufmerksamkeit' überhaupt?".

Und Ikkyu antwortete sanft: „Aufmerksamkeit bedeutet Aufmerksamkeit".[1]

Ein Rabbi wurde einmal gefragt, warum er trotz seiner vielen Beschäftigungen immer so gelassen sein könne. Er sagte:

Wenn ich stehe, dann stehe ich;
wenn ich gehe, dann gehe ich;
wenn ich sitze, dann sitze ich;
wenn ich esse, dann esse ich;
wenn ich spreche, dann spreche ich . . .
Da fielen ihm die Fragesteller ins Wort:
Das tun wir auch,
aber was machst du noch darüber hinaus?
Er sagte wiederum:
wenn ich stehe, dann stehe ich;
wenn ich gehe, dann gehe ich;
wenn ich sitze, dann sitze ich;
wenn ich esse, dann esse ich;
wenn ich spreche, dann spreche ich . . .
Wieder sagten die Leute:
Das tun wir doch auch. Er aber sagte zu ihnen:
Nein,
wenn ihr sitzt, dann steht ihr schon;
wenn ihr steht, dann lauft ihr schon;
wenn ihr lauft, dann seid ihr schon am Ziel.

Achtsamkeit ist wohl die schwerste, aber auch wichtigste aszetische Übung. Sie ist eine ständige Unterbrechung der Ichbefriedigung; denn der achtsame Mensch fließt nicht mehr mit dem Strom der Gewohnheit und läßt seinem Bewußtsein nicht den willkürlichen Lauf, der ein Vordringen in die Tiefen verhindern würde. Mit der Übung der Aufmerksamkeit werden wir in unser tiefes, wahres Selbst – also weg vom Ich – geführt und so nicht mehr von einer egoistischen Denkweise beherrscht. Auch andere aszetische Übungen und Entbehrungen mögen zeitweise notwendig sein, wie z. B. Entzug von Schlaf, von Komfort, Nahrung und sexueller Befriedigung. Sie sollen den Zugang zu unseren tieferen Schichten erleichtern. Um in Kontakt zum wahren Leben zu kommen, scheint jedoch diese Übung der Aufmerksamkeit wichtiger als alle anderen.

„Unser Ichbewußtsein ist wie ein Affe", sagt ein Zen-Sutra. Ein Affe schwingt von Ast zu Ast, von Baum zu Baum durch den ganzen Wald. Manchmal sollten wir ihm zuschauen und erkennen, daß es nur ein Affe, nicht unser Bewußtsein ist. Wir sollten ihn aber nicht davonjagen. Es ist besser, einfach zurückzukehren zu unserer Übung.

2. Formen der Achtsamkeit

a) Die Achtsamkeit im Körper

Damit ist gemeint die Aufmerksamkeit für den Atem, für die Wahrnehmungen der Sinne, für die verschiedenen Bewegungen der Glieder, für alles, was sich auf der physischen Ebene im Körper abspielt.

b) Die verschiedenen Formen des Fühlens

Z. B. angenehm, unangenehm, neutral. Mit allem, was wir erleben, kommt auch eine Qualität des Fühlens auf. Wenn dieses Fühlen stark wird, wird es zum Objekt in der Übung. Des Fühlens wegen wünschen wir Dinge oder lehnen sie ab. Wir sollen diese Gefühle anschauen, aber uns nicht mit ihnen identifizieren.

c) Stimmungen in unserem Bewußtsein

Wenn wir ärgerlich sind, sollen wir wissen und zugeben, daß wir ärgerlich sind. Wenn wir Angst haben, sollen wir uns eingestehen, daß wir Angst haben. Wenn wir uns freuen, sollen wir das tun, ohne zu urteilen. Diese psychischen Vorgänge sind so wirklich wie materielle Dinge. Aber so wenig wie wir uns mit der Materie identifizieren, sollen wir uns mit diesen Abläufen identifizieren; denn „Ärger" bin ich nicht, „Freude" bin ich nicht, es ist nur eine Stimmung in meiner Psyche. Unser Bewußtsein ist ständig gefärbt von solchen Stimmungen. Wenn wir uns klar sind, daß dieser Zustand nur im Außenraum herrscht, werden wir davon nicht umgetrieben; wir können dann gleichsam zuschauen, wie sich in unserem Ich eine Show abspielt. Wenn wir uns aber mit der Show identifizieren, leiden wir. Wenn es uns gelingt, Distanz zu halten, ist zwar diese Stimmung oder dieses Gefühl nicht weg, aber wir werden nicht mehr mitgerissen. Angst wird dann nicht zur Panik und Freude nicht zur Euphorie. Man wird zum Zuschauer, der die Vorgänge in der eigenen Psyche auftauchen und vergehen sieht.

d) Intellektuelle Vorgänge

Auch Gedanken kommen und gehen. Wir müssen lernen zuzuschauen, ohne uns zu identifizieren. Dann merken wir allmählich, wie zwischen dem Kommen und Gehen Pausen entstehen. Wenn man achtsam in sein Inneres schaut, verlangsamen sich die Vorgänge, und man wird ruhig und friedlich. Das ist die erste Erfahrung der Ruhe.

3. Das Ich – Schnittpunkt unserer Gedanken, Gefühle und Begierden

Was wir unser Ich nennen, ist nichts anderes als der Schnittpunkt unserer Gedanken, Gefühle, Begierden und Emotionen. Der Weg der Kontemplation lehrt uns, die Identifikation mit diesen Äußerungen unserer Psyche zurückzunehmen. Eine Kränkung ist dann z. B. noch da, die Aggression plagt uns noch, aber wir nehmen Abstand von diesen Regungen. Der Übungsweg hilft uns, auf eine Ebene zu gelangen, auf der die Fixierung an Gedanken oder Gefühle aufgehoben wird. Die Angst kann auf der Ichebene also durchaus weiterexistieren, Wut kann mich weiter plagen, aber ich erfahre, daß mein eigentliches Wesen sehr viel tiefer liegt und von all dem nicht erschüttert werden muß. Ich lerne, Gefühle zuzulassen und zu haben, ohne von ihnen besetzt oder blockiert zu sein. Letztlich versuchen wir, diese Bewegungen unserer Psyche nicht zu verdrängen, sondern sie zu lassen. Lassen heißt aber nicht, daß wir sie loswerden wollen.

Damit kommen wir zum eigentlichen Problem. Wenn wir etwas loswerden wollen, verdrängen wir. Wer Traurigkeit, Hoffnungslosigkeit, Wut und Angst loswerden will, wird davon nur wieder eingeholt. Bestenfalls verstecken sich diese Regungen tief im Unbewußten, wo ihnen nur schwer beizukommen ist, und stören von dort. Der Mensch steht ihnen dann hilflos gegenüber.

Wir dürfen nichts verdrängen. Was da ist, ist da. Schau hin, akzeptiere es, laß es kommen! Befreunde dich mit der Angst und der Wut! Sie gehören zu dir. Du schneidest dir ja auch nicht die Zehe ab, wenn sie dir weh tut. Versuche es einmal mit Traurigkeit: Nimm sie an, aber wälze dich nicht in ihr. Mach nichts Besonderes daraus. Schau sie an. Sie gehört zu dir. Geh dann wieder in deine Übung. Traurigkeit kann ein guter Ausgangspunkt sein für die Übung.

Nicht wenige Menschen werden von Angst geplagt. Sie wissen nicht warum. Sie wissen nicht, woher sie kommt, und wissen nicht, wo sie sich versteckt. Sag „Ja" zur Angst. Sag: „Ja, ich habe Angst". Nimm sie mit in deine Übung. Laß sie darin untergehen. Wenn wir Angst oder Traurigkeit verdrängen, verkleiden sie sich und verstecken sich in irgendeinem Winkel der Psyche. Wenn sie dann auftauchen, kommen sie mit einem ganz anderen Gesicht, etwa als Aggression, als Stolz, ja vielleicht sogar als Tugend, die uns eine Zeitlang täuschen kann.

Wenn wir dieser Raffinesse nicht zum Opfer fallen wollen, müssen wir erkennen, daß Traurigkeit, Eifersucht, Aggression usw. zur psychischen Energie unserer Persönlichkeitsstruktur gehören und damit zum Leben und daß sie letztlich genauso Äußerung des Göttlichen sind wie Freude, Friede und Ausgeglichenheit. Alles, was wir seinlassen können, hat die Tendenz, ins Angenehme überzuwechseln. Wogegen man sich aber wehrt, das packt einen.

Wir üben reine Beobachtung, reine Aufmerksamkeit ohne jede Wertung, ohne Besetzenlassen. Emotionen müssen unbeirrt und standhaft durchlebt werden. Kein Kommentar, kein Fortziehenlassen, kein Verzerren. Das Gefühl ist wie eine Wolke, die über den blauen Himmel zieht, ihn vielleicht verdunkelt, aber nicht bleibt.

Ken Wilber faßt das, wie folgt, zusammen:

„... hier sind wir nur daran interessiert, unsere jeweiligen Nöte zu beobachten, einfach und arglos ihrer gewahr zu sein, ohne sie zu beurteilen, zu vermeiden, zu dramatisieren, zu bearbeiten oder zu rechtfertigen. Wenn ein Gefühl oder eine Tendenz aufsteigt, nehmen wir es zur Kenntnis. Wenn ein Haß gegen dieses Gefühl entsteht, sind wir uns dessen bewußt. Wenn Haß gegen den Haß aufsteigt, nehmen wir das wahr. Es ist nichts zu machen, aber wenn ein Tun aufsteigt, nehmen wir dies zur Kenntnis und bleiben als ‚nichts bevorzugendes Bewußtsein' inmitten aller Nöte. Das ist nur möglich, wenn wir begreifen, daß keine von ihnen unser reales Selbst darstellt. Solange wir an sie gebunden sind, wird es eine Bemühung geben – und sei sie noch so subtil –, die Nöte zu manipulieren. Wenn wir begreifen, daß sie nicht der Mittelpunkt oder das Selbst sind, beschimpfen wir unsere Nöte nicht, brüllen sie nicht an, lassen sie uns nicht mißfallen, versuchen nicht, sie abzulehnen und geben uns ihnen nicht hin. Jede Maßnahme, die wir ergreifen, um eine Plage zu beseitigen, verstärkt einfach die Illusion, wir seien die jeweilige Plage. So verschafft letzten Endes der Versuch, einer Not zu entgehen, ihr lediglich Dauer. Was so beunruhigend ist, ist nicht die Plage selbst, sondern unsere Bindung an sie. Wir identifizieren uns mit ihr, und das allein ist die wirkliche Schwierigkeit. Anstatt gegen eine Plage anzugehen, nehmen wir einfach die Arglosigkeit einer distanzierten Unparteiischkeit ihr gegenüber an. Die Mystiker und Weisen vergleichen diesen Zustand des Registrierens als Zeuge gern mit einem Spiegel. Wir spiegeln einfach alle Empfindungen oder Gedanken, die aufsteigen, ohne uns an sie zu klammern oder sie wegzuschieben, genauso wie ein Spiegel vollkommen und unparteiisch alles zurückwirft, was vor ihm geschieht."[2]

4. Entidentifkation

Die Psychotherapie versucht, den Menschen zur Identifikation mit seinen Gefühlen und Stimmungen zu bringen. Die Kontemplation und alle anderen esoterischen Wege dagegen lehren die Entidentifkation. Sie hilft, die Bewegungen unserer Psyche – Begierden, Erwartungen, Ängste, Aggressionen – zu neutralisieren. Wir projizieren dann nicht so viel in unsere Probleme hinein. Wir blasen sie nicht auf wie einen Luftballon. Es zahlt sich nämlich nicht aus, seine ganze Kraft in die Beseitigung dieser Aufwallungen unserer Psyche zu verlieren. Was kümmert es den Berg, wenn einige Wolken um ihn ziehen? Unser tiefstes Wesen bleibt unberührt.

Wenn man in der Mitte ist, weiß man ganz genau, wann man agieren darf und wann nicht. Da kann etwas sein, was gegen meine Mitte hämmert, sich verselbständigen möchte, sich losreißen, agieren. Aber die Mitte ist stärker. Wir verdrängen die aufwallenden Aggressionen nicht, aber wir wissen ganz genau, daß sie nur ein Vorgang in unserer Psyche sind, etwas, was gleichsam über uns hinwegläuft wie eine Wolke über den blauen Himmel. Da tauchen Wünsche auf, Projektionen. Wir können ihnen nachlaufen, wissen aber schon im voraus, daß sie uns nicht befriedigen werden. Da ist Faulheit in uns, wir möchten jetzt lieber schlafen, wir möchten uns jetzt nicht mehr anstrengen, aber wir können auch weiter aufmerksam sein. Wir sind aufmerksam darauf, daß wir schläfrig sind.

All das sind psychische Zustände, nicht unser tiefstes Wesen. Es sind Abläufe, die verschwinden, wenn ihre Kraft verpufft ist. Diese seelischen Kräfte gehören zu uns und sind sehr wichtig für unser Menschsein, aber wir müssen lernen, sie zu haben und zu steuern, nicht umgekehrt, daß sie uns haben und uns steuern. Wenn wir uns nicht identifizieren, nicht fortreißen lassen, lassen sie an Intensität nach. Wenn wir uns aber mit ihnen identifizieren, werden sie leidvoll.

Die Desidentifikation öffnet uns die Möglichkeit, in den transpersonalen Raum vorzustoßen und unser wahres Wesen zu erkennen. Dort ist Ruhe. Die Gefahr, daß wir uns dann aufs neue mit einem psychischen Zustand (z. B. der Ruhe) identifizieren, ist allerdings groß. Ruhe ist noch nicht das letzte, was es zu erfahren gibt. Darum bleibt die Grundanweisung bestehen: Laß los!

Eines Tages können wir dann sagen:

„Ich habe einen Körper, aber ich bin nicht mein Körper. Ich kann meinen Körper sehen und fühlen, und was gesehen und gefühlt werden kann, ist nicht der wahre Sehende. Mein Körper mag müde oder erregt, krank oder gesund, schwer oder leicht sein, aber das hat nichts mit meinem inneren Ich zu tun. Ich habe einen Körper, aber ich bin nicht mein Körper.

Ich habe Begierden, aber ich bin nicht meine Begierden. Ich kann meine Begierden kennen, und was gekannt werden kann, ist nicht der wahre Erkennende. Begierden kommen und gehen, sie fließen durch mein Bewußtsein, aber sie berühren nicht mein inneres Ich. Ich habe Begierden, aber ich bin nicht die Begierden.

Ich habe Gefühle, aber ich bin nicht meine Gefühle. Ich kann meine Gefühle fühlen und spüren, und was gefühlt und gespürt werden kann, ist nicht der wahre Fühlende. Gefühle gehen durch mich hindurch, aber sie berühren nicht mein inneres Ich. Ich habe Gefühle, aber ich bin nicht die Gefühle.

Ich habe Gedanken, aber ich bin nicht meine Gedanken. Ich kann meine Gedanken kennen und intuitiv erfassen, aber was gekannt werden kann, ist nicht der wahre Erkennende. Gedanken kommen zu mir und verlassen mich wieder, aber sie berühren nicht mein inneres Ich. Ich habe Gedanken, aber ich bin nicht meine Gedanken".[3]

Ereignisse, Gedanken, Bilder, Gefühle, Stimmungen sind nichts anderes als ein Sturm auf dem Weltmeer. Was kümmert es das Weltmeer, wenn in der Biscaya ein Sturm tobt? Es gilt, diesen Sturm zu erleiden, bis er vorbei ist. Je weniger wir uns mit ihm identifizieren, um so weniger Kraft entwickelt er. Das heißt nicht, daß wir nicht mehr fühlen können, daß wir nicht mehr zornig werden können, daß wir keine Abneigung mehr haben. Aber trotz dieser Regungen, die über unsere Psyche laufen, ist ein Kern da, der davon unberührt bleibt. Wir werden nicht mehr beschlagnahmt von Gefühlen. Sie reißen uns nicht mehr weg.

Im Lauf der Zeit nimmt dann der Hunger nach neuen Eindrücken ab, und die Sucht, sich innerlich zu beschäftigen, wird geringer. Wenn das Begehren aufhört, wird das Schauen möglich. Hat man dieses Stadium erreicht, dann erkennt man auch, daß nichts bleibt. Alles ist in Bewegung, alles kommt und geht. Da ist nichts, was wir festhalten können. Beständig ist nur das Fließen. Die Permanenz liegt im Fließen, nicht in der Statik. Achtsamkeit weckt in uns die Fähigkeit, dieses Fließen und zugleich die Ruhe in aller Bewegung zu erfahren.

B. Sakrament des Augenblicks

1. Die Sehnsucht des Menschen nach Gott

Der Mensch ist ein „Homo religiosus". Das Göttliche ist sein tiefstes Wesen, und dorthin tendiert er zurück, ob er darum weiß oder nicht. Johannes vom Kreuz sagt einmal: „Unser Erwachen ist ein Erwachen Gottes und unser Auferstehen ein Auferstehen Gottes".[4] – Das Erwachen des Menschen ist ein Erwachen Gottes. Das Erwachen der Gesellschaft ist ein Erwachen Gottes in der Gesellschaft. Das Erwachen des Kosmos ist ein Erwachen Gottes in der Evolution des Kosmos. Der Mensch der Zukunft (nicht nur der Christ der Zukunft) wird ein Erwachter sein. Er wird ein Mystiker sein. Das ist unsere einzige Überlebenschance.

Im Menschen wohnt eine tiefe Sehnsucht, die das Göttliche selber ist. Gott drängt in uns zur Entfaltung. In uns Menschen stellt sich das Erwachen des Göttlichen dar als tiefe Sehnsucht. Es ist die Sehnsucht, heim zu kommen, den Platz zu finden, wo alles gut ist, wo man geliebt und angenommen ist. Der Mensch erfährt aber sehr bald im Leben, daß kein Mensch dem Menschen diese letzte Sicherheit geben kann, auch nicht der liebste. Es bleibt diese unüberbrückbare Trennung, bis wir unser wahres Selbst gefunden haben, besser, bis unser wahres Selbst durch alle Verkrustungen und Fehlentwicklungen hindurchgebrochen ist. Menschen machen sich also auf den Weg zu Gott, weil sie diese tiefste Sehnsucht in sich tragen, die letztlich die Sehnsucht Gottes selber ist. Es gibt eine alte Geschichte, die das sehr deutlich ausdrückt. Sie wird im Osten wie im Westen erzählt. Es ist die Geschichte vom Verlorenen Sohn. Hier eine zentralasiatische Version:

„In Indien lebte ein steinreicher Edelmann, der nur einen Sohn hatte. Eines Tages wurde dieser entführt oder wollte nicht mehr heimkehren. Der Vater tat alles, was er konnte, um den geliebten Sohn wiederzufinden. Aber es war umsonst. Jahre vergingen, ohne daß er irgend etwas erfuhr. Als der reiche Mann eines Tages aus einem Fenster seines Hauses blickte, sah er einen jungen Bettler vor dem Haus stehen. Er bekam ein Almosen und wollte gerade wieder fortgehen. Der reiche Mann sah das Gesicht des Bettlers und sprang in großer Verwunderung auf, denn er hatte seinen verlorenen Sohn erkannt. Er rief Diener und befahl ihnen, den jungen Bettler zurückzuholen. Einige liefen dem Bettler nach und versuchten, ihn zurückzuhalten, aber der junge Mann weigerte sich und sagte: „Obwohl ich ein Bettler bin, habe ich nichts Schlechtes getan". Die Diener versicherten ihm, daß sie ihm nichts vorzuwerfen hätten: „Unser Herr will dich sehen". Sie konnten ihn aber nicht zur Rückkehr bewegen. Er wurde im Gegenteil noch ängstlicher und begann zu zittern: „Ich habe nichts mit einem solchen vornehmen Edelmann zu tun". Zuletzt mußten die Diener heimkehren und ihrem Herrn erzählen, daß sie nichts hätten ausrichten können. Voll Liebe zu seinem Sohn befahl der Reiche einem seiner jungen Diener, sich selbst als Bettler, dem Sohn gleich, zu verkleiden und sich mit ihm zu befreunden. Als der Diener-Bettler die Zeit für gekommen hielt, sagte er zu dem bettelnden Sohn des Reichen: „Ich habe eine gute Stellung gefunden. Die Arbeit ist nicht zu schwer, und die Bezahlung ist gut. Wir bekommen auch ein kleines Zimmer. Laß es uns versuchen". So wurden beide als Gärtner bei dem Reichen eingestellt. Als er sich dort einge-wöhnt hatte, beförderte der Reiche seinen Sohn zum Hausdiener. Nachdem er auch hier seine Arbeit gut verrichtete, übergab ihm der Reiche die Aufsicht über seinen Besitz. Schließlich wurde er sein Sekretär, damit er dem Vater nahe blieb und dessen Verpflichtungen übernahm. Jahre vergingen. Der reiche Mann wurde älter und erkannte, daß er nicht mehr lange zu leben hatte. Da versammelte er seine Verwand-ten um sich und stellte den jungen Mann vor mit den Worten: ‚Dieser Jüngling ist in Wirklichkeit mein Sohn, der verschwand, als er ein kleines Kind war.' Er übergab ihm seinen ganzen Besitz und seine Stellung".[5]

So ist der Weg des Menschen ein Heimweg zu Gott. Als solcher wird er in allen Religionen beschrieben. Wir suchen die Wurzeln unserer Existenz. Wir haben ver-gessen, wer wir wirklich sind. Darum machen wir uns auf die Suche, bis wir erfah-ren: ich bin ja schon gefunden. Denn wir sind gar nicht die Suchenden. Wir sind die Gesuchten.

Zugegeben, diese Sehnsucht des Menschen kann narzistische Züge haben, sie kann auch Flucht aus der Wirklichkeit sein, sie kann versuchen, Defizite aus der Kindheit zu kompensieren. Sie kommt aber vor allem aus der Erkenntnis, daß es im Menschen Bewußtseinsräume gibt, die dem Leben mehr Sinn und Hilfe vermitteln können und Gott umfassender erfahren lassen.

2. Sterben, um wiedergeboren zu werden

Die Psychologie betont, daß der Mensch, um zu leben, ein geziemendes Selbst-wertgefühl haben muß und eine entsprechende Egostabilität. Die esoterischen Wege fordern aber den Tod des Ich. Und alle Übung zielt letztlich auf eine Zurücknahme der Egoaktivität. Jesus sagt: „Wer sein Leben gewinnen will, muß es verlieren". Thomas v. Kempten schreibt in seiner Nachfolge Christi: „Sei versichert, daß du ein sterbendes Leben leben mußt". Johannes vom Kreuz meint: „Wer in allen Dingen zu sterben weiß, wird in allen Dingen Leben haben". Das Tao Te Ching wußte schon vor einigen tausend Jahren: „Zu sterben, ohne unterzugehen, bedeutet ewige Prä-senz". Eines sagen alle Wege: daß der Pfad zur Einheitserfahrung und Liebe ein Pfad der Hingabe ist (surrender, Selbstaufgabe), ein Sterben, um wirklich zu leben.

3. Das Sterben des Ich

Das Sterben des Ich ist mehr als die oben erwähnte Zurücknahme der Egoaktivität. Es ist ein Aussteigen aus liebgewordenen, Sicherheit gebenden Strukturen und Mustern. Es ist ein den ganzen Menschen betreffendes Ereignis, das ihn bis in die letzten Tiefen erschüttert. Das Sterben des Ich vollzieht sich in dem, was die Mystik die dunkle Nacht der Sinne, der Seele und des Geistes nennt. Es ist der Weg der Reinigung, der in allen esoterischen Wegen die eigentliche Aufgabe darstellt. Es ist das Loslassen aller Sicherungen. Das Sterben, von dem die Mystik spricht, ist weit schwerer als das physische Sterben. Es kann nicht einmal der Wunsch bleiben, in die geborgene Hand Gottes zu fallen. Es bleibt nur das absolute Loslassen: „Vater, in Deine Hände empfehle ich meinen Geist". Manches mag in einer solchen Situation pathologisch aussehen und sogar mit Recht im vorgegebenen Rahmenwerk der Psychologie so eingeordnet werden. Aber es ist ein Sterben, um zu leben. Das Ziel ist die Rückkehr ins Leben, solange uns dieser Körper beschieden ist. Wir haben das Göttliche hier und jetzt zu erfahren und zu manifestieren. Auch die einzelne mystische Erfahrung ist noch nicht das Letzte. Die Integration einer Erfahrung in den Alltag ist vielmehr die Hauptaufgabe, die es auf dem esoterischen Weg zu leisten gilt.

4. Die verwandelnde Kraft des Augenblickes

Die Mystik spricht von der heilenden und wandelnden Kraft des Augenblickes oder – wie Jean P. Caussade es nennt: ‚Das Sakrament des Augenblicks'. Bei ihm habe ich dieses Wort zum erstenmal gefunden.

Er schreibt in seinem Buch „Hingabe an Gottes Vorsehung" folgendes: „Gott weilt wahrhaft an diesem Ort, und ich wußte es nicht, sprach einst Jakob. So suchst auch du Gott, und dabei ist er überall. Alles verkündet ihn dir. Alles schenkt ihn dir. Er ging dir zur Seite, er umgab dich, er durchdrang dich und weilte in dir ... und du suchst ihn! Du bemühst dich um eine Vorstellung von Gott und besaßest ihn dabei wesentlich. Du jagst der Vollkommenheit nach, indes sie in allem liegt, was dir ungesucht begegnet. In Gestalt deiner Leiden, deines Tuns, der Antriebe, die du empfängst, tritt dir Gott selber entgegen. Dieweil bemühst du dich umsonst um erhabene Vorstellungen, mit denen er sich nicht bekleiden will".

„Offenbaren uns jedoch Vernunft und Glaube die wirkliche Gegenwart der göttlichen Liebe in allen Geschöpfen und in allen Geschehnissen dieses Lebens nicht ebenso sicher, wie uns das Wort Christi und der Kirche die Gegenwart des heiligen Leibes unter den eucharistischen Gestalten verbürgt? Wissen wir nicht, daß sich die göttliche Liebe durch alle Geschöpfe und Ereignisse mit uns vereinigen will? Daß sie nur deswegen alles, was uns umgibt und uns zustößt, hervorruft, anordnet oder erlaubt, damit wir zu dieser Vereinigung gelangen, die allein sie bezweckt?"[6]

„Wenn es sich aber so verhält, was steht dann noch im Wege, daß jeder Augenblick unseres Lebens eine Art Kommunion mit der göttlichen Liebe sei und daß diese Kommunion jeden Augenblick in unserer Seele ebensoviel hervorbringe wie die, welche uns den Leib und das Blut des Gottessohnes anvertraut? – Zwar kommt dieser eine sakramentale Wirkung zu, die jener abgeht. Doch wieviel häufiger läßt sich jene erneuern und wie verdienstlich kann sie werden, wenn sie mit einer vollkommenen Seelenverfassung empfangen wird."[7]

Caussade kommt auf die Eucharistie zu sprechen, um das auszudrücken: „Wie fehl geht man tatsächlich, wenn man Dich (Gott) nicht in allem sieht, was gut ist, und in allen Geschöpfen. Warum Dich also in anderen Dingen als in denen suchen wollen, durch die Du Dich mitteilen willst? Sucht man Dich in der Eucharistie unter anderen Gestalten als unter denen, die Du für Deine sakramentale Gegenwart gewählt hast?".[8]

In der Eucharistie wird feierlich verkündet, was eigentlich immer und überall der Fall ist. So müßte z. B. in einem Frühstück die Präsenz des Göttlichen genauso bewußt sein wie in der Eucharistie.

Gott ist die Symphonie, die in allem erklingt. Es ist nicht so, daß er sie einmal komponiert hätte und sie sich jetzt vorspielt. Die Symphonie heißt Gott. Und da ist nichts ausgeschlossen, auch nicht das Leid und unser psychisches Defizit. Das zu erfahren, ist Satori. Und mancher Mensch erfährt das auch, daß Leid und Schmerz genauso die Ausdrucksform des Göttlichen sind wie Freude. Wir vergessen es leider zu leicht wieder.

„Nur durch die Fülle des gegenwärtigen Augenblickes vermag die Seele wahrhaft genährt, gekräftigt, gereinigt, bereichert und geheiligt zu werden." (Ebenda S. 42) –

Die Quelle des „lebendigen Wassers" sprudelt für Caussade im gegenwärtigen Augenblick. Wir haben nicht weiter zu suchen. Die Quelle fließt ständig. Warum nach Rinnsalen Ausschau halten?

„Gott hat aufgehört, Gegenstand und Vorstellung zu sein, er ist nur noch Ursprung und Quelle."[9]

„Gnadenmittel des gegenwärtigen Augenblickes! Du vermittelst Gott in so unscheinbarer Gestalt, wie Krippe, Heu und Stroh es sind."[10]

Letztlich ist das „Sakrament des Augenblickes" nichts anderes als die Annahme des göttlichen Willens. „Noch viel leichter fällt der passive Teil der Heiligkeit. Er erschöpft sich nämlich darin, daß man einfach hinnimmt, was sich meistens doch nicht vermeiden läßt, und daß liebend erduldet wird – mit freudiger Zuversicht und Gelassenheit nämlich –, was wir sonst nur allzuoft widerwillig ertragen."[11] Es gibt keine Transzendenz, die abgehoben ist von dem, was hier und jetzt ist. „Gott tut im Heiligen alles, was der Heil'ge tut. Er geht, steht, liegt, schläft, wacht, ißt, trinkt, hat guten Mut."   (Angelus Silesius)

5. Der Augenblick bringt uns in die Erfahrung des Lebens

Das Leben liegt im Augenblick. Gott ist nur in diesem Augenblick zu erfahren. „Du meinst, du wirst Gott sehen und sein Licht, o Narr, du siehst ihn nie, siehst du ihn heute nicht."   (Angelus Silesius)

Aber wie sieht dieser Weg praktisch aus? Er hat nichts zu tun mit elitärem Gehabe.

Andreas Gryphius dichtet:
„Mein sind die Tage nicht, die mir die Zeit genommen.
Mein sind die Tage nicht, die erst noch werden kommen.
Der Augenblick ist mein, und nehm' ich den in acht,
so ist der mein, der Zeit und Ewigkeit gemacht."

„Achte gut auf diesen Tag,
denn er ist das Leben,
das Leben allen Lebens!

Das Gestern ist nichts als in Traum
und das Morgen nur eine Vision,
das Heute jedoch – recht gelebt –
Macht jedes Gestern zu einem Traum
voller Glück
und jedes Morgen zu einer Vision
voller Hoffnung.
Darum achte gut auf diesen Tag!"[12]
Gott ist im Gehen, Stehen, Putzen, Kochen, Lesen, Musik hören usw. Wenn man
das sagt, klingt es sehr fromm und sogar geschmacklos. Wenn man aber sagt: Das
Leben liegt im Gehen, Stehen, Putzen, Kochen, Lesen, Musik hören usw., dann ist es
annehmbar. Worin aber sollte der Unterschied zwischen Gott und Leben bestehen?

6. Meister Eckehart und der Augenblick

Eckehart sagt uns immer wieder, daß wir Gott in den Dingen zu erfahren haben.
Einige Stellen möchte ich zitieren.

„So sollen auch wir in allen Dingen bewußt nach unserem Herrn ausschauen. Dazu
gehört notwendig Fleiß, und man muß sich's alles kosten lassen, was man nur mit
Sinnen und Kräften zu leisten vermag; dann wird's recht mit den Leuten, und sie
ergreifen Gott in allen Dingen gleich, und sie finden von Gott gleich viel in allen
Dingen."[13]

„Mit wem es recht steht, wahrlich, dem ist's an allen Stätten und unter allen Leuten
recht. Mit wem es aber unrecht steht, für den ist's an allen Stätten und unter allen
Leuten unrecht. Wer aber recht dran ist, der hat Gott in Wahrheit bei sich; wer aber
Gott recht in Wahrheit hat, der hat ihn an allen Stätten und auf der Straße und bei
allen Leuten ebensogut wie in der Kirche oder in der Einöde oder in der Zelle; wenn
anders er ihn recht und nur ihn hat, so kann einen solchen Menschen niemand behindern. – Warum? Weil er einzig Gott hat und es nur auf Gott absieht und alle Dinge
ihm lauter Gott werden. Ein solcher Mensch trägt Gott in allen seinen Werken und an
allen Stätten, und alle Werke dieses Menschen wirkt allein Gott."[14]

„Ein Mensch gehe übers Feld und spreche sein Gebet und erkenne Gott, oder er sei
in der Kirche und erkenne Gott: erkennt er darum Gott mehr, weil er an einer ruhigen
Stätte weilt, so kommt das von seiner Unzulänglichkeit her, nicht aber von Gottes
wegen; denn Gott ist gleicherweise in allen Dingen und an allen Stätten und ist
bereit, sich in gleicher Weise zu geben, soweit es an ihm liegt; und der nur erkennt
Gott recht, der ihn als gleich erkennt."[15]

„Wer Gott so, (d. h.) im Sein, hat, der nimmt Gott göttlich und dem leuchtet er in
allen Dingen; denn alle Dinge schmecken ihm nach Gott, und Gottes Bild wird ihm
aus allen Dingen sichtbar. In ihm glänzt Gott allzeit, in ihm vollzieht sich eine los-
lösende Abkehr und eine Einprägung seines geliebten, gegenwärtigen Gottes. Vergleichsweise so, wie wenn es einen in rechtem Durst heiß dürstet: so mag der wohl
anderes tun als trinken, und er mag auch wohl an andere Dinge denken; aber was er
auch tut und bei wem er sein mag, in welchem Bestreben oder welchen Gedanken
oder welchem Tun, so vergeht ihm doch die Vorstellung des Trankes nicht, solange

der Durst währt; und je größer der Durst ist, um so stärker und eindringlicher und gegenwärtiger und beharrlicher ist die Vorstellung des Trankes. Oder wer da etwas heiß mit ganzer Inbrunst liebt, daß ihm nichts anderes gefällt und zu Herzen geht als (eben) dies, und er nur nach diesem verlangt und nach sonst gar nichts: ganz gewiß, wo immer ein solcher Mensch sein mag oder bei wem oder was er auch beginnt oder was er tut, nimmer erlischt doch in ihm das, was er so sehr liebt, und in allen Dingen findet er dieses Dinges Bild, und dies ist ihm um so stärker gegenwärtig, je mehr die Liebe stärker und stärker wird. Ein solcher Mensch sucht nicht Ruhe, denn ihn behindert keine Unruhe."[16]

„Dies kann der Mensch nicht durch Fliehen lernen, indem er vor den Dingen flüchtet und sich äußerlich in die Einsamkeit kehrt; er muß vielmehr eine innere Einsamkeit lernen, wo und bei wem er auch sei. Er muß lernen, die Dinge zu durchbrechen und seinen Gott darin zu ergreifen und den kraftvoll in einer wesenhaften Weise in sich hineinbilden können."[17]

Es ist letztlich die heilende Kraft Gottes oder die heilende Kraft des Lebens, die im Augenblick wirkt.

7. Gott im Augenblick des Alltags

Viele Frauen wissen um die heilende Kraft des Strickens, Häkelns und Knüpfens. Viele erleben ähnliches in einem langen Marsch durch die Natur. Im Grunde tun wir auf unserem spirituellen Weg nichts Besonderes, wir versuchen, in den Augenblick zu kommen und eins zu werden mit dem, was wir gerade ausführen. Dort aber ist uns Gott am nächsten.

Jede kleinste Aktion, die wir vollziehen – die Stiege hinaufgehen, die Türe öffnen, die Hände waschen, an der roten Ampel warten – sollte von großer innerer Wachheit begleitet werden.

Wenn wir zur Arbeit gehen oder zum Bahnhof oder zum Einkaufen, dann haben wir einen ganz anderen Schritt. Wir sind nicht mehr bei uns selber. Wir sind nicht mehr im Augenblick. Wir sind nicht mehr im Leben. Leben ist daher nur im Augenblick. Es gibt so viele Gelegenheiten, wirkliches Leben einzuüben, d. h. ganz bei uns zu sein, ganz bei dem zu sein, was wir tun. Es mag dann vielleicht schwer fallen, zu lesen und gleichzeitig Musik zu hören. Es geht nicht zusammen. Ich möchte es noch viel banaler ausdrücken: Man sollte nicht mit der Zeitung auf die Toilette gehen. Wir haben wieder zu lernen, wie man ißt, Salat putzt, zur Arbeit geht, Feierabend macht. So mancher, der sich auf den Zenweg oder auf den Weg der Kontemplation macht, hat verkehrte Erwartungen. Satori ist im Augenblick. Es ist nicht ein von der Welt abgehobener Zustand, sondern die Erfahrung der Welt in diesem Augenblick.

C. Tiefenstrukturen und Stadien auf dem inneren Weg

Jeder spirituelle Weg sollte auch von wissenschaftlichen Forschungsergebnissen begleitet sein, weil er ohne sie leicht richtungslos würde. Echte Esoterik lehnt wissenschaftliche Erkenntnisse nicht ab, sondern überhöht sie. Die Frage nach universalen Tiefenstrukturen in der menschlichen Persönlichkeit ist daher eine Frage der Psychologie, gleichzeitig aber eine kritische Anfrage an die Esoterik, die zur Besinnung Anlaß gibt.

Kann man verschiedene Stadien eines esoterischen Weges erkennen?

Können sie systematisch und hierarchisch angeordnet werden?

Oder sind sie nur Schnappschüsse einer Entwicklung, die sich nicht modellhaft darstellen lassen?

Gibt es überhaupt eine kontinuierliche Entwicklung?

Welches sind die Nebenwirkungen, die auftreten?

Entpuppen sich nicht manchmal auch pathologische Strukturen?

Was ist eigentlich der vollentfaltete Mensch?

Ist das, was die Psychologie unter Normalität versteht (eine voll differenzierte und integrierte Ichstruktur), in Wirklichkeit nicht ein momentaner Entwicklungsstillstand?

Muß der Mensch sich nicht ins Transpersonale ausstrecken? Gehört nicht auch diese Ebene wesentlich zu unserem Menschsein?

Stufen der Entfaltung

Die meisten esoterischen Wege entwickelten einen ‚Weg‘ oder ‚Pfad‘, auf dem die SchülerInnen durch verschiedene Stufen geführt werden. Diese folgen aber nicht zwangsläufig aufeinander, sondern es gibt viele Überlappungen. Nicht bei jedem tritt alles auf, und auch die Reihenfolge kann unterschiedlich sein.

1. Stufe: Orientierung

Sie wird oft eingeleitet von der Sinnfrage. Die Menschen suchen nach einem Weg, weil sie im Sinn des Daseins zweifeln. Sie leiden an einer – wie Viktor Frankl es nennt – noogenen Neurose, d. h. einer Neurose, die nicht psychische, sondern existentielle Ursachen hat. Die Frage lautet oft: Warum lebe ich überhaupt? Wer bin ich wirklich? Warum dieses Unglück? Warum trifft es gerade mich? Solche Überlegungen führen zu einer Neuorientierung. Das Ausschauhalten beginnt.

So wächst die Motivation, sich für eine spirituelle Seite des Lebens zu interessieren. Man schaut sich in der Literatur um. Diese Neuorientierung allein schon hat einen signifikanten Einfluß auf das Leben und führt zu einer Erwartungshaltung, die den Glauben an eine Metastruktur dieser Welt stärkt. Der Bewußtseinsstrom läuft jetzt in eine andere Richtung. Er hat das ‚Meta‘ entdeckt, das, was dahinter liegt, oder die Vertikale, die notwendigerweise zur Horizontalen gehört. Die Erkenntnis, daß die Horizontale nicht alles ist, was das Leben ausmacht, nimmt zu. Das ist von unschätzbarem Wert; denn unser Leben bleibt eine Gefängniszelle, solange wir nicht über das Vordergründige hinausschauen.

Der Mensch kann in dieser Zeit sehr dünnhäutig werden. Dinge, die ihn früher kalt gelassen haben, rühren ihn an und treffen ihn schwer. Das zeigt, wie wach das Ichbewußtsein geworden ist. Die Bereitschaft zum Nehmen und zum Durchlassen wächst, aber auch die Sensibilität für Schmerz, für den eigenen wie für den Schmerz anderer. Es kommt zu Umstellungen und Veränderungen im Leben. Man liest andere Bücher, ißt überlegter. Vielleicht ändert sich auch der Inhalt des Kleiderschrankes. Man erkennt, was der neuen Lebensrichtung abträglich ist, und ändert sein Verhalten, was wiederum nicht ohne Einfluß auf die innerpsychischen Vorgänge bleibt. Manches geschieht über bewußte Änderungen im Leben, manches tritt ein durch Verlagerung der Werte. Äußere Ablenkungen werden eingeschränkt.

2. Stufe: mehr Bewußtheit

Das zweite Stadium ist gekennzeichnet von mehr Bewußtheit. Zunächst wird die Körperbewußtheit geschult. Vorgänge in Körper und Psyche werden wach erfahren. Das unbewußte In-den-Tag-hinein-leben macht einer gewissen Präsenz Platz.

Man legt mehr Wert auf äußere Haltung. Damit ist nicht auffälliges Getue gemeint, sondern eine Haltung, die dem inneren Prozeß gemäß ist. Im christlichen Bereich gibt es da wenig Anweisungen, aber die östlichen Wege empfehlen bestimmte Körperhaltungen. Beine, Rückgrat, Brust, Hals, Hände, Zunge und Augen sollen in Aufmerksamkeit gehalten werden. Jede unüberlegte, rastlose Aktivität des Körpers wird erkannt und die Bewegung wieder in die Haltung der Aufmerksamkeit zurückgeholt.

Die Beruhigung des Atems führt zur Beruhigung des Denkens. Das nie enden wollende Geschwätz des Tagesbewußtseins und sogenannte Tagträume verringern sich. Man vertraut sich dem gleichmäßigen Kommen und Gehen des Atems an. Das Bewußtsein wird ruhiger, assoziative Gedankengänge nehmen ab. Der Gedankeninhalt wird bewußter, und der gesamte Bewußtseinsstrom bewegt sich in Richtung einer größeren Ordnung.

3. Stufe: Bewußtseinsvereinheitlichung

Man beginnt mit einer ganz bestimmten Übungspraxis, deren Ziel die Reduzierung des Bewußtseinsstromes ist. Dazu gehört das Suchen eines ruhigen Platzes, die Fixierung des Bewußtseins für längere Zeiträume auf ein (möglicherweise auch äußeres) „Objekt" und die Kontrolle des Blickes. Dieser ist nicht mehr forschend und analysierend, sondern gehalten.

Daraus ergibt sich eine Bindung des Geistes an ein Objekt, aber auch eine Veränderung in der Erfahrung des Objektes. Es verliert den Charakter der Abstrahierung und wird nicht mehr als Konzept erfahren, sondern so, wie es wirklich ist. Ein Buch ist dann nicht mehr ein Buch, sondern ein quadratischer Gegenstand mit Farbe und Form. Normalerweise sehen wir die Dinge anders, als sie sind. Wir filtern die Objekte und zwängen sie in eine Kategorie. Durch urteilsfreies Anschauen wird das Objekt wieder das, was es ist.

Wichtiger allerdings ist die Konzentration auf einen inneren Vorgang. Das umherschweifende Bewußtsein soll geschult werden, bei einem inneren Objekt zu bleiben.

Die Tibeter benützen dazu Visualisationen, Yoga verwendet mehr die körperlichen Energieströme oder das OM, Zen das MU, die christliche Kontemplation das Schauen ins nackte Sein. Diese Übung führt zur Bewußtseinsvereinheitlichung.

Es kann zu inadäquaten Reizen kommen, z. B. Geräuschen, Gerüchen, Berührungen, Lichterscheinungen, die nur innerlich erfahren werden. Die Wahrnehmungsfähigkeit übersteigt allmählich die bloße Sinneswahrnehmung, so daß Eindrücke entstehen, die beim normalen Gebrauch der Sinne nicht entstehen. Diese Wahrnehmung ändert sich ständig. Schwingungen, Vibrationen, Farben, Lichtmuster, Figuren treten auf. Zen nennt das alles Makyo. Und jede ernste Esoterik warnt davor, diesen Eindrücken irgendwelche Bedeutung beizumessen. Auf keinen Fall darf man an ihnen hängenbleiben. Eine gewisse Entspannung in der Übung hilft am besten, darüber hinwegzukommen. Man läßt den Tanz einfach vorbeiziehen, bis er abebbt.

Obwohl unser Geist sehr rasch über diese Erscheinungen nachzudenken und sie zu analysieren beginnt, sollten wir dem widerstehen. Unser Verstand sucht ständig nach Objekten, weil ihm eine objektlose Schau noch nicht möglich ist. Johannes vom Kreuz sagt, daß der Geist sich an die Staubkörnchen klammert, die in der Luft herumfliegen, weil er das reine Licht noch nicht sehen kann. – Grobe Bewußtseinsinhalte aber erscheinen jetzt kaum noch. Die grobstoffliche Welt schwindet. Es tritt Ruhe und Friede ein.

4. Stufe: Bewußtseinsentleerung

Der nächste Schritt ist die Bewußtseinssammlung ohne Stütze für das Ich. Das Koan, das Wort oder auch der äußere Gegenstand der Übung werden immer subtiler. Sie entschwinden jetzt leicht aus dem Bewußtsein, nicht weil man sie vergessen hat, sondern weil sie ganz fein geworden sind.

Es kann zu Lichtwahrnehmungen kommen. Dieses Licht hat aber nichts mit äußerem Licht zu tun. Es fließt vielleicht und bewirkt ein gewisses Samadhi. Dazwischen drängen sich allerdings immer wieder auch gröbere Wahrnehmungen; denn unser Intellekt hat eine unglaubliche Ausdauer, Formen zu produzieren. Die Bemühung des Übens läßt aber diese Konstrukte zugunsten einer ständig fließenden Lichtenergie zurücktreten. Man hält jetzt einfach am Lichtfluß fest. Der Fluß kann schneller werden. Die Intensität des Lichtes kann zunehmen.

Gestört wird der Vorgang noch durch Ichreste, die man braucht, um sich auf dieser Ebene zu halten. Auch hier gibt es noch Achtsamkeit, Sichbemühen, Loslassen von Vorstellungen. Alles Strukturhafte aber wirkt sich jetzt störend aus. Es ist nicht leicht, die Ruhe zu halten.

Der Grad der Bemühung, richtig zu üben, muß noch einmal verringert werden. Immer wieder wird das Loslassen wichtig. Unser Ich hat uns bis an die Schwelle der Erfahrung zu begleiten, ohne uns zu stören. Das Bemühen muß immer ausgewogener werden. Man pendelt zwischen dem Standpunkt des Beobachters und dem Beobachteten hin und her.

5. Stufe: Stadium der Ruhe

Hier gewinnt die Erfahrung Raum, daß der einzelne Ablauf keinerlei Stütze hat. Nur was momentan ist, wird erfahren; nur Muster in einem Feld, das sich ständig wandelt, werden erkannt, während die eigentliche Mitte, das wahre Selbst, keinem Wandel unterworfen ist. Es laufen nur Impressionen ab, aber keine Inhalte. Das Gewahrwerden verläßt nun die einzelnen Ereignisse und bleibt am Unbeweglichen hängen.

Man erkennt, wie die Dinge kommen und gehen. Geborenwerden und Sterben sind aufeinanderfolgende Akte, die zusammengehören wie die Schritte eines Reigens. Teile existieren nur in ihrer Beziehung zu allen anderen Teilen. Es ist wichtig, möglichst lange Zeit in diesem Stadium der Ruhe zu bleiben.

6. Stufe: Abbau jeglicher Ichaktivität

Paradoxa wie Entstehen – Vergehen, Eins – Viele, aufeinanderfolgend – gleichzeitig lösen sich auf in einem akausalen Erkennen.

Auch die feine Aufmerksamkeit muß am Ende noch abgelegt werden, weil sie ein Rest von Ich-Aktivität ist und die Erleuchtung stört. Zen nennt die Erleuchtung „pechschwarz" und will damit sagen, daß keinerlei Ichaktivität oder Icherkenntnis darin ist.

Es wird erzählt, daß ein Schüler Shakyamunis ein glänzendes Gedächtnis hatte und alle seine Reden auswendig wußte. Nach dem Tod Shakyamunis kamen alle Erleuchteten zusammen. Man hätte diesen Mann gerne dabei gehabt; weil er aber keine Erleuchtung hatte, blieb er ausgeschlossen. Er übte und übte, um es doch noch zu schaffen. Schließlich gab er auf und legte sich ins Bett, um zu schlafen. Im Moment des Hinlegens, als die Ichaktivität verschwunden war, das Bemühen nachließ, überkam ihn eine tiefe Erleuchtung.

Selbst Achtsamkeit kann also zum Hindernis werden. Erleuchtung ist nichts, was erlangt werden kann. Man kann immer nur Gegebenheiten schaffen, die das Eintreten der Erleuchtung begünstigen. Das ist eine Form von Indifferenz, die nicht mehr vom Willen abhängt.

Auch die sogenannten Vasanas treten zurück. Vasanas sind „abgesunkene und verborgene Wünsche, Neigungen und Ambitionen, die jederzeit wieder an die Oberfläche kommen können".[18]

Im Buddhismus sind damit auch Neigungen, Eindrücke, Handlungen und Gedanken gemeint, die in früheren Geburten entstanden sind.[19] Sie machen den Charakter des Menschen aus. Dazu gehören auch psychische Formkräfte und Tatabsichten, also erste Impulse, die eine Tat hervorrufen. Diese Grundstrukturen oder Grundtendenzen, die sehr tief in unsere Psyche eingebettet sind und wohl auch mit uns in die nächste Existenz gehen, umzuwandeln, ist eine schwierige Aufgabe.

7. Stufe: Erleuchtung

Der Erleuchtungszustand ist ohne jede Ichaktivität. Es ist die Erfahrung des Lebens selber. Wenn wir über das Leben nachdenken, dann ist das Ichaktivität. Wenn wir Leben selber erfahren, schweigt das Ich. Leben können wir in jedem

Augenblick in dem erfahren, was ist. Nur wenn wir verstehen, daß Gott allein im Vollzug des Göttlichen, also in den Strukturen erfahren werden kann, verstehen wir auch, daß alles Nachdenken darüber nur ein Nachher ist. Das heißt aber auch, daß alles, was wir landläufig Religion nennen, ein Nachher ist; also auch unsere Theologie, unsere Rituale, Zeremonien und Dogmen. Religion ist nicht abgehoben vom Alltag, vom Augenblick. Religion ist die Erfahrung dessen, was ist. Das einzusehen, ist ungeheuer schwer. Es dauert sehr, sehr lange und braucht eine tiefe Erfahrung, bis der Mensch bereit ist, Religion so zu verstehen. Das tut unseren religiösen Zeremonien und Ritualen keinen Abbruch. Im Gegenteil, es sollte Ziel aller Gottesdienste und Rituale sein, uns in eine solche Erfahrung zu führen.

Eckehart hat das klassisch und einfach ausgedrückt: „Denn wahrlich, wenn einer wähnt, in Innerlichkeit, Andacht, süßer Verzücktheit und in besonderer Begnadung Gottes mehr zu bekommen als beim Herdfeuer oder im Stalle, so tust du nicht anders, als ob du Gott nähmst, wändest ihm einen Mantel um das Haupt und schöbst ihn unter eine Bank. Denn wer Gott in einer (bestimmten) Weise sucht, der nimmt die Weise und verfehlt Gott, der in der Weise verborgen ist. Wer aber Gott ohne Weise sucht, der erfaßt ihn, wie er in sich selbst ist; und ein solcher Mensch lebt mit dem Sohne, und er ist das Leben selbst. Wer das Leben fragte tausend Jahre lang: ‚Warum lebst du?‘ – könnte es antworten, es spräche nichts anderes als: ‚Ich lebe darum, daß ich lebe‘. Das kommt daher, weil das Leben aus seinem eigenen Grunde lebt und aus seinem Eigenen quillt; darum lebt es ohne Warum eben darin, daß es (für) sich selbst lebt. Wer nun einen wahrhaftigen Menschen, der aus seinem eigenen Grunde wirkt, fragt: ‚Warum wirkst du deine Werke?‘ – sollte er recht antworten, er spräche nichts anderes als: ‚Ich wirke darum, daß ich wirke‘“.[20]

Es bleibt ein offenes Gewahrsein. Vor der Erleuchtung ist das Gewahrsein mit mentaler Aktivität verbunden. In der Erleuchtungserfahrung schweigt unser Intellekt. Aber dieser Zustand, den man vielleicht Ekstase nennen könnte, ist nicht das Ende. Man hat zurückzukehren zu den Ereignissen. Die gewöhnliche Raum-Zeit-Erfahrung mit ihren groben Inhalten tritt wieder ein. Das normale Bewußtsein entfaltet sich wieder im Wachzustand. Trotzdem ist etwas Entscheidendes geschehen. Die Perspektive hat sich verschoben. Fehlwahrnehmungen und verzerrende Vorstellung sind deswegen nicht ausgeschlossen. Die Erleuchtung muß sich erst stabilisieren. Das ist im Zen eigentlich die schwerste Aufgabe, die es zu leisten gilt: Die Integration der Erleuchtung in den Alltag. Das Ziel ist der „Marktplatz“.

Zusammenfassung

Auf jedem esoterischen Weg geht es um einen progressiven Abbau der Weltsicht, wie sie uns das Ichbewußtsein anbietet. Körpererfahrungen, intellektuelle Tätigkeit, grobstoffliche Wahrnehmung, Zeit-Raum-Erfahrung treten zurück. Die neue Bewußtseinsstruktur funktioniert nicht mehr nach den gewöhnlichen psychophysischen Gesetzen. Abbau bzw. Verwandlung dieser tief eingeprägten Strukturen führt zur Erleuchtung.

Der eigentliche Beitrag, den wir leisten können, ist Achtsamkeit. Achtsamkeit auf den Atem, auf das Koan, auf das Gehen, das Stehen usw. Unser Wachzustand ist ein relativ stabiler Zustand. Weil er sich nicht leicht sprengen läßt, müssen wir uns bestimmten Übungen hingeben. Die Übung gipfelt in Aufmerksamkeit. Diese zielt auf reines Gewahrsein ohne jede feste Bewußtseinsstruktur.

Man kann drei Stufen des Gewahrseins erkennen: 1. Festhalten der Bemühung (Übung) – 2. Loslassen der Bemühung – 3. reines Gewahrsein.

Anders ausgedrückt:

1. Die Übung sprengt den momentanen Bewußtseinszustand.
2. Es gilt, die Übung im Laufe der Zeit loszulassen und nur zu beobachten, bis
3. schließlich reines Gewahrwerden eintritt.
4. Daran schließt sich die Aufgabe der Integration in den Alltag.

Unser Weg ist ein Weg intensiver Aufmerksamkeitsschulung, die lange dauern und sehr hart sein kann. Nicht jeder ist bereit, sie auf sich zu nehmen. Wer aber bereit ist, gelangt in die Freiheit des Lebens.

Zum Schluß sei noch gesagt, daß man auf einem esoterischen Weg nichts machen kann. Nur im ständigen Loslassen aller physischen, psychischen und geistigen Strukturen kommen wir auf dem Pfad weiter. Vor der letzten Wirklichkeit bleibt uns nur Hingabe. Das Göttliche entfaltet sich in uns, wenn das Ich ihm nur aus dem Wege geht. „Gott begehrt so sehr danach, daß du deiner kreatürlichen Seinsweise nach aus dir selbst ausgehst, als ob seine ganze Seligkeit daran läge. Nun denn, lieber Mensch, was schadet es dir, wenn du Gott vergönnst, daß Gott Gott in dir sei?"[21]

D. Bewußtseinswandel (Orthonoia – Paranoia – Metanoia)[22]

In unserer Welt geht es nicht mehr nur um die Lösung einiger politischer, sozialer oder kultureller Fragen. Wir sind als Menschheit an einem kritischen Punkt angelangt – vielleicht am kritischsten Punkt der Menschheitsgeschichte überhaupt. Es geht ums Überleben. Wir sind als Rasse bedroht, und wir haben die Bedrohung selber geschaffen. Nukleare, biologische, chemische Kriege, Verschmutzung der Flüsse, der Meere, der Luft, Ausbeutung der Ressourcen und Eingriffe in das Ökosystem gefährden das Leben der Spezies Mensch auf diesem Planeten. Wir wissen das, können uns aber in unserem System nicht mehr umstellen. Wir haben uns gleichsam zum Untergang programmiert. Nur wenn es uns gelingt, in einen anderen Bewußtseinszustand zu gelangen, besteht die Chance einer Rettung.

Dieser neue Bewußtseinstand ist wohl der nächste Schritt in der Evolution der Menschheit. Neben aller Bedrohung gibt es bereits Anzeichen, daß die Evolution ihre Kräfte mobilisiert, um diesem Untergang entgegenzuarbeiten. Manche drücken das so aus: Die Kräfte der Evolution sammeln alle Ressourcen für einen Sprung ins neue Bewußtsein (Quantensprung). Einige dieser aufkommenden Tendenzen scheinen sehr verworren, ja vielleicht sogar wie ein Irrgarten. Sie geben Kunde von einem Aufbruch, der an vielen Stellen gleichzeitig beginnt: die Naturwissenschaft mit ihrer Relativitätstheorie und Quantentheorie, die Transpersonale Psychologie, der esoterische Aufbruch in den Religionen, der Hunger nach umfassenderer Erfahrung der Wirklichkeit, die Ahnung, daß Ratio und Sinne nicht die einzigen Tore des Erkennens für uns Menschen sind.

Die Menschen sind unruhig geworden und fragen viel eindringlicher als je in der Menschheitsgeschichte nach dem Sinn ihres Daseins. Sie suchen auch viel stärker nach psychischer und spiritueller Entwicklung. Dahinter steht die Kraft des Göttlichen (nichts anderes ist für mich die evolutionäre Kraft), die den Menschen gleichsam von innen her mobilisiert, von seinen irrationalen und selbstvernichtenden Tendenzen abbringt und in eine neue Richtung lenkt. Dieses neue Bewußtsein scheint mir in jungen Leuten sehr viel stärker aufzubrechen als in der vorangehenden Generation. Sie sind es daher auch, die durch den Umbruch oft mehr irritiert werden als die Älteren.

Der Bruch zeigt sich vor allem zwischen denen, die sich bereits auf dem Weg in ein neues Bewußtsein gemacht haben, und denen, die in den traditionellen Formen festgefahren sind. Es macht Angst, alte Ufer zu verlassen und sich auf die Suche nach neuen zu begeben. Nicht jeder wagt es loszulassen. So kommt dieser Weg einem Ausleseprozeß gleich – ein gefährliches Wort, wenn wir an die NS-Zeit denken, aber letztlich läuft es darauf hinaus. Das hat nichts mit elitärem Bewußtsein zu tun, eher mit der Bereitschaft, sich einem langwierigen, leidvollen Prozeß anzuvertrauen, der wahrscheinlich nicht ohne „Martyrium" verläuft. Denn die geistlichen und weltlichen Institutionen werden mit psychologischem, politischem und auch mit Gewissensdruck arbeiten, genau wie zur Zeit Jesu. Sie haben die Macht und werden sie einsetzen. Eine Reform in Gesellschaft und Kirche ging noch nie von oben nach unten, sondern immer von unten nach oben.

Diese notwendige Transformation unseres Bewußtseins geschieht auf dem Weg der Kontemplation in folgenden drei Phasen:

Orthonoia (orthos = aufrecht, gerade) – Paranoia (Verwirrung, Wahnsinn) – Metanoia (Sinnesänderung).

Die erste Phase ist gekennzeichnet von der Identifikation mit unserem Ich. Da kann das Leben lange Zeit in vermeintlicher Ordnung und Zufriedenheit verlaufen. Aber der Schein trügt. Jeder Mensch, will er in seiner Entwicklung nicht stagnieren, hat eine Zeit des inneren Umbruchs auf sich zu nehmen. Ohne daß wir die Paranoia durchmachen, können wir nicht in die Metanoia eintreten.

Paranoia ist ein Zustand, in dem das Bewußtsein verwirrt ist, in dem es aber auch neu geordnet wird. Nur wenn die alten Verkrustungen sich auflösen, können neue Konstellationen entstehen. Leider haben wir im Westen diesen Zustand immer zu sehr als psychische Krankheit betrachtet und nicht als Durchgang und Reinigungsprozeß verstanden, wie das die Esoterik tut. Die Paranoia ist ein notwendiger Durchgang, manchmal sogar ein echter Durchbruch auf dem Weg in unsere volle menschliche Existenz.

Es ist gut, in einer solchen Phase einen Begleiter zu haben. Leicht verliert man sich sonst im Labyrinth seiner Psyche. Aber oftmals wird dieser Zustand als geistige Sackgasse gewertet und von Seelsorgern und Spiritualen nicht verstanden. Johannes vom Kreuz kritisiert sie daher ausgiebig als Grobschmiede, die nur draufloshämmern können.

Die esoterischen Wege verstehen die Psyche des Menschen in dieser Situation sehr viel besser und helfen, den Zustand der Paranoia als einen Weg des Heiles zu erkennen. Sie sprechen vom Sterben des Ich und meinen damit das Loslassen von Zerrbildern und Illusionen, in die sich das Ich gehüllt hat. Das Leid, das der Mensch dabei erfährt, ist nichts anderes als die Zerstörung der Ichillusion. Je mehr er loslassen und annehmen kann, um so weniger leidet er. Letztlich geht es um die Annahme dessen, was ist, um das Fügen in den Willen Gottes oder – wie man im Osten sagt – um das Einschwingen in das kosmische Gesetz.

Wer Solschenizyns „Archipel Gulag", Schifrins „In der vierten Dimension" oder Sologdins „Aufzeichnungen" liest, dem fällt auf, daß Menschen in den Konzentrationslagern ganz tiefe, sie verwandelnde Erfahrungen gemacht haben. Alle Autoren sind sich über eine paradoxe Erscheinung einig: „... daß Verhaftung, Gefängnis, Lager, kurz die Unfreiheit, die wichtigste und bedeutsamste Erfahrung in ihrem Leben ist; und nicht nur das, sie versichern auch, daß sie unter den Bedingungen der Unfreiheit zwar schlimmste psychische und physische Qualen hätten erdulden müssen, gleichzeitig aber Augenblicke eines so vollkommenen Glücks erlebt hätten, wie sie für die Menschen außerhalb der Lagermauern ganz unvorstellbar seien. ... Demnach wäre die Unfreiheit als äußerst konzentriertes, intensives Leben zu definieren."[23]

Wenn der Mensch nicht mehr seinen ständig frustrierenden Phantasien nachrennt, dann versiegen auch die Quellen für Angst, Neid, Haß oder – wie Zen sagt – die Ursachen für Dummheit, Zorn und Gier. Dann erfährt er die Harmonie, die im Willen Gottes verborgen liegt, das Gleichgewicht des Kosmos, in dem es nicht gut oder böse, nicht oben oder unten, sondern nur die Erfahrung des Augenblickes gibt. Der Kosmos ist immer im Gleichgewicht. Wenn wir uns ihm anvertrauen können, was nichts anderes ist als sich dem Willen Gottes anvertrauen, dann kommen wir in Harmonie. Die Botschaft Jesu ist der Aufruf, sich dem Willen des Vaters zu überlassen und zu leben wie die Vögel des Himmels und die Lilien auf dem Feld, d. h., ins Reich Gottes einzutreten, indem wir werden wie die Kinder.

Dieses Reich Gottes ist nicht etwas, was am Ende der Zeiten erscheint. Es ist hier und jetzt, es ist in uns. Es ist das Göttliche, das sich in uns und durch uns ausdrückt. Wenn wir den Schritt aus der Paranoia in die Metanoia vollziehen, also aus der Illusion des Ich erwachen, aus diesem Traumzustand, wie ihn die Esoterik nennt, und in die Realität Gottes eintreten, indem wir Raum und Zeit transzendieren, kehrt Harmonie und Friede in uns ein. Die Wiederkunft ist nicht zeitlich zu verstehen als ein kommendes Ereignis. Sie ereignet sich, wenn wir Raum und Zeit, Ratio und Logik transzendieren können. In der Tiefe unseres Wesens gibt es eine Wirklichkeit, die außerhalb von Raum und Zeit liegt.

Wenn die Menschheit heute am Abgrund steht, so müssen wir erkennen, daß sich die Probleme nur durch ein neues Bewußtsein lösen lassen. Wir können es als Christen Christusbewußtsein nennen, aber auch Buddhabewußtsein, Krishnabewußtsein oder einfach Bewußtsein der Philosophia perennis. Die Lösung der Probleme findet also zunächst in uns statt, dann erst in unserer Umgebung. Das Destruktive in der Welt erwächst aus unserer Ichverbohrtheit. Wenn wir uns gegen das Reich Gottes in uns sträuben, sträuben wir uns gegen die Evolution der Menschheit und leisten diesem göttlichen Spiel Widerstand. In unserer Ichverbohrtheit wehren wir uns gegen unser wirkliches Glück. Durch unsere Metanoia aber – durch das Wachwerden des Christusbewußtseins in uns – können wir uns selbst und die Menschheit verwandeln.[24]

E. Umgang mit Gefühlen

Manch einer meint, die esoterischen Wege führen zu einem Gefühlsmangel. Im Laufe der Zeit würde man, was das Emotionale betrifft, zu einem Eisklumpen erstarren. Vor allem „Zenleute" seien so unnahbar. Es fehle ihnen an Wärme und Menschlichkeit. Wenn man den folgenden Vers von Angelus Silesius liest, könnte man das fast bestätigt finden: „Mensch, wo du noch was bist, was weißt, was liebst und haßt; so bist du, glaube mir, nicht ledig deiner Last". Gemeint ist hier aber etwas ganz anderes als stoische Verachtung von Gefühlen. Gemeint ist das Verhaftetsein und Besetztsein im Ichbereich.

Jeder Übungsweg ist in sich streng. Wenn der Mensch gesammelt nach innen schaut, dann mag es den Anschein haben, er sei abweisend und kalt. Demgegenüber aber sagt ein alter Zenmeister: „Je tiefer die Erleuchtung, um so größer das Mitleid".

1. Emotionen und Gefühle

Im Üben werden die Gefühle nicht verdrängt oder abgetötet, sondern sortiert und geläutert. Wer sich genau beobachtet, wird feststellen, daß es einen Unterschied gibt zwischen Emotionen und Gefühlen. Emotionen sind affektgeladene, tief verankerte Regungen, die zu vehementer Äußerung drängen. Gefühle sind eine feinere Regung in der Psyche und daher diesem starken Reagieren und Ausagieren nicht unterworfen. Emotionen verwickeln, wenn sie sich entladen, den Körper viel mehr als Gefühle. Sie besetzen uns und drängen zu unkontrolliertem Handeln. Sie sind es, die Karma verursachen, sagt Zen. Sie kommen ganz aus dem Ichbereich.

Emotionen gehören zur Grundstruktur unserer Psyche. Sie enthalten manchmal eine wichtige Botschaft des Unbewußten und dürfen deshalb nicht völlig vernachlässigt werden. Allerdings können sie einen Menschen auch schrecklich tyrannisieren. Bei manchen Therapien werden sie angestachelt und ihre Entladung als Heilungsweg benutzt. Auf dem inneren Übungsweg aber ist es entscheidend, diese Emotionen zu verwandeln, ohne die darunterliegenden Gefühle zu verdrängen.

2. Verwandlung von Emotionen

Roberto Assagioli und Viktor Frankl, Pioniere auf diesem Gebiet, bestätigen in ihren Werken, daß Emotionen verwandelt werden können. Wenn ein Mensch wirklich reifen und wachsen will, muß er so weit kommen, daß er seine alten, eingefahrenen Reaktionen auf entstehende Emotionen ändert. Er bleibt sonst gefangen in der immanenten Ebene und kann nicht vordringen in einen transpersonalen Raum.

Verwandlung von Emotionen darf aber keine Entschuldigung sein, um Störungen, die therapeutisch behandelt werden sollten, zu entfliehen. Es gibt Komplexe in der Psyche, die ich nur auf der zugehörigen Ebene lösen kann. Am Anfang mag es deshalb wichtig sein, seine Emotionen zuzulassen und auszudrücken. Dies kann

Erleichterung bringen, Einsichten und Wandel. Aber für jeden Menschen kommt der Zeitpunkt, wo er lernen muß, Emotionen zu haben, ohne von ihnen besetzt zu sein, und wo eine therapeutische Aufarbeitung nicht nur unnötig geworden, sondern für die Entfaltung der Persönlichkeit hinderlich ist.

Wenn man sich wütend fühlt, soll man wütend sein, aber man soll vollkommen wach wütend sein. Die Wut darf nicht unser Bewußtsein ersticken. Man hat sich seiner Wut bewußt zu sein. Dann wird sie sich auflösen, wegfallen. Man spürt im Laufe der Zeit, daß es dumm ist, seiner Wut ständig nachzulaufen und sie auszuagieren.

Die Wut wurde also nicht verdrängt, sie hat sich selbst aufgelöst. Das gleiche gilt vom Haß oder von der Gier. Man hat zu lernen, sie anzuschauen, wach zu sein, aber sich nicht besetzen oder gar ersticken zu lassen. Dann wird man frei und erkennt, daß all diese Emotionen nur Abläufe sind, die wie Wolken über die Psyche ziehen.

Die Kraft, die sonst für die Auseinandersetzung mit Emotionen verpulvert wurde, bleibt dem Menschen jetzt für seine eigentliche Aufgabe. Wir sind gewohnt, unsere Gefühle zu analysieren. Wir haben sie aber auch zu erleben, um sie uns dienstbar zu machen. Mit anderen Worten, Prüfstein für unser Üben ist unser Leben. Ich werde immer wieder gefragt, wo der Prüfstein zu finden ist für das, was man in den kontemplativen Weg investiert hat. Ein wichtiges Kriterium scheint mir die Fähigkeit zu sein, Emotionen in positive Kraft umzuwandeln.

3. Leitlinien

Die Tiefe des Gefühls hat offensichtlich eine entscheidende, verändernde Kraft. Wenn der Mensch bis in die Tiefen seiner Seele erbebt, fallen alte Strukturen zusammen, und Neues kann geboren werden. Gefühle tragen in sich die Kraft der Verwandlung.

Beim Sitzen werden viele Emotionen befreit. Emovere heißt im Lateinischen ‚hinausbewegen‘. Es ist mehr eine Explosion, die befreit, die altes Festgehaltenes, das uns einengt, sprengt. So bringt Sitzen einen Reinigungsprozeß mit sich. Gefühle dürfen aufkommen. Sie werden nicht durch die Alltagsbeschäftigung verdeckt. Aber wir dürfen nicht in der Identifikation mit ihnen hängen bleiben. Trauer, Angst, Freude, Aggression sind wichtige Kraftquellen im Leben des Menschen. Ihre Kraft entwickelt sich aber nicht im Ausagieren – das wird oft übersehen. Gefühle sollen wir zulassen, aber wir sollen uns nicht mit ihnen identifizieren. Ausagieren bedeutet meist Kraft verschleudern. Wir haben Angst vor der Erschütterung, darum wollen wir sie loswerden und schleudern sie hinaus. Wir sollen Gefühle zeigen. Aber Gefühle zeigen und Gefühle hinausschleudern ist etwas Grundverschiedenes.

„Wenn der Mönch ein angenehmes Gefühl erlebt, weiß er: Ich erlebe ein angenehmes Gefühl; wenn er ein schmerzliches Gefühl erlebt, weiß er: Ich erlebe ein schmerzliches Gefühl; wenn er ein angenehmes weltliches Gefühl erlebt, weiß er: Ich erlebe ein angenehmes weltliches Gefühl; wenn er ein angenehmes nicht-weltliches Gefühl erlebt, weiß er: Ich erlebe ein angenehmes nicht-weltliches Gefühl.

So verweilt er und übt die Kontemplation der Gefühle, innerer oder äußerer. Er verweilt in der Betrachtung der Ursprungsbedingungen der Gefühle.

So wird sein Bewußtsein dafür, daß es Gefühle gibt, in dem Maß entwickelt, das für Bewußtheit und Erkenntnis notwendig ist. Ungebunden verweilt er. Er hängt sich an nichts in der Welt."[25]

Wie wandelt man Emotionen in Gefühle?

1. Als erstes ist es wichtig, seine Emotionen zu erkennen, sie nicht zu verdrängen und auch nicht zu beschönigen.
2. Nicht werten ist ein weiterer Grundsatz.
3. Die Emotionen zur Kenntnis nehmen. Man soll sich eingestehen, daß man z. B. wütend ist.
4. Dann soll man entscheiden, ob es notwendig ist, zu agieren und zu reagieren, d. h. seine Gefühle auszudrücken oder nicht. Tiefes Atmen kann dabei helfen, ebenso Durchlassen, Entspannen, Zu-seiner-Übung-gehen.

Wer als erwachsener Mensch ständig dramatisch auf seine aufkommenden Emotionen reagiert, ist auf einer kindlichen Stufe stehengeblieben. Im Grunde sind sie ja nichts anderes als ein ständiges Reagieren auf ‚angenommen sein‘, ‚geliebt sein‘, ‚neidisch sein‘, ‚eifersüchtig sein‘, ‚übervorteilt sein‘ usw. Man testet sich selbst, wie weit man von den anderen geschätzt ist, kritisiert oder abgelehnt wird usw. Das ist ein fürchterliches Fegfeuer.

Der einzige Weg, wirklich herauszukommen, ist, genug Selbstwertgefühl zu entwickeln, das unabhängig macht vom Verhalten anderer. Aber Selbstwertgefühl kann man nicht machen. Es muß wachsen. Je mehr wir Zugang finden zu unserer tieferen Existenz, um so unabhängiger werden wir von den oberflächlichen Emotionsstürmen.

Wachsen in der Liebe

Was kann uns noch helfen, diese inneren Muster, in denen wir uns ständig verfangen, abzubauen? Es ist das Wachsen in der Liebe. Nicht die affektive Liebe ist gemeint, sondern jenes freie, alles bestimmende Wohlwollen zu allem und jedem, das nicht fragt nach Sympathie und Antipathie, nach Freund und Feind. Es ist das, was wir im Christentum Agape nennen, etwas, was man nicht machen kann. Es muß aufbrechen.

Mit jeder tieferen Erfahrung wächst das Wohlwollen zu allem, was existiert, und bleibt selbst dann, wenn andere uns negativ begegnen. Wenn es uns gelingt, in dieser Kommunion mit unserem tiefsten Wesen zu bleiben, werden wir nicht verunsichert und reagieren gelassen und ruhig. Selbst wenn wir dann zornig werden, ist es nicht jener besetzende Zorn, sondern der Zorn der Liebe, weil sich etwas gegen das Leben richtet.

Im Menschen kann eine Liebe wachsen, die wie ein alles verzehrendes Feuer ist. Liebe verwandelt negative Gefühle. Dann können auch Zorn und Strenge positiv sein. Diese Liebe wächst mit der Erfahrung, wie das schon erwähnte Zenwort sagt: „Je tiefer meine Erfahrung, desto größer meine Barmherzigkeit".

Dieser Liebe eignet eine doppelte Bewegung: Das Angezogenwerden von einer alles erfüllenden Präsenz und das Ausströmen dieser im Innern entfachten Liebe zu allem was existiert. Hinayana (= Buddhismus) spricht nicht oft von Liebe, aber es kennt sie genauso wie jeder andere esoterische Weg. Es spricht mehr von der Barmherzigkeit und vom Mitleiden mit allen Wesen, wie das folgende Sutra, genannt „Sutra von der liebenden Güte", zeigt:

„So soll der handeln, der das Heil erstrebt,
nachdem die Stille Stätte er erkannt:
Er sei energisch, aufrecht, unbeirrt,
doch sanft und ansprechbar und ohne Stolz.

Genügsam sei er und bescheiden,
nicht betriebsam, aber klug,
er zügle seine Sinne, habe leicht genug.

Den Wesen allen werde Glück und Frieden,
sie alle mögen glücklich sein!

Was immer es an Lebewesen gebe –
ob sie umherzieh'n mögen oder seßhaft seien,
klein, mittel oder hochgewachsen,
schwächlich, handfest oder stark,
vor Augen oder im Verborgenen,
hier in der Nähe oder fern daheim,
geboren oder erst noch im Entstehen –
die Wesen alle mögen glücklich sein!

Er sollte niemals einen andern schmähen
und niemanden, wo immer auch, verachten;
aus Ärger und aus feindlicher Gesinnung
soll niemand je nach Unheil wieder trachten.

Gleich einer Mutter, die den eignen Sohn,
den einzigen, beschützt mit ihrem Leben,
soll gegenüber allen Wesen er
den Geist von Schranken frei zu machen streben.

Zur ganzen Welt soll Güte er entfalten
und seinen Geist von Schranken ganz befreien,
nach oben, unten und auch in der Breite,
nicht eingeengt von Haß und Feindschaft, sondern rein.

Ob stehend, gehend, sitzend oder liegend
soll diese Geisteshaltung er erzeugen
und nie der Schlaffheit je erliegen.
Das nennt man ‚Göttliches Verweilen' in der Welt."

F. Die Höhle des Herzens

1. Die Höhle, ein Symbol für das Unbewußte

Die Höhle ist seit alters ein Symbol für das Unbewußte und auch Stätte für die Begegnung mit Gott. In den Upanishaden wird sie Guha genannt. Es ist das innere Heiligtum, der Ort, der dem Denken nicht zugänglich ist, die Wohnung des Göttlichen. Teresa hat diese Stätte die „innere Burg" genannt, Tauler „Grund", Eckehart „Seelenfunke". Es ist der Sitz oder das Symbol für den Sitz des Lebens, von dem alle Erscheinungsformen ausgehen.

Das Herz wird oft verglichen mit der Höhle. Yoga spricht auch vom Herzchakra. Es soll zuerst geöffnet werden, weil von dieser Mitte aus alle beängstigenden Erscheinungen am leichtesten gemeistert werden können. P. Lassalle hat seine Zen-Stätte in Japan „Shinmeikutsu" genannt, „Die Höhle des göttlichen Dunkels". Die Höhle ist ein Symbol für unser Inneres. Wer sich zurückzieht, wer versucht, seine Ego-Ebene zurückzunehmen, d. h., seine Konzepte, Bilder und Vorstellungen zurückzulassen, der geht gleichsam in die Höhle seines Herzens.

Auch die ersten Mönche gingen nicht nur in die Wüste, sie lebten oft in Grabhöhlen, wie z. B. der Hl. Antonius. Sie gingen in diese Höhlen, um dem Teufel seine letzten Schlupfwinkel zu entreißen. Es ist nicht leicht, jemanden zu verstehen, der sich in die Einsamkeit zurückzieht. Gegen alle rationalen Gründe führt den Menschen oft etwas Unsagbares ins Schweigen, in die Stille. Trotzdem kann ständig die Frage aufkommen: Warum bin ich statt auf diesen Schweigekurs nicht lieber in Urlaub gefahren? Warum verbringe ich hier die Zeit in der Einsamkeit und meditiere vor der Wand? Der Mensch folgt offensichtlich entgegen allen Zweifeln einem inneren Ruf. Da ist ein dunkler Glaube, eine intuitive Erfahrung, manchmal angefochten, manchmal unangefochten. Eine innere Stimme sagt einem, daß es so richtig ist.

Wer in die Einsamkeit geht, wer in die Höhle geht, begegnet den Dämonen. Von Antonius z. B. wird berichtet,[26] daß er während seines Aufenthalts in einer Grabhöhle von solchen Dämonen heimgesucht wurde. Eines Nachts kamen sehr viele zu ihm, um ihn zu quälen. Die Schläge, die sie ihm versetzten, waren so schlimm, daß er überzeugt war, das können keine menschlichen Wesen sein. Als sein Freund, der ihm immer Brot und Wasser brachte, am nächsten Tag kam, sah er ihn wie tot auf dem Boden liegen. Er brachte ihn in die Kirche des Dorfes. Viele seiner Verwandten und andere Leute, denen er geholfen hatte, kamen, um ihn zu betrauern. Aber um Mitternacht wachte Antonius auf, und als er alle schlafen sah und nur seinen Freund wachend, bat er ihn, ihm doch zu helfen und ihn zurückzubringen in die Grabeshöhle. Als er dort angekommen war, rief er den Dämonen zu: Hier bin ich wieder, Antonius. Ich laufe vor euren Schlägen nicht davon. Auch wenn ihr mir noch mehr gebt, nichts wird mich trennen von der Liebe Christi. Und er fing an zu singen; auch wenn eine ganze Armee gegen mich kämpft, mein Herz wird sich nicht fürchten.

Wir sollten vor den Dämonen keine Angst haben. Makarius, ein anderer Mönchsvater, wanderte eines Tages nach Terenuthin, einem Ort in der Skytis. Da der Weg weit war, verbrachte er die Nacht in einer Grabeshöhle, wahrscheinlich einer Art Pyramide mit Mumien. Er nahm einfach eine Mumie heraus und benützte sie als

Kopfkissen. Die Dämonen, die das sahen, ärgerten sich darüber, daß er so ganz ohne Furcht war. Sie holten noch einige Mumien dazu und begannen aus ihnen herauszurufen. Zu der Mumie, die Makarius als Kopfkissen benutzt hatte, riefen sie: „Du da drüben, komm', wir gehen schwimmen!" Makarius antworte: „Steh' doch auf, wenn du schwimmen kannst!" Er lag ja mit seinem Kopf auf dieser Mumie. Der Mönch Makarius war also weit davon entfernt, Angst zu haben. Als die Dämonen seine Unerschrockenheit sahen, ließen sie ihn in Ruhe.

Auch Jesus wurde in die Wüste geführt, um dort von den Dämonen versucht zu werden. Sicherlich war er dort längere Zeit. 40 Tage ist nur eine symbolische Zahl. Vielleicht lebte er jahrelang in der Einsamkeit. Wir wissen nichts von seinem Leben zwischen dem 12. und 30. Lebensjahr. Jesus wird auch in der Ostkirche oft in der Vorhölle dargestellt; „Abgestiegen zu der Hölle", heißt der Glaubenssatz. Der Weg in die Auferstehung führt durch das Grab, führt durch den Tod.

Auch in der Mythologie erfahren wir immer wieder, daß der Mensch in die Einsamkeit, in die Unterwelt gehen muß. So begegnete z. B. Odysseus in der Schattenwelt dem wegweisenden Seher Teiresias. Das Volk Israel wurde in die Wüste geführt, bevor es das gelobte Land betreten konnte. Der Einstieg in die Unterwelt wurde oft in weibliche Mythen symbolisiert und gefeiert, z. B. im Innana – Mythos aus dem 3. Jahrh. v. Chr. oder im Isis – Osiris – Mythos. Es sind weibliche Lebensfeiern des „Stirb und Werde". Tod wurde in diesen Riten nicht als Ende des Lebens aufgefaßt, sondern als verwandelnde Macht. So ist alles, was wir durchschreiten, eine Kraftquelle für unser Leben. Zu schnell meinen wir, daß wir in eine Depression gefallen seien, in eine psychische Krankheit. In Wirklichkeit ist es oft ein Wandlungs-, ein Transformationsprozeß, wenn wir nur durchhalten.

Es gibt ein apokryphes Wort über Jesus, das lautet: „Der Jesus Christus, der triumphierend über das Dunkel kommt, ist der Anti-Christ; der Jesus Christus, der durch das Dunkel hindurchkommt, der ist der wahre Christus". Wir müssen durch die Höhle hindurch in die Auferstehung, in das gelobte Land. Höhle, Einsamkeit sind nicht Bereiche außerhalb von uns. Sie sind in der Tiefe unserer Psyche zu finden. Es ist oft das, was wir unterdrückt haben, was sich nicht entfalten konnte oder durfte, was nicht integriert werden konnte, was wir das Schattenmaterial nennen. Es sind unsere Kindheitsverletzungen und schwere Erlebnisse aus unserem Lebensskript; die Alten nannten sie Dämonen, wir sagen heute dafür Depression.

Wer also einen inneren Weg geht, der kommt in die Höhle seines Herzens. Er kommt in die Wüste, in die dunkle Nacht, in die Isolation; denn er schließt sich ja von seinen Gedanken, Gefühlen, Entschlüssen und Vorstellungen ab. Manchmal ist die Anfechtung, die den einzelnen dort trifft, gar nicht konkret. Sie äußert sich vielleicht nur als Angst. Der Betreffende weiß nicht, wo die Angst herkommt, sie ist einfach da. Auf diese Weise vollzieht sich der Reinigungsprozeß. Er ist oft begleitet von Verwirrung, von Schmerz. Dieser Schmerz kann sich sogar somatisieren, also körperlich spürbar werden.

Ein bedeutender Mythologe, Josef Campbell, hat den Unterschied zwischen Schizophrenie und den Anfechtungen eines Menschen, der meditiert, folgendermaßen beschrieben: „Kontemplation ist eine absichtlich herbeigeführte Schizophrenie.

Man bricht von der Alltagswelt weg und fällt in sich hinein. Die Erscheinungen sind die gleichen wie in der Schizophrenie. Was ist dann der Unterschied? Der Unterschied ist einfach der wie zwischen einem Taucher, der schwimmen kann, und einem, der nicht schwimmen kann. Der Mystiker steigt in das Wasser hinein unter der Führung eines Meisters und stellt fest, er kann schwimmen, während der Schizophrene untergeht".[27]

Wir haben also durch unsere seelische Unterwelt zu gehen. Dort gibt es viel aufzuräumen und zu bereinigen. Es ist der Weg, der zur Ganzheit führt. Das, was so verwirrend erscheint, ist in Wirklichkeit ein Reinigungsprozeß. Wer durchhält im festen Glauben, daß er den Durchbruch schafft, wird als gewandelter Mensch herauskommen. Alles Schattenmaterial kann zur neuen Kraftquelle werden und führt letztlich in die Auferstehung, zur Ganzheit.

Es ist sehr wichtig, daß wir diesen unseren Platz im Leben annehmen. Er ist nämlich genau jener Ort, wo sich der Wandlungsprozeß vollziehen soll. Unser Weg ist nicht einfach Therapie im psychotherapeutischen Sinn, auch wenn er ein Reinigungs- und Ganzwerdungsprozeß ist. Wenn wir unsere Vorfahren in der Mystik fragen, dann sagen sie uns, daß es letztlich um das Loslassen des Ich geht, damit wir unser tiefes Wesen finden. Alles, auch das Erschreckende, muß zurückgelassen werden. Am Ende muß sogar die Kontrolle über das Ich losgelassen werden. Aber das bringt nur der fertig, der wirklich ein Ich hat. Menschen mit einem schwachen Ich tun sich sehr viel schwerer. Dieses Loslassen des Ich ist schlimmer als der physische Tod. Es ist relativ einfach zu sterben in der Hoffnung, daß ich drüben von Gott aufgefangen werde. Das Sterben in der Mystik ist jedoch ein Sterben, das nicht weiß, wie es drüben weitergeht. Ein Sterben, das keinerlei Hoffnung auf ein Jenseits übrigläßt. Es ist ein Sterben, das Jesus uns vorgelebt hat, als er sagte: „Vater, in Deine Hände empfehle ich meinen Geist". Da ist nicht der Wunsch nach einem Himmel, nicht die Hoffnung auf ein Geborgensein bei Gott; da ist nur Loslassen.

Dieses Loslassen hat etwas mit Demut zu tun. Man muß sich einfach dem Fluß des Lebens überlassen, auch dort, wo uns dieser Strom in die Tiefe zu ziehen droht. Das lateinische Wort für Demut ist humilitas. Es kommt ebenso wie das Wort humanitas aus der Wurzel humus, d. h. Erde, Schmutz, Dünger. Auch Humor hat übrigens diese Wurzel. Das sagt uns, daß wir manchmal mit einer gewissen inneren Heiterkeit, mit einem Lächeln auch unseren Dämonen begegnen sollten. Wir sollten uns selbst und die Dämonen nicht so ernst nehmen. Wir sollten unseren Humor behalten wie Makarius und uns in Demut dem Weg überlassen; denn Demut ist die Wahrheit über uns selber. Wir brauchen den Mut, in die Höhle unseres Herzens einzudringen, um in dieses unbekannte Land zu gehen. Es ist eine Reise, die zu anderen Ufern führt, zu Ufern, die wir nicht kennen. Aber gerade das Unbekannte suchen wir ja, das Nichtwissen, in dem die Fülle liegt, in dem wir Gott erfahren. Diese Fülle finden wir nicht auf ausgetretenen Pfaden.

Die Demut wird bei den Mönchsvätern immer wieder herausgestellt. Als Abba Makarius auf dem Heimweg war, mit einem Bündel Palmblättern unter dem Arm, begegnete ihm ein Dämon an der Straße. Der Dämon hatte eine Sichel in der Hand und drohte Makarius anzugreifen, aber er konnte nicht. Der Dämon rief aus: „Ich leide ungeheuer unter deinen Verletzungen, Makarius. Ich mache alles, was du machst. Wenn du fastest, dann esse ich überhaupt nicht, wenn du Nachtwache hältst, dann schlafe ich überhaupt nicht. Aber da ist eine Sache, in der du mich einfach übertriffst". Makarius fragte den Dämon: „Was ist das?". Der Dämon antwortete: „Es ist deine Demut. Weil du demütig bist, bin ich kraftlos".

2. Das Höhlengleichnis von Plato[28]

Plato legt die folgende Geschichte dem Sokrates in den Mund, der sie seinem Schüler Glaukon erzählt:

Menschen halten sich unter der Erde in einer höhlenartigen Behausung auf. Nach oben ins Tageslicht geht ein langer, aber nicht sichtbarer Ausgang. Diese Menschen sind von Kindheit an am ganzen Körper so gefesselt, daß sie sich nicht umdrehen können. Da sie immer in der gleichen Stellung verharren müssen, können sie nur die vor ihnen liegende Felswand anschauen.

Ein Lichtschein fällt gegen diese Felswand, hervorgerufen durch ein Feuer, das hinter dem Rücken der Gefesselten brennt. Zwischen ihnen und dem Feuer verläuft ein Weg entlang einer niedrigen Mauer. Von allem, was vorbeigeht, kann man folglich nur die Schatten, und die nur zur oberen Hälfte sehen.

Diesem Mäuerchen entlang laufen nun Menschen, die alles mögliche auf ihrem Kopf tragen, Bildwerke, Gebrauchsgegenstände und mannigfaltige Dinge für den Alltag.

Plato meint, daß diese Gefangenen ganz uns Menschen gleichen. Sie sind in sich selbst gefangen, sie bekommen nie etwas anderes zu sehen als Schatten, die vom Feuerschein auf die Höhlenwand geworfen werden.

Was sie sehen, regt sie zur Unterhaltung an. Sie unterhalten sich also über diese Schatten, als wären sie das eigentlich Seiende. Wenn einer von den hinter ihnen Vorbeiziehenden sprechen würde, dann würden sie annehmen, die Schatten könnten sprechen, und all die Gerätschaften, die sie auf dem Kopf tragen, würden sie nur in ihrer Schattendimension begreifen können. So ist unser Ichbewußtsein.

Plato fragt nun: Was wäre, wenn einer der Gefangenen sich befreien könnte? Er würde sich umdrehen und in den Feuerschein blicken, aber das würde ihn zunächst eher verwirren als ihm tiefere Erkenntnisse vermitteln. Seine Augen würden schmerzen, er würde sich abwenden. Er würde vielleicht sogar annehmen, daß die Schatten klarer sind als das, was er jetzt rückwärtsblickend sehen kann.

Wenn es aber einer dann doch schaffen würde, den holprigen, steilen Aufgang der Höhle zu besteigen, käme er ans Licht der Sonne und wäre wiederum voller Empörung, geblendet von diesem Lichtglanz. Er wäre nicht imstande, auch nur das Geringste zu sehen, jedenfalls nicht sofort.

Plato meint, daß es eine Gewöhnung braucht. Man muß sich an das Licht der Sonne gewöhnen. Der mutige Aussteiger würde lieber erst bei Nacht spazieren gehen, weil das Licht des Mondes nicht so grell ist. Später aber könnte er alles sehen und unter Umständen auf die Sonne selber blicken und nicht auf ihren Widerschein im Wasser und in den Dingen.

Plato fragt nun, was wohl wäre, wenn einer von denen, die hinaufgestiegen sind, nun wieder hinuntersteigen würde, um denen unten zu berichten, wie die Wirklichkeit aussieht. Der Betreffende würde sich der Lächerlichkeit preisgeben. Die unten würden ihn einfach nicht verstehen. Sie würden ihm sagen: „Das hast du davon, du hast deine Augen verdorben. Es lohnt sich wahrhaftig nicht hinaufzugehen". Und wenn sie ihre Fesseln lösen könnten, würden sie ihn eher töten als ihm glauben.

In seiner Auslegung erkennt Plato sehr deutlich, daß der Mensch der Wirklichkeit und der Wahrheit nicht ohne weiteres gewachsen ist. Wenn er ihr begegnet, ist er zunächst eher verwirrt.

Das Eingewöhnen geschieht in einem langwierigen Transformationsprozeß. Wir nennen ihn in der Mystik den Weg der aktiven und der passiven Reinigung. Der Weg der passiven Reinigung kann sehr schmerzhaft sein, schlimmer als das Schauen in ein helles Licht, in die Feuerflamme, die unsere Augen verletzt. Es muß sich eine Wandlung im Grunde der Persönlichkeit vollziehen. Das meint Plato mit dem Wort „paideia". Unsere übliche Übersetzung mit „Bildung" hat heute eine viel zu intellektuelle Note. Paideia bedeutet ursprünglich eine Umwendung des ganzen Menschen zu seinem tiefsten Wesen. Daraus wächst dann eine Erkenntnis, die aus der Erfahrung stammt und nicht aus der intellektuellen Überlegung. Echte Bildung verwandelt das Innerste des Menschen, indem sie den Menschen in seine Mitte führt, in sein eigentliches Sein, aus dem heraus er dann handelt.

Der Weg setzt also einen Transformationsprozeß voraus. Freiwerden allein reicht nicht aus. Es genügt nicht, daß wir unsere Fesseln lösen, denn das könnte genauso gut zur Zügellosigkeit führen. Zügellosigkeit und Ungebundenheit sind der Freiheit radikal entgegengesetzt. Die Bindung, die vorher eine äußere war, eingespannt in Pflöcke, wird in der recht verstandenen Freiheit zu einer Bindung, die ihre Normen aus dem tiefsten Wesen erhält. Mir scheint, daß sich die Menschheit langsam aus diesen Pflöcken befreit und vielleicht auch eines Tages Religion wieder akzeptabel wird.

Bis in die jüngste Zeit hinein mußte Glaube – wollte er nicht als Aberglaube gebrandmarkt werden – auf Wissen beruhen. Die Theologie war stolz darauf, als Wissenschaft anerkannt zu werden. Zwar hat sie hinter alle unsere Glaubenssätze geschrieben, daß Gott der ganz andere ist, aber praktisch hat sie die Menschen doch mehr oder weniger gezwungen, nichts anderes glauben zu dürfen.

Nun hat sich aber durch die Atomphysik und die Formulierungen der Quantenmechanik eine tiefgreifende Revolution in unserem naturwissenschaftlichen Denken vollzogen. Physik und Transzendenz sind einander nähergerückt. Das ist zwar noch kaum ins öffentliche Bewußtsein gedrungen, auch noch nicht ins Bewußtsein der meisten Theologen – bei ihnen dominiert noch das alte kartesianisch-newtonsche Weltbild, das mechanistisch-positivistisch ausgerichtet ist –, aber die Vorreiter des neuen Weltbildes Max Planck, Albert Einstein, Niels Bohr, Pascual Jordan, Friedrich von Weizäcker und Werner Heisenberg lassen keinen Zweifel aufkommen, daß Religion – vor allem die mystische Erfahrung – und Naturwissenschaft aufeinander zugehen. Sie bekämpfen sich nicht mehr gegenseitig, sondern sehen sich in einem komplementären Verhältnis. Beide sind für uns Menschen notwendig, auch für die Kirchen und Theologen.

Transzendenz ist nicht objektiv faßbar. Die Sprache ist immer nur Symbol und Gleichnis für das Unfaßbare. Unsere Sinne und unser Verstand werfen ständig über die Wirklichkeit einen Raster, der diese einengt und verfälscht. Arthur Eddington hat das mit einem Bild ausgedrückt: Die physikalische Welt gleicht Wellen, die das darunterliegende Meer der Transzendenz symbolisieren.[29]

Unser Denken muß die Welt auseinandernehmen. Aber dann ist sie nicht mehr die ganze Welt. Der Zuschauer ist nämlich immer auch Akteur. Er kann sich nicht hinauskatapultieren, um von einem Punkt außerhalb dieser Welt zu messen und zu urteilen. Bohm sagt einmal, daß die Wirklichkeit mehr einem Fluß gleicht, der nicht direkt greifbar ist; nur bestimmte Wellen und Strudel, die eine relative Unabhängigkeit und Stabilität zeigen, sind für unser Denken erfaßbar.

Auch die Naturwissenschaft ist also an die Grenze des nicht mehr Objektivierbaren gelangt. Mathematische Formeln haben aufgehört, die Natur zu erklären. Sie stießen vielmehr an eine Wirklichkeit, für die sie nicht mehr zuständig sind. Wie die Theologen stehen die Naturwissenschaftler mit ihren intellektuellen Begriffen vor dem Unfaßbaren.

Wir erkennen heute also mehr denn je, daß wir in Platos Höhle sitzen und auf Schatten an der Wand starren, die wir für die Wirklichkeit halten. Vielleicht werden unsere Glieder und unsere Köpfe endlich aus den Pflöcken gelöst. Aber wahrscheinlich werden wir dann von dieser Wirklichkeit, die wir sehen, genauso verwirrt sein wie die Menschen in Platos Höhle, wenn sie zurückschauen ins Feuer oder wenn sie nach oben steigen in das Sonnenlicht.

G. Der Schatten

1. Die Bedeutung des Schattens

Schatten, Teufel, Ungeheuer – wir haben viele Namen für diesen psychischen Komplex, den wir bei allen Menschen finden, sogar bei Jesus. Wir brauchen nur die Versuchungsgeschichte zu lesen. Auch Jesus mußte seinen Schatten integrieren.

Der Schatten ist nicht nur eine Frage für die Psychologie, sondern ebensosehr für die Religion. Jeder, der den Weg der Kontemplation geht, wird mit seinem Schatten konfrontiert. Sehr deutlich zeigt das die Lebensgeschichte des Heiligen Antonius in der Wüste. Wenn wir das Bild von Matthias Grünewald „Die Versuchung des hl. Antonius" betrachten, sehen wir, wie hinter den zahlreichen Mythen von Dämonen und bösen Geistern die Erfahrungswirklichkeit der Menschheit steht. Sie versetzten die Menschen aller Zeiten und Zonen in Schrecken. Und es scheint, daß uns unser Schatten in Gestalt von Teufeln und Dämonen noch einmal in der Stunde des Todes begegnet, wenn wir uns zu Lebzeiten nicht mit ihm ausgesöhnt haben.

Der Schatten ist die uns abgewandte Seite unseres Bewußtseins. Darum tun wir uns so schwer, ihn zu sehen, und wenn er auftaucht, als zu uns gehörig zu erkennen und zu akzeptieren. Die Aussöhnung mit diesem unserem Partner und Gegenspieler bleibt eine der wichtigsten Aufgaben unseres Lebens, ja sie ist die Voraussetzung für unseren Wachstums- und Ganzwerdungsprozeß. Darüber sind sich die Weisheitslehren des Ostens und Westens und die zeitgenössische Psychologie einig. Schatten ist der eine Pol unserer Persönlichkeit.

In den auftauchenden schrecklichen Bildern, Fratzen, Tieren, Dämonen und Ungeheuern begegnen wir unseren inneren Ungeheuern. Wir begegnen all dem, was wir an uns nicht akzeptieren können. Es reicht aber nicht aus, daß wir unseren Schatten nur akzeptieren, wir haben ihn auch zu bejahen. Vom Negieren zum Bejahen ist ein schwerer Schritt.

2. Die Projektion nach außen

Zunächst einmal sind wir geneigt, den Schatten nach außen zu projizieren: auf das andere Geschlecht, die andere Rasse, die andere Kultur, die andere Religion, auf Juden, Heiden, Nazis, Ausländer. Damit „verteufeln" wir in anderen, was wir eigentlich als unseren Teil erkennen sollten.

Leider ist eine solche „Verteufelung" auch auf der religiösen Ebene möglich. Dann wird der Unterschied zwischen Materie und Geist, zwischen Körper und Geist, zwischen Mensch und Gott zur unüberbrückbaren Kluft. Körper, Sexualität, Freude an der Natur und am Leben werden als minderwertig abgestempelt. Damit beginnt religiöser Fanatismus. Er entsteht immer dann in einer Religion, wenn die Liebe fehlt. Glaube ohne Liebe, Glaube, der seinen eigenen Schatten nicht sehen kann, wird zum Fanatismus. Wir brauchen nicht weit zu gehen, um das zu erkennen. Denken wir nur an unseren eigenen Umgang mit Geschiedenen, mit verheirateten Priestern, aber auch an die falschen Vorbilder der Perfektion, die uns in der religiösen Erziehung als Ideal vor Augen geführt worden sind. Viele Christen leiden unter dieser unbarmherzigen Aufspaltung von Gut und Böse. Es scheint heute mehr Menschen als je zu geben, die mit einem ekklesiogenen Komplex herumlaufen. Natürlich gibt es auch Fanatismus in die andere Richtung. Manche verteufeln das Geistige, Spirituelle und Göttliche. Ohne daß wir Freundschaft mit unserem Schatten schließen, gibt es kein Wachstum.

C. G. Jung sagt, daß die Projektion nach außen die Umwelt in das eigene unbekannte Gesicht verwandelt.[30] Dann sind immer die anderen die Schlechten und Bösen. Die erste Aufgabe besteht also darin, daß wir diese Projektionen zurücknehmen und das Schlechte und Böse in uns selber erkennen, sonst wird es seine destruktive Wirkung nicht verlieren. Zurücknahme der Projektion ist nach C. G. Jung nichts anderes als das Erwachen der Einsicht, daß so manche unserer Urteile und Annahmen über andere nicht auf sie, sondern auf uns selber zutreffen. Wir haben also das fast Unmögliche zu vollbringen: gleichsam um die Ecke zu schauen, um das Böse, das wir außen und am anderen sehen, in uns selber zu erkennen. Denn wenn in uns nichts dem Schatten draußen entsprechen würde, wären wir nicht anfällig für seine destruktive Wirkung. Solange wir uns nicht durchschauen, leugnen wir die Verhaltensweisen, die wir an anderen kritisieren, in unserer eigenen Psyche.

Das gilt auch auf der religiösen Ebene. Die angebliche Sicherheit der Institution, auf der Seite der Wahrheit zu stehen und bestimmte Aktivitäten und Meinungen anderer verurteilen zu dürfen, ist auch heute Quelle großen Leides. Heute wird zwar niemand mehr verbrannt, aber die psychische Qual, die vielen Menschen anderer Überzeugung bereitet wird, ist nicht weniger schlimm. Die Institutionen tun sich offensichtlich noch schwerer, ihren Schatten zu erkennen, als der einzelne Mensch.

Wir fragen am besten unsere Träume, wie sich der Schatten in uns symbolisiert. Im Tibetischen Totenbuch lernen wir Beispiele kennen, wie sich der Schatten in Fratzen, abscheulichen Tieren und Dämonen zeigen kann. Ein typisches Merkmal ist, daß sie uns Angst machen. Wir fühlen eine starke Bedrohung. Wir laufen im Traum davon. Genau das Gegenteil aber sollten wir tun: wir sollten uns umdrehen und hinschauen und ein Gespräch mit der Schattenfigur beginnen.

3. Schauen hinter die Maske

Der Schatten enthält auch Anteile, die wir im Alltag positiv bewerten. Keiner von uns kann all seine Begabungen und Wünsche ausleben. Vieles fällt ins Unbewußte, Schattenhafte. Mancher hat z. B. Schwierigkeiten, seine positiven Züge zu sehen und zu akzeptieren. Er hält es vielleicht für unmöglich, Freundlichkeit und Wohlwollen zu zeigen, und möchte solche „Anwandlungen" nicht wahrhaben. Es gibt auch positive Eigenschaften, die wir für unannehmbar halten. Wir haben das ebenfalls zu erkennen und zu integrieren.

Nicht der Schatten selber treibt in unserem Unbewußten sein Unwesen, sondern die Tatsache, daß wir ihn nicht erkennen und er daher im Dunkeln unserer Psyche sein Eigenleben führen kann. Die Psychologie nennt das Abspaltung bestimmter Elemente. Sie erscheinen uns dann als nicht zu uns gehörende Teile, als Dämonen, Fratzen, schwarze Hunde oder auch einfach als bedrohende unförmige Masse, die uns verschlingen möchte. Wir haben herauszubekommen, was sich hinter dieser Maskerade versteckt. Das ist eine nicht leichte Arbeit, da wir doch seit unserer Kindheit solche bedrohlichen Elemente unserer Psyche leugnen mußten.

4. Das Ja zum Schatten

Je mehr wir uns gegen diese „Dämonen" wehren, um so schlimmer ist es. Je mehr wir diese Schattenbilder verdrängen, um so mehr geben wir ihnen Gewalt über uns. Obwohl wir diese Schattenseiten vor allem auch vor den anderen verstecken möchten, gelingt uns das nur selten. Ein guter Freund kann da unser bester Helfer sein. Er hat einen klareren Blick für unsere Verdrängungen als wir selbst und kann die Mechanismen aufdecken.

Wir selber können uns am besten auf die Schliche unseres Schattens kommen, wenn wir uns fragen: Was möchte ich vor den anderen verstecken? Uns das einzugestehen fordert eine Tugend, von der wir heute nicht mehr viel reden: Demut. Unser Selbstbild schrumpft nämlich dann unter Umständen zusammen wie ein Schneemann in der Sonne.

Im Grunde geht es in der Schattenarbeit nur um das Erkennen und Annehmen. Es ist sehr wichtig zu wissen, daß wir die Schattenseiten nicht unbedingt ausleben brauchen. Es genügt, sie zuzugeben und zu akzeptieren, was nicht heißt, ihnen nachzugeben. Oft freilich müssen wir diesen Tendenzen mit einem klaren Nein Grenzen setzen.

Allerdings ist es nicht leicht, die Mitte zwischen Zulassen und Ausleben auf der einen Seite und der Eingrenzung oder dem Nein auf der anderen Seite zu finden. Denn mit einem absoluten Nein blockieren wir den Fluß der Lebensenergie. Wilhelm Reich hat das sehr deutlich herausgehoben. Wir bauen mit diesem Nein eine Art Gefängnis, gegen dessen Mauern wir dann ständig Sturm laufen. Er spricht vom Charakterpanzer, der uns einengt und an der Entfaltung unserer Persönlichkeit hindert. Die Mitte zwischen Ja und Nein zu finden, ist eine nicht leichte Aufgabe, aber für unsere Persönlichkeitsreife unbedingt erforderlich.

5. Koexistenz von Schatten und Bewußtsein

Wenn wir uns an das Tibetische Totenbuch erinnern, wissen wir um den Kampf zwischen den schrecklichen und freundlichen Gottheiten. Die Aufgabe des Sterbenden besteht demnach darin, zur Aussöhnung mit beiden zu kommen, d. h., an beiden vorüberzugehen, weil ein Gefangenbleiben in ihrem Bannkreis Wiedergeburt verursacht.

Viele Menschen erfahren in ihren Träumen diese Auseinandersetzung. Manche erleben einen endlosen Konflikt zwischen Personen, ja oft ist es die gleiche Person, der wir im Traum mit Liebe und Ablehnung begegnen. Es sind die gegensätzlichen Kräfte und Tendenzen, die zur Koexistenz kommen müssen, wenn Friede in uns einkehren soll.

Manche Psychologen meinen, man müsse sich mit diesen Schattenfiguren anfreunden oder wenigstens zur Harmonie mit ihnen kommen. Manche neigen dazu, es bei einer Koexistenz zu belassen.[31] Der Schatten ist einfach jene andere Seite, die unsere positive Seite stabilisiert, weil wir ständig wachsam sein müssen gegen einen ebenbürtigen Gegner. Einen solchen muß man gut kennen, wenn man das Ringen mit ihm nicht verlieren will. Man muß seine Finessen und Tricks verstehen, wenn man ihm nicht ständig unterliegen will.

6. Wie kommt es zum Schatten?

Metzner gibt in seinem Artikel drei Ebenen an, auf denen der Schatten entstanden ist: die entwicklungspsychologische, die evolutionäre und die theologisch-mythologische.

– Die entwicklungspsychologische Grundlage:

Die Konflikterfahrung kommt wenigstens teilweise aus unserer Kindheit, aus dem Wettstreit zwischen Geschwistern um Zuwendung von seiten der Eltern und Erwachsenen. Sie wird oft auch im Erwachsenenalter beibehalten und kommt als Rivalität und Eifersucht in der Partnerschaft und im Beruf wieder zum Vorschein. Die Auseinandersetzung zwischen Geschwistern ist in der Literatur reichlich bekannt (Kain – Abel; Jakob – Esau; Aschenbrödel und ihre Schwester). Wir haben zu akzeptieren, daß sowohl die gute wie der böse Bruder, die gute wie die böse Schwester Symbole sind für Prozesse, die in unserem eigenen Innern ablaufen. Der englische Schüler Jakob Böhmes, William Law, sagte: „Es gibt einen einzigen Feind, der dich in der Hand hat, eine einzige Gefangenschaft, aus der du errettet werden willst, und das ist die Macht deines eigenen irdischen Selbst (Ich). Dieses Selbst (Ich) ist der Mörder des göttlichen Lebens in dir. Es ist dein eigener Kain, der deinen eigenen Abel mordet".[32]

– Die evolutionäre Grundlage:

Metzner meint damit die langen Kämpfe zwischen Stämmen und Gesellschaften, zwischen Besitzenden und Nichtbesitzenden. Dieser Kampf dauert an, und es ist fraglich, ob die Menschheit fähig ist, ihn in den nächsten Jahrhunderten in friedliche Koexistenz umzuwandeln.

– Die theologisch-mythologische Ebene:

In der Kosmogenese, in der Entstehung der Welt, spielen Streit und Zank eine wichtige Rolle. In der Religion Zoroasters im alten Persien steht der Kampf zwischen Licht und Dunkel in der Mitte der Religion. Es ist der Mythos vom langen Kampf zwischen Ahura Masda, dem Schöpfer des Lichtes, und Ahriman, dem Fürsten der Finsternis. Der Kampf zwischen Ahura Masda und Ahriman endet damit, daß sie sich in ihrer Herrschaft über die Erde als Tag und Nacht abwechseln. Dahinter steht die Vorstellung eines Dualismus, der offensichtlich mit allen Erscheinungsformen gegeben ist.

Wir z. B. haben die Dualität von männlich und weiblich. Jeder Western-Film zeigt die Dualität zwischen dem Rechtschaffenen und dem Gangster. Diese beiden sind gleichzeitig auch Typen unserer Psyche; denn das wachende Überich spielt sich ständig als Richter über das zu bestrafende Opfer auf. Der Osten kennt die Dualität von Yin und Yang. Aber wie wir im Zeichen Yin und Yang schon erkennen, schmiegen sich beide ineinander zu einer Einheit.

In den theistischen Religionen neigen wir dazu, viel schärfer zwischen Gut und Böse zu trennen, zwischen Engel und Teufel, Himmel und Hölle. Die beiden Pole stehen sich unversöhnlich gegenüber. Himmel und Hölle schließen sich aus. Wir haben das Böse aus Gott eliminiert. Im Osten dagegen ist die letzte Wirklichkeit gut und böse.

Ständig wurde uns ein unerreichbares, perfektes Heiligenleben als Vorbild hingestellt. Das hat viel zur Frustration in der Persönlichkeitsbildung beigetragen. Der Mensch muß auch nicht perfekt sein. Es geht vielmehr um seine Ganzwerdung.

Wenn es uns nicht gelingt, diese Dualität, die offensichtlich zur Schöpfungsstruktur gehört, in uns zu harmonisieren, bleiben wir den zerstörerischen Kräften des Kampfes ausgesetzt. Damit Transformation stattfinden kann, müssen wir weise Richter über uns selber werden. Inquisitor und Angeklagter, Richter und Henker wohnen in uns.

Die inneren Dämonen

Die Dämonen im Tibetischen Totenbuch sind Personifizierung böser und guter Kräfte. Wir projizieren sie zunächst nach außen. Das wird im Sterbevorgang nicht anders sein. Oft scheint diese innere Turbulenz nicht mehr steuerbar, so daß wir uns als Plattform von Kräften erleben, die sich in uns bekämpfen. Im Tibetischen Totenbuch werden sie Asuras und Devas genannt. Wir sollen beim Vorlesen des Buches in der Stunde des Todes erkennen, daß es unsere eigenen Gefühle, Gedanken, Ängste und Vorstellungen sind, die solche Strukturen entstehen lassen. Wir haben uns hier und jetzt damit auseinanderzusetzen, dann lassen sie uns vielleicht in der Stunde unseres Sterbens, wenn das Überich sich noch einmal kräftig aufspielt, in Ruhe.[33]

H. Depression oder Transformationsprozeß?

1. Bestimmung des Menschen

Der Mensch ist entwicklungsmäßig noch ein Kind. Er hat kaum Vorstellungen von seinen wahren Möglichkeiten. Der Grund dafür liegt in seiner tiefen Verwurzelung auf der Ebene des Ichbewußtseins. Seine wahre Identität bleibt in der Tiefe verborgen und trifft, wenn sie sich entwickeln will, auf den massiven Widerstand des Ichbewußtseins.

Wir tragen einen göttlichen Keim in uns, der durch alle Verkrustungen des Materiellen hindurchwachsen und sich offenbaren will. Der Mensch steht in einem kontinuierlichen Prozeß der Befreiung aus einem eingrenzenden Ich. Seine fieberhafte Suche nach Sinn ist nichts anderes als jene heimliche Evolutionskraft des Göttlichen. Lange will der Mensch nicht wahrhaben, daß der Sinn in seinen tieferen Bewußtseinsschichten zu finden ist und daß wirklicher Friede nur in der verborgenen spirituellen Ordnung des Seins beheimatet ist.

Unsere Ratio ist ein Instrument unseres Bewußtseins, nicht mehr und nicht weniger; ein Instrument ähnlich unseren Sinnen. Sie soll uns den Weg zurück zu unserem Ursprung, zurück zu unserer Göttlichkeit zeigen. Nicht als ob wir nicht immer aus Gott und in Gott wären. Aber unsere Misere ist, daß wir nicht wissen, wer wir wirklich sind. Die Ratio soll uns auf den Weg zu dieser Erkenntnis helfen, sie soll uns durch die verschiedenen Bewußtseinsstufen hindurchführen, bis wir unsere Göttlichkeit erkennen. Diese ist immer da. Wir brauchen sie eigentlich gar nicht zu suchen. Es gilt nur, den Schutt wegzuräumen, unter dem sie verborgen liegt. Alles ist bereits angelegt in uns. Wir brauchen nicht draußen zu suchen.

Ein Gedicht von Kabir drückt das wunderbar aus:

> „Ich lache, wenn ich höre,
> daß den Fisch dürstet im Wasser:
> Du siehst nicht,
> daß zu Hause die Wirklichkeit ist,
> und du wanderst von Wald zu Wald
> – lustlos!
> Hier ist die Wahrheit!
> Gehe hin, wo immer du willst,
> nach Benares oder Mathura –
> wenn du die eigene Seele nicht findest,
> bleibt dir die Welt unwirklich".[34]

Um ein anderes Bild zu gebrauchen: Das volle Menschentum, zu dem wir heran-reifen sollen, liegt wie ein Samenkorn in unserem Innern. Wenn wir eine Eichel neh-men, dann enthält sie bereits die Charakteristika des Eichbaumes. Sie entfaltet ihre Dynamik aber erst, wenn sie der Dunkelheit, Feuchtigkeit und Beschwernis des Bodens ausgesetzt wird. Dann arbeitet sie sich ans Licht.

Entwicklung scheint immer mit Widerstand verbunden zu sein. Die Widerstände, auf die unser wahres Wesen bei seiner Entfaltung stößt, zeigen sich oft als Depres-sionen. Diese haben im Entwicklungsprozeß des Menschen also eine wichtige Funktion. Was wir zu leicht als Hindernis und vielleicht sogar als Krankheit abtun, ist unsere große Chance zum Reifen.

2. Widerstände unseres Ich

Unser Leben gleicht einem Koordinatensystem. Die waagrechte Linie zieht uns zu materiellen Zielen, die senkrechte zu spirituellen. Nun hat die waagrechte Koordi-nate die fatale Eigenschaft, daß sie immer nach mehr drängt. Je mehr der Mensch besitzt, um so mehr meint er zu brauchen. Er ist ein Gefangener seiner Gewohnhei-ten, Ängste, Ambitionen und Begierden. Er beginnt, seinen Besitz um jeden Preis zu verteidigen. Er schafft, plant und strebt danach, innerhalb dieser engen Grenzen Glück und Sicherheit zu erlangen, vergißt aber, daß die Umwelt nur helfen soll, ihn auf dem spirituellen Weg zu begleiten, nicht aber, ihm den Sinn seines Lebens zu deuten. Schlimm ist, daß ihm die Mauern seines Ichgefängnisses oft die Sicht blockieren und ihn unfähig machen, einen herausführenden Gedanken zu fassen.

Wir durchlaufen also in unserem Leben einen Prozeß, der uns aus der Umklamme-rung des Physisch – Psychisch – Materiellen befreien soll. Wohl dem Menschen, der das erkennt! Alle Leiden sollen uns nämlich nur zu einem schnelleren Erkennen ver-helfen. Sie sollen uns lösen aus der Ichverhaftung. Leben ist eine Art Hindernisren-nen, bei dem die Hürden genau auf den einzelnen zugeschnitten sind, auch wenn er das nicht einsehen will. An den Widerständen soll er reifen, an dem, was das Chri-stentum „Wille Gottes" und die östlichen Religionen „kosmisches Gesetz" nennen.

Der Mensch ist stolz darauf, daß er einen freien Willen hat, und ist empört, wenn ihm einer diese „Freiheit" nehmen will. In Wirklichkeit aber ist er Sklave seiner Gedanken, Ängste, Emotionen und Begierden. Dieses kleine Ich reagiert heftig und begehrt auf, wenn ihm seine dominierende Rolle genommen werden soll. Es möchte in dieser grobstofflichen Welt der Formen und der Entbehrungen bleiben, obwohl diese ihm Leid über Leid zufügt. Und so taumelt der Mensch auf der Suche nach dau-erhaftem Glück von einer vorläufigen Befriedigung in die nächste. Er verfällt dem fundamentalen Irrtum, für irgendein Bedürfnis dauernde Erfüllung finden zu kön-nen. Mit anderen Worten ausgedrückt: Emotionale Bindungen, Begierden und Ängste halten uns besetzt. Die Schuld, warum wir das Glück nicht erreichen, schie-ben wir dann leicht den Umständen, dem Schicksal oder anderen Menschen zu.

Die Esoterik spricht hier schlicht und einfach von Dummheit. Der Mensch läßt sich ständig an der Nase herumführen. Manche erkennen das und suchen einen Aus-weg. Sie raffen sich auf und steigen aus der Höhle und ihren Schattenbildern hinauf ins Sonnenlicht, wie Plato es in seinem Höhlengleichnis geschildert hat. Aber das geht nicht ohne Widerstand. Der Konflikt gehört zu dieser Entwicklung wie die verkrustete Erde zur Entfaltung des Samenkorns. Daran haben wir zu reifen und zu wachsen.

Ganz deutlich muß hier aber gesagt werden, daß auch die materielle und psychische Ebene zu unserem Menschsein gehören, Teil des Ganzen sind. Wir dürfen sie nicht verachten, sondern haben sie als zu uns gehörig zu erfahren, ohne davon ständig irritiert zu werden.

3. Sinn des Leides

In diesem Entwicklungsprozeß des Menschen hat das Leid eine wichtige Funktion. Im Leid bedrängt uns das Göttliche, unsere Verhaftung endlich aufzugeben. Das Leid, sagt Eckehart, ist das schnellste Pferd zu Gott. Wir brauchen offensichtlich die ständige Frustration, um uns auf den Weg zu machen.

Unser Ich gibt den Kampf um die Selbsterhaltung – besser Icherhaltung – nicht leicht auf. Dieser Konflikt verläuft für manchen dramatisch und quälend. Wir sind so verstrickt in die dreifache Ebene des Physis, der Psyche und der Ratio, daß wir uns schwertun, unser Leben als eine heilige Pilgerreise zu begreifen, auf die wir gesetzt worden sind, damit wir zu unserer letzten Bestimmung heranreifen. Der Sinn dieser unserer jetzigen Existenz ist es, zu wachsen und zu reifen. Wir haben zu lernen, zwischen Illusion und Wirklichkeit zu unterscheiden. Die Esoterik drückt das aus mit dem Wort ,Erwachen'. Wir haben zu unserem tiefsten Wesen zu erwachen.

Verwirrung, Schmerzen, Angst vor dem Wahnsinn, Hoffnungslosigkeit sind der Preis, der für die spirituelle Entfaltung zu entrichten ist. Wohl dem Menschen, der dann einen Begleiter findet, der ihn nicht gleich in die Psychiatrie einweisen will, sondern seine spirituelle Depression von einer gewöhnlichen Enttäuschung des Ich unterscheiden kann! Diese Phase der spirituellen Entwicklung kann auch von psychosomatischen Beschwerden begleitet sein – Kopfweh, Magenschmerzen, Erschöpfungszustände, Gliederschmerzen, um nur ein paar Symptome zu nennen.

Fast alle Mystiker haben auf einer bestimmten Stufe ihrer Entwicklung ähnliche Zustände erlebt, wie etwa Johannes vom Kreuz, der dieses Phänomen in seinem Buch „Die Dunkle Nacht" ausführlich beschreibt. Eine große Schwierigkeit besteht darin, daß der Prozeß nur sehr langsam verläuft und niemand voraussagen kann, wann er beginnen oder enden wird. Spirituelle Depressionen gehören zur Struktur der Entwicklung zu einer reifen Persönlichkeit – im Gegensatz zu anderen Depressionen, die durch ein enttäuschtes Ego entstehen, also aus einem ehrgeizigen Streben, aus Gewinnsucht oder materieller Gier. Je mehr wir aus unserem tiefsten Innern leben, um so mehr verläßt uns die Angst. Unsere „Unwissenheit" verwandelt sich langsam in Weisheit.

Wir können natürlich fragen: Warum sind wir überhaupt in diesem widersprüchlichen und leidbeladenen Zustand, wenn wir ,göttlicher Natur' sind? Warum mußten wir in diese grobstoffliche Existenz? Darauf habe ich keine endgültige Antwort. Aber ich ahne, daß es einen Sinn hat. Das Ichbewußtsein scheint ein notwendiger Durchgang zu sein. Was die Bibel Ursünde nennt, ist nichts anderes als das Auftauchen des Bewußtseins aus einer archaischen in die mentale Form. Die Ursünde ist nicht Abfall von Gott, nicht Schuld, sondern der Eintritt des Menschen in die rationale Bewußtseinsstufe, also ein wichtiger, neuer Schritt auf dem Heimweg zu unserem Ursprung. Alle esoterischen Wege sagen, daß unsere Existenzweise als Menschen eine besondere Bedeutung hat im Hinblick auf unsere letzte Bestimmung.

4. Zwei Arten von Depression

Die eine kommt aus der Frustration des Ich, das auf seiner Ebene nicht erreicht, was es unbedingt möchte, nämlich das, was wir landläufig unter Glück verstehen: Glück in der Liebe, Glück beim Lotto, d. h. genug materiellen Besitz, Gesundheit, „ewige Jugend" und ähnliches. Wenn das nicht eintritt, ist der Mensch unglücklich und wird depressiv. Daraus resultieren Redewendungen wie: Warum muß es mich treffen? Wie kann Gott so grausam sein? Warum bekomme ich nicht mehr Zuwendung? Warum bin ich überall das Aschenbrödel?

Es gibt aber noch eine Depression, in die nicht wenige geraten, wenn sie einen spirituellen Weg einschlagen. Sie tritt ein, wenn das Ich merkt, es wird seiner dominierenden Macht beraubt. Es gerät dann in Angst, ja in Panik. Von dieser Depression, die nichts anderes ist als ein Reinigungsprozeß, sei hier die Rede.

Wenn ich im Gespräch frage: „Wovor hast du Angst?", bekomme ich oft zur Antwort: „Ich weiß nicht!". Keine Partnerschaftsprobleme liegen vor, keine finanziellen Sorgen, keine Befürchtungen um die Gesundheit. Es ist blanke Angst. Sie resultiert aus der Bedrohung des Ich. Hoffnungslosigkeit, ein Gefühl der Haltlosigkeit und der Sinnlosigkeit gehen damit einher. Johannes vom Kreuz hat das in erschütternden Worten beschrieben:

„Ringsum Geröchel des Todes – Qualen der Hölle – in die Finsternis geworfen – versenkt in den Pfuhl der untersten Tiefe – lichtlose Schatten des Todes – Todesschatten, Todesstöhnen, Höllenqualen – beklemmendes Leiden – aufgehängt in der Luft, ohne atmen zu können, die Knochen müssen im Feuer verbrennen – weggezehrt ist das Fleisch – die Gliedmaßen werden zerlöst (Ez 24,10) – tödliches Hinschmachten – die Seele sieht die Hölle vor sich aufklaffen".[35]

In manchen Fällen kommt sogar der Gedanke an Selbstmord auf. Einerseits trägt die Ichebene nicht mehr, andererseits ist die neue spirituelle Ebene noch nicht gefestigt genug. Ja diese spirituelle Ebene ist es sogar, die sich bedrohlich auf das Ich auswirkt und zur Ursache der Angst wird. Das Numinosum ist eben nicht nur das Fascinosum, sondern auch das Tremendum.

In diesem Stadium kann der Icherhaltungstrieb noch einmal verstärkt auftreten. Das Ich bäumt sich auf und setzt sich mit aller Macht zur Wehr. Es kommt zu einer Zerreißprobe zwischen beiden Ebenen. Die elementaren Kräfte des Ich versuchen, ihren Herrschaftsraum zu halten, aber die Kraft der tieferen Bewußtseinsschichten stellt ihn immer aufs neue in Frage.

Das eigentlich Schwere an dieser Situation ist, daß die Läuterung vor dem religiösen Bereich nicht haltmacht, so daß auch da die Sicherheiten schwinden. Wie Johannes vom Kreuz gesagt hat, ist auch in Gott kein Halt mehr. Auch die religiöse Geborgenheit schwindet dahin. Konnte man sich vorher noch in der Hand des „göttlichen Vaters" sicher fühlen, so bietet auch diese Hand plötzlich keine Stütze mehr.

Schuldgefühle kommen hoch. Sie gipfeln in der Angst, man habe sich selbst durch Versagen in diese Situation gebracht.

Jetzt hat der Prozeß der spirituellen Evolution richtig begonnen. Was wir für eine psychische Krankheit halten – bzw. was von manchen Therapeuten so definiert wird – ist in Wirklichkeit ein Transformationsprozeß. Das aber zu akzeptieren, wenn man so richtig drinsteckt, fällt ungeheuer schwer. Und doch befindet sich der Mensch jetzt nicht in einem bemitleidenswerten Zustand, sondern am Ausgangspunkt zu einer neuen Ebene des Bewußtseins. Er entrinnt langsam der niederziehenden Kraft des unersättlichen Ichbewußtseins und beginnt sich aus der Bindung an die physische, psychische und rationale Welt zu lösen. Er durchschaut die Unbeständigkeit der Dinge und erkennt, daß Verhaftetsein an sie zur Frustration führen muß.

Das ist im Grunde genau das, was uns alle heiligen Bücher künden. Aber es wurde uns in einer religiösen Verbrämung gesagt, die uns unglaubwürdig erschien, weil sie zu oft mit einer Verachtung und Verneinung, ja „Abtötung" der Welt einherging. Und genau davor haben wir uns zu hüten. Alle Aszese hat nur den einen Grund: uns aus der Bindung an das Ich zu befreien. Die Dinge sind nicht gut und nicht schlecht. Die Begriffe „wahr" und „falsch", „gut" und „böse" werden gegenstandslos. Entscheidend ist, die spirituelle Bestimmung aller Dinge, auch unseres Ichbewußtseins, zu erkennen.

Unser Ichbewußtsein ist nämlich von großer Bedeutung. Seine Existenz ist Voraussetzung für eine tiefere Erfahrung. Ein Tier kann nicht erfahren, was der Mensch erfährt. So geht es nicht darum, dieses Ichbewußtsein zu töten. Es geht darum, seine Dominanz zurückzunehmen, damit es aus der spirituellen Schicht durchleuchtet werden kann. Die Ebenen des materiellen und Psychischen zu durchlaufen gehört zu unserem Reinigungsprozeß. Eine volle Erleuchtung durchdringt alle Ebenen des Bewußtseins, auch die physische und die psychische. Vom Wesensstandpunkt aus gesehen gibt es keine Trennung zwischen dem Höheren und Niedrigeren, zwischen dem Materiellen und Geistigen. Es ist die Ganzheit, die wir zu erfahren haben. Daher spielt auch unser Körper eine bedeutsame Rolle. Ohne ihn können wir nichts erfahren, sagt Kabir in einem Gedicht:

> „O Freund! Dieser Körper ist seine (Gottes) Lyra:
> Er strafft ihre Saiten und entlockt ihr die Melodie des Brahma.
> Wenn die Saiten erschlaffen und die Schlüssel sich lockern,
> dann muß zu Staub werden wieder dies Instrument aus Staub:
> Kabir sagt: Niemand als Brahma kann diese Melodie
> hervorbringen."[36]

Oder:

> „O Sadhu!
> Reinige deinen Körper auf die einfache Art!
> Wie der Samen im Feigenbaum ist,
> und im Samen sind Blüten, Früchte und Schatten,
> so ist der Keim im Körper und im Keim wieder der Körper.
> Feuer, Luft, Wasser, Erde und Äther, du kannst es nicht haben ohne ihn.
> O Kazi, o Pandit! Bedenke es wohl!

Was gibt es, was nicht in der Seele liegt?
Der wassergefüllte Krug im Wasser: Wasser ist drinnen und draußen.
Nicht benennen soll man's, damit es nicht auslöst den Irrtum der Dualität.
Kabir sagt: Hör' auf das Wort, die Wahrheit, die dein Sein ist.
ER spricht das Wort zu Sich selbst, und ER Selbst ist der Schöpfer."[37]

5. Heilungsmöglichkeiten

Der emotionale Schmerz der Depression kann so stark werden, daß der Zustand von einer sogenannten endogenen Depression kaum mehr unterscheidbar ist. Die Verzweiflung und Hoffnungslosigkeit des Betroffenen scheint Dauerzustand zu werden, und es ist nicht vorhersagbar, wie lange jemand in einer solchen Phase bleiben wird. Es gibt kein Zurück mehr in die alte Lebensauffassung, aber auch keine Hoffnung für die Zukunft. Die Symptome dieses Zustandes sind Schlafstörungen, Desinteresse am sozialen und politischen Leben, an Beruf und Zukunftsplänen. Vor allem leidet das Selbstwertgefühl, das sich oft auch mit Kindheitsdefiziten paart – wie überhaupt negative Züge der psychischen Gesamtstruktur dabei neu aufgeladen werden können, so daß z. B. Aggressivität und Zornesaussprüche unvermittelt auftreten. Auch körperliche Symptome können sich zeigen. Eine reinigende psychophysische Kraft geht durch den ganzen Körper (Kundalini).

Das Schlimmste ist jedoch, daß der Betroffene seinen Zustand nicht begreifen kann und daß auch gutgemeinter Zuspruch nicht lange anhält. Dazu kommt die Angst vor dem Wahnsinn, die schlimmer sein kann als die Angst vor dem Tod und manchmal zu Selbstmordgedanken beiträgt. Meist findet man bei einer eingeleiteten Analyse keine gravierenden psychische Schäden, was die Angst vor dem Verrücktwerden nur steigert. Die üblichen Heilungsversuche der Therapie schlagen nicht an, Medikamente helfen wenig, und es gibt kaum Aussicht auf dauerhafte Heilung.

Welche Heilungsmöglichkeiten stehen in dieser Situation dem Menschen zur Verfügung?

1. Der erste Schritt zur Hilfe ist Aufklärung. Der Betroffene muß gesagt bekommen, daß er nicht an einer üblichen Depression leidet, und muß die Gesetzmäßigkeit dieser „Quasidepression" erkennen, daß es sich nämlich um einen Reinigungsprozeß handelt, der Voraussetzung für den Übergang auf eine neue Bewußtseinsebene ist. Es geht um spirituelle Entwicklung, um einen Transformationsprozeß, also um einen positiven Vorgang.

2. Als nächstes ist wichtig, daß der Betroffene über seinen Zustand sprechen darf und daß ihm ein Partner zuhört. Diese Aussprache sollte oft möglich gemacht werden. Depressive Phasen kommen nämlich anfallhaft.

3. Der Mensch darf sich der depressiven Stimmung nicht einfach hingeben. Er muß dagegen angehen. Der Anfall bietet die größten Heilungschancen, obwohl die Umklammerung dann vielleicht am schlimmsten zu sein scheint. Der Betroffene muß erkennen, daß es nur einen Durchbruch durch den Tunnel nach vorne gibt, keinen Weg zurück. Die wichtigste Arbeit liegt nicht beim Begleiter, sondern beim

Betroffenen selbst, in seinem Durchhalten. Es gehört also eine gute Portion Mut und Selbstdisziplin dazu, um von diesem Prozeß zu profitieren.

4. Das nächste Hilfsmittel ist die innere Präsenz in allem, was wir tun, das „Sakrament des Augenblicks": ganz in jedem Schritt, in jeder Bewegung, in jedem Handgriff zu sein. Körperliche Betätigung, Sport, Arbeit, Spazierengehen, Hobbies können weiterhelfen.

5. Was die eigentliche Dramatik des ganzen Vorganges ausmacht und letztlich allein Heilung bringt, ist die Begegnung mit dem, was die Mystik das Nichts nennt. Dieses Nichts bietet keinen Halt und hat kein Ende. Es verweigert jede Form der Eingrenzung, sei sie räumlich, zeitlich oder anderer Art. Es läßt sich zu Beginn nicht ohne weiteres aushalten. Daran zeigt sich bereits, daß es nicht einfach nichts ist. Vielmehr geht ein starker zwingender Eindruck von ihm aus, der sich allerdings nicht in eine positive Sprache fassen läßt. Der Mensch ahnt aber, daß in ihm etwas Entscheidendes verborgen liegt.

Zunächst wird es als Sinnlosigkeit, Hoffnungslosigkeit, als „horror vacui" erfahren. Das ist der Punkt, an dem Nietzsche stehengeblieben ist. An dieser Stelle läßt er den Weisen auf dem Marktplatz ausrufen: „Gott ist tot, ich habe ihn getötet". Nietzsche war ein steckengebliebener Mystiker. Im Nichts führt nämlich eine Spur in den Nihilismus und eine Spur in die Erfahrung der letzten Wirklichkeit.

Erst wer dieses Nichts wirklich annehmen kann, wird herausfinden, daß es eine Qualität hat, die ins Unendliche hineinreicht. Es ist das Tor in die religiöse Erfahrung. Es ist das helle Dunkel Gottes.

Im Christentum war es die „negative Theologie", die Gott in der Verneinung kennzeichnete. Gregor von Nyssa schrieb z. B.: „Darin liegt die eigentliche Erkenntnis des Gesuchten, darin das Sehen im Nicht-Sehen, daß der Gesuchte alle Erkenntnis übersteigt, wie durch Finsternis durch seine Unbegreiflichkeit auf allen Seiten abgeschlossen".

Vor allem aber Meister Eckehart hat in seinen lateinischen Werken eine hohe metaphysische Begrifflichkeit entwickelt, in der auch das Nichts eine wichtige Rolle spielt. Wenn er z. B. von einer Kraft in der Seele spricht, die „Gott nicht aufnimmt, sofern er gut ist, und sie nimmt Gott auch nicht, sofern er die Wahrheit ist. Sie dringt weiter auf den Grund und sucht weiter und erfaßt Gott in seiner Einung und in seiner Einöde. Sie nimmt Gott in seiner Wüste und in seinem Grunde".[38] So geschieht in der tiefsten Hoffnungslosigkeit, wo dem Menschen nichts mehr zu bleiben scheint, die Verwandlung: im Nichts blickt ihn das ewige Auge des Göttlichen an.

X. Sittliches Verhalten

1. Wille Gottes

„Alles ist miteinander verbunden. Jeder Teil des dreidimensionalen Raumes ist mit jedem Teil durch Grundeinheiten der Vernetzung, sogenannte Wurmlöcher, verbunden. Durch die ständig auftauchenden und wieder verschwindenden Wurmlochverbindungen bewegen sich Signale, die eine sofortige Kommunikation zwischen allen Teilen des Raumes ermöglichen. Diese Signale könnte man sich vorstellen als das Pulsieren von Nervenzellen in einem riesigen kosmischen Gehirn, das jeden Teil des Raumes durchdringt."[1]

„Was in einem Teilbereich geschieht, beeinflußt das Geschehen in anderen Teilbereichen. ‚Das Ganze ist mehr als seine Teile' – dieser Satz stellt nicht mehr, wie zu Anfang unseres Jahrhunderts, ein biologisches Argument gegen physikalische Erklärbarkeit dar; er ist vielmehr Gesetz mathematischer Systemtheorie, die ihrerseits fester Bestandteil der Wissenschaft physikalisch-chemischer Prozesse geworden ist."

Diese Sätze stammen aus einem naturwissenschaftlichen Vortrag, der 1989 in Alpbach auf dem Europäischen Forum gehalten wurde. Sie sind ein Bekenntnis zum holistischen Weltbild, zur Interdependenz allen Lebens. Ich meine, daß das, was unter ‚Wille Gottes' zu verstehen ist, mit dieser holistischen Weltsicht und der Interdependenz allen Seins zu tun hat. Alles Sein ist Bezogenheit.

Pascal hat dies mit dem Bild vom Zweig und Baum ausgedrückt: ein Zweig kann nicht den Sinn des Baumes erfassen, kann wohl aber umgekehrt vom Baum her verstanden werden.

Wir versuchen, diese Welt vom Ganzen her zu verstehen, und dieses Ganze trägt bei uns seit altersher den Namen Gott. Aber wir müssen heute die alten Glaubenssätze und auch den Gottesbegriff neu durchdenken. Unser Leben wird von vielen Umständen regiert, die wir nicht ändern können. Darum zu wissen und trotzdem oder gerade deshalb das Leben aktiv zu gestalten, ist Weisheit.

Es ist das Göttliche Leben selbst, das sich in der Schöpfung entfaltet. Wer sich ihm widersetzt, schafft Disharmonie, die sich durch das ganze Universum zieht. Vielleicht ist dieses Widersetzen die einzig wirkliche Sünde des Menschen. Dementsprechend wäre es wohl besser, ‚Wille Gottes – Karma' positiv zu benennen und nicht mehr zu sagen, das Universum ist ‚interdependent', sondern ‚intersupport', d. h., es besteht weniger eine gegenseitige Abhängigkeit als vielmehr eine gestaltende Einflußnahme von allem auf alles. Unsere ganze Energie sollte darin bestehen, mit der Entfaltung des Göttlichen konform zu gehen.

Das Wort ‚Karma' kommt aus dem Sanskrit und bedeutet ‚Tat'. Es ist das Gesetz von Ursache und Wirkung. Durch willentliche Handlungen führen wir bestimmte Ereignisse herbei. Je nachdem, ob unser Handeln von Gier, Haß und Verblendung bestimmt ist oder von Wohlwollen, Großmut und Liebe, säen wir Samen, die sich unterschiedlich entfalten werden. Wir schaffen Voraussetzungen für Heil oder Unheil.

Es ist so ähnlich wie in der Natur. Von einem Kirschbaum erntet man keine Pflaumen. Wenn die Saat ausgestreut ist, läßt sich daran nichts mehr ändern. Korn wird Korn und Weizen wird Weizen. „Wer Wind sät, wird Sturm ernten", sagt die Schrift. ‚Wille Gottes – Karma' hat also nichts zu tun mit einem Pandeterminismus. Unser freier Wille ist integrierter Bestandteil im Spiel der Entfaltung des Göttlichen.

Entscheidend ist die Willensäußerung, die hinter unserem Handeln steht. ‚Wille Gottes – Karma' hat nichts zu tun mit Fatalismus. Wenn wir erst einmal erkannt haben, wie sehr ‚Wille Gottes' auch mit unserem Willen zu tun hat, erfassen wir die ungeheure Verantwortung, die unser Handeln bestimmen sollte.

Die Motive hinter allem Handeln sollen uns bewußt sein. Wenn wir Freude und Liebe erfahren, ist das eine Frucht unserer vorausgegangenen Handlungen – selbstverständlich auch umgekehrt, wenn wir gierig sind oder voller Aggressionen, ist das ebenfalls die Frucht vorausgehender Akte. Das mag eine vereinfachte Darstellung von Karma sein, die Zusammenhänge sind in Wirklichkeit sicher komplizierter. Aber wir können daran erkennen, wie entscheidend es ist, ob wir positiv oder negativ, voller Wohlwollen oder voller Mißgunst leben. Unser Leben gleicht hier einem Schachspiel. Ein Zug ergibt sich aus dem anderen, und keiner ist ohne Bedeutung für das ganze Spiel. Das Spiel folgt seinen immanenten Gesetzen, aber wir können diesen Gesetzen mit jedem Zug unseres Lebens Richtung geben und so auch der Einmaligkeit und Einzigartigkeit unserer Existenz, in der sich das Göttliche gerade so und nicht anders ausdrückt, die rechte Bedeutung verleihen.

Wenn wir das erkannt haben, wissen wir auch, warum sich Menschen verschieden entwickeln. Es gibt zwar nichts, was wir Ich nennen können. Ich ist nur der Kreuzungspunkt unserer psychischen Aktivitäten wie Wille, Erwartung und Gefühl. Sie werden zusammengehalten von unserem Gedächtnis, das uns eine gewisse Permanenz vorgaukelt. Unsere wahre Identität liegt viel tiefer. Aber es gibt doch so etwas wie einen ‚subtilen Träger'. Dieser geht mit uns in die nächste Existenz.

Er ist vergleichbar mit einer Billardkugel, die eine andere anstößt. Die erste Kugel bleibt nach dem Anstoß liegen, überträgt aber etwas Unsichtbares auf die angestoßene Kugel, die entsprechend der Kraft des Anstoßes weiterläuft. Weitergegeben werden Kräfte, die von der jeweils vorherigen Kugel stammen. Ebenso übertragen sich Muster und Elemente von einer Existenz in die nächste. Es findet also eine Energietransformation statt. So graviert sich auch, wenn wir voller Wohlwollen da sind, eine Grundtendenz ein, die positive Wirkungen hier und jetzt und für weiterhin erzeugt.

Wenn wir wieder einen Vergleich aus der physischen Welt nehmen, dann verhält es sich so wie mit dem körperlichen Training. Wer seinen Körper trainiert, eignet sich eine bestimmte Geschicklichkeit an, die ihm auch weiterhin zur Verfügung steht. Wie im Körper ganz bestimmte Muster entstehen, so prägen und verstärken sich auch geistige Muster. So wie man seinen Körper trainieren kann, kann man auch seinen Geist trainieren, indem man bestimmte Geisteszustände wie Wohlwollen, Liebe usw. wiederholt.

Ein Akt, von uns gesetzt, ist also nicht vorbei, wenn er aufhört. Er hat eine Wirkung, die ein Muster in uns verstärkt. Wenn wir einen Stein ins Wasser werfen, entsteht ein Kranz von Wellen, die sich fortsetzen. Das gilt auch von unseren ‚positiven Akten'. Daher ist ‚Wille Gottes – Karma' kein blinder Fatalismus. Daher hat auch ein Ausharren in dieser Existenzform als Mensch (gegen jede Euthanasiebestrebung) seinen tiefen Sinn, weil der Mensch oft gerade in Zeiten der Krankheit oder angesichts des Todes zu einem inneren Wandel bereit ist und positiven Einfluß auf seine nächste Existenz nehmen kann.

Jede noch so unbedeutende Handlung hinterläßt Eindrücke auf unseren subtilen Körper. Wer dem Haß nachgibt, stärkt den Haß; wer sich von der Gier überwältigen läßt, stärkt die Gier. Wir prägen jeden Augenblick die Grundmuster unseres Lebens. Unser Leben ist ein dynamischer Prozeß, d. h., wir können jeden Augenblick die Richtung des Energiestromes mitbestimmen. Je bewußter und wacher wir leben, um so mehr werden wir in jeder Situation zielgerechte Entscheidungen fällen. Achtsamkeit spielt daher in allen esoterischen Wegen eine bedeutsame Rolle.

Am Ende unseres Lebens wird nicht ein Richter stehen, der uns verurteilt, wir werden vielmehr im Lichte einer letzten Wirklichkeit jene Zusammenhänge erkennen, die unser Leben bestimmten. Im Augenblick der Begegnung mit dem Göttlichen werden uns sicherlich neue, tiefe Erkenntnisse widerfahren, die für unsere Zukunft wichtig sind. Wir können sie Gnade und Vergebung nennen.

Wir haben also die Verantwortung für unser Leben selbst zu übernehmen. Wir sind die Erben unserer Taten. Auch im Christentum glauben wir, daß zwar unsere Sünden vergeben werden, nicht aber ohne weiteres die Konsequenzen aus unseren Verfehlungen, die sogenannten Sündenstrafen.

Es ist sehr bedeutsam, daß Buddhismus und Christentum raten, nicht an Schuld hängenzubleiben. Schuldgefühl führt leicht dazu, daß man Aversionen gegen sich selbst entwickelt. Darum können der Glaube an Vergebung und die Teilnahme an Vergebungsriten, wie sie in allen Religionen zu finden sind, eine tiefe Wirkung haben. Sie befreien von Schuldgefühlen und führen zu neuen positiven Akten, die den Menschen aus der negativen Haltung herausholen. Kleben an Schuld und Nichtannahme seiner selbst sind negative Geisteszustände, die eine entsprechende Wirkung ausüben.

Die Gnade der Vergebung besteht darin, daß wir erkennen dürfen, welche Resultate unsere Handlungen zeitigen. Und Sühne bedeutet, die Konsequenzen der ‚üblen Taten' der Vergangenheit anzunehmen als neue Chance für besseres Handeln. Mit dieser Erkenntnis werden Menschen verantwortungsvoller leben, denn sie ahnen, daß sie ernten, was sie säen, und daß es in ihrer Hand liegt, bessere oder schlechtere Voraussetzungen für ihre und der anderen Menschen Zukunft zu schaffen. So kann das, was wir als Unglück bezeichnen, unsere größte Chance im Reifungsprozeß werden. Gnade ist, daß das, was wir uns eingebrockt haben, nicht in Strafe ausartet, sondern zu unserem Heil genutzt werden kann.

Alles, was wir tun können, ist, die Verantwortung für unsere guten und schlechten Taten zu übernehmen und weiser zu leben. Dem wird eine große Bereitschaft zum Verzeihen folgen und die Erkenntnis, daß ein Mensch alles Übel, das er anderen antut, letztlich sich selber antut. Es ist wie in einem Schauspiel: ein Akt entwickelt sich aus dem anderen.

Wie können wir uns positiv zum Willen Gottes stellen?

Shakyamuni Buddha verwies auf die Großmut. Wir als Christen nennen sie ‚Liebe'. Liebe birgt eine entscheidende positive Kraft für unsere jetzige und künftige Existenz und für die Existenz allen Lebens in sich. Herzensgüte, wie sie im Buddhismus auch oft genannt wird, weckt die Erfahrung der Verbundenheit mit allen Wesen. Sie bewahrt uns vor negativen Handlungen und wirkt sich wunderbar helfend und heilend auf alle Wesen aus.

Noch wichtiger ist im Buddhismus die tiefe Einsicht in die Vergänglichkeit aller Erscheinungen. Wenn Johannes vom Kreuz in seinem ‚Nada, Nada' alles zurückläßt, berichtet er von einer ähnlichen Einsicht. Eine solche Erfahrung bringt das Nicht-Anhaften mit sich. Der Mensch erkennt nämlich, daß sein Ichbewußtsein ein traumähnlicher Zustand ist. Er wird alles daran setzen, zu erwachen. Dann entsteht eine gewaltige Kraft, die für ihn selbst und für alle hilfreich ist und zur Befreiung und zum Frieden führt. Nicht-Anhaften oder, wie wir gewöhnlich sagen, Loslassen ist entscheidend für eine Lebensweise, die mit dem Kern unseres Wesens übereinstimmt. Wenn man von da aus die christliche Aszese betrachtet, macht manches einen tiefen Sinn. Da wird Nichtanhänglichkeit geübt, weil Anhänglichkeit Tendenzen des Festhaltens, also negative Grundstrukturen erzeugt. Der christliche Ausdruck ‚den Willen Gottes annehmen' meint dasselbe.

Wir sind an einem Schauspiel beteiligt, dessen Fortgang durch uns selbst ständig beeinflußt wird. Das Spiel Gottes ist nicht von vorneherein festgelegt. Es folgt wohl bestimmten Grundregeln, wie jedes Spiel bestimmten Grundregeln folgt. Aber wie ich im Rahmen der Grundregeln eines Schachspieles die Freiheit habe, mit dieser oder jener Figur zu ziehen, so spielt auch Gott sein Spiel über unseren freien Willen. So unbedeutend der einzelne sein mag, er agiert mit und beeinflußt so auch alle ‚Mitspieler'.

2. Was suchen wir?

Rabbi Jehudi erzählte von sich folgendes: „Als ich dreizehn war, erschlossen sich mir schwerere Stellen (der Thora) im Nu, und als ich achtzehn war, galt ich als ‚ein Großer in der Thora'. Aber es ging mir auf, daß der Mensch mit dem Lernen allein nicht zur Vollendung kommen kann. Ich verstand, was in den Midraschim von unserem Vater Abraham erzählt ist: wie er Sonne, Mond und Sterne erforschte und nirgends Gott fand, und wie sich ihm im Nichtfinden die Gegenwart Gottes offenbarte. Mit dieser Einsicht trug ich mich drei Monate. Dann forschte ich so lange, bis auch ich zur Wahrheit des Nichtfindens kam".[2]

Ein Schüler fragte den Meister nach dem Weg. Der Meister antwortete: „Wenn du suchst, findest du ihn nicht". Der Schüler begehrte auf: „Wie soll ich den Weg finden, wenn ich ihn nicht suche?". Der Meister erwiderte: „Der Weg gehört nicht zu Wissen und Nichtwissen".[3]

Was suchen wir? – Gott selber sucht in uns den Weg. Er möchte in uns und durch uns zur Entfaltung kommen. Das Suchen Gottes ist der Prozeß der Evolution, der sich in uns als Suchen äußert.

3. Rückkehr zum Einen

Das Wesen Gottes ist Eins. In dem, was wir Schöpfung nennen, teilte sich das Eine in eine unbegrenzte Zahl von Erscheinungsformen, die alle aufeinander bezogen bleiben und doch ganz individueller Ausdruck des Ganzen sind.

Am Anfang steht das Eine. Es ist das Heilige, das Heile, Ungeteilte. Mit unserer Menschwerdung begann die Urtragödie der Vereinzelung. Sie ist der Urschmerz der Menschen, ein Trennungsschmerz, der nicht aufhören wird, bis der Mensch wieder ins Eine zurückgefunden hat. Wir haben eine Ahnung vom Ganzen behalten, und die weckt die Sehnsucht in uns. Heimweh gibt es nur, wenn man weiß, daß es eine Heimat gibt. Aller Schmerz ist Trennungsschmerz. Alle Sünde ist im Grunde nichts anderes als Absonderung von unserem tiefsten Wesen. Sie ist dieser eigenartige Trieb unseres Ich zur Autonomie und Abgrenzung. Der Mensch spürt das Defizit der Spaltung stärker als andere Wesen. Und so mußte mit der Menschwerdung die Suche nach dem ergänzenden Teil beginnen. Denn jede Hälfte braucht die andere, um sich als Ganzes zu erleben.

4. Triebkraft der Liebe

Die Aufspaltung des Einen brachte zwar die Trennung, sie brachte aber auch dieses absolut Neue, die Energie der Liebe. Mit ihr erscheint in der Schöpfung ein neues, starkes Energiefeld, jene metaphysische Sehnsucht nach dem Einen. Sie ist die Urkraft der Evolution. Das Ziel ist nämlich nicht eine Regression zurück ins Eine, sondern die Evolution, die zum Einen nach vorne führt, wobei es sich in Wirklichkeit gar nicht um ein Vorne handelt, sondern um ein Erfahren, daß die Einheit immer schon da ist. Das Ziel ist nicht das Auge des Taifun, die ewige Ruhe. Ziel ist es, den Taifun Gott zu erfahren, der Auge und Sturm ist, Ruhe und Dynamik. Ziel ist die Erfahrung des Nicht-zwei, die Erfahrung der beiden Seiten einer Münze als Eines.

Erleuchtung ist das Aufleuchten unseres wahren Selbst. Sie durchströmt unser ganzes Wesen. Sie bringt den Moment, in dem uns ein Anrühren jener letzten Wirklichkeit geschenkt wird, die uns ganz und gar durchdringt. Und jeder, der einen inneren Weg mit Beharrlichkeit geht, wird wenigstens eine Ahnung von seinem wahren Selbst bekommen.

Wenn die Liebe einmal vom Menschen Besitz ergriffen hat, dann ist der Drang nach Einigung nicht mehr zurückzuhalten. Der Drang, sich selbst wegzuschenken bis zur Aufopferung des Lebens, ist nämlich ein Charakteristikum der Liebe. Sie neigt oft zu Handlungen, die sinnlos erscheinen. Nur unter diesem Blickwinkel sind die asketischen Übertreibungen mancher Heiliger zu verstehen. Ihnen ging es gar nicht um Abtötung, sondern gemessen an der Liebe war alles andere einfach wertlos geworden. Es ist der Zwang, die gläserne Wand der Trennung zu durchbrechen und sich von der Bürde der Individualität zu befreien. Liebe sprengt die Einsamkeit und erlöst aus dem Gefängnis der Ichzentrierung. Sie ist die eigentlich erlösende Kraft im Universum.

Unser Ich hat die Tendenz, sich der Grundkraft der Vereinigung entgegenzusetzen. Zum Ganzen kommen wir nur zurück durch Lassen, durch Hingabe, nicht durch Festhalten und schon gar nicht durch Eroberung. Darin liegt die Tragik des Menschen, vor allem des Mannes, daß er meint, er könne sich selbst erlösen. Der mystische Weg ist kein Weg der Selbsterlösung.

5. Ethik von innen

Liebe hat verwandelnde Kraft. Zunächst meint der Liebende, die Welt habe sich verändert, in Wirklichkeit hat er sich von innen her gewandelt.

Fast alle religiösen Systeme arbeiten vorwiegend mit moralischen Appellen. Gute Vorsätze spielen in der religiösen Erziehung immer noch eine wichtige Rolle, haben aber oft keine tragende Kraft. Ethisches Verhalten sollte nicht etwas sein, was von außen auferlegt wird oder ich mir selbst auferlege aus Angst vor Strafe; denn Angst und Strafe sind ungeeignete Mittel, um sittliches Verhalten zu wecken. Angst vor der Hölle war eine schlechte Erziehungshilfe, und der infantile Glaube, nach diesem Leben belohnt oder bestraft zu werden, führt höchstens zu Neurosen. Alles, was den Menschen in Angst versetzt, was ihn knebelt, was ihm Furcht einflößt, steht im Widerspruch zu einem erbarmenden und liebenden göttlichen Prinzip. Darüber hinaus kann Angst vor dem rächenden Gott zu einem entsetzlichen religiösen Trauma führen, wie folgende Aussagen bestätigen:

„Als Kind erfuhr ich Gott zutiefst. Später hat man mir ein drohendes Monster vor Augen gestellt."

„Ich habe als Kind Gott geliebt, und ich wußte, daß ich geliebt bin. Man hat mir diesen Gott weggenommen. Und das Schlimmste: Ich war überzeugt, mein Vater kommt in die Hölle, weil er am Sonntag nicht in die Kirche ging. So jedenfalls wurde mir beigebracht. Dabei war er die Liebe selber und viel ehrlicher als meine Mutter. Wie kann man einem Kind nur drohen, daß sein Vater in die Hölle kommt, weil er am Sonntag nicht in die Kirche ging!?"

Die Ethik der Mystik dagegen erwächst nicht aus Vorsätzen und Willensappellen, sondern von innen her, aus der tiefen Erfahrung des eigenen Wesens. Im Gehen eines spirituellen Weges wird der Mensch bis in seinen Personkern hinein gewandelt. Das bringt eine Transformation des Bewußtseins mit sich und eine Weltsicht, die über den engen Kreis des Ichbewußtseins hinausgeht. Aus der gewandelten Persönlichkeit entspringen dann andere Absichten, Werturteile, Verhaltensweisen. Der Mensch wird ein Leben der Selbstlosigkeit, der Weisheit und des Mitleids leben. Ein unumstößlicher innerer Moralkodex entsteht, der manchmal den Normen der Gesellschaft oder Glaubensgemeinschaft widersprechen kann. Es ist ein Kodex der Liebe. „Ama et quod vis fac – Liebe, und was du dann willst, tu!" sagt Augustinus. Wer liebt, kann manche Dinge einfach nicht tun. Je tiefer wir zu unserem Wesen vorstoßen, desto mehr erfahren wir, daß wir von ihm her gelebt werden, oder wie es eine Frau ausgedrückt hat: „Ich habe bis jetzt gemeint, ich lebe. Aber in Wirklichkeit werde ich von etwas gelebt". Hier fällt jedem das Pauluswort ein: „Nicht ich lebe, sondern Christus lebt in mir".

Das tiefste Wesen des Menschen birgt eine Kraft, die den egoistischen Tendenzen entgegenwirkt und sie ausgleicht, wenn der Mensch sich ihr zu überlassen lernt. Wenn er sich wirklich gewandelt hat, entstehen viele negative Kräfte, die ihn auf seinem Weg hemmen könnten, gar nicht mehr in ihm. Die Spannung zwischen Subjekt und Objekt, zwischen Ich und Du wird mehr oder weniger aufgehoben. Wenn dieses Erleben die tiefsten Wurzeln des Seins durchdringt, sind alle Aktivitäten frei von Ichbesetztheit. Der Mensch ist dann aus seinem individuellen und individualistischen Bewußtseinsinteresse herausgeführt in eine größere Gemeinschaft und schließlich in den Kosmos hinein. Er entfaltet sich in diesem Reifungsprozeß zu einem Individuum, dessen sittliches Handeln Ausdruck seines innersten Wesens ist.

Sittlichkeit ist also nicht Ursache, sondern Auswirkung einer geistigen Haltung. Zwischen Überzeugung und Handeln besteht dann Übereinstimmung. Das wird in der Esoterik Weisheit genannt, Harmonie zwischen dem Willen Gottes und unserem Willen.

Daher geht es in der Ethik – recht verstanden – nicht darum, irgendeine schlechte Eigenschaft zu bekämpfen, sondern um die Behebung einer Gleichgewichtsstörung. Govinda gebraucht dafür das Bild von der Waage. Wenn die leeren Schalen im Ungleichgewicht sind, behebt man diesen Fehler nicht dadurch, daß man Gewichte in die leichtere Schale legt, sondern indem man den Wiegebalken verschiebt. So muß auch die Disharmonie in der menschlichen Seele durch Verlegung des Schwerpunktes aus dem Ich in das Nicht-Ich behoben werden.[4]

In den Religionen des Ostens spielt noch ein anderer Beweggrund für ethisches Handeln eine wichtige Rolle: Mensch zu sein gilt dort als bevorzugte Existenzform. Sie wird höher eingeschätzt, als ein himmlisches Wesen zu sein, weil in dieser menschlichen Existenz Läuterungsprozesse möglich sind, die in anderen Formen nicht stattfinden können. Erleuchtung bringt immer auch tiefe Dankbarkeit, einen Körper zu haben, in dem sich die letzte Wirklichkeit ausdrücken kann. Wer wirklich nach einer tiefen Erleuchtung, d. h. nach Sinndeutung seines Lebens strebt, eliminiert viele Faktoren, die ihn auf dem Weg hindern und den Durchbruch verzögern oder gar unmöglich machen. Wer diese drängende Liebe in sich spürt, die letztlich der Lockruf des Göttlichen ist, hat eine starke Motivation für sein Handeln.

Das stärkste ethische Handlungsmotiv ist in der Mystik allerdings die Einheitserfahrung: daß der Mensch mit allen Wesen eins ist und daß er das, was er anderen antut, letztlich sich selber antut.

Rabbi Jechiel fragte einmal seinen Schwiegervater: „Wie versteht man hier, ‚Du sollst nicht stehlen‘?" „Nun", erwiderte er, „man soll seinen Mitmenschen nicht bestehlen". „Das braucht man uns nicht mehr zu gebieten", sagte der Rabbi, „bei uns in Kozk erklärt man's: ‚Man soll sich selber nicht bestehlen‘."[5]

Auch die Mystik kennt natürlich Gebote wie alle Religionen, z. B.: In Gedanken, Worten und Taten sich zu bemühen, Leben nicht zu verletzen – Nichtgegebenes nicht annehmen – ein Leben in heiligem Wandel führen – Lügen und grobe Worte nicht gebrauchen – sich weder zu berauschen noch sein Bewußtsein zu trüben – usw.[6] All diese Gebote haben ihren eigentlichen Grund in der Erfahrung der Einheit mit allen Wesen. Der Liebende erfährt an sich selbst, daß er dem andern Leid zufügt, wenn er diese Gebote nicht einhält.

Auch im Buddhismus steht Liebe an erster Stelle, wenngleich das von manchen Kritikern im Westen verneint wird. Dogen Zenji schreibt in seinem ,Shobogenzo': „Was immer es, ihr Mönche, an heilsam wirkenden Mitteln in diesem Leben geben möge, durch die eine gute Wiedergeburt bewirkt wird und durch die man geistigen Gewinn erlangt: Sie alle zusammen haben nicht den Wert eines Sechzehntels der Liebe, der Befreiung des Herzens und des Geistes. Die Liebe, die Befreiung des Herzens und des Geistes, nimmt sie alle in sich auf und leuchtet und glänzt und strahlt". Und von Shakyamuni Buddha wird berichtet: „Und auch dieses sprach der Erhabene: Wer vollbewußt unbegrenzte Liebe in sich erweckt, ... dem werden die Fesseln dünn".[7]

Laotse werden die folgenden Worte zugeschrieben, aus denen eine tiefe Weisheit klingt:

> Pflicht ohne Liebe macht verdrießlich
> Verantwortung ohne Liebe macht rücksichtslos
> Gerechtigkeit ohne Liebe macht hart
> Wahrheit ohne Liebe macht kritiksüchtig
> Erziehung ohne Liebe macht widerspruchsvoll
> Klugheit ohne Liebe macht gerissen
> Freundlichkeit ohne Liebe macht heuchlerisch
> Ordnung ohne Liebe macht kleinlich
> Sachkenntnis ohne Liebe macht rechthaberisch
> Macht ohne Liebe macht gewalttätig
> Ehre ohne Liebe macht hochmütig
> Besitz ohne Liebe macht geizig
> Glaube ohne Liebe macht fanatisch.

„Wenn die Liebe zu Gott und die Liebe zur Welt sich gegenseitig ausschließen, dann ist Gott, im Gebäude der Theologie, ein endliches Ding unter Dingen – denn nur endliche Dinge schließen sich gegenseitig aus. Gott ist entthront und aus dem Rang eines Gottes geschieden, indem er in Opposition zur Welt und Natur gestellt wurde und damit zu einem Objekt anstatt des Kontinuums, in welchem wir ,leben und uns bewegen und unsere Existenz haben', geworden ist."[8]

6. Gott ist Liebe – Ethik des Christentums

Im Christentum spielt die Liebe eine noch viel entscheidendere Rolle. Paulus schreibt:

> „Wenn ich in den Sprachen der Menschen und Engel redete,
> hätte aber die Liebe nicht,
> wäre ich dröhnendes Erz oder eine lärmende Pauke.
>
> Und wenn ich prophetisch reden könnte
> und alle Geheimnisse wußte
> und alle Erkenntnisse hätte;

wenn ich alle Glaubenskräfte besäße
und Berge damit versetzen könnte,
hätte aber die Liebe nicht,
wäre ich nichts.

Und wenn ich meine ganze Habe verschenkte
und wenn ich mein Leben dem Feuer übergäbe,
hätte aber die Liebe nicht, nützte es mir nichts.

Die Liebe ist langmütig,
die Liebe ist gütig.
Sie ereifert sich nicht,
sie prahlt nicht, sie bläht sich nicht auf.
Sie handelt nicht ungehörig,
sucht nicht ihren Vorteil,
läßt sich nicht zum Zorn reizen,
trägt das Böse nicht nach.
Sie freut sich nicht über das Unrecht,
sondern freut sich an der Wahrheit.
Sie erträgt alles,
glaubt alles,
hofft alles,
hält allem stand.
Die Liebe hört niemals auf" (1 Kor 13,1 ff).

„Jeder, der liebt, stammt von Gott und erkennt Gott" (1 Joh 4,7).

„Wer nicht liebt, hat Gott nicht erkannt; denn Gott ist die Liebe" (1 Joh 4,8).

„Gott ist die Liebe, und wer in der Liebe bleibt, bleibt in Gott, und Gott bleibt in ihm" (1 Joh 4,16).

Nicht ‚Gott liebt‘, sondern ‚Gott ist Liebe‘, sagt also die Schrift!

Ich möchte hier noch ein paar eigene Gedanken anschließen, im vollen Bewußtsein, daß die vorgetragenen Texte nicht überboten werden können.

– Liebe ist das Weltbaugesetz.

Charon sagt in seinem Buch „Der Geist der Materie", daß selbst im subatomaren Bereich so etwas wie Liebe herrscht. Das Elektron kann aufnehmen und abgeben. Im Aufnehmen und Abgeben, also in der Kommunikation entstehen die höheren Formen von Leben. Wer nicht lieben kann, kann sich nicht öffnen, er kann nicht in Austausch mit anderen treten. Er kann dann auch nicht wachsen. Liebe ist Voraussetzung für Wachsen und Reifen.

Die Psychotherapie sagt uns, daß Mangel an Liebe und Zuwendung die Hauptkrankheit unserer Zeit ist. Wir wissen es genau, bestätigt durch die psychosomatischen Kliniken: Wer nicht geliebt wird, kann nicht Mensch werden. Liebe macht Menschen aus uns.

Wir sind für das verantwortlich, was wir ausstrahlen. Und es geht immer etwas von uns aus: Wohlwollen, Abneigung, Haß, Mitleid . . . . Liebe beginnt nicht beim

Wort und bei der Umarmung, sie beginnt in unseren Gedanken und Gefühlen, auch in den Gedanken, die wir über uns selbst haben. Selbstzerstörerische Gedanken zerstören. Liebe sollte das Erkennungszeichen der Christen sein. „Seht, wie sie einander lieben." So sagten die Umstehenden zu den ersten Christen.

– Liebe heilt.

Sie heilt offensichtlich mehr als alle anderen Mittel und ist tatsächlich die beste Medizin. Das gilt nicht nur im übertragenen Sinn; denn Krankheit ist sehr oft Symptom für einen Mangel an Zuwendung.

– Nicht gelebte Liebe macht krank.

Liebe muß verbraucht werden. Sonst staut sie sich an und wird am Ende zum Haß gegen die eigene Person. Sie entartet zum Narzißmus. Narziß war eine griechische Sagengestalt, die so in sich selbst verliebt war, daß sie immerfort ins Wasser starrte, um ihr eigenes Bild zu sehen. Narziß war unfähig, mit einem anderen Menschen eine Beziehung einzugehen. Er ging an seiner aufgestauten Liebe zugrunde.

– Nur die Liebe zählt.

Was wir am Ende unseres Lebens in Händen haben, werden nicht unsere Leistungen und unsere Werke sein. Wir werden nicht gefragt, ob wir katholisch oder evangelisch oder sonst etwas waren. Nahtodesberichte sagen uns: Wir werden uns zuerst und vor allem der Frage stellen müssen, wieviel wir geliebt haben.

XI. Tod oder Verwandlung?

Unser Dasein gleicht einem unglaublichen Getue und Gerenne. Im Lauf der Zeit entwickelt es eine Eigengesetzlichkeit, und wir können es nicht mehr stoppen wie der Zauberlehrling, der die Geister, die er gerufen hat, nicht mehr bändigen kann. Dieses Getue und Gerenne hindert uns am Leben.

Auf einem esoterischen Weg kommen manche hinter diese leere Geschäftigkeit. Den einen wird es dann sehr langweilig, den anderen wird alles lächerlich. Das sind wichtige Augenblicke – Augenblicke, die uns dem Leben nahebringen. Sie lassen uns fragen: Warum sind wir eigentlich auf dieser Erde?

1. „Die zahllosen Welten des Universums sind wie Blasen im Meer" (Shodoka)

Nichts ist beständig, nichts hat Dauer. Gerade damit aber können wir Menschen uns nicht abfinden. Alles schwindet früher oder später dahin. Wenn wir uns auf einen esoterischen Weg einlassen, ahnen wir plötzlich die Vergänglichkeit und erkennen blitzartig, wie sehr wir an Dingen hängen, Ideen nachlaufen, von Ängsten geplagt werden. Wir erkennen unsere Scheuklappen, mit denen wir durch das Leben gehen.

Leben bedeutet, die Dinge gebrauchen, sich ihrer zu freuen, aber sie auch lassen zu können. Vergänglichkeit ist nur ein anderes Wort für Evolution und damit für Vollkommenheit der Schöpfung. Vollkommene Geschöpfe sind wir erst, wenn wir das, was wir Vergänglichkeit nennen, als Lebensglück erfahren. Das klingt für einen Uneingeweihten masochistisch, aber es ist die Wahrheit. Ich bin überzeugt, daß wir uns als Menschen so weit entwickeln werden, daß uns der Tod nicht mehr schreckt, sondern wir uns auf die nächste Existenz freuen. Wir werden den Tod als den großen Verwandler erkennen und begrüßen.

Obwohl wir diese Tatsache der Verwandlung ständig vor Augen haben, wollen wir sie nicht akzeptieren. Bäume blühen, Blätter fallen, Jahreszeiten kommen und gehen, aus Abfall blüht wieder Leben. Ohne Sterben und Zerstörung könnte es kein neues Leben geben. Die ständige Veränderung ist das eigentliche Wunder des Lebens. Geborenwerden, Leben und Sterben sind die Vollkommenheit des Lebens. Himmel ist nicht eine statische Existenz irgendwann in ferner Zukunft. Himmel ist, die Vollkommenheit dieses göttlichen Tanzes von Geborenwerden und Sterben als das Leben selber zu erfahren und zu akzeptieren.

Unser Ich wehrt sich mit allen Raffinessen dagegen. Der Schock der ersten grauen Haare wird kompensiert mit Färbung. Nach dem 40. Lebensjahr werden die Geburtstage immer peinlicher. Diesen Kampf gewinnt so lange der Tod, bis wir eines Tages sagen können: ‚Unser Bruder, der Tod'. Dann wird er zum Symbol für neues Leben. Es klingt merkwürdig, aber wir wenden uns gegen das Leben, wir wenden uns gegen die Vollkommenheit des Lebens, wenn wir den Tod aus unserem Bewußtsein ausklammern. Zur Vollkommenheit des Lebens gehört das Sterben. Wir Abendländer nennen das letzte Prinzip des Lebens Gott. Dieses letzte Prinzip aber offenbart sich als Leben – Sterben – Auferstehen. Das ist die Botschaft, die uns Jesus gebracht hat. Das ist die Botschaft jeder Religion. Wer sich gegen den Tod wendet, wendet sich gegen die Auferstehung und letztlich gegen Gott. Er weigert sich, dem kosmischen Gesetz zu folgen. Er weigert sich, die Wahrheit anzunehmen, die vor seinen Augen ausgebreitet liegt. Die Wahrheit heißt Verwandlung.

Wir Menschen sind in einen nicht endenden Kampf gegen alles verstrickt, was nicht bleibt. Und weil das ein aussichtsloser Kampf ist, sind wir voller Ängste. Wir suchen Sicherheit bei anderen Menschen und in der Geldanlage. Wir suchen Sicherheit in unserer Arbeit, stürzen uns in hektische Betriebsamkeit und meinen, wir müßten etwas Großes zurücklassen, wenn wir einmal sterben. Das gibt uns das Gefühl von Beständigkeit. Wir suchen vielleicht auch Sicherheit in einer falschen Religiösität. Wir glauben, es gäbe einen Gott, der uns am Ende doch für dieses kleine Ich Permanenz und Ewigkeit in einem Himmel garantiert. Dieses Ich – so lächerlich wir es manchmal finden – möchte ewig leben.

Man kann vom Ich nicht erwarten, daß es seine Herrschaft freudig aufgibt. Und doch wäre das genau das, was die Schöpfungsordnung von uns verlangt und was wir auf jedem esoterischen Weg anstreben: ‚Stirb und werde!‘ ‚Stirb auf deinem Kissen!‘ In dem Maß, in dem unser kleines Ich stirbt – dieses ängstliche, verzweifelte, aggressive, opportunistische, manipulierende und viel zu selten auch heitere Konglomerat von psychischen Abläufen –, in dem Maß entfalten sich Vertrauen, echte Freude und Zuversicht. Aber offensichtlich haben wir kein Interesse an der Evolution des ‚Göttlichen Prinzips‘, an der Entfaltung des Universums, an der Vielgestaltigkeit der Möglichkeiten. Wir haben nur Interesse an ‚Ich‘ und ‚Mein‘.

Unser Üben sollte uns zur Erkenntnis führen, daß alles Festhalten, auch unser Festhalten an liebgewordenen religiösen Vorstellungen, sogar an Wünschen nach einer bestimmten Form von Erleuchtung, der Bereitschaft zum Wandel zuwiderläuft. Ständig kollidiert unser Ich mit dem, was wirklich ist.

2. Koordinatensystem

Wir leben gleichsam in einem Koordinatensystem ‚Horizontale – Vertikale‘. Keine der beiden Koordinaten können wir ungestraft vernachlässigen. Beide Ebenen ziehen sich gleichsam an. In uns findet eine Zerreißprobe statt. Als Manifestation des Göttlichen haben wir in unserem physisch-psychisch-geistigen Menschsein dieses Göttliche Prinzip zum Ausdruck zu bringen und dürfen uns daher weder im Materiellen noch im rein Geistigen verlieren. Das Geistige muß das Materielle mehr und mehr durchdringen, damit eine Harmonisierung der beiden Extreme zustandekommen kann. Das ist der Balanceakt, den wir als Menschen zu leisten haben. Weder Weltverachtung noch Weltverneinung sind die Lösung.

3. Vom Sinn des Widerstandes

Widerstand ist notwendig für das Wachstum. Zu unserem Übungsweg in der Esoterik gehört dieses starke Faktum des Widerstandes, den uns das Ich bereitet. Unser Ich ist so geschaffen, daß es Widerstand leisten muß. Es hat uns auf die Koordinate des Materiellen zu ziehen. Wenn diese Tendenz zum Festhalten, zum Schaffen und Leisten nicht wäre, käme keine Kultur zustande. Dann wäre ein notwendiger Faktor für die Evolution gestoppt. Unser Ich ist die notwendige Form, in der die göttliche Evolution sich offenbart. Wenn das Göttlich-Eine in die Vielheit tritt, kommt es notwendigerweise zu dieser Polarität. Sie fällt also nicht unter die Kategorie von gut und schlecht, richtig und falsch. Sie ist, was sie ist, notwendige Konsequenz aus dem Heraustreten des Göttlichen ins Geschöpfliche.

Wir wandeln uns letztlich an diesen Widerständen. Wenn es diese Tendenz zum Kulturschaffen, zum Kreativen, zur Freude, zur Erde nicht gäbe, wären wir nicht Menschen. Unser Ich macht uns zu Menschen. Es ist eine vollkommene Ausdrucksform der göttlichen Wirklichkeit. Wir sind geomorph und theomorph, d. h., wir sind Eins. In uns diese Einheit zu erfahren, das ist unsere Lebensaufgabe. Und darum gehen wir auch nicht leichtfertig aus dieser menschlichen Existenz hinaus. Denn hier und jetzt vollzieht sich unser Leben als göttliches Leben in Freude und Leid.

Nur ein wahrhaft Erleuchteter hat keinen Widerstand mehr. Er lebt, weil er lebt, wie die Blume blüht, weil sie blüht. Er kommt und geht wie eine Blume. Aber ich zweifle, daß es unter den Menschen einen gibt, der dieses Ziel vollkommen erreicht. Wir werden mit unserem Weg in diesem Leben nie zu Ende kommen. Aber es ist die Zielangabe.

4. ‚Folge dem Lauf des Wassers!'

Ein Mönch hatte sich im Wald verirrt. Er kam zur Hütte eines Einsiedlers und fragte nach dem Weg zurück in sein Kloster. Der Einsiedler gab ihm den Rat: ‚Folge dem Lauf des Wassers!'. Sein Kloster lag am Fluß. Dem Lauf des Bergbaches folgend kam er also sicher an sein Ziel. Als er seinem Meister die Geschichte erzählte, erkannte dieser sofort den weisen Bergmönch. ‚Folge dem Lauf des Wassers!' Das bedeutet viel mehr als eine Wegweisung zurück ins Kloster. Es ist der Rat fürs Leben. ‚Folge dem Lauf des Wassers!' Nimm an! Im Sommer die Hitze, im Herbst den vollen Mond, im Winter den Schnee und im Frühling das Blühen!

Mancher kennt die Tarotkarten. Wenn einer die Karte 13 zieht, ‚der Tod', erschrickt er. Aber diese Karte hat nichts damit zu tun, daß ich bald sterben werde oder daß jemand aus meiner Verwandtschaft stirbt. Der Tod birgt das Urwissen der Schöpfungsordnung. Die Karte steht nicht am Ende, sie steht in der Mitte der Arkana. Es ist die Karte der Transformation. Keine Reifung führt am Sterben vorbei. Sterben bedeutet immer Neubeginn. Wir stellen im Christentum den Tod immer ans Ende, obwohl uns Jesus Christus mit der Auferstehung deutlich in den Neubeginn verwiesen hat. Wenn wir die Tarotkarte 13 ziehen, dann ist das ein Hinweis, hier und jetzt sterben zu lernen, damit wir hier und jetzt leben. Sterben aber bedeutet, von liebgewordenen Vorstellungen, Überzeugungen, Weltanschauungen Abschied zu nehmen. Nur wer das Sterben annehmen kann, wird sich auch wandeln. Wer dazu nicht bereit ist, ist nicht bereit für einen esoterischen Weg. Die schwierigen Durchgänge, die mancher auf seinem Übungsweg hat, sehe ich positiv. Wenn er durchhält, geschieht nämlich gerade da die Wandlung.

Das alles ist leicht gesagt. Wenn uns aber der Arzt eröffnet, daß wir nur noch drei Monate zu leben haben, wenn wir bei einem Verkehrsunfall eine bleibende Verletzung davontragen, wenn wir zum Pflegefall werden bis zum Ende des Lebens, wenn Eltern ein Kind verlieren, wenn jemand vor einer Scheidung steht usw., dann ist das viel schwerer. Keiner von uns kann, wenn wir ehrlich sind, aus vollem Herzen zu allen Situationen ja sagen. Es wird auch nicht von ihm verlangt; verlangt wird nur, anzunehmen. Im Annehmen dessen, was wir nicht ändern können, liegt der eigentliche Reinigungs- und Verwandlungsprozeß. Der Mensch darf schreien und weinen und hadern wie Job. Aber es bleibt wahr: Singen und Tanzen sind die Stimme des Dharma. Schreien und Klagen sind die Stimme des Dharma. Man muß sich nicht freuen über das Leid. Aber wenn keine Trennung mehr besteht zwischen mir und dieser momentanen Situation, dann bin ich erleuchtet.

Ich habe schwierige Situationen ausgewählt. Ich hätte auch sagen können: Du hast eine Million DM gewonnen. Mit einer Million DM lebt es sich viel leichter am Leben vorbei als mit einer schweren Krankheit. Es geht darum, in den Umständen zu leben, die einem das Leben bringt. Natürlich darf man versuchen, seine Situation zu verbessern. Wenn man krank ist, soll man alles tun, um gesund zu werden. Aber einmal stoßen uns Dinge zu, die wir nicht ändern können. Können wir sie dann annehmen?

Meist ist das Annehmen zunächst von schweren Kämpfen begleitet. Das Ideal, der Zustand der Erleuchtung wäre, daß einer nicht nötig hat zu kämpfen, sondern erkennt: das ist es; das ist die Entfaltung des Göttlichen in mir; Gott ist es, der in mir diese Situation durchsteht.

Letztlich ist es ja nichts anderes, als was wir als Christen ständig im ‚Vater unser‘ wiederholen: ‚Dein Wille geschehe‘. Das ist der letzte Prüfstein unseres Übens, das ist der meßbare Grad unseres Fortschrittes auf dem spirituellen Weg.

XII. Mystik –
Weltflucht oder Weltverantwortung?

1. Der Mensch auf dem Weg zum Menschen

Die Evolution hat uns mit einigen Wahrnehmungsmöglichkeiten versehen, die es uns ermöglichen, in der Biosphäre unserer Erde zurechtzukommen und uns einigermaßen zu behaupten. Ein direkter Zugang zum Wesen des Seienden jedoch ist uns versagt. Wir brauchten ihn in den Jahren unserer Menschheitskindheit ja auch nicht. Es reichte zunächst aus, daß wir uns im richtigen Moment fürchteten, Schmerz empfanden, laufen, sehen und uns verständigen konnten. Alles andere war für unser Überleben nicht unmittelbar wichtig, und so haben wir es auch nicht entwickelt.

Die Zeiten, in denen sich der Mensch mit diesen Anlagen zufriedengeben konnte, sind vorbei. Er kann es sich nicht mehr leisten, den Bereich des Numinosen aus seinem Menschsein auszuklammern. Da er aber auch nicht mehr in der Lage ist, das religiöse Selbstverständnis seiner Vorfahren ohne weiteres zu übernehmen, scheint mir nur das Esoterische in den Religionen wirklich Zukunft zu haben.

Wir sind Mensch geworden, um zu reifen und uns zu entfalten. Alle Nöte und Probleme, alle Schwierigkeiten und Freuden sollen uns helfen, zu unserem eigentlichen Wesen zu finden. Das ist die Hausaufgabe unseres Lebens. Das ist unser Lebensziel. Wenn wir dies zum Lebensziel haben, sind wir natürlich ganz anders ausgerichtet als der sogenannte „normale Mensch" – wobei ich mich allerdings frage, ob nicht eher der Mystiker der normale Mensch ist als der Zeitgenosse, der sich gegen das Numinose abschottet und so die volle Entfaltung seines Menschseins verhindert.

Es gilt, jene Dimension zu erfahren, aus der alles kommt. Wir nennen sie seit einigen Jahrtausenden Gott. Wie durch eine Nabelschnur sind wir mit ihr verbunden. Von dorther beziehen wir unser Leben, dorthin können wir aber auch durch die Nabelschnur vordringen, um unseren Urgrund zu erfahren.

Konrad Lorenz soll einmal gesagt haben, daß der Mensch das ‚missing link' ist, das fehlende Stück also zwischen dem Tier und dem wirklichen Menschen. Wir sind erst halbwegs dort, wo der wirkliche ‚homo sapiens' lebt. Bis jetzt gleicht unsere Spezies mehr einer hilflosen, fremdgesteuerten Marionette, die erst noch zu einem ganzen Menschen transformiert werden muß. Ohne diese Transformation dienen uns alle rationalen Erkenntnisse, alle unsere Erfindungen eher zum Untergang als zum Wohl.

Warum erkennen die Menschen dieses ihr eigentliches Lebensziel so spät oder überhaupt nicht?

Der Weg, der zu einer wirklichen Transformation der Persönlichkeit führt, geht durch Wüste, Einsamkeit, Frustration, Verzweiflung und durch das Sterben des Ich. Und das ist für die meisten ein dramatischer Prozeß. Dieser schmerzhaften Wandlung weicht der Mensch aus, solange er kann. meistens kommt die Einsicht – wenn überhaupt – erst nach einem Schock, einem tiefen Leid, nach etwas, was wir Menschen Unglück nennen, was aber für viele Rettung bedeutet.

Manche meinen, daß sie zu einer schmerzhaft kurzen Zeitspanne Leben auf dieser Erde verurteilt sind. Sie erkennen nicht, daß ihnen hier eine Chance gegeben ist, zu wachsen und zu reifen – auch wenn dieser Ganzwerdungsprozeß mit Leid verbunden ist. Der Weg führt nicht zurück ins Paradies, in den Uroborus, sondern durch die Ichwerdung hindurch über das Loslassen des Ich ins volle Menschsein.

2. Zurück in den Uroborus ... oder nach vorn in Pleroma?

Daß der Mensch diesen ‚Heldenweg' der Individuation (E. Neumann) nicht gehen will, daß er aus dieser Welt, aus diesem Leib fliehen will, war in der Esoterik immer eine Gefahr. Der Zustand der Ichlosigkeit ist eine Versuchung, der nicht jeder widerstehen kann.

Das Pleroma, die Fülle des Menschseins, liegt vor uns. Die Menschheit als Ganzes hat den Weg ins Erwachsenenalter zu gehen. Im Märchen wird Pubertät oft durch den Drachenkampf des Helden symbolisiert. Im Drachenkampf gelingt dem Ich die Überwindung der verschlingenden Seite des Unbewußten, der uroborischen Mutter. Vor diesem Kinderparadies der Symbiose, aus dem uns die Ichwerdung vertrieben hat, steht der Cherubim mit dem Flammenschwert. Niemand kann auf dem Weg des Erwachsenwerdens in dieses Paradies zurück. Rückkehr würde einem ‚uroborischen Inzest' (E. Neumann) gleichkommen. Was jeder einzelne Mensch auf dem Weg vom Kind zum Erwachsenen zu bewältigen hat, muß heute die Menschheit als ganze auf ihrem Weg zum vollen Menschtum leisten.

3. Pseudomystik – Verweigerungsmystik

Es gibt eine uroborische Pseudo-Mystik. Sie ist antikosmisch, weltverneinend, ja weltverachtend. In der wahren Mystik werden jedoch nicht nur Welt und Mensch bejaht, sondern auch das Ich und der Geschichtsprozeß in der Zeit. Der Mystiker zielt nicht auf das Jenseits, auf den Himmel. Die Vollendung liegt im Hier und Jetzt. Sie ist nur verborgen. Visio beatifica (die selige Schau) ist die Erfahrung des Geborenwerdens und Sterbens als Vollzug des Lebens Gottes.

Dadurch, daß das Schöpferische schaffend und gebärend ist, ist es seinem tiefsten Wesen nach weltbejahend. Die Erfahrung dieser Wirklichkeit läßt auch den Mystiker schöpferisch und weltbejahend werden. Es ist die Schöpferkraft Gottes selber, die im Mystiker freigesetzt wird. Gott „offenbart sich wahrhaft und vollendet und ganz so, wie er ist, und erfüllt den Menschen so bis zum Überfluß, daß er ausquillt und ausfließt aus übervoller Fülle Gottes".[1]

Aus diesen Grundgegebenheiten leitet sich auch die Verantwortung des Menschen für die Welt ab.

4. Verantwortung der Esoterik für unsere Erde

Harada Dai un Sogaku Roshi, der Vater der Zenrichtung, der ich angehöre, berichtet folgende Begegnung mit seinem Dharma-Bruder Kato Chodo: „Eines Morgens entdeckte er im Müll ein Eßstäbchen. Er brachte es herein und rief mich zu sich. Er zeigte mir das Eßstäbchen und fragte mich: ‚Was ist das?' Ich antwortete: ‚Ein

Eßstäbchen'. ,Ja, das ist ein Eßstäbchen. Ist es unbrauchbar?' – ,Nein!' sagte ich, ,man kann es noch benützen'. – ,Ja, aber ich fand es im Müll unter anderem wertlosen Zeug', fiel er mir ins Wort. ,Du hast diesem Eßstäbchen das Leben genommen. Vielleicht kennst du das Sprichwort: Wer einen anderen tötet, gräbt zwei Gräber. Du hast dieses Eßstäbchen umgebracht, es wird dich umbringen.'". Harada Dai-un war damals sieben Jahre alt. „Von da an wurde ich sehr sorgfältig im Umgang mit allen Dingen", sagte er. –

,Du hast das Eßstäbchen umgebracht, es wird dich umbringen.' Wir wissen heute um die Wahrheit dieses Wortes weit stärker als jener Zenmönch vor hundert Jahren.

Die Studenten der Sofia-Universität in Tokyo sammelten einmal die Wegwerfeßstäbchen eines einzigen Tages auf einem Haufen. Jedem wurde klar, daß da täglich in ganz Japan ein riesiger Berg anfällt. Japan holzt dafür die Regenwälder Borneos und Südostasiens ab. Wir holzen die Regenwälder des Amazonas ab, vergrößern das Ozonloch, obwohl wir wissen, daß wir das Klima dadurch radikal verändern, daß die Versteppung Afrikas immens fortschreitet und wir selber mit Riesenschritten einem Klimawechsel zusteuern.

Alles ist Ausdrucksform des Göttlichen, glauben wir in der Esoterik. Daß wir uns getrennt von allem erleben, ist eine Illusion, aber eine Illusion, die uns umbringt. Alles ist verwoben in unsere eigene Existenz. Was wir anderen antun, tun wir uns selber an. Wer einen anderen umbringt, schaufelt zwei Gräber.

Der mystische Weg führt zurück in die Welt. Man steigt nicht auf den Berg, um oben zu bleiben, sondern um wieder hinunterzusteigen. Es gibt ein unausrottbares Vorurteil gegen die Mystik, das besagt, sie sei weltflüchtig, weltverneinend, weltverachtend. Eine solche Form der Mystik mag tatsächlich existieren. Die Angst, negatives Karma zu erzeugen, treibt manche Menschen in eine ,Höhle des Himalaya', in den Rückzug aus der Welt. Das scheint mir jedoch eine Verirrung zu sein, die nicht in Richtung einer vollen menschlichen Entfaltung geht.

5. Ursünde oder Individuation?

Was wir gemeinhin Ursünde nennen, ist keine Sünde. Sie ist vielmehr ein notwendiger Schritt in der Menschheitsentwicklung. Der Mensch mußte aus dem paradiesischen Zustand der Symbiose heraus. „Die psychologische Grundtatsache, daß das Ich vom wahren Selbst und von der Ganzheit der Psyche abgetrennt und selbständig geworden ist, wird theologisch projiziert in den Mythos vom Abfall des Menschen von Gott und vom Abfall der Welt vom Urzustand."[2]

In Wirklichkeit fällt nicht das böse menschliche Ich vom göttlichen Selbst ab, sondern umgekehrt, Gott zieht sich gleichsam zurück, damit der Mensch erwachsen werden kann. Erwachsen zu werden ist ein schmerzhafter Prozeß, den auch die Mystik durchaus kennt. Es gehört zum Weg der Verwandlung, am Kreuz diese Spannung zu erleiden.

In der Persönlichkeitsentfaltung des Mystikers handelt es sich also nicht, wie oben bereits gesagt, um einen regressiven Prozeß der Ichauflösung. Der mystische Weg wird immer durch eine Ichstärkung vorbereitet. Das Ich entfaltet sich auf dem Weg.

Am Ende steht nicht eine Ichauflösung, sondern das Bewußtsein verändert sich, bis nicht mehr das Ich das Zentrum darstellt, sondern das Selbst, um welches das Ich kreist.[3]

Die falsche Mystik kann das Abgründige des Numinosen nicht annehmen, darum erklärt sie die Welt für gefallen, verschuldet, gesunken, verführt, getäuscht und verdorben. Sie will es nicht wahrhaben, daß Leben und Schöpfung in der Polarität und Spannung geschehen müssen, zu der auch der Teufel, das Böse, die Schuld, die Sünde und der Tod gehören. Falsche Mystik hält letztlich die Schöpfung für einen Irrtum Gottes oder für das Werk eines zweitrangigen Demiurgen.

Worauf dagegen wahre Mystik aufbaut, umschreiben folgende Aussagen:

Es gibt eine Deutung von Baal-Schem-Tow, dem Begründer der chassidischen Bewegung, zu dem Satz: „Mit Gott ging Noa". Dort heißt es am Ende: „Darum, wenn sich der Vater von ihm entfernte, wußte Noa: Das ist, damit ich gehen lerne".[4] Gott mußte den Menschen gleichsam allein lassen, wie eine Mutter ihr Kind allein lassen muß, damit es selbständig wird.

Ein Sufitext läßt Gott sprechen: „Ich war ein verborgener Schatz und wollte erkannt werden; deshalb schuf ich die Welt". Wir haben in dieser Welt Gott zu erkennen. Unsere menschliche Entwicklung ist der Weg.

Ein Wort aus dem Judentum lautet: „Gott und die Welt sind gleichsam Zwillinge".[5]

Eckehart meint, daß die Welt so alt ist wie Gott: „Auf einmal und zugleich, als Gott war, da er seinen ihm gleich ewigen Sohn als ihm völlig gleichen Gott erzeugte, schuf er auch die Welt".[6] „Desgleichen kann zugegeben werden, daß die Welt von Ewigkeit her gewesen ist."[7] Gott und Welt gehören zusammen. Sie sind nur zwei Aspekte der einen Wirklichkeit.

Die Welt ist die Offenbarung des Göttlichen Prinzips. Gott kann nur in der Form erfahren und erkannt werden. Darum kehrt echte Mystik immer zurück in die Welt. Sie hat einen Weltauftrag.

Christliche, buddhistische und andere Redogmatisierungen geben manchen mystischen Erfahrungen einen weltfeindlichen Anstrich. Aber echte Mystik ist menschenfreundlich. Ein chassidisches Wort drückt das so aus: „Einer kauft sich im Winter einen Pelz, ein anderer Brennholz. Und was ist der Unterschied zwischen ihnen? Jener will nur sich, dieser auch anderen Wärme spenden". Echte Mystik versteht sich als Erlösungsweg des Menschen. Der „mystische Liebestod, der nicht zur Auferstehung führt, ist ein Versagen!".[8]

6. Der Wandel der Welt beginnt bei uns

Grundlegende Wandlung der Welt wird niemals durch ein neues Gesellschaftssystem geschehen, sondern nur über den Wandel des einzelnen. Wir schreien immer gleich nach dem großen Chirurgen, der die entscheidende Operation vornehmen soll. Aber wer wirklich die Welt ändern will, verläßt sich auf keinen Spezialisten. Nur wer selber aus dem Schema der Gesellschaft heraustritt und Habgier, Erwerb sucht, Machtstreben überwindet, wird etwas ändern.

Wir erwarten den großen Erlöser auch in der Religion von außen: Da macht es schon einer, wir brauchen uns nur an seinen Rockzipfel zu hängen. Wahre religiöse Führer jedoch sollten nicht erlösen. Sie haben vielmehr zur Umkehr aufgerufen, zur Metanoia, zur Wende nach innen, zum Wesentlichen hin, zu unserer göttlichen Natur. Aber der Mensch hat die Religionsstifter lieber zur Ehre der Altäre erhoben und betet sie an, statt diese Metanoia, die sie vorgelebt haben, an sich selbst zu vollziehen. Denn der Weg der Verwandlung ist lange und beschwerlich. Er führt über die Auseinandersetzung mit unserem Schatten und mit dem Teufel.

7. Der Teufel, unser Zwillingsbruder

Am Anfang der christlichen Religion steht die Dualität von Gott und Schöpfung, Licht und Dunkel, Michael und Luzifer, Versucher und Versuchten. Mit dem Glauben an Gott wurde uns der Glaube an den Teufel vermittelt. Mit diesem Glauben haben wir so manche Tragödie in der Weltgeschichte auf andere abgeschoben, statt die Gründe bei uns selbst zu suchen und Verantwortung zu übernehmen.

Mit dem Teufel versuchen wir, das Böse in dieser Welt zu erklären. Das Böse wurde personalisiert und als die Gegenkraft des Göttlichen von Gott getrennt gesehen. Der Teufel wurde so zur Projektionsfigur, auf die man alles Böse abschob. Er steht für unseren persönlichen und für den kollektiven Schatten. Wenn es uns nicht gelingt, diese Dualität, die offensichtlich zur Struktur der Schöpfung gehört, in uns zur Harmonie zu bringen, bleiben wir den negativen Kräften dieses Kampfes ausgesetzt. Inquisitor und Angeklagter, Richter und Henker, Freund und Feind, Vorgesetzter und Untergebener finden sich in uns. In uns müssen wir sie zum Einklang bringen.

Die Teufelshypothese muß nicht aufrechterhalten werden. Sie ist sogar höchst bedenklich. Das, wofür der Teufel stand, soll aber deshalb nicht verschwinden. Wir brauchen etwas, was unsere Sensibilität dem Bösen gegenüber lebendig hält. Wir brauchen zeitgemäßere Metaphern für jene Macht des Bösen, die in jedem von uns relevant ist. Wir brauchen eine neue Sprache für das Böse. Was die christliche Tradition ‚Dämonen‘ nennt, sind Kräfte, die wir nicht personifizieren müssen. Das wirklich Böse in unserer Welt hat andere Namen: Religiöser und politischer Machtmißbrauch, Unterdrückung der Schwachen durch ausbeuterische Wirtschaftssysteme, Umweltzerstörung, Genmanipulation, rassische und kulturelle Entwurzelung von Millionen durch Vertreibung und Flucht, Haß auf den Nachbarn und Verhaftetsein im Materiellen.

Nicht der Teufel hat die erste Atombombe geworfen, die Juden unter Hitler und die Gegner Stalins im Kommunismus vernichtet. Nicht der Teufel hat unter den Japanern im letzten Krieg die Menschen Südostasiens tyrannisiert. Nicht der Teufel hat die Kreuzfahrer auf den Weg geschickt. Nicht der Teufel hat die Scheiterhaufen von Inquisition und Hexenverfolgung angezündet. Nicht der Teufel zerstört unseren Lebensraum. Nicht der Teufel ist schuld, daß wir mit unseren Nachbarn nicht auskommen. Das Böse in uns ist am Werk. Dieses Böse in uns gilt es zu erkennen. Wenn wir es da erkannt haben, erfahren wir auch, daß wir an Verbrechen, die weit weg von uns begangen werden, beteiligt sind.

Wir erfahren als einzelne immer stärker, daß wir mit allem verbunden sind im Guten wie im Bösen. Der Teufel ist Symbol für das Böse und so unser Zwillingsbruder. Er ist in unserer Persönlichkeitsstruktur angelegt und gehört zum Strukturprinzip der Schöpfung. Wenn es uns gelingt, unsere Schattenenergien für das Gute fruchtbar zu machen, haben wir ihn als Gehilfen gewonnen, der tatsächlich das Gute schafft, obwohl er anscheinend das Böse will.

Eng mit dem Teufel verbunden ist die Angst vor der Hölle. Diese Angst kommt aus einem archaischen Gottesbild. Der Gott, der ewige Verdammnis auferlegen kann, spukt immer noch in den Köpfen. Mit einem dualistischen Denkmodell läßt sich die letzte Wirklichkeit aber nicht erklären. Die mystische Erfahrung ist immer eine Erfahrung der Einheit, sie ist Unio mystica, Ganzheit, Nicht-Zwei. Dazu gehört auch das, was wir Menschen böse nennen.

8. Mystik – harmonisierend oder revolutionär?

Der mystische Mensch muß sich nicht einer Konfession zurechnen. Die konfessionsgebundene Mystik ist zwar die bekannteste, aber nicht unbedingt die bedeutsamste. Mystiker und Mystikerinnen, die sich keiner Religion zuzählten, konnten sich viel freier ausdrücken. Wer konfessionsgebunden war, geriet (und gerät auch heute noch) mit der dogmatischen Fixierung der jeweiligen Religion und Moral in Konflikt. „Die echte Grunderfahrung des Numinosen kann nicht anders sein als anti-konventionell, anti-kollektiv und anti-dogmatisch, denn sie ist Neuerfahrung des Numinosen."[9] Mystik ist daher immer revolutionär und wird von der Institution als störend, wenn nicht sogar als häretisch empfunden. Das führt Mystiker oft in die Konfrontation mit der institutionalisierten Religion. Viele von ihnen wurden vor allem in den theistischen Religionen angefeindet, verurteilt, ja hingerichtet.

Jede Mystik, die gezwungen wird, sich im Rahmen des konventionellen Glaubensbekenntnisses auszudrücken, ist verwaschen oder getarnt. Sie flüchtet sich in nichtreligiöse Terminologie oder verschleiert die Wortinhalte. So haben christliche Mystiker immer wieder ihre Aussagen der Dogmatik angepaßt oder sie getarnt, so daß sie nur Eingeweihten erkenntlich war. Johannes vom Kreuz z. B., der wiederholt bei der Inquisition angeklagt war, hat seine Erfahrung in Gedichten, vor allem in Liebesgedichten ausgedrückt. Als er jedoch diese Gedichte auslegte, kam er in Konflikt mit der Institution. Gleichzeitig führt diese Auseinandersetzung des Mystikers mit den Religionen aber auch zu einer Tendenz der Erneuerung in ihnen.

9. Der Mensch hat Zukunft

Die Menschheit erfährt sich mehr und mehr als Ganzes, d. h. als eine kollektive Persönlichkeit. Ich meine jetzt nicht ein intellektuelles Begreifen, sondern eine Erfahrung. Diese kollektive Persönlichkeit beruht auf noch nicht erkannten Energien. Als Menschheit sind wir in einem pubertären Abschnitt. Wir wissen momentan nicht so recht, wer wir sind. Aber die Entwicklung dieser Menschheitspersönlichkeit geht immer schneller voran. Wir erkennen wenigstens schon, daß Freund-Feind-Denken, Nationalismus, religiöser Fanatismus, Gewalttätigkeit uns alle bedrohen und nicht nur den eingrenzbaren Ort, wo diese Krankheiten gerade relevant sind.

Wir können uns kaum vorstellen, wie diese unsere Menschheitszukunft einmal aussehen wird. Aber sie kündet sich schon an in einer neuen Empfindsamkeit für geistige Werte. Wir entdecken, daß das Universum Geist ist und alles Physische nur eine Verdichtung dieses Geistes.

Der Mensch ist auf dem Weg zum Menschen. Mögen die Hiobsbotschaften in den Nachrichten auch nicht abreißen, das Göttliche Prinzip wird sich von der Spezies des homo sapiens nicht in seiner Entfaltung hindern lassen. Die Welt ist nicht der mißglückte Versuch eines zweitrangigen Demiurgen. Sie ist das Werk Gottes, der uns bestätigt hat, daß alles gut ist. Der Mensch hat Zukunft, weil es die Zukunft Gottes ist.

II. Teil:
Ansprachen

Vorbemerkung

Die Heiligen Schriften der Religionen sind für alle Menschen geschrieben, ganz gleich auf welcher Erkenntnisstufe sich diese befinden. Sie können daher auch eine sehr unterschiedliche Deutung erfahren. Im folgenden geht es vor allem um eine esoterische Deutung:[1]

1. „Ich werde meinen eigenen Namen auf sie schreiben"

„Wer siegt, dem werde ich von dem verborgenen Manna geben. Ich werde ihm einen weißen Stein geben, und auf dem Stein steht ein neuer Name, den nur der kennt, der ihn empfängt" (Offb 2,17).

„Wer siegt, den werde ich zu einer Säule im Tempel meines Gottes machen, und er wird immer darin bleiben. Und ich werde auf ihn den Namen meines Gottes schreiben und den Namen der Stadt meines Gottes . . . ich werde auf ihn auch meinen neuen Namen schreiben" (Offb 3,12).

Name bedeutet immer Individualität. Wir sind eine einmalige Ausformung des Göttlichen. Wir sind die Selbstoffenbarung Gottes in dieser ganz individuellen Form und sind von Gott so gemeint, wie wir sind. Es geht daher darum, uns so anzunehmen, wie wir sind.

„Ich werde meinen eigenen neuen Namen auf sie schreiben" (Offb 3,12). Wir haben eine ganz individuelle Aufgabe in dieser Welt zu erfüllen. Niemand kann sie uns abnehmen. Wir sind der ‚neue Name' unseres Gottes. In uns geht er durch diese Zeit.

Wir sollten den Mut haben, das durchzustehen und uns nicht ständig einen anderen Platz wünschen, eine vermeintlich bessere Situation, angenehmere Lebensumstände usw.

Unser Aufenthalt hier auf dieser Erde ist nur ein Akt unseres Lebens. Worin seine besondere Bedeutung liegt, können wir offensichtlich in diesem unserem Bewußtseinsstand nicht vollständig erkennen. Die Erklärung liegt jedenfalls nicht im Ichbereich. Wir haben zu unserem wahren Wesen durchzustoßen, dorthin, wo Einheit mit Gott erfahrbar ist. Dort und nur dort macht unser Leben Sinn.

2. Mose und die Herrlichkeit des Herrn (Exodus 33,18)

„Nun bat Mose den Herrn: ‚Laß mich doch deine Herrlichkeit sehen!' Der Herr erwiderte: ‚Ich werde in meiner ganzen Pracht und Hoheit an dir vorüberziehen und meinen Namen vor dir ausrufen . . . . Aber mein Gesicht darfst du nicht sehen, denn niemand, der mich sieht, bleibt am Leben. Hier auf dem Felsen neben mir kannst du stehen. Wenn meine Herrlichkeit vorüberzieht, werde ich dich in einen Felsspalt stellen und dich mit meiner Hand bedecken, bis ich vorüber bin. Dann werde ich meine Hand wegnehmen, und du kannst mir nachschauen. Aber von vorn darf mich niemand sehen'."

Gott will Mose seine ganze Pracht und Hoheit zeigen. Aber um das zu sehen, muß Mose in die dunkle Felsspalte, und Gott legt obendrein auch noch seine Hand auf ihn und drückt ihn gleichsam hinein. Wir können die Nähe Gottes nicht mit Sinnen und

Verstand begreifen. Nur wenn alle Vorstellung schweigt, kann er sich offenbaren, wie er ist.

Da, wo Mose das Gefühl haben muß, alles sei dunkel, eng, bedrückend, leer, da ist ihm Gott am nächsten. Erst hinterher, wenn Gott vorbei ist, wenn Mose wieder außerhalb der Felsspalte ist, erkennt er, daß Gott ihm am nächsten war, als alles eng, dunkel, ausweglos schien.

So ist es auch in unserem Leben. Das Göttliche ist uns immer dann am nächsten, wenn wir uns verzweifelt und verlassen vorkommen. Es scheint, als habe der Transformationsprozeß seine eigene Gesetzmäßigkeit und als sei das, was wir Depression nennen, oft die Gegenwart Gottes.

Der Transformationsprozeß ist offensichtlich ein schmerzhafter Prozeß. Nur wenn man ihn nicht als Krankheit und Leid, sondern als Verwandlungsprozeß sehen kann, läßt er sich verstehen und ertragen. Nicht vergebens wird in der Esoterik das Leid sehr hoch eingeschätzt. Es ist die Medizin, die den Menschen verwandelt und zur Vollendung führt. Wohl dem, der seine Tiefpunkte so sehen kann.

Wohl dem, der seinen Tod so nehmen kann, als die letzte Bedrängnis Gottes, die uns seine Herrlichkeit sehen läßt, wenn er vorüber ist. Wir haben Angst vor dem Grab, das nach keiner Seite einen Ausweg zuläßt und aus dem es nur eine Befreiung gibt, die den Körper zurückläßt. Aber wie sonst sollten wir aus dem Grab erstehen?

3. Berufung (Mk 1,14 ff)

Es gibt menschliche Ziele und Inhalte, für die es sich lohnt, alles stehen und liegen zu lassen. Unser Leben als Beruf und Stellung in der Gesellschaft ist die eine Seite, zu finden, wovon man wirklich leben kann, die andere. Wie finde ich Sinn in meinem Leben? Wie finde ich meine eigentliche Bestimmung?

Normalerweise ist der Mensch zu feige, seiner inneren Berufung zu folgen. Er findet immer wieder Ausreden. Und andere bestärken uns darin, daß es besser ist, zu bleiben, wo man ist. Es gibt viel weniger unabhängige Menschen, als wir meinen. In der Herde lebt es sich viel bequemer.

Wir können uns diese Berufungssituation der Jünger nicht drastisch genug vorstellen. Sie geschah in einer Gesellschaft, die noch nicht die Möglichkeit kannte, anonym in der Großstadt unterzutauchen, wenn man neu anfangen wollte.

Von diesem Jesus muß eine unglaubliche Faszination ausgegangen sein. Aber sie hätte nicht gewirkt, wenn in den Jüngern nicht auch eine starke Resonanz gewesen wäre, „auszusteigen". Berufung hat oft mit Aussteigen zu tun.

Berufung kann auch mit Auszug aus der Familie zu tun haben. „Sie verließen ihren Vater Zebedäus mit all seinen Tagelöhnern" (Mk 1,18). Wenn das heute ein junger Mensch tut, bekommt er zu hören, daß so etwas verantwortungslos ist. Einzusehen, daß das Verlassen der Eltern notwendig sein kann, ist für die meisten noch schwerer als das Verlassen der äußeren Sicherheit des Berufes.

Es kann heute auch der innere Auszug aus der Familie wichtig werden, wenn ein Eheteil einen esoterischen Weg geht, der andere aber nicht den Freiraum für diesen Weg geben will. Entfremdung gibt es nicht nur auf profanem Gebiet.

Auszuziehen aus Kindheitsmustern und ihren Verhaftungen, ist noch schwerer. Man wird erinnert an Traditionen, Regeln und Normen, die zu überschreiten nicht nur gefährlich, sondern auch unverantwortlich sei.

Wer aber ins Reich Gottes eintreten will, sagt Jesus, muß diese Normen, muß Vater und Mutter verlassen. Wir haben als Christen in diesem Punkt viel zu lernen, weil uns immer wieder Schuldgefühle gemacht werden, wenn wir aus der „heiligen Ordnung" – mag sie noch so lebensfeindlich geworden sein – aussteigen.

Wir sind als Christen zur Freiheit berufen, und das heutige Evangelium sollte uns Mut machen, wenn der Zeitpunkt gekommen ist, „auszusteigen" und einer ganz neuen Berufung zu folgen.

Ich denke hier ganz konkret an Frauen, deren Kinder aus dem Haus sind und die sich mit 45 fragen: was nun? Ich denke an Männer, die sich zwischen 50 und 60 pensionieren lassen könnten, um endlich das zu tun, wofür sie sich berufen und verantwortlich fühlen. Ich denke an junge Menschen, die nach der ersten Berufsausbildung erkennen, daß sie falsch gewählt haben und noch einmal anfangen müssen. Und ich denke an alle, die sich auf einen spirituellen Weg gemacht haben, obwohl die Umgebung mit Kopfschütteln reagiert. ‚Und sie verließen alles und folgten ihm nach.‘

4. Eckstein (Mk 12,10)

„Der Stein, den die Bauleute verworfen haben, dieser ist zum Eckstein geworden."

Die Tiefe der Religion spricht sich im Mythos, im Symbol und in der Parabel aus. Diese Bilder sind in ihrer Tiefe mit dem verankert, was wir den Archetypus nennen. Stein, Fels ist ein mächtiger Archetypus. Er bedeutet Sicherheit gegen die Brandung des Lebens. Es gibt viele Stellen in der Schrift, die darauf verweisen.

Ich möchte das Bild verinnerlichen. Stein ist Symbol für Christus, Symbol für das göttliche Wesen in jedem von uns. Er ist der einzige Stein, auf den wir bauen können. Alles andere fließt.

Wenn wir dieses göttliche Leben nicht als unsere Mitte haben, behindern wir unseren Reifungsprozeß als Menschen. Gott ist nicht einer, der straft. Wir sind es, die sich die Chance zum Bau unseres Menschenhauses nehmen. Wer nicht auf diesen Eckstein ‚Göttliches Leben‘ baut, der baut auf Sand. Sein Lebensgrund wird nicht tragen. Gott tut ihm nichts, er straft ihn nicht. Der Mensch verpaßt vielmehr etwas. Er hat einen schlechten Platz gewählt für sein Lebenshaus.

Wir brauchen solche Symbole und Archetypen. Campbell, ein großer Mythenforscher, fragte einmal seinen jüngsten Sohn: „Warum bist du 12 mal in den Film ‚Krieg der Sterne‘ gegangen?". Er hat geantwortet: „Aus demselben Grund, aus dem du immer wieder im Alten Testament gelesen hast".

Oft sind tiefe Erkenntnisse nichts anderes als die Heimkehr abgespaltener Teile unseres Bewußtseins. Das wertet eine solche Erfahrung nicht ab, sondern zeigt uns vielmehr, daß uns das Göttliche nicht fern ist, sondern sich in Bildern und Zeichen offenbart, die tief in uns angelegt sind.

So können Bilder und Erkenntnisse, die uns plötzlich widerfahren, eine starke Motivation für unser Leben sein. Aber wir sollen sie nicht festhalten. Wir sollen durch sie hindurchtauchen, ohne ihre Botschaft zu missen.

Auch Bilder einer anderen Religion können in uns auftauchen. Wir sollten deswegen nicht erschrecken. Ich habe einmal in der tanzenden Kali Untergang und Entstehen des Kosmos erlebt, d. h., ich habe die letzte Wirklichkeit Gott als Entstehen und Vergehen erlebt.

Gott ist nicht Stein und nicht Fels, er ist nicht Hirte und nicht König, er ist nicht Vater und nicht Sohn. Wenn wir an den Bildern hängenbleiben, verharren wir in einer archaischen Form von Religiosität. Gott ist das, was hinter diesen Bildern steht. Er ist die Wirklichkeit, die sich in diesen Bildern unserem Ichbewußtsein anschaulich macht. Mir sind im Laufe meines kontemplativen Weges viele solche Bilder mit ungeheuerer Wucht widerfahren. Sie haben mein Leben gewandelt. Aber ich habe immer gewußt, es sind Bilder; das Eigentliche ist hinter den Bildern, und das wollen sie mir vermitteln.

5. Immaculata

Heute, am Fest der Unbefleckten Empfängnis Mariens, feiern wir das Geheimnis des ewig Weiblichen: die Hingabe. Mir scheint, daß dem Menschen nur ein Gebet wirklich zusteht, die Hingabe an die letzte Wirklichkeit Gott. In diesem Fest feiern wir unsere grundlegende Haltung vor Gott. Wir feiern den Menschen in seiner Verfaßtheit schlechthin.

Auch in uns gibt es einen Ort, an den Schuld nicht hinreicht, einen Ort, an dem Gott allein wohnt. Dort gibt es keine Schuld, dort haben wir nichts falsch gemacht. Dort ist das „unentweihte Antlitz" des Menschen, wie Gertrud von Le Fort sagt. Dort ist das „Antlitz vor unserer Geburt", wie Zen sagt. Dorthin kommt weder die Bosheit der Welt noch die eigene Schuld.

Aber wir erreichen diesen Platz nur durch unser Fiat, durch Geschehenlassen, durch Aufnahme und Annahme.

Im Zen und in der Kontemplation nennen wir das „Loslassen". Wir suchen unsere weiblichen Anlagen und Fähigkeiten. Gott gegenüber haben wir nämlich nichts, aber auch gar nichts einzusetzen. Ihm gegenüber ist einzig unbedingte Hingabe und Empfangsbereitschaft am Platz. Das aber sind die eigentlich weiblichen Elemente in uns. Und nur über diese weibliche Grundhaltung – ganz gleich, ob wir Mann oder Frau sind – können wir das Göttliche erfahren.

Es ist die Hingebungskraft des Kosmos, die wir in der Gestalt der Frau feiern und die uns in der Gestalt Mariens ins Bewußtsein gerufen wird. Die Schöpfung selber ist weiblich. Sie existiert nur aus der Kraft Gottes. Wir Menschen existieren nicht anders. Unser Wesen ist Hingabe, ganz gleich, ob wir Mann oder Frau sind.

Wir haben Jungfrau zu sein, die empfängt, d. h., wir haben Empfangende zu sein, nur dann können wir auch Gott gebären. Ob Maria biologisch gesehen Jungfrau war, ist ohne Bedeutung. Der Mythos der Jungfrauenschaft verkündet eine spirituelle Wahrheit. Maria hat im ‚Fiat' ihr Ich geopfert. Sie hat allem Machertum abgesagt.

„Mir geschehe nach Deinem Wort." Unser Ich zu lassen, das ist es, was wir auf unserem Weg einüben. Maria stellt sich uns dar als reine Empfänglichkeit. Sie kann Gott empfangen und gebären. In ihr kann sich die ‚Gottesgeburt' vollziehen. Darin liegt auch ihre und unsere Miterlöserschaft, nicht im männlichen Tun, sondern im Empfangen und Gebären, im Gebären der Werke Gottes, wie Eckehart sagt.

Dieses Fest läßt uns ein optimistisches Menschenbild feiern. Das tut gut bei all den Unkenrufen, die uns aus Literatur und Nachrichten in den Ohren dröhnen. Das göttliche Leben ist stärker als alle Vernichtungskräfte des Menschen. Es wird sich durchsetzen, wenn wir nur lernen, offen zu sein, Empfangende zu sein.

Zum Schluß noch ein paar Sätze von Gertrud v. Le Fort:

„Der Mann steht kosmisch betrachtet im Vordergrund der Kraft, die Frau lagert in der Tiefe. Wo immer die Frau unterdrückt wurde, geschah es niemals, weil sie schwach war, sondern weil sie als mächtig erkannt und gefürchtet wurde – mit Recht: denn in dem Augenblick, wo die stärkere Gewalt nicht mehr die Hingebung, sondern die Selbstherrlichkeit sein will, entsteht natürlicherweise eine Katastrophe. In der dunklen Kunde vom Kampf um das stürzende Matriarchat zittert noch die Furcht vor der Macht der Frau."[1]

Wir sind geneigt, das Weibliche in uns zu unterdrücken. Es ist oft dunkel, nicht klar faßbar. Wir wissen oft nicht, womit wir da schwanger gehen. Diese Ungewißheit auszuhalten, zu warten, bis die reife Frucht sich selbst gebiert, fällt uns sehr schwer. Und doch ist alles wirklich Große nicht etwas, was wir gemacht haben, sondern was in uns gereift ist.

6. Weihnachten (I) (Johannes 1,1 ff)

Die Wirklichkeit hat zwei Aspekte: Das Wesen Gottes und das Geschöpfliche. Gott spricht sich im Geschöpf aus. Auch wir sind nichts anderes als dieses von Gott gesprochene Wort. Das ist es, was uns das Weihnachtsevangelium sagen will. Wir sind der Abglanz seiner Herrlichkeit und das Abbild seines Wesens, heißt es im Hebräerbrief (Hebr 1,1 ff).

Alles ist durch das Wort geworden. Jesus Christus wird als das Wort bezeichnet, in dem alles geworden ist. Ohne ihn wurde nichts, was geworden ist. Wir nennen diesen Christus auch den Kosmischen Christus. Da ist nichts, was nicht seine Gestalt wäre. Wir sind die Gestalt Gottes. In Ihm ist alles geschaffen. Auch wir sind seine Form. Wir sind dieser Sohn, diese Tochter.

Der Sohn ist die sichtbare Gestalt des Vaters. Auch wir sind die sichtbare Gestalt Gottes. Vater und Sohn gehören zusammen. Es ist Nonsens, vom Vater zu sprechen, wenn da nicht ein Sohn ist, und vom Sohn zu sprechen, wenn da nicht ein Vater ist (Hebr 1,6). Es ist Nonsens vom Menschen zu sprechen, ohne von Gott zu sprechen. Wo ein Mensch ist, da ist Gott. Es ist Nonsens, von uns zu sprechen, ohne Gott zu meinen.

Auch von uns gilt, was von Jesus Christus gesagt wird: „Mein Sohn, meine Tochter bist du, heute habe ich dich gezeugt", und weiter: „Ich will für ihn Vater sein, und er wird für mich Sohn und Tochter sein".

Diese Eucharistiefeier ist die Feier unserer Kindschaft. In der Gottesförmigkeit dieses Brotes sollen wir unsere eigene Gottesförmigkeit erkennen.

Das ist die Weihnachtsbotschaft. Es geht um unsere Geburt aus Gott. Wir sind gemeint, wie Jesus gemeint war. „Wär' Christus tausendmal in Bethlehem geboren und nicht in dir, du wärest dennoch ewiglich verloren" (Angelus Silesius).

Eckehart kennt keinen Unterschied zwischen Jesus Christus und uns. Er sagt: „In principio, damit ist uns zu verstehen gegeben, daß wir ein einiger Sohn sind, den der Vater ewiglich geboren hat aus dem verborgenen Dunkel".[2]

7. Weihnachten (II)

Wir feiern das Geburtsfest eines Menschen, der später erkannt hat, daß er der Christus ist, der Gesalbte, der Göttliche. „Ich und der Vater sind eins," wird er später sagen, und: „Das Reich Gottes ist in Euch", und: „Ich bin das Licht der Welt".

Später bei der Taufe erkannte Jesus, wer er wirklich war. Da hörte er die Stimme: „Du bist mein geliebter Sohn". In diesem Augenblick erkannte er sich als der Christus. Jesus hat den Prozeß der vollen Menschwerdung durchgemacht, um zu erkennen, daß er der Christus ist, der Gott-Mensch.

Es geht heute nacht nicht darum, einen Geburtstag zu feiern. Wer in der Geschichte steckenbleibt, tötet das Lebendige der Botschaft dieser Nacht. Religiöse Botschaft bezieht sich nicht auf historische Tatsachen.

Heute ist euch der Heiland geboren. Nicht damals vor langer Zeit. „Wär' Christus tausendmal in Bethlehem geboren und nicht in dir, du wärst doch ewiglich verloren" (Angelus Silesius). Im Weihnachtsfest vollzieht sich – wie in allen christlichen Festen – der Mythos von der Entfaltung des Ewigen in der Zeit. Dieser Mythos vollzieht sich heute an uns.

Eckehart predigt daher: „Alles, was die Hl. Schrift über Christus sagt, das bewahrheitet sich völlig an jedem guten und göttlichen Menschen".[3]

In der Geburt dieses Kindes feiern wir unsere göttliche Geburt. Dieses Weihnachtsfest soll uns unseren transzendenten Ursprung lehren und uns so unsere eigentliche Würde erfassen lassen. Es will uns die Identität mit Jesus Christus nahebringen, damit Jesus Christus in uns Gestalt annimmt, wie Paulus sagt (Gal 4,19), und wir ein anderer Christus sind. Das zu erkennen, ist die wichtigste Aufgabe unseres Lebens.

Wir feiern dieses Fest, damit auch wir begreifen, daß wir Gottessöhne und Gottestöchter sind, daß auch wir ‚Gottmenschen' sind und daß auch über uns bei der Taufe gesprochen wurde: ‚Dieser ist mein geliebter Sohn, diese ist meine geliebte Tochter'. Wir feiern dieses Fest, damit wir bei all unserer Plumpheit, Erdhaftigkeit und Dummheit doch merken, daß wir göttlichen Ursprungs sind.

Und nur, wenn wir das erkennen, werden wir auch entsprechend handeln. Die Moral kommt aus der Erkenntnis unserer Würde. Wir werden nicht würdig, weil wir uns moralisch gut verhalten. Wir s i n d würdig, und wenn wir erfahren haben, wer wir sind, dann werden wir uns auch entsprechend verhalten.

Wir feiern dieses Fest, damit auch uns eines Tages aufgeht: „Ich und der Vater sind eins", und: „Das Reich Gottes ist in uns", und: „Ich bin das Licht der Welt". Dieses Fest zeigt uns die Lichtseite unserer Existenz.

Unser Menschsein ist eine Form, in der das Göttliche erklingt wie ein Instrument. Aber wir dürfen nicht am Instrument, an dieser unserer menschlichen Form hängenbleiben. Wir dürfen nicht nur unseren irdischen Geburtstag feiern. Früher feierte man in der kath. Kirche den Tauftag. Der Tauftag ist unser eigentlicher Geburtstag. Da wurde uns gesagt, sollte uns wenigstens gesagt worden sein, wer wir sind, ‚Gotteskinder'. Wie Jesus sollte uns diese Verheißung im Laufe unseres Lebens aufgehen.

Es ist die wichtigste Aufgabe der Zukunft, die Menschen ihre transzendenten Identität zu lehren und sie so zu ihrer eigentlichen Würde zu führen. Das ist die wahre Aufgabe auch aller Religionen, die einzig wichtige Aufgabe unseres Lebens und der tiefe Sinn dieser Nacht.

8. Epiphanie

An Weihnachten feiern wir die Menschwerdung Gottes. Der Akzent lag auf „Fleisch geworden". Das morgige Fest nennen wir Epiphanie Gottes, also die Erscheinung des Göttlichen, das Aufscheinen des Göttlichen. Im Evangelium scheint es den Magiern auf in diesem Kind. Das ist die mythische Einkleidung eines sich ständig wiederholenden Ereignisses im Menschen. Epiphanie soll sich auch in uns ereignen.

Was hat uns der Mythos hier und jetzt zu sagen?

Wir sind die Magier. Wir kommen von weit her gegangen, wie wir gleich singen werden, aus der Dunkelheit der Ichzentrierung. In dieser Dunkelheit sieht die Welt ganz anders aus, – ‚verhangen' und ‚dunkel', sagt das Lied. Auch wir haben erst bei Herodes gesucht und in vielen Palästen, bis wir erkannt haben: Dort ist es nicht zu finden. Es scheint in den einfachen Dingen und Ereignissen des Lebens auf, im Hier und Jetzt des Alltags, so wie es den Magiern in diesem Kind aufschien.

Aber es dauert lange, bis wir erkennen, es ist in jeder Blume, in jedem Stein, in jedem Menschen. Damit wir das lernen, feiern wir Eucharistie. So wie es in Brot und Wein aufscheint, scheint es in allem auf, wenn unsere Augen sehend geworden sind.

Das Göttliche Kind ist Symbol für alles, was geschaffen ist. „In ihm ist alles erschaffen", sagt Johannes. „Er ist das Haupt der Schöpfung", sagt Paulus. Am Haupt hängt der ganze Schöpfungsleib. „Er ist der Erstgeborene", wir sind seine Brüder und Schwestern.

Es existiert nichts, was nicht in Gott existiert.

Es gibt nichts, was nicht gottesförmig ist.

Es gibt nichts, was nicht SEINE Epiphanie ist.

Es dauert lange, bis wir das erkennen. Aber wenn wir es erkennen, ändert es unsere Weltanschauung im wahrsten Sinne des Wortes. Und darum ist es wert, daß wir alles auf eine Karte setzen, um Seine Epiphanie in allem zu erkennen.

Kult und Ritual (zum Fest der Beschneidung des Herrn)

An Jesus wird ein uraltes Ritual vollzogen. Er wird beschnitten und wird in den Tempel gebracht. So wird an ihm wie an jedem anderen Menschen bezeugt, daß er aus Gott geboren ist, daß er Gott gehört.

Auch wir vollziehen hier einen uralten Ritus. Auch wir bekunden unsere Einheit mit dem göttlichen Prinzip. Kult und Ritual sind die Antwort auf die Tatsache, daß wir göttlichen Ursprungs sind. Es ist ein Ausdruck, der über die Sprache hinausgeht. Die kultische Handlung ist eine symbolhafte Handlung, die weit mehr einschließt als ein rationales Bekenntnis. Symbol kommt von symballein (= zusammenwerfen). Das Symbol überwindet die Kluft zwischen der formalen Welt und dem Numinosen. Die kultische Handlung schließt die beiden Pole zusammen. Riten sind im wahrsten Sinn des Wortes re-ligio, Rückbindung des Menschen an Gott.

Daher brauchen wir als Menschen Rituale und Kulthandlungen. Kult und Kultur hängen zusammen. Der Kult ist der Ausgangspunkt jeder Kultur. Kultur war immer wie der Kult auf das Numinose bezogen. Die alten Kulturdenkmäler waren Tempel, Kathedralen, Götterfiguren. Die heutigen Denkmäler sind Wolkenkratzer, Kraftwerke, Fernsehtürme, Super-Jets. Unsere Kultur entspricht unserem Kult. Wir tanzen wieder einmal um das Goldene Kalb in uns statt um Gott.

Früher kannte jeder Lebensabschnitt eine Initiation, ein ganz bestimmtes Ritual zur Einführung. Die biologische Existenz macht noch keinen Menschen aus. Er ist dann nur ein höherentwickeltes Tier. Das Wesen einer Initiation war, dem Menschen kundzutun, daß er seine Existenz aus Gott hat. Erst wenn der Mensch dies erfährt, ist er wahrer Mensch.

Taufe z. B. bedeutet, daß der Mensch über seine biologische Geburt hinaus aus Gott geboren ist.

Die Initiation der Pubertät bedeutete, daß der Mensch aus seiner Kindheit heraus ins Erwachsenenalter treten muß. Es beginnt ein neues Leben. Das aber setzt das Sterben des alten voraus. Wer in eine neue Seinsweise hineingeboren werden soll, muß diesen schmerzvollen Prozeß des Sterbens durchstehen. Es ist ein Sterben, um zu leben. Sterben aber ist verbunden mit Schmerz, Leid, Krankheit, Depression und Verzweiflung. Darum waren Initiationsriten immer auch mit einem symbolischen Sterben, mit Leid, Angst und Gefahr verbunden. Um in ein spirituelles Leben hineinzuwachsen, muß der Mensch sich mit all diesen Themen auseinandersetzen. Freilich sind es genau die Themen, die der moderne Mensch am liebsten aus der Welt schaffen möchte: Krankheit, Schmerz, Angst, Sterben. Nur wer hindurchgeht, ahnt hinter der Zerbrechlichkeit des menschlichen Seins jenes absolute und heile Sein.

Was wir hier in der Eucharistie vollziehen, ist ein Ritus. Es ist der Ritus des Leidens, Sterbens und Auferstehens Jesu. Aber es ist nicht nur sein Leiden, Sterben und Auferstehen. Wir feiern unser eigenes Leben, Sterben und Auferstehen. Wir feiern das Strukturprinzip der Schöpfung: den Wandel.

Unsere Welt gleicht mehr einer Spielwiese als einem ernsthaften Suchen nach dem Sinn des Daseins. Spielen wäre zwar genau das, was wir tun sollten. Etwas von der Leichtigkeit des Evangeliums von den Lilien auf dem Feld und den Vögeln des

Himmels sollte unser Leben bestimmen. Aber gerade diese Leichtigkeit, die alles auf der offenen Hand trägt, fehlt uns mehr und mehr. Wir haben vergessen, daß diese Wiese Zeit und Ewigkeit bedeutet. Im Kult und Ritual werden wir wieder daran erinnert.

Für wen haltet ihr mich? (Mt. 16,13)

„Wer bin ich?" fragte Jesus den Petrus. „Du bist der Sohn Gottes!" war die Antwort. Ich werde oft gefragt: Was bedeutet Jesus für Dich? Glaubst Du, daß er der Sohn Gottes war? Darauf kann ich mit Freuden „Ja" antworten. Aber dann muß ich mit Eckehart sagen: „Was hülfe es mir, wenn ich einen Bruder hätte, der ein reicher Mann wäre und ich wäre dabei ein armer Mann . . . ?".[4]

Was würde mir alles helfen, wenn nicht auch ich sagen könnte: „Ich bin Sohn, ich bin Tochter Gottes wie Jesus"? Eckehart führt daher weiter: „Wollt ihr Gott erkennen, so müßt ihr dem Sohne nicht allein gleich sein, sondern ihr müßt der Sohn selber sein".[5]

Lest einmal die Predigt 35: „Seht, wie groß die Liebe ist, die der Vater uns geschenkt hat". Eckehart wiederholt ständig das gleiche in dieser Predigt: „Gott könnte nicht machen, daß ich Gottes Sohn wäre, ohne daß ich das Sein des Sohnes Gottes hätte, sowenig wie Gott machen könnte, daß ich weise wäre, ohne daß ich Weise-Sein hätte. Wie sind wir Gottes Kinder? Noch wissen wir es nicht; ‚es ist uns noch nicht offenbar' (1 Jo 3,2); nur so viel wissen wir davon, wie er sagt: ‚wir werden ihm gleich sein'".[6]

Angelus Silesius dichtet: „Gott wohnt in einem Licht, zu dem die Bahn gebricht; wer es nicht selber wird, der sieht ihn ewig nicht".

Konrad Lorenz war der Überzeugung, daß der Mensch das „missing link" zwischen dem Affen und dem wahren Menschen ist. Wir sind dieses fehlende Stück auf dem Weg zur Menschwerdung. Wir sind auf dem Weg zu erfahren, wer wir wirklich sind.

Es gibt nur e i n Leben Gottes. Das gleiche Leben, das Jesus durchpulste, durchpulst uns. Göttlichkeit ist unser angestammtes Recht. Jesus sagt: „Die Zeit ist erfüllt, das Reich Gottes ist nahe. Kehrt um und glaubt an die Frohbotschaft" (Mk 1,14). „Kehrt um", heißt hier, über den gewöhnlichen Geisteszustand hinauszugehen. Wir haben das um sich selbst kreisende Ich zu transzendieren, um jene göttliche Mitte zu erfahren. Man kann beide nicht auseinandernehmen. Wer Mensch sagt, sagt auch Gott. Wer Gott sagt, sagt auch Mensch. „Eines Tages werdet ihr wissen, daß ich und mein Vater eins sind", sagt Jesus.

Wenn Jesus von sich selber sprach, nannte er sich Menschensohn. Jesus hält sich für den Menschen schlechthin. Er verstand sich als der neue Mensch des Reiches Gottes. Er ist die vollendete Verkörperung der neuen Menschheit, die kommen wird. Er lehrt einen höheren Bewußtseinsstand, den Bewußtseinsstand des Reiches Gottes, der Kindschaft Gottes, jenen göttlichen Seinsgrund, der unser wahres Wesen ist.

Er lehrt die neue Spezies Mensch. Er hält sich nicht für den einzigen, der das erreichen kann. Wenn der Prozeß der Metanoia abgeschlossen ist, können wir mit Jesus sprechen: „Ich und der Vater sind eins". Das ist die Heilung von aller Isolation und Entfremdung.

Er ist der Christos, der Gesalbte. Christos entspricht dem aramäischen Wort M'shekha. Seine Grundbedeutung ist: vervollkommnet, erleuchtet. Jesus war eine historische Person. Als Christus aber ist er Ausdrucksform für unsere ewige transpersonale Seinsweise. So sind wir alle Christusse, wir sind alle gesalbt mit dieser Seinsweise Gottes. Nirgendwo sagt Jesus, daß er der einzige ist, der dieses Leben besitzt. Wir haben wie er diese Seinsform, die er ‚Reich Gottes' oder ‚ewiges Leben' nennt, zu leben. Wir sollen nicht Christen werden, wir haben zu erkennen, daß wir Christus sind. Christus ist der Name für diesen neuen Menschen.

Unsere Sünde ist, daß wir nicht erkennen, wer wir wirklich sind. Wir sollen das Christusbewußtsein in uns verwirklichen. Die Erlöserfunktion Jesu in Kreuz und Auferstehung besteht darin, uns hinzuführen zu unserem wahren Wesen, zum Reich Gottes in uns. Wir gelangen nicht über eine magische Handlung Jesu in dieses Reich, sondern haben uns nach innen zu wenden, um es zu erfahren. Wir heißen nicht nur Kinder Gottes, wir sind es. Es wird Zeit, daß wir aufhören, nach einem Erlöser außerhalb zu suchen. Erlösung ist in uns.

Solange wir an eine unüberbrückbare Kluft zwischen Jesus und uns glauben, haben wir ihn meiner Auffassung nach nicht verstanden. Das Christentum wird mit dieser Deutung von Jesus Christus dem religiösen Status der Menschheit nicht gerecht. Auch eine Religion hat sich mit dem Menschen und seiner Entwicklung zu wandeln. Solange wir meinen, wir brauchten uns nur an den Mantelzipfel Jesu zu hängen, um ‚in den Himmel zu kommen', leben wir an seinem Anliegen vorbei. Erst wenn die Christen lernen, ihre Religion so zu sehen, haben sie verstärkt eine Chance, der Menschheit zu helfen.

Es ist ganz entscheidend, wohin die Entwicklung geht. Wir stellen Weichen. Gott sei Dank erkennen immer mehr Menschen, daß wir Weichen für die Entwicklung ins Spirituelle zu stellen haben. Wir wissen noch nicht, wer wir sind, es ist noch nicht offenbar.

„Die Seligkeit, die er uns zutrug, die war unser"[7]. Unser Familienname ist Gott.

Jesus Christus (I)

Wer war Jesus Christus? – Jesus nannte sich ‚Menschensohn', zum Sohn Gottes machten ihn seine Anhänger. Er verstand sich als die Verkörperung des neuen Menschen der Schöpfung Gottes, als der Mensch, der das „Reich erben wird". Er sprach vom neuen Zeitalter des Reiches Gottes. In dieses Reich Gottes kann nur der eintreten, der eine Metanoia durchmacht. Er muß wiedergeboren werden zu einem höheren Bewußtseinszustand. Er muß in das Reich des Vaters hineingeboren werden, in jenen neuen Seinsgrund also, den Jesus ‚Kindschaft Gottes' oder ‚ewiges Leben' nannte. Wir sind aufgefordert, zum anderen Christus zu werden, d. h. zu jener transpersonalen Seinsstruktur vorzudringen, in der unser göttliches Wesen dominiert. Jesus beanspruchte diese Seinsstruktur des Göttlichen nicht nur für sich. Er betrachtete sie nicht als einen Raub für sich selber.

„Er war Gott gleich,
hielt aber nicht daran fest, wie Gott zu sein,
sondern er entäußerte sich
und wurde wie ein Sklave
und den Menschen gleich.
Sein Leben war das eines Menschen,
er erniedrigte sich und war gehorsam bis zum Tod,
bis zum Tod am Kreuz.
Darum hat Gott ihn über alle erhöht
und ihm den Namen verliehen,
der größer ist als alle Namen,
damit alle im Himmel,
auf der Erde und
unter der Erde
ihre Knie beugen vor dem Namen Jesu,
und jeder Mund bekennt:
Jesus Christus ist der Herr" (Phil 2,5 ff).

Jesus war ein historischer Mensch. Christus aber ist eine Seinsweise, die in allen Menschen angelegt ist und sich entfalten soll. Wir haben Christen zu werden, d. h. ‚Christusse'. Alle Menschen sind dazu berufen. Jesus hat uns nicht aufgefordert, ihn zu verehren. Es geht um viel mehr. Wir sollen ihm in seiner Erkenntnis der Sohnschaft Gottes folgen. Seine Seinsform ist unsere Seinsform. Er ist der Erstgeborene in dieser Neuschöpfung. Wir sind seine Brüder und Schwestern. Er ist der zweite Adam, Adam im Sinne von Mensch, der Begründer der neuen Rasse. Es ist der KOSMISCHE Christus, eine supramentale Seinsform, die sich in jedem von uns entfalten möchte.

Das Reich Gottes ist in uns. Wir sind Kinder und Erben. „Das Reich Gottes ist nahe. Die Zeit ist erfüllt, bekehrt euch!" (Mk 1,4; Mt 4,17): Die Umkehr ist nichts anderes als die Rückbindungen an unser göttliches Wesen. Wir haben unseren Ursprung vergessen. Die Ursünde ist, daß wir vergessen haben, wer wir wirklich sind, Kinder Gottes. Wenn wir das erkannt haben, werden wir wie Jesus sagen können: „Ich und der Vater sind eins". Erlösung ist Erlösung zur Erkenntnis unseres wahren Wesens. Erlösung ist Befreiung aus unserer Unkenntnis. Wir sind wie Jesus Christus gerufen, aus der Entfremdung herauszutreten. Das Christusbewußtsein soll in uns erwachen. Der wahre Sohn Gottes, Bruder Jesu Christi, trachtet nicht nach Selbstglorifizierung oder einer tröstenden Belohnung in dieser oder der nächsten Welt, sondern nach der Erkenntnis seiner Würde.

Um zu einem umfassenden, in die Tiefe gehenden Christusverständnis zu finden, müssen wir auch die Tradition immer wieder hinterfragen. Ich bin überzeugt, daß wir im Neuen Testament nur eine Auswahl von ‚Christusverständnissen' haben, die im dritten und vierten Jahrhundert bei der Festlegung des Kanons an die Bibel aufgenommen wurden. Es gab viele andere Gemeindetheologien und Christusverständnisse, die dem Christusverständnis der Kirchenväter, die kaum mehr über den historischen Jesus wußten als wir heute, nicht entsprachen. Das Christentum wird in den

Basisgruppen weiterbestehen, die ihr zeitgemäßes Christusverständnis entfalten. Und sie wissen sich dabei genauso sehr vom Heiligen Geist geleitet wie die Traditionalisten und Fundamentalisten.

Jesus Christus (II)

Wir Menschen leben in einem sehr kritischen Zeitpunkt unserer Geschichte. Wir erkennen, daß es um ein Überleben unserer Rasse geht und nicht nur um wirtschaftliche, materielle, soziologische, politische und kulturelle Fragen. Es geht hintergründig auch nicht darum, wie wir die Bedrohung durch chemische und atomare Kriege, durch verschmutzte Luft, Verseuchung unserer Meere, verschwenderische Ausbeutung unserer Ressourcen, durch nicht wieder gutzumachende Eingriffe in unser Ökosystem bestehen. Denn alle diese Bedrohungen sind von Menschen geschaffen, die einen ganz bestimmten Bewußtseinszustand haben, die sogar erkennen lassen, daß unser Verhalten falsch, aber nicht mehr zu ändern ist. Wir legen ein bedrohlich irrationales Verhalten an den Tag und finden keinen, der uns heilen könnte. Die Bewußtseinskrise ist perfekt. Wir sind krank. Wo ist der Heiler?

Wer befreit uns von unseren Neurosen? Wie gelangen wir auf eine neue, höhere Bewußtseinsstufe? Wo sind die Ressourcen, die wir anzapfen können? Die Evolution hatte diese Ressourcen immer bereit, wenn die Menschheit in eine Existenzkrise kam. Wo liegen sie heute? Kommt es zu jenem Quantensprung in unserem Bewußtsein, der allein das Ruder umschwenken kann, das unseren Planeten in den Abgrund zu steuern scheint? Daß so viele Menschen sich auf den Weg zu einer „Bewußtseinserweiterung" gemacht haben, darf uns mit großer Hoffnung erfüllen. Mit unserem Ichbewußtsein können wir nämlich die Evolution, die völlig arationalen Gesetzen folgt, nur sehr begrenzt manipulieren. Die Natur hat sich immer wieder selbst geholfen und Kräfte hervorgebracht, die den Menschen vor dem Auslöschen bewahrt haben. Das ist auch heute unsere Hoffnung.

Eine neue Spezies Mensch ist im Kommen. Sie ist noch nicht organisiert, sondern setzt sich vorläufig nur aus einzelnen zusammen, die sich keiner bestehenden Gruppe verpflichtet fühlen, auch keiner religiösen, es sei denn der ‚philosophia perennis', die der Gipfel aller Religionen war und ist. Sie war immer von Individuen getragen, die zum Kristallisationspunkt für eine Gruppe geworden sind. Diese Basisgruppen überschreiten auch heute alle rassischen, nationalen, ethnischen, religiösen und geschlechtsspezifischen Merkmale. Sie zeigen großes Interesse an psychologischen, spirituellen und religiösen Disziplinen, ohne sich an sie zu binden. Sie sind die Träger der Hoffnung auf Zukunft. Sie entstehen aus der sterbenden Kultur unserer Zeit, die von schwersten Erschütterungen heimgesucht ist: Aufgeblähte Institutionen, von Lobbies gesteuerte Regierungen, unersättliche Wirtschaftsgiganten, aggressive Wettbewerbe, stagnierende Religionssysteme, verflachter Unterhaltungskonsum, manipulierende Presseketten, sterbende leere Hüllen, die sich nur mühsam aufrechterhalten.

Die Zahl der Menschen, jener unerkannten „Verschwörer" in den Basisgruppen aller Art, ist immer noch sehr klein. Nach außen sind sie kaum erkennbar. Sie unterschciden sich innerlich. Mit einem Bein stehen sie noch in der alten Epoche, mit dem anderen tasten sie neue Wege ab. Man findet sie in kleinen Gruppen. Sie machen keine Propaganda. Ihre Wirkung liegt in der Ansteckung. Ihr Kennzeichen ist eine starke und kompromißlose Liebe zum Kollektiv und zu Strukturen, die in höheren Bewußtseinsdimensionen verankert sind.

Meine Erfahrung aus vielen Kursen deutet darauf hin, daß Durchbrüche zum kosmischen Bewußtsein sich in der neueren Zeit häufiger ereignen als in den Zeiten davor. Diese Erscheinung erlaubt den Schluß, daß die psychisch-geistige Evolution schneller vonstatten geht als vermutet. Mitten unter uns vollzieht sich die Geburt des neuen Menschen. Ihm gehört die Zukunft. Bleibt zu hoffen, daß die Christen ihre Stunde erkennen und sich eingliedern in die Reihe der Aufbrechenden.

Wir haben die Gottheit Jesu überbetont. Er wollte unser Führer ins Reich Gottes sein, wie er diese neue Epoche nannte. Solange wir eine unüberbrückbare Kluft zwischen Jesus und uns aufrichten, wird das Christentum seine wahre Mission nicht erfüllen. Solange wir ihn als Gott anbeten, werden wir ihm nicht als Führer folgen. Er ist der Erstgeborene unter Brüdern und Schwestern, der uns gesagt hat, wer wir wirklich sind, Kinder Gottes. Diese Kindschaft Gottes gilt es zu erfahren. Das Göttliche möchte in uns zum Durchbruch kommen.

Jesus Christus (III) (Eph 1,3 u. Kol 1,15)

Welche Bedeutung hat Jesus Christus für jemand, der einen esoterischen Weg geht? Gibt es doch ein Zenwort, das sagt: „Begegnest du Buddha, dann töte ihn". Kann ein Christ das auch von Jesus sagen: „Wenn du Jesus triffst, dann töte ihn"?

Wir haben zwei Vorstellungen von Jesus festzuhalten:
1. Der historische Jesus,
2. Der kosmische Christus

1. Der historische Jesus ist für uns der Ausgangspunkt unseres Glaubens. Über ihn und scine Worte zu meditieren, tut uns allen sehr gut. Er ist für unser Leben richtungweisend. Er hat uns den Weg zum ‚Vater‘ gezeigt.

Auf den historischen Jesus möchte ich hier aber nicht eingehen. Wenn wir Jesus nur als Gestalt sehen, bleiben wir in einem retardierten religiösen Verständnis stecken. Von diesem Jesus gilt, daß wir ihn lassen müssen. Zen sagt: „Wenn du Buddha unterwegs triffst, dann töte ihn". Wenn du auf diesen Jesus in der Kontemplation triffst, dann töte ihn. Das heißt: hänge dem Bild Jesu nicht nach; denn du sollst den Christus erfahren.

2. Der Kosmische Christus (Eph 1,3 u. Kol 1,15)

Die Christusoffenbarung ist nicht ein statisches Ereignis, nicht ein Endpunkt, der keiner weiteren Ergänzung mehr bedürfte, sie ist vielmehr ein nicht endendes Geschehen. Die Christusoffenbarung ist ein Heilsweg unter vielen. Allen Mysterienlehren gemeinsam ist, daß sich hinter der Vielfalt der Erscheinungsformen des Kosmos ein großer Geist befindet, der sich in allem ausdrückt. Diesen ‚großen Geist‘ haben verschiedene Kulturen verschieden benannt: Liebe, Wahrheit, Amida, Krishna, Maitreya; oder sie geben ihm Namen aus der Natur wie Sonne, Licht, Helles Dunkel; oder aus der Philosophie z. B. das Absolute, die Wahrheit, Bewußtsein.

Im Christentum können wir dafür das Wort ‚Kosmischer Christus' nehmen. Wir benennen damit diese Gotteswirklichkeit, die sich im ganzen Kosmos ausdrückt.

Wir Christen haben den Unterschied in der Wirklichkeit Gott – Schöpfung genau definiert. Damit haben wir einen unüberbrückbaren Dualismus in die Religion gebracht. Eine ähnliche Entwicklung finden wir in allen Religionen. Hinduismus und Buddhismus haben diesen Dualismus am ehesten überwunden. Sie kennen zwei Aspekte der Wirklichkeit: Wesen und Form oder Atman und Maya. Aber diese Aspekte klaffen nicht auseinander wie im Christentum. Es sind nur zwei Pole derselben Wirklichkeit.

Im Johannes-Evangelium heißt es: „Alles ist durch das Wort geworden und ohne das Wort wurde nichts, was geworden ist". Wenn wir den Vater als das erste Prinzip nehmen, von dem alles ausgeht, dann ist der Sohn (das Wort) das, was von ihm ausgegangen ist und Form angenommen hat. Die östlichen Religionen nennen dieses erste Prinzip „Leerheit". Leerheit bedeutet nicht „Nichts", sondern ist nur Ausdruck für das erste Prinzip. Aus der Leerheit kommt die Form. Christlich ausgedrückt: Aus dem Vater kommt der Sohn. Beide gehören zusammen, sagen wir im Glaubensbekenntnis. Sie haben die gleiche Wesenheit und sind doch verschieden. Sie sind eins in ihrem Wesen und doch zwei. Sie können allein nicht in Erscheinung treten. „Wer mich sieht, sieht den Vater", sagt Jesus. Das erste Prinzip tritt nicht allein auf. Es erscheint im Wort und in dem, was geworden ist. Vater und Sohn sind nur zwei Aspekte der Wirklichkeit. Darum spricht man im Hinduismus und Buddhismus von Nicht-Zwei.

Und darum sagt Eckehart: „Auf einmal und zugleich, als Gott war, da er seinen ihm gleich ewigen Sohn als ihm völlig gleichen Gott erzeugte, schuf er auch die Welt", oder: „Desgleichen kann zugegeben werden, daß die Welt von Ewigkeit her gewesen ist".[8]

Der Kosmische Christus ist der Aspekt des Geschöpflichen in unserem Glauben, der Aspekt der Form. Er symbolisiert die Wesenheit des Göttlichen, die sich in allem Geschaffenen ausdrückt. Der Kosmische Christus steht für das, was wir Schöpfung nennen. Christus ist ein anderer Name für alles, was geschaffen ist. So wie sich der Vater im Menschen Jesus ausgedrückt hat, so drückt er sich in allem aus, was durch ihn erschaffen ist. „Ohne ihn (das Wort) wurde nichts, was geworden ist" (Jo 1,3). In Jesus Christus sind wir geschaffen, und wie er sind wir Ausdruck des göttlichen Urprinzipes.

Das Christentum unterscheidet das göttliche Leben Jesu von unserem menschlichen Leben. Was Jesus von Natur aus zukommt, sagt es, haben wir aus Gnade. Er hat die ursprüngliche Fülle, wir haben die geschenkte Fülle. Diese theologischen Formulierungen schaffen einen kaum zu überbrückenden Dualismus im Christentum.

Warum gebrauchen wir nicht Bilder wie das von Quelle und Bach? Die Quelle ist nicht der Bach, der Bach nicht die Quelle. Die Quelle hat den Bach hervorgebracht. Ich kann beide unterscheiden, aber sie können nur zusammen auftreten. Wo eine Quelle, da auch ein Bach. Es ist Unsinn, von einer Quelle zu sprechen, die sich nicht in einen Bach ergießt, und umgekehrt. Der Bach ist nicht der Ursprung, aber er hat das gleiche Wasser.

Der Sohn ist nicht der Vater, aber er hat das gleiche Wesen. Die Schöpfung ist nicht Gott, aber sie hat das gleiche Wesen.

Eckehart überspringt, wie alle Mystik, das, was die Theologie den ontologischen Unterschied zwischen Gott und Mensch nennt: Nämlich, daß Gottes Wesen ein anderes ist als das Wesen des Menschen.

So sagt Eckehart: „Denn der ewige Vater gebiert seinen ewigen Sohn in dieser Kraft ohne Unterlaß . . .".[9] „Wo der Vater seinen Sohn in mir gebiert, da bin ich derselbe Sohn und nicht ein anderer",[10] oder: „Der Vater gebiert mich als seinen Sohn und als denselben Sohn".[11] „Sollst du der Sohn Gottes sein, so kannst du es nicht sein, du habest denn dasselbe Sein Gottes, das der Sohn Gottes hat."[12]

„Nun sagt ein Meister: Gott ist Mensch geworden, dadurch ist erhöht und geadelt das ganze Menschengeschlecht. Dessen mögen wir uns wohl freuen, daß Christus, unser Bruder, aus eigener Kraft aufgefahren ist über alle Chöre der Engel und sitzt zur rechten Hand des Vaters. Dieser Meister hat recht gesprochen; aber wahrlich, ich gäbe nicht viel darum. Was hülfe es mir, wenn ich einen Bruder hätte, der da ein reicher Mann wäre, und ich wäre dabei ein armer Mann? Was hülfe es mir, hätte ich einen Bruder, der da ein weiser Mann wäre, und ich wäre dabei ein Tor? Ich sage etwas anderes und Eindringenderes: Gott ist nicht nur Mensch geworden, vielmehr: er hat die menschliche Natur angenommen . . . . All das Gute, das alle Heiligen besessen haben, und Maria, Gottes Mutter, und Christus nach seiner Menschheit, das ist mein Eigen in dieser Natur. Nun könntet ihr mich fragen: Da ich in dieser Natur alles habe, was Christus nach seiner Menschheit zu bieten vermag, woher kommt es dann, daß wir Christum erhöhen und als unseren Herrn und unseren Gott verehren? Das kommt daher, weil er ein Bote von Gott zu uns gewesen ist und uns unsere Seligkeit zugetragen hat. Die Seligkeit, die er uns zutrug, die war unser."[13]

Was würde uns alles helfen, wenn nicht auch wir sagen könnten: „Ich bin Sohn, ich bin Tochter Gottes"? Es gibt nur ein Leben Gottes. Das gleiche Leben, das den Menschen Jesus durchpulst, durchpulst auch uns.

Eckehart kennt natürlich die theologische Unterscheidung „imago dei" und „ad imaginem dei" oder „filius per naturam" und „filius per gratiam adoptionis". Aber wenn er predigt, läßt er diesen Unterschied fallen.

Zu den obigen Stellen noch eine, die klar zeigt, wie sehr die Trennung zwischen Mensch und Gott bei Eckehart immer wieder aufgehoben ist: „So ist er (der Mensch) wahrlich dasselbe durch Gnade, was Gott von Natur aus ist, und Gott erkennt von seiner Seite keinen Unterschied zwischen ihm und diesem Menschen".[14] Die Gnade ist bei Eckehart ein Überlaufen und Überkochen Gottes. Die Begriffe werden bei ihm nicht nur unscharf, er übersteigt immer wieder jede Unterscheidung. Darüber kann man stundenlang streiten. Es kommt sehr darauf an, ob man Eckehart überhaupt für einen Mystiker hält oder nur für einen Philosophen.

Jesus, der Hirt (Jo 10,11)

Heute wird uns Gott unter dem Bild des liebenden Hirten gezeigt, der die Lämmer auf dem Arm trägt und seine Herde zur Weide führt. Die Texte stammen aus der Nomadenzeit der Isrealiten. Sie reden von der unwegsamen Steppe, die eine Straße bekommt, und von der Berglandschaft, die so mühevoll zu durchwandern ist und die abgetragen wird. Wunschvorstellungen des Nomaden, die ihm zum Symbol für das Kommen Gottes werden. Er sieht die Stadt Jerusalem, Symbol für die Herrlichkeit Gottes. Wenn er aus der Steppe in die Stadt kam, da wußte er sich geborgen. So sollen auch wir voller Hoffnung sein und uns trösten, daß es Gott ist, der sich in allem offenbart, der im Krummen krumm ist und im Geraden gerade.

In den heutigen Texten wird uns gesagt, daß wir nichts zu fürchten haben. Gott wird sich durchsetzen. Aber das ist sehr menschlich gedacht. Es gibt nichts außer Gott. Gott entfaltet sich in dem, was ist. Gott ist das innerste Prinzip dieses Kosmos'. Der Kosmos ist sein Kleid. Der Kosmos ist das Echo Gottes. Aus Gott kann nur Göttliches geboren werden. All unsere Angst vor dem Untergang ist unnötig; denn Gott ist auch der Untergang. „Was kümmert es mich, daß ich Schiffbruch erleide, wenn Gott das Weltmeer ist?" Wo sollen wir denn hinfallen? Gott fällt in uns, wohin auch immer wir fallen. Oder – wie die Gita sagt – „Wiedergeboren wird immer nur der Herr". Wenn wir sterben und in eine neue Existenz eingehen, ist es Gott, der in uns stirbt und in eine neue Existenz eingeht. Unser Verstand kann das nicht fassen. Aber der Glaube gibt uns Hoffnung und Zuversicht, denn es ist nicht unser Leben, das wir leben, sondern Gottes Leben.

Verklärung Jesu (Mk 9,2 ff)

Auf dem Tabor erkannten die Jünger zum ersten Mal, wer Jesus wirklich war. Er war immer für das Göttliche transparent. Sie haben es nur nicht gesehen. Jetzt erkennen sie ihn. Er ist der Sohn Gottes. Sein wahres Wesen kommt zum Vorschein und dringt sogar durch die Kleider. Das Göttliche dringt ungehindert durch alles hindurch. Aber wir dürfen bei Jesus nicht stehenbleiben.

Wir haben unsere wahre Gestalt in Jesus zu erkennen. Auch wir sind Gottes voll. Auch wir sind eine Epiphanie des Göttlichen. Leider sind unsere Augen gehalten, wie die Augen der Jünger die ganze Zeit gehalten waren. Das Leben wäre so einfach, wenn wir immer erkennen könnten, wer wir sind, wenn wir im anderen erkennen könnten, wer er ist, wenn wir sein Strahlen, das auch durch seine Kleider dringt, erfahren könnten.

Unsere Augen sind gehalten. Wir sehen nicht, daß die ganze Welt Tabor ist, daß selbst alles Leid davon durchdrungen ist. Wir leben mit strahlenden, leuchtenden Menschen zusammen. Wir sind nur noch nicht so weit, daß wir das erkennen können. Einmal werden wir uns als Menschen so weit entwickelt haben, daß wir uns als Söhne und Töchter Gottes erkennen. Eckehart meint, daß es unsere erste Aufgabe sei, zu erkennen, wer wir sind. „Nun sagt ein Meister: Gott ist Mensch geworden, dadurch ist erhöht und geadelt das ganze Menschengeschlecht. ... Dieser Meister hat recht gesprochen; aber wahrlich, ich gäbe nicht viel darum. Was hülfe es mir, wenn ich einen Bruder hätte, der ein reicher Mann wäre, und ich wäre dabei ein armer Mann? Was hülfe es mir, hätte ich einen Bruder, der da ein weiser Mann wäre, und ich wäre dabei ein Tor?".[15]

Eckehart will damit sagen, daß dies auch an uns passiert. Was hülfe es mir, wenn Jesus so verklärt wäre und ich nicht, meint Eckehart. Die Heiligkeit und Göttlichkeit Jesu ist auch die unsere.

Und die Heiligen, die wir heute verehren, sind nicht heilig, weil sie heroische Taten vollbracht haben, auch wenn ihnen das beim Heiligsprechungsprozeß bestätigt worden sein sollte. Sie sind Heilige, weil das Göttliche durch ihre Gestalt hindurchgebrochen ist.

Das Göttliche ist immer in uns. Eckehart sagt daher weiter: „Die Seligkeit, die uns Christus zutrug, die war unser". Er wollte im Grunde nur, daß wir erkennen, daß wir Kinder Gottes sind, daß das Reich Gottes in uns ist und daß wir ewiges Leben in uns tragen.

Mancher kommt auf dem Weg der Kontemplation an einem Punkt an, wo ihm alles andere wahrscheinlicher erscheint als das Gesagte. Es ist notwendig, daß wir uns in der Ohnmacht unseres Ich erkennen, damit wir weitersuchen nach unserem wahren Wesen. Unser wahres Wesen ist unseren Augen verborgen, aber es leuchtet trotzdem. Jesus ist die Verheißung und das Versprechen.

Wir sind der Tanz des Göttlichen. Gott tanzt in uns. Wenn wir sagen ‚in uns', dann fällt das leicht in eine falsche Kategorie, als ob Gott in uns wie in einem Gefäß wäre. Vielmehr tanzt das Göttliche sich selber als diese Gestalt Mensch.

Wir haben als Christen Schwierigkeiten, das anzunehmen. Wir haben Angst, wir könnten zu nahe an Gott rücken. Wir haben Angst, der Unterschied könnte fallen, und wir würden des Pantheismus' beschuldigt. Das ist aber nur eine intellektuelle Schwierigkeit, die in der Erfahrung wegfällt. Es gibt im Osten ein Bild, das dieses Problem zu deuten versucht. Man spricht dort vom ‚goldenen Löwen'. Gold kann nur erscheinen in einer Form, es existiert nicht formlos. Gold erscheint in der Form des Löwen. Man kann Gold und Löwe nicht trennen. Aber Gold ist nicht Löwe, und Löwe ist nicht Gold. Darum bleibt diese göttliche Wirklichkeit immer noch abgehoben von der menschlichen Form und ist sie trotzdem.

Das Göttliche kann nur in einer Form erscheinen, so wie es Gold nur in einer Form gibt, nicht an sich. Gott an sich ist nicht faßbar, nur in einer Form ist er erfahrbar. So sind Gott und Mensch koexistent.

Nur von da aus machen die Verse von Angelus Silesius einen Sinn:

Mensch, wenn du noch nach Gott
Begehr' hast und Verlangen,
So bist du noch von ihm
nicht ganz und gar umfangen.
Ich bin so groß wie Gott,
er ist wie ich so klein;
Er kann nicht über mir,
ich unter ihm nicht sein.
Daß Gott so selig ist
und lebet ohn' Verlangen,
Hat er sowohl von mir
als ich von ihm empfangen.

Die Hauptaufgabe der Religion ist es, den Menschen zur Erkenntnis seines Wesens zu führen. Sie spricht noch in vielen anderen Bildern davon: ‚Heimkehr aus der Fremde‘, ‚Rückkehr in den Schoß des Vaters‘, ‚in das Vaterhaus‘, ‚in das Reich Gottes‘, ‚in die himmlische Stadt Jerusalem‘. Aber in Wirklichkeit müssen wir nirgendwo hin: Wir haben unserer eigenen göttlichen Tiefe nur eine Chance zu geben, uns zu finden.

Auferstehung

Was wäre, wenn sich die These, die jetzt in manchen Büchern vertreten wird, bewahrheiten würde: „Jesus starb nicht wirklich am Kreuz, sondern ging nach Indien. Dort wurde sogar sein Grab gefunden"? – Was wäre, wenn wir historisch nachweisen könnten, daß die Gebeine Jesu gefunden wurden? Wäre dann unser Christentum nur ein übler Scherz?

Ostern war ein Ereignis, das i n den Jüngern stattfand. Auferstehung beschreibt kein Erleben, das in Kategorien von Raum und Zeit einzuordnen ist. Wer die Auferstehung aus der Ebene der Symbolik entläßt und sie ins Historische drängt, mißversteht die Botschaft. Die Osterbotschaft wird von Menschen bezeugt, die Jesus als den Weiterlebenden, den Unsterblichen erfahren haben. Das leere Grab, der Engel, der Gang nach Emmaus sind Ausdrucksformen für diese innere Erfahrung. Das Wort ophte (offenbaren) (1 Kor 15,5) deutet an, daß Jesus nicht einfach von den Jüngern gesehen wurde. Er wurde ihnen offenbart, kundgetan.

Es war also nicht eine Begegnung mit einem leibhaftigen Gegenüber, auch wenn das in den Evangelien so geschildert wird: Thomas legte seine Hand in Jesu Seite, Jesus aß mit ihnen . . . . Es war vielmehr eine innere Erfahrung. „Da gingen ihnen die Augen auf." Es geht also nicht um magische, parapsychische, mirakulöse Erfahrungen, sondern um eine innere Gewißheit. Auferstehung ist eine Erfahrung der Jünger, daß dieses Leben nicht alles ist, daß sie so, wie dieser Jesus in eine neue Existenz gegangen ist, auch in eine neue Existenz gehen werden. Leben kann nicht sterben. Es wird weitergehen.

In den Upanishaden steht das Wort: „Wiedergeboren wird immer nur der Herr". D. h., in die neue Existenz geht nicht unser vordergründiges Ich. In der neuen Existenz entsteht dieses Leben Gottes erneut in einer Form. Aber es muß nicht diese Form sein, die wir jetzt haben. Wir sind so ichverkrampft, daß wir meinen, unser Ich für immer retten zu müssen.

In diesem Ich liegt aber nicht unsere Identität. Wir überbetonen es. Unsere wahre Identität liegt viel tiefer. Wir können nicht begreifen, daß sie das göttliche Leben selber ist, ganz gleich in welcher Form wir auferstehen. Im Grunde geben wir Gott, geben wir diesem göttlichen Leben keine Chance. Wir versuchen, es mit unserem Ich ständig einzudämmen und in Schach zu halten.

Diese inneren Erfahrungen wollen die Erscheinungsberichte zum Ausdruck bringen. Paulus begegnet dem Auferstandenen als Verfolger und wird durch die Erfahrung ein anderer und gleichzeitig identifiziert sich der Auferstandene mit dem Menschen: „Saulus, Saulus, warum verfolgst du mich?"

In der Auferstehung Jesu haben die Jünger die Grenze zwischen Tod und Leben in der Erfahrung überschritten. Es geht darum, dieses Ewige Leben zu erfahren, gleich in welcher Form wir nach dem Tod auftauchen. Wenn der Mensch die Eingrenzung seines Ichbewußtseins überschreitet, kommt er in einen Erfahrensraum, dem er viele Namen gegeben hat. Diese Namen benennen alle das gleiche, nämlich: Es gibt keinen Tod; Sterben ist nur die große Verwandlung in eine neue Existenz.

Es ist schwer verständlich, warum Menschen nach dem Tod immer nur in dieser jetzigen Form wiederauftauchen wollen. Dabei kenne ich keinen, der in seinem Ich wirklich ewig leben möchte.

Wenn man heute die Gebeine Jesu finden würde und nachweisen könnte, er ist im Grab verwest, würde das an meinem Glauben an Jesus Christus nichts ändern. Die Erfahrung der Auferstehung hat mit Jesu Gebeinen nichts zu tun. Es ist eine Erfahrung, die jeder Mensch machen kann: daß sein tiefstes Wesen göttlich ist und daher nicht sterben kann.

Die Aussage ist klar. Unser Leben endet nicht mit dem Tod. Wir gehen ein in eine neue Existenz. Und jene Existenz ist – so hoffen wir – eine umfassendere Erfahrung Gottes, als diese jetzige Existenz sie bringen kann.

Und das feiern wir hier. Wir feiern Tod und Auferstehung Jesu und wir feiern unseren eigenen Tod und unsere eigene Auferstehung in diesem Mahlmysterium. Wir feiern hier, was wir zutiefst sind: Auferstandene, auch wenn es noch nicht offenbar geworden ist.

Auferstehung – Tod des Lazarus (Jo 11,17)

Wenn wir die Mythen der Völker betrachten, dann kannte der Mensch am Anfang den Tod noch nicht. Er verstand die Sprache der Tiere und lebte, ohne zu arbeiten, in Frieden. Damit ist aber nicht ein Ort beschrieben, in dem sich der Mensch einmal befand, vielleicht diese uroborische Einheit des noch nicht erwachten Menschen, sondern ein Zustand, in dem ein Mensch sich befindet, wenn er mit Gott, seinem Ursprung, in Einheit lebt.

Aus dieser kindhaften Einheit hat uns das vertrieben, was wir als Christen die Ursünde nennen. Ursünde hat mit Sünde im eigentlichen Sinn des Wortes nichts zu tun. Es geht nicht um Schuld. Hier wird vielmehr das Auftauchen des menschlichen Bewußtseins aus einem archaischen Vorbewußtsein in ein personales Bewußtsein beschrieben.

Dieses unser personales Bewußtsein entwickelt eine dominierende Eigenaktivität, die uns oft regelrecht tyrannisiert und die man nicht ohne weiteres abschalten kann.

Aber wir ahnen, daß es jenen Ort der Ruhe gibt, an dem wir das Heilige, das Göttliche ungestört erfahren können. Aber dieser Ort ist offensichtlich nur durch Leid und Tod zu erreichen. Mit ‚Tod‘ ist hier nicht der physische Tod gemeint, sondern der Tod dieses dominierenden Ich, das uns die Einheit mit Gott verstellt.

Der Weg führt bei nicht wenigen durch eine innere Verworrenheit, durch Enge, die symbolisiert wird durch das Grab. Es ist so eine Art Einweihungskrankheit, eine Rückkehr zum ursprünglichen Chaos, aus dem heraus die Umwandlung und Neuwerdung geschieht. Es geht um die Umwandlung des alten in einen neuen Menschen, wie wir als Christen sagen, um ein Reifen zur vollen menschlichen Gestalt. Der Weg führt meist durch grenzenlose Einsamkeit, durch Verzweiflung und seelische Not. Er führt durch die Annahme des Todes.

Es scheint, daß nur das Leid den Menschen zu jener inneren Einsicht treiben kann. Hermann Hesse hat einmal gesagt: „Verzweiflung ist das Ergebnis jenes ernsthaften Versuches, das Menschenleben zu begreifen und zu rechtfertigen. . . . Diesseits der Verzweiflung leben die Kinder, jenseits die Erwachten".

Der alte Mensch hat zu sterben. Das ist die Erkenntnis jeder Religion, und alle Religionen haben Riten entwickelt, in denen dieser Durchgang gefeiert wird. Es ist ein Durchgang, eine Heimkehr. Denn es geht nicht um Sterben, es geht um Leben. Das feiern wir Christen am Karfreitag und an Ostern.

Genau das feiern wir auch in dieser und im Grunde in jeder Liturgie. Wir feiern unsere Auferstehung, die Heimkehr ins verlorene Paradies. Es ist nicht jenes Paradies, das hinter uns liegt. An dessen Tor steht der Cherub mit dem Flammenschwert und läßt niemanden mehr hinein; denn das ist das Paradies der Kinder, das Paradies des vorpersonalen Zustandes. Unser Weg ins Paradies führt durch unser personales Erwachen hindurch in die Einheit mit dem Ursprung, ins Pleroma, in die Fülle.

Wir Christen nennen sie Auferstehung, Himmel oder ewiges Leben. Die Buddhisten nennen sie Satori, die Hindus Samadhi, und andere Religionen haben dafür andere Worte, die alle versuchen, diesen Zustand zu beschreiben. Wenn man theologische Lexika vergleicht, stimmt das sicher nicht. Wenn man aber von der menschlichen Erfahrung herkommt, wollen alle Religionen letztlich das gleiche sagen: Der Himmel ist in uns, das Reich Gottes ist in uns, Satori ist hier und jetzt, wenn es uns gelingt, diese Grenze des rationalen Bewußtseins zu überschreiten.

In diesem Sinn verstehe ich auch die Ostererzählungen. Die Auferstehungsberichte sind keine historischen Berichte, es sind Erfahrungen, die Menschen mit und an Jesus Christus gemacht haben. Sie haben diese Erfahrungen in Begebenheiten gekleidet, wie wir gerade eine gehört haben.

Die Botschaft vom Sterben und Auferstehen des Lazarus symbolisiert auch unser Sterben und Auferstehen. Es ist ein mythisches Erleben, ein mythischer Vollzug. Das Mahl ist eigentlich der Abschluß. Dann wenn der Mythe symbolisch durch Sterben und Auferstehen hindurchgegangen war, feierte man ein Mahl. Und das tun wir jetzt. Wir feiern in diesem Mahl das Sterben und Auferstehen Jesu, und wir feiern unser Sterben und Auferstehen.

Christi Himmelfahrt

Was sollen wir mit diesem Fest anfangen? Sollen wir glauben, – wie es auf unzähligen Bildern dargestellt ist –, daß Jesus mit Leib und Seele in den Himmel aufgefahren ist? Sollen wir glauben, daß er dort zur Rechten des Vaters thront? In einem Himmel, so eine Art Schlaraffenland, in dem jeder bekommt, was er sich wünscht. Oder sollen wir uns von einem solchen infantilen Glauben einfach abwenden und es den naiven Seelen überlassen, die sich von einer naiven Priesterschaft trösten läßt?

Zunächst ist wichtig, daß Himmel nicht etwas ist, was weit weg ist. Nicht etwas dort oben, in das man auffahren muß. Er ist hier und jetzt. Auffahrt in den Himmel heißt nicht: Jesus hat abgehoben von dieser Erde, sondern: Himmel ist immer und überall. Sie sagt uns, daß wir alle berufen sind, mit Leib und Seele in diesen Himmel zu kommen, d. h., Gott zu erfahren, oder, was das gleiche ist, zu erfahren, wer wir wirklich sind. Wir tragen diesen göttlichen Kern in uns, den Zen ‚Wesensnatur‘ nennt, Yoga ‚Atman‘ und die Christen ‚ewiges Leben‘, ‚Reich Gottes‘ oder ‚Himmel‘.

Christi Himmelfahrt ist ein Ausdruck mythologischer Sprachformen. Wir dürfen religiöse Aussagen nicht wörtlich nehmen. Religion drückt sich in Bildern und Mythen aus. Ich habe schon oft erwähnt, daß ein Mythos wie ein Glasfenster ist. Das Glasfenster erzählt uns etwas über das Licht, das hinter ihm leuchtet. Das Glasfenster ist nicht das Licht. Wir dürfen nicht bei den Linien und Farben stehen bleiben. Sie verweisen auf das Licht, das dahinter leuchtet.

Himmelfahrt ist ein solches Glasfenster, an dem uns heute deutlich werden soll, daß es eine Dimension in uns gibt, die wir intellektuell und sinnenhaft nicht begreifen können. Eine Dimension, die wir nur erfahren können, zu der wir erwachen können.

Wir sind gemeint mit dieser Himmelfahrt. Wir können erfahren, was Jesus Christus erfahren hat. Der Himmel ist immer da. Was uns von ihm trennt, ist unser Besetztsein durch unser Ichbewußtsein. Wenn wir diese Grenze von Raum und Zeit überschreiten könnten, wären wir aufgefahren, wären wir im Himmel. Himmel ist die Erkenntnis, daß wir göttlichen Ursprunges sind, daß wir göttliches Leben in uns tragen.

Und das feiern wir jetzt unter den Gestalten von Brot und Wein, Gestalten, die wir sehen können. Dahinter verbirgt sich jene andere Dimension, die wir göttliches Leben, Himmel, Ewigkeit, Kindschaft Gottes usw. nennen. Jene Dimension, die wir nicht sehen können, die aber da ist.

Der Himmel ist hier und jetzt. Auffahrt meint das Hier und Jetzt erfahren. Dazu haben wir uns auf den Weg gemacht. Auf einen Weg, der kein Weg ist; denn es ist nicht dort, weder oben noch unten weder gestern noch morgen, sondern hier und jetzt. Wir feiern in der Himmelfahrt Jesu unsere eigene Himmelfahrt. Dieses Fest bewahrt uns vor der Flucht in eine falsche Spiritualität, vor einem Rückzug aus der Welt.

Der Kosmische Christus

Jesus Christus wurde im Abendland, ähnlich wie andere Religionsstifter, als ein persönlicher Erlöser verstanden. Dadurch wurde das Christentum zu einer absolut anthropozentrischen Religion. Es wird lange dauern, bis wir diese einseitige Ausdeutung der Christusgestalt revidieren werden. Unser Weltbild hat sich so radikal verändert, daß eine rein anthropologische Sicht des Kosmos nicht mehr möglich ist. Die alten Schläuche des anthropozentrischen, rationalistischen, antimystischen und antiweiblichen Welt- und Menschenverständnisses tragen nicht mehr.

Der historische Jesus wurde überbetont. Das führte zu einer narzißtischen Erlösungslehre. Wir Christen sind mehr an uns interessiert als an Gott. Wir glauben immer noch, daß sich alles um die Erde dreht. Wir glauben immer noch, der Mensch wäre die unüberbietbare Krone der Schöpfung. Wir glauben immer noch, es gäbe eine paradiesische, statische Form von Endzeit.

Aus den Schriften des Alten und Neuen Testamentes kann ebensogut eine kosmische, ja mystische Theologie entwickelt werden. Was Jesus über Gott gesagt hat, war seine persönliche Erfahrung. Es war eine mystische Erfahrung. Die Worte ‚Vater‘ und ‚Kind‘, die er aus dem jüdischen Familienverständnis entliehen hat, bezeugen eine Einheitserfahrung, wie sie alle Mystik kennt. „Ich und der Vater sind eins.“ Statt jedoch die Einheit im Familiengedanken zu betonen, haben wir postuliert, daß die Schöpfung ontologisch verschieden ist und haben so einen Keil zwischen Gott und Mensch bzw. Schöpfung getrieben.

Jesus hat das Reich Gottes für hier und jetzt verkündet. „Es ist in Euch.“ Wir haben es in eine ferne Zukunft verlegt und die Menschen auf einen undefinierbaren Himmel vertröstet. Evagrius Pontikus, ein Mystiker des 4. Jahrhunderts, schreibt: „Wenn der Geist den Stand ... der Gnade erreicht hat, dann sieht er im Gebet seine eigene Natur wie einen Saphir oder wie die Farbe des Himmels. Dies wird in der Schrift Reich Gottes genannt, das die Väter auf dem Berg Sinai gesehen haben“.[16]

Statt uns als Brüder und Schwestern des ‚Erstgeborenen‘ zu fühlen und mit ihm zu sprechen: ‚Ich und der Vater sind eins‘, haben wir Jesus nur zum Objekt der Verehrung und Anbetung gemacht.

Statt uns als „alter Christus“ zu betrachten, haben wir uns zu Sündern und Büßern degradiert.

Statt aus seiner Lehre unsere Seinseinheit mit ihm und dem Vater zu erspüren, wie im Bild vom Weinstock und den Rebzweigen, haben wir ihn zum Moralisten abgestempelt.

Statt in ihm unser eigenes Urbild und Abbild des Vaters zu erkennen, haben wir ihn als den ‚Ganzanderen‘ von uns weg in unerreichbare Ferne gerückt.

Statt ihn anzunehmen als „Emanuel“, als „Gott mit uns“, als der er angekündigt wurde, haben wir ihn zum kleinlichen, vergeltungshungrigen Weltenrichter herabgewürdigt.

Jesus Christus als der Kosmische Christus hat die Wirkung eines Archetypus, der für das Göttliche in der Schöpfung steht. Er ist der Archetypus für das Göttliche in uns. Uns durchpulst das Göttliche, das er Vater genannt hat, genauso, wie es ihn durchpulst hat. Was sich an ihm ereignet hat, hat sich an uns ereignet, nur ist es für uns nicht offenbar.

Als dieser Kosmische Christus zieht Jesus in Jerusalem ein und sagt uns, daß auch Leiden und Sterben Manifestation des Göttlichen sind. Als dieser Jesus Christus ziehen aber auch wir mit ihm in Jerusalem ein. Mit ihm gehen wir durch Tod und Auferstehung.

An diesem Ereignis sollen wir lernen, daß Leben durch viele Tode und Auferstehungen zu gehen hat. Wir sollen lernen, uns mit dem Leben zu vereinigen, das Tod und Auferstehung nicht kennt. Wir sollen lernen, daß Tod immer nur der Verwandlungsprozeß in eine neue Form des Lebens ist. Nur wenn wir bereit sind, durch Tod und Auferstehung immer wieder in eine neue Form zu gehen, werden wir dem dynamischen göttlichen Prinzip gerecht.

Immer wenn wir beginnen, eine Form – wie etwa diesen Leib – festzuhalten, verstoßen wir gegen das Strukturprinzip der Schöpfung, gegen das Geborenwerden, Leben, Sterben und Auferstehen. Immer wenn wir festhalten, verstoßen wir gegen Gott, der nicht Statik ist, sondern Dynamik. Das ist die eigentliche Sünde des Menschen, daß er klammert. Er überläßt sich nicht dem Leben, er klammert sich an eine Vorstellung von Leben.

Leben bedeutet mitgehen in einen immer neuen Akt der Evolution Gottes. Leben bedeutet mittanzen und mitfeiern, und der Rhythmus ist: Geborenwerden, Leben, Sterben, Auferstehen. Nur wenn ich dazu fähig bin, kann ich mich dem Leben hingeben, bin ich ein Auferstandener, ganz gleich in welcher Form. Denn Gott ist ein Gott des Lebens, nicht des Todes.

„Heilige Geistin"

Wir wissen, daß Gott weder männlich noch weiblich ist. Und doch haben Gottesbilder einen starken Einfluß auf uns ausgeübt. Was wäre in unserer Vorstellung vom Hl. Geist passiert, wenn wir immer nur gehört hätten: Die Heilige Geistin? Es ist gar nicht auszudenken, was das in unserem christlichen Selbstverständnis hervorgerufen hätte; was es bedeutet hätte, wenn wir das Weibliche in Gott nicht aus Gott hinaus auf Maria hätten projizieren müssen; wenn unsere Künstler auf ihren vielen Bildern (an Stelle von Maria Magdalena) die Weiblichkeit Gottes in ihm selber in einer Frauengestalt, als ‚Heilige Geistin‘, hätten darstellen können.

Wir hätten zu einem weiblich-archetypischen Bild beten können. Gott wäre in unsere bildhafte Vorstellung ganz anders eingegangen. Die Kinder hätten nicht einen alten Mann mit einem Bart gemalt, wenn sie mit ihren Farbstiften Gott hätten gestalten sollen.

Dabei wäre es durchaus legitim, Gott auch weiblich darzustellen. In der Sprache Jesu war der Geist weiblich. In seiner Schilderung vom Geist Gottes finden sich weibliche Elemente: Barmherzigkeit, Mütterlichkeit, Nähe, Wärme, Gefühl, Schönheit, Körperlichkeit und Eros.

In einem kleinen Dorf am Chiemsee, in Urschalling, steht ein gotisches Kirchlein. In einem Deckenfresko ist ein Bild gemalt, auf dem der Hl. Geist als Frauengestalt aus den Falten der Gewänder des Vaters und Sohnes hervorgeht. Was würde geschehen, wenn ein Künstler das heute in einer Kirche wagen würde?

Daß wir den Geist männlich gemacht haben, hat unsere Auffassung vom Geist Gottes und von Gott verfälscht und verkürzt.

Geist, Atem und Gefühl stehen als weibliche Grundzüge offensichtlich in engem Zusammenhang. Aber wir haben aus dem Geist eine männliche, intellektuell-kühle Angelegenheit gemacht. Wir haben ihn, wie alle unsere Bilder von Gott, vermännlicht. Damit haben wir uns die Möglichkeit vergeben, in Gott auch das Weibliche zu erkennen. Dabei geht es letztlich gar nicht darum, es nur in Gott zu erkennen, sondern in uns selber und es zu leben.

Wir wollen jetzt einmal hören, wie der Pfingsthymnus klingt, wenn wir den Geist als weibliche Kraft des Göttlichen ansprechen. Wir wollen uns diesem Geist Gottes öffnen und das, was vom Geist Gottes gesagt ist, auch in uns erkennen.

Pfingsthymnus

Komm herab, o Heil'ge Geistin, die die finst're Nacht zerreißt,
strahle Licht in diese Welt.

Komm, die alle Armen liebt, komm, die gute Gaben gibt,
komm, die jedes Herz erhellt.

Höchste Trösterin im Leid, die uns Herz und Sinn erfreut,
köstlich Labsal in der Not.

In der Unrast schenkst du Ruh, hauchst in Hitze Kühlung zu,
spendest Trost in Leid und Tod.

Komm, o du glückselig Licht, fülle Herz und Angesicht,
dring bis auf der Seele Grund.

Ohne dein lebendig ·Wehn kann im Menschen nichts bestehen,
kann nichts heil sein noch gesund.

Was befleckt ist, wasche rein, Dürrem gieße Leben ein,
heile du, wo Krankheit quält.

Wärme du, was kalt und hart, löse, was in sich erstarrt,
lenke, was den Weg verfehlt.

Gib dem Volk, das dir vertraut, das auf deine Hilfe baut,
deine Gaben zum Geleit.

Laß es in der Zeit bestehn, deines Heils Vollendung sehn
und der Freuden Ewigkeit. Amen Halleluja.

Esoterik und Christentum

Das Ziel der Esoterik ist die Erfahrung der Einheit mit der letzten Wirklichkeit, die wir Christen Gott nennen, die in anderen Religionen andere Namen hat. Sie ist unser tiefstes Wesen. Wir können alle zu dieser tiefen Erfahrung erwachen. Das ist das eigentliche Ziel und die eigentliche Aufgabe des Menschen. Dieses tiefste Wesen kann nicht beschrieben werden, es kann auch nicht durch irgendwelche Übungen herbeigeführt werden, wir können uns nur bereiten, damit es sich uns offenbart.

Der beste Weg dorthin ist Sitzen in Achtsamkeit, die sich von da aus durch unseren Alltag zieht. Achtsamkeit hilft uns, das Herz leer zu machen, damit wir in dieser Leere unser wahres Wesen erkennen.

Es gibt also kein Suchen nach einem transzendenten Gott, einem Gott außerhalb. Die esoterischen Wege lehren uns, nach innen zu schauen, um dort zu erfahren, wer wir wirklich sind. Unser wahres Wesen ist göttlich. Wir bereiten uns für die Manifestation dieses unseres tiefsten Wesens.

Von Jesus haben wir zu lernen, daß das Reich Gottes in uns ist und daß wir uns nach innen zu wenden haben (Metanoia). Jesus wollte zur Erfahrung führen, die er gehabt hat: „Ich und der Vater sind eins".

Diese Einheitserfahrung läuft über die Erfahrung unseres tiefsten Wesens, das göttlichen Ursprunges ist. Augustinus kann daher sagen: „Noverim me, noverim te" (Wenn ich mich kenne, kenne ich dich). Und konfuzianische Philosophie sagt: Wenn ich alle Möglichkeiten meines Herzens ausschöpfe, kenne ich meine menschliche Natur. Seine Natur zu kennen, heißt den Himmel zu kennen.

Alles, was von uns verlangt wird, ist Aufmerksamkeit nach innen, um diese Präsenz des Göttlichen zu erfahren. Das geht nicht denkend und nicht durch Festhalten an Geboten, Bildern und Zeremonien (was nicht heißt, daß ich diese nicht auch auf meinem spirituellen Weg benutzen kann).

Der letzte Schritt der Nachfolge ist nicht, Jesus zu folgen, sondern wie er zu erkennen, wer wir sind, und daraus zu leben. Er muß daher fortgehen von uns. „Es ist gut für euch, daß ich gehe." Wir könnten weiterfahren mit den Worten Jesu an Maria von Magdala: „Halte mich nicht fest" (Jo 20,17). „Noch vieles habe ich euch zu sagen, aber ihr könnt es jetzt nicht tragen. Wenn aber jener kommt, der Geist der Wahrheit, wird er euch in die ganze Wahrheit einführen" (Jo 16,12 ff). „Die Stunde kommt, und sie ist schon da, zu der die wahren Beter den Vater anbeten werden im Geist und in der Wahrheit; denn so will der Vater angebetet werden" (Jo 4,23).

Jesus Christus ist kein Objekt der Kontemplation, er ist unser innerstes Wesen. Das aber läßt sich nur erfahren. Das Gebet Jesu in der Einsamkeit, in die er sich immer wieder zurückzog, war das Gebet der Einheitserfahrung mit dem, was er Vater nannte. Er war immer in dieser Einheit mit der Göttlichen Wirklichkeit. Er war sich bewußt, daß er in der Tiefe seines Seins die Göttliche Natur mit dem Vater teilte. Genau das sollen auch wir erkennen.

Das Loslassen der äußeren Symbole und Bilder in der Kontemplation ist allen esoterischen Schulen gemeinsam. Im Taoismus spricht man vom „Fasten des Herzens", im Zen vom „Leermachen des Herzens". Johannes vom Kreuz nennt es „Die Nacht der Seele" und Jesus Christus „Das Verlieren des Lebens".

Johannes vom Kreuz hält die Erlösung der Welt begründet in diesem Sterben des Ich, wenn einer den Weg der Kontemplation geht. In diesem Zusammenhang ist es gut, einmal in seinem Buch „Aufstieg zum Berge Karmel" im 2. Buch, Kap. 7 die Nr. 11 u. 12 zu lesen. Hier steht, daß Jesus das Erlösungswerk vollbracht hat in seiner tiefsten Erniedrigung (Kenosis):

„. . . Im Augenblick des Todes war er (Jesus) auch der Seele nach vernichtet, ganz ohne Trost und Hilfe, da der Vater ihn dem niederen Bereich innerster Trockenheit überließ. Dies drängte ihn zu dem Schrei: Mein Gott, mein Gott, warum hast du mich verlassen. Es war die tiefste fühlbare Verlassenheit seines Lebens. Und in ihr wirkte er das größte Werk." „. . . Dem möge der im Geist Strebende das Geheimnis der Tür und des Weges Christi zur Vereinigung mit Gott entnehmen."[17]

Jesus Christus in dieser Vernichtung gleich zu werden, ist der höchste Stand, den die Seele erreichen kann. Dieser höchste Stand besteht im erlebten Kreuzestod, sinnlich und geistig, innerlich und äußerlich. Für Johannes vom Kreuz ist die Gleichgestaltung mit Jesus Christus in seiner tiefsten Entäußerung die Voraussetzung für die mystische Erfahrung. Diese Entäußerung gilt auch für religiöses Erleben, Vertröstungen, Visionen, Elevationen, ekstatische Erfahrungen usw. Das Ziel ist nicht die Entäußerung und Leere. Sie sind vielmehr nur Durchgang und Voraussetzung für die Auferstehung.

Die anstößige Einheitserfahrung

Wir haben Jesus Christus in seiner Gottheit und Menschheit zu leben. Wir sind ein anderer Jesus Christus. So wie er göttliches Leben in seiner Menschlichkeit manifestierte, haben auch wir göttliches Leben in unserer menschlichen Gestalt zu manifestieren. Da wir an allen Christusgeheimnissen teilhaben, sollen wir sie auch alle leben: Geborenwerden, heranwachsen, lernen, arbeiten, Mitglieder einer Gesellschaft sein, leiden und sterben und wie er auferstehen.

Es geht nicht um eine Nachahmung, sondern um eine Gleichgestaltung als Söhne und Töchter Gottes. Wir sollen unsere Menschlichkeit lieben, weil sich in ihr unsere Göttlichkeit ausdrückt. Wir haben uns in einer Erfahrung als Mensch und Gott wiederzufinden.

Aber in dieser Erfahrung gibt es dann kein menschliches Ego mehr, sondern jene mystische Identität, die von der Theologie immer wieder als anstößig verurteilt worden ist und die doch bei allen wirklichen Mystikern zum Ausdruck kommt. Als Beispiel sei hier Hadewijch von Antwerpen zitiert:

„Ich gehöre nicht mehr mir, es bleibt mir nichts von mir selbst."

„Er hat die Substanz meines Geistes verschlungen."

„Die Seele wird mit Gott genau das, was er ist."

„Das Feuer (der Liebe) macht keinen Unterschied,

es verzehrt alles, was es erfaßt:

ich versichere Euch ...

von Verdammnis oder Segen ist nicht mehr die Rede.

In der Erfüllung der Liebe ist man Gott geworden."

„Wer das Wunder verstanden hat, das Gott in seiner Göttlichkeit ist, erscheint oft den Menschen, die diese Erkenntnis nicht haben, gottlos durch ein Übermaß an Gott, unwissend durch ein Übermaß an Wissen."[18]

Mythen

Es gibt verschiedene Ebenen des Verständnisses von Jesus Christus, auch in der mythischen Ausdeutung. Bis ins 5. Jahrhundert hinein zirkulierten viel mehr Evangelien, als wir heute in der Bibel haben. Die einzelnen Gemeinden hatten auch ein unterschiedliches Jesusverständnis. Erst im 5. Jahrhundert, als das Christentum längst Staatsreligion geworden war, wurden diese Evangelien mit kaiserlicher Gewalt verbrannt. Einige jedoch sind gerettet worden, z. B. die Nag Hamadi Schriften.

In manchen dieser Schriften ist das esoterische und mythische Element des Lebens Jesu sehr viel stärker ausgeprägt als in den Evangelien, die im Neuen Testament stehen. An Weihnachten haben wir den Mythos der Jungfrauengeburt. An Ostern geht es um den Mythos des Sterbens und Auferstehens.

Der Ägyptische Einweihungsweg kann uns den Vollzug eines solchen mythischen Geschehens aufzeigen. Aus allen Ländern um das Mittelmeer kamen Menschen nach Ägypten, um die Mysterien der Isis kennenzulernen. Selbst Plato war dort. Jeder, der es sich zutraute, konnte sich prüfen lassen, ob er die große Einweihung in die Mysterien wage. Es war ein Weg auf Leben und Tod, d. h., der Adept wurde klar mit der Gefährlichkeit des Weges konfrontiert: „Wenn du durch diese Türe hindurchgegangen bist, gibt es kein Zurück. Kommst du nicht ans Ziel, mußt du sterben". Das war jedem klar. Er wußte aber nicht, was die Prüfung bringen würde.

Er bekam eine kleine Öllampe. Der erste Durchgang war ein schmaler Weg, der enger und enger wurde, bis der Leib durch eine winzige Öffnung hindurchgepreßt werden mußte und der Adept erkannte, daß er durch das Element Erde, durch die Materie hindurch mußte wie durch den Mutterschoß zu einer Neugeburt.

Die zweite Prüfung brachte ihn an eine tiefe Grube mit eiskaltem Wasser. Es gab kein Zurück. Mit der Lampe konnte er nur einen kleinen Gesichtskreis erhellen. Ganz leichte Stufen waren angedeutet. Er mußte durch das Wasser so hindurch, daß die Lampe nicht erlosch. Es gab nur eine Furt und auf der anderen Seite nur eine Stelle, wieder herauszukommen. Gelang es ihm nicht, ertrank er. Er mußte durch das Element des Wassers.

Der Weg ging weiter, und er stand vor einem lodernden Feuer. Wissend, es gibt kein Zurück, hält er an. Was geht in diesem Augenblick in einem Menschen vor?

Der Gang endet in einem herrlichen Zimmer. Der Tisch ist gedeckt, Musik ertönt. Eine sehr schöne Sklavin kommt, um ihn zu bedienen. Sie sagt ihm: „Nachdem du alle diese schweren Prüfungen hinter dir hast, bin ich dein Lohn. Ich stehe Dir ganz zur Verfügung". Wenn er sich darauf einließ, erwachte er am Morgen, und das Lager war leer. Aus dem Hintergrund trat der Hierophant und eröffnete ihm: „Du hast die Prüfung nicht bestanden. Du hast dein Leben gerettet, aber du bist auf Lebenszeit gezeichnet, und es ist dir bei Todesstrafe verboten, etwas über das Geheimnis zu sagen". Wer aber die Prüfung bestand und auch den Verlockungen der Sinne nicht verfiel, sondern zeigte, daß seine Sehnsucht nach dem Göttlichen so groß ist, daß kein Bedürfnis ihn aufhält, den beglückwünschte der Hierophant: „Nun führe ich dich in den Saal der Geheimnisse und erkläre dir die Mysterien der Isis. Und du bist auf Lebenszeit ihr Priester".

Wieviele Menschen würden diese Prüfungen bestehen? Nur wenn der Mensch an jenen Punkt gekommen ist, daß er lieber stirbt, als daß er das Ringen um das Göttliche aufgibt, sollte er diese Schwelle eines esoterischen Weges überschreiten.[19]

Jesus Christus als Mythos

Der Mythos Jesus Christus wurde früher mancherorts ähnlich vollzogen. Im südlichen Tessin liegt ein kleines Dorf, das in einer Kapelle aus dem 8. Jahrhundert noch ein Taufbecken in der Form eines Grabes hat. Der Täufling stieg von Westen her in das grabartige Taufbecken hinab, tauchte dreimal unter, um das Sterben mit Christus zu symbolisieren, und stieg dann nach Osten hin als Auferstandener aus dem Grab. Er wurde gesalbt zum Zeichen seines Königtums und erhielt das weiße Kleid, das er erst am ‚Weißen Sonntag' wieder ablegte.

Es ist wichtig, die metaphorische Struktur einer Religion zu erkennen. Wenn wir die Metaphern, Symbole, Parabeln und Bilder als Fakten interpretieren, geraten wir in größte Schwierigkeiten. Wenn man zu jemandem sagt: „Du bist eine taube Nuß", meint man nicht, daß er wirklich eine leere Nuß ist, „Nuß" ist eine Metapher. Metaphern in der Religion sollen uns einen transzendenten Sinn aufschließen.

Wenn wir z. B. lesen: Jesus stieg in den Himmel auf, dann dürfen wir nicht annehmen, daß da eine Person zu einem bestimmten Ort im Weltall aufgestiegen ist. Es gibt keinen physischen Himmel. Jesus ging in einen inneren Raum, in eine Erfahrung, die nichts zu tun hat mit Raum und Zeit. Wir sollen mit ihm aufsteigen, indem wir nach innen gehen, zu unserer eigentlichen Quelle des Lebens.

Alle Religionen haben sich entfaltet. Im AT war Gott zunächst nichts anderes als der Stammesgott von Nomaden. Dann wurde er der mächtigste Gott unter allen Göttern. Als solcher erhielt er in der hebräischen Gesellschaft die Oberhand. In der Gefangenschaft von Babylon im 6. Jahrhundert kam die Idee eines Retters in die jüdische Religion . . . .

Wenn die Welt sich ändert, ändert sich auch die Religion. Aber das ist ein schwieriger Prozeß. Die Theologie fängt an, die metaphorischen Aussagen als historische Fakten zu sehen und sie so zu absoluten Aussagen zu machen. Die metaphorische Ebene ist aber nur die ‚Maske', durch die eine letzte Wirklichkeit spricht, die ‚persona', durch die diese Wirklichkeit hindurchtönt.

Die heutigen Religionen stecken in der Problematik von Gut und Böse. Sie sind verwickelt in moralische und soziale Probleme. Statt von der mystischen Erfahrung der Wirklichkeit zu künden, wenden sie sich einer Problemlösung von außen zu. Eine Religion tut sich nicht leicht, ihre Anhänger aus dem Kinderglauben zu entlassen und sie ins Jugend- und Erwachsenenalter hinüberzuführen. Das ist ein Grund, warum heute viele davonlaufen.

Hirte – oder der Krieg der Sterne?

Wir stoßen in den hl. Schriften ständig auf mythische Bilder. Heute ist es das Bild des Hirten, der seine Schafe weidet, ihnen Nahrung und Trank gibt, sie schützt vor allen Gefahren, sie geleitet durch das Dunkel und die Nacht.

Die Misere unserer Zeit ist es, daß wir keine Mythen mehr haben. Wir kennen kaum noch einen Schäfer. So ist es schwer, daß dieser Mythos in uns etwas zum Klingen bringt. Dabei könnte er Vertrauen wachsen lassen auf das Göttliche in uns. Wenn wir ihm nur Raum geben, wenn wir uns nur dem Willen Gottes überlassen können, dann werden wir diese unsere menschliche Existenz in der rechten Weise leben.

Das eigentliche Ziel jedes Mythos ist es, uns zu zeigen, daß wir im Grunde eins sind mit dem Göttlichen. Der Mythos zeigt uns den Weg ins Mysterium Gott. So ist es z. B. mit dem Mythos von der Jungfrauengeburt. Er symbolisiert, daß wir nicht nur eine menschliche Geburt haben, sondern auch aus Gott geboren sind, daß wir diese unsere göttliche Natur in einer zweiten Geburt zu finden haben. Es reicht nicht, einfach nur zu leben. Wir haben aus der Tiefe unseres Wesens heraus zu leben. So ist es nur die eine Hälfte unseres Seins, als Mensch geboren zu werden. Es ist wichtig, durch die Wehen und den Geburtskanal dieser leiblichen Geburt zu gehen. Aber noch wichtiger ist es, eine zweite, geistige Geburt zu erleiden, wiedergeboren zu werden, wie die Schrift sagt.

Wir haben keine tragenden Mythen mehr. Die Frage ist, ob in unserer Zeit ein neuer Mythos entstehen könnte. Campbell meint, die Dinge seien zu kurzlebig, als daß das möglich wäre. Er verweist dann aber doch auf eine Möglichkeit: Es könnte der Mythos einer planetarischen Gesellschaft entstehen.

Der Mythos vom Stamm, vom Vaterland, von der Nation, von einer Sprachengruppe, von einer ganz bestimmten religiösen Gemeinschaft ist zerbrochen oder ist am Zerbrechen. Zu viele Menschen sind entwurzelt, und die Grenzen erscheinen uns mehr und mehr widersinnig. Campbell erzählt, daß sein jüngster Sohn, als er gefragt wurde, warum er sich zwölfmal den „Krieg der Sterne" angesehen habe, zur Antwort gab: „Aus demselben Grund, aus dem du immer wieder im Alten Testament liest".

Vielleicht sind wir wirklich auf dem Weg zu einer planetarischen Gesellschaft, wie uns der ‚Krieg der Sterne‘ nahebringen will. Wir sollten uns mehr als Kosmopoliten fühlen, und zwar aus religiösen Gründen. Die Science-fiction-Romane und -Filme scheinen es anzudeuten. Aber auch unsere Verantwortung für die Natur geht in eine ähnliche Richtung. Das holistische Weltbild und Weltverständnis ist im Wachsen begriffen.

Was hat das mit unserem spirituellen Weg zu tun? Was hat das mit dem Mythos des Hirten zu tun? Wenn wir erkennen, daß da nur *eine* Herde und *ein* Hirte ist, werden wir uns anders in dieser Welt verhalten. Das Göttliche west in jedem von uns. Wenn wir erst einmal erkennen, wer wir wirklich sind, können wir einander nichts Böses mehr antun. Denn das Böse, das wir anderen antun, spüren wir dann selber.

Und das zweite ist, daß wir auf das Göttliche in uns vertrauen können. Es weiß den Weg, es führt uns durch alle Gefahren und Verirrungen hindurch.

Die Parabel von den zwei Söhnen (Lk 15,11-32)

Man kann die Schrift ganz verschieden lesen und interpretieren. Man kann sie nach ihrer Geschichtlichkeit abfragen, ob das, was da geschrieben ist, sich auch wirklich so ereignet hat. Man kann auch versuchen, die Symbole zu verstehen, die in der Schrift immer wieder gebraucht werden, z. B. das Symbol Wasser, Mahl, Bund. Man kann sie rein moralisch verstehen und sich von ihr sagen lassen, was sich im Leben zu ändern hat. Aber man kann sie auch mystisch verstehen: Was sagt die Schrift aus über ihre Begrifflichkeit hinaus? Was ist jenseits der Worte, die da stehen? Was ist die letzte Wirklichkeit, auf die alle Worte verweisen?

Auch Worte der Schrift sind nichts anderes als der Finger, der zum Mond weist und nicht der Mond selbst. Sie sind so etwas wie eine Landkarte, aber nicht die Landschaft, in der man zu wandern gedenkt. Eine Landkarte weist über sich hinaus. Wer den Weg der Kontemplation geht, wird gewarnt, den Finger für den Mond zu halten und die Landkarte für die Landschaft.

Die mystische Bedeutung der Schrift ist in den Worten verborgen, aber sie ist kein Geheimnis. Man muß den Inhalt nur selbst erfahren. So ist die mystische Aussage das Herz der Hl. Schriften. Die Schriften sind mystisch, weil sie aus der mystischen

Erfahrung stammen. Wir können diese Erfahrung auch haben, denn auch in uns liegt die Begabung dazu verborgen. Dieses Mystische in uns ist das göttliche Leben.

In diesem Sinn läßt sich auch die Parabel vom Vater und den zwei Söhnen deuten: Die drei Charaktere repräsentieren uns selbst. Der Vater ist unser wahres Selbst, das Göttliche in uns, die Wesensnatur. Der jüngere Sohn symbolisiert unser Ichbewußtsein. Mit ihm können wir uns am leichtesten identifizieren. Er agiert, wie wir gewohnt sind zu agieren, bevor wir wissen, wer wir wirklich sind. Wir denken und handeln dualistisch, egozentrisch, narzißtisch. Der ältere Sohn ist ebenfalls unser Ichbewußtsein. Er hat sein wahres Wesen schon erfahren oder hat wenigstens eine Intuition davon. Aber die Erfahrung ist unvollkommen. Auch er ist noch befangen im dualistischen Denken.

Die Parabel ist die Geschichte unserer eigenen Transformation. Sie zeigt uns den Weg, den wir zu gehen haben, und ist gleichsam ein Spiegel, in dem wir unseren eigenen Wandlungsprozeß erkennen können.

Die drei Figuren zeigen uns verschiedene Ebenen unseres Wandlungsprozesses: Der Vater ist indifferent, frei, voller Mitleid und Wohlwollen.

Indifferent meint unparteiisch. Es sind keine Anzeichen zu erkennen, daß der Vater seinen Sohn von seinem Abenteuer abhalten will. Er gibt ihm keine moralische Vorschrift. Er tadelt auch den älteren Sohn nicht wegen seines Neides. Die Parabel sagt einfach, er teilte das Vermögen.

Er ist frei: Der Vater zeigt keine Abhängigkeit oder Anhänglichkeit an seine Söhne. Er benützt sie nicht für sich selbst. Der jüngere Sohn will sein Erbe haben, er bekommt es und kann gehen. Der Vater fragt nicht, wofür er es gebrauchen will, und gibt keine heilsame Ermahnung. Der jüngere Sohn kommt verkommen zurück. Der Vater fragt nicht vorwurfsvoll, wo er gewesen sei, sondern er nimmt ihn auf. Der ältere Sohn beschwert sich, der Vater rechtfertigt sich nicht und beschuldigt seinen Sohn nicht des Neides.

Er ist voller Mitleid: Die Indifferenz und die Freiheit des Vaters bedeuten nicht, daß er kein Mitleid hätte. Er ist vielmehr von Mitleid gerührt. Er schaut nicht auf sich. Sein Dasein gilt seinen Söhnen. Er muß nicht erst lange nachdenken, was er zu tun hat. Er handelt aus der Fülle des erfahrenen Lebens.

Er hat ein klares Auge: Er besitzt die „puritas cordis", das reine Auge, von dem die Seligpreisungen uns erzählen. Dieses reine Auge ist nicht besetzt, hat keine Vorurteile; es sieht die Wirklichkeit, wie sie ist. In der Parabel heißt es, daß er den Sohn schon kommen sah, als dieser noch weit entfernt war.

Der jüngere Sohn hat ein ausgeprägtes Ichbewußtsein. Es ist unser Ichbewußtsein, das wie eine Welle auf dem Ozean schwimmt. Die Welle mag sich freuen, getrennt zu sein vom Ozean. Sie meint vielleicht sogar, sie könne ohne den Ozean leben. Sie kann unter Umständen sogar den Ozean für das große Hindernis in die Freiheit und in das eigentliche Leben halten. Der jüngere Sohn möchte ‚Ich' sein, er möchte unabhängig sein. Er möchte etwas ausschließlich und allein für sich haben. Sein Ichbewußtsein ist etwas, was er von allem anderen getrennt zu erfahren hofft. Das Ich möchte etwas Eigenes haben. Es widersetzt sich dem Ganzen, aber daraus kommt die Unsicherheit. Das Ich meint, es fehle ihm etwas, und so muß es immer neu auf die Suche gehen, weil das, was es erreicht hat, am Ende doch nicht reicht.

Dieser Weg führt notgedrungen ins Elend. Leid ist die natürliche Folge des Sich-Abtrennens, des Allein-Besitzen-Wollens. Dieses Leid ist wichtig. Nur der Leidensdruck scheint uns auf den richtigen Weg zu bringen. Leid ist immer das Erkennungszeichen des Ego. Man kann seinen Egoismus vielleicht vertuschen, aber nicht die Wirkung des Egoismus, das Leid. Es gibt eine Volksweisheit, die sagt: „Du kannst das Feuer zwar verbergen, aber was machst du mit dem Rauch?"

Auch der ältere Sohn repräsentiert das Ich. Aber sein Ich ist viel subtiler, es liegt verborgen, im Schatten. Er lebt nahe beim Vater, sein Ich lebt nahe an der Wesensnatur. Er bleibt daheim, er tut alles, was der Vater sagt. Sein Ich braucht die Anerkennung des Vaters. Sie ist ihm Quelle der Sicherheit, bewahrt ihn vor dem Ausgelöschtsein und gibt ihm seine Wichtigkeit. Der ältere Sohn hat noch nicht erkannt, daß er den Vater in sich trägt und daß er das, was er außen sieht, in sich finden muß. Das Ichbewußtsein und das wahre Selbst sind noch getrennt.

Der ältere Sohn hält sich für besser. Er hat die Dummheiten des jüngeren nicht gemacht. Er hat nicht gemeint, daß sein Glück draußen in der Welt zu finden sei, aber auch er hat das Glück draußen gesucht, nämlich beim Vater. Er ist unzufrieden mit dem Vater. Er ist unzufrieden mit seiner Situation. Seine Haltung bei der Rückkehr des jüngeren Bruders zeigt, daß er sich bedroht fühlt. Er hat gemeint, sein Wohlverhalten garantiere ihm die Gunst des Vaters, die Bestätigung seines Ich.

Solange der Mensch Zuwendung bekommt, fühlt er sich gut. Sie kann jedoch zum Hindernis werden. Wohlverhalten aus Angst vor Liebesentzug ist keine Tugend. Das ist genau die Situation, in der sich Jesus immer wieder mit den Pharisäern auseinandersetzt. Sie halten sich für die, die daheim geblieben sind, die Gott am nächsten stehen, die alles tun, was sich tun läßt, und daher auch seiner Gunst sicher zu sein hoffen. In einem solchen Fall kann Religion das entscheidende Hindernis sein, den letzten Schritt zu tun, das Ego vollkommen loszulassen. Das Ego kann noch so sehr ausbalanciert sein in der Geborgenheit des Vaters, es bleibt das Ego. Gerade wenn es so ausbalanciert ist, kann es oft den letzten Schritt des Loslassens nicht vollziehen. Und darum sagt Jesus zu den Pharisäern: „Ihr fahrt über das Meer, um einen zum Proselyten zu machen, aber ihr hindert andere, ins Reich Gottes einzutreten".

So ist die Parabel die Geschichte unserer eigenen Transformation. Wir kommen aus Gott, der „Alles in allem ist" (Paulus). Die Reise beginnt mit der Suche nach unserer Identität. Wer sind wir? Der jüngere Bruder sucht eine Lösung in der Jagd nach dem Glück draußen. Der ältere Bruder sucht nach dem Glück, indem er Anerkennung erheischen will. Auf dem Weg erfahren beide die Not ihrer vermeintlichen Unabhängigkeit und erkennen den Bankrott ihres Ich. Die Suche nach dem Reich Gottes kann endlich beginnen.

Wohl dem Menschen, der rechtzeitig mit seinem Suchen an ein Ende kommt und erkennt, daß er umzukehren hat. Wohl dem Menschen, dessen Leidensdruck so stark ist, daß er nicht mehr anders kann, als umzukehren. Unsere Reise ist gleichsam die Reise eines Bumerangs, der zu seinem Ausgangspunkt zurückkehrt. Aber Umkehr allein reicht nicht aus, wir müssen restlos absorbiert werden von unserem wahren

Selbst, von Gott. Es gilt, unsere Gottähnlichkeit zu erfahren. Der Vater ist die Quelle des Lebens für beide Söhne. Alles haben sie von ihm. Sie müssen erkennen, daß Unabhängigkeit eine Illusion ist und in die Entfremdung führt.

Die Heimkehr ist signalisiert mit dem Festgewand, dem Ring, den Schuhen und dem Fest. Auch der ältere Sohn vollzieht eine Transformation. Er erkennt, daß er alles hat, was dem Vater gehört, daß es kein Getrenntsein gibt. Daß er eins ist mit dem Vater. Solange er aber nach Lohn und Vergeltung und Anerkennung hungert, lebt er getrennt. Das Fest am Ende der Parabel ist die Vollendung der Transformation. Dort sind alle eins, der Vater, der ältere und der jüngere Sohn.

Die Parabel ist unsere eigene Geschichte, unser Lebensskript. Sie soll uns helfen, uns zu öffnen und über alle Überlegungen hinaus in die Einheit zu finden. Dann beginnt unser eigentliches Leben, dann können wir hinausziehen oder daheim bleiben. Dann gibt es weder draußen noch drinnen. Dann erfahren wir alles als Ausdruck unseres Wesens, als Form Gottes. Dann gibt es nicht mehr gut und böse, nicht mehr oben und unten, nicht mehr reich und arm. Dann haben wir in uns auch ein Gesetz, das wir Menschen Liebe nennen. ‚Liebe und tue, was du dann willst!' Die Liebe wird die Norm für unser Verhalten sein.

Brot (Jo 6,25 ff)

Warum feiern wir immer wieder diesen Ritus? Er ist neben der Taufe der älteste bezeugte Ritus der Christen. Am Brotbrechen erkannte man sie. Warum werden wir in den meisten Richtungen des christlichen Glaubens nicht müde, immer wieder dieses Mal zu feiern?

Rituale deuten Wirklichkeit. man muß sie oft wiederholen, immer die gleichen Worte, Gesten, Zeichen setzen, damit uns die Wirklichkeit dahinter aufgeht. Im Ritual wecken wir ein ruhendes Potential. Wir wecken Kräfte, indem wir nichts anderes tun, als Worte, Schritte, Gesten, Laute zu wiederholen. Immer das gleiche Zeichen, das gleiche Wort, der gleiche Ton, die gleiche Bewegung. Dadurch wird eine Tiefenkraft freigesetzt.

Rituale sind heilige, heilende, heilmachende Gesten, Töne, Bilder, die unserem ungeordneten Inneren eine bestimmte Richtung geben. Sie verwandeln uns in eine neue Ordnung. Es geht dabei nicht um ein rationales Erfassen. Wir öffnen uns vielmehr für eine Kraft, die immer in unserer Mitte ist. Sie ist nicht nur in uns da, sie ist der Seinsgrund all dessen, was ist.

Zurück zu dieser Feier:

Unmittelbar nach der Brotvermehrung kamen die Menschen zu Jesus. Sie wollten Brot. Jesus bedeutete ihnen: „Ihr sucht mich nicht, weil ihr Zeichen gesehen habt, sondern weil ihr satt geworden seid". Aber diese Speise, von der man satt wird, die will Jesus nicht geben. Wenn Jesus von Brot spricht, dann meint er nicht Speise für den Leib. Brot ist für ihn Symbol für eine viel tiefere Wirklichkeit, die er an anderer Stelle ‚ewiges Leben' nennt. „Wer von diesem Brot ißt, wird nicht mehr sterben." Wer dieses ewige Leben in sich erfährt, der braucht keine Angst zu haben vor dem Tod. Leben stirbt nicht. „Dieses Brot ist anders als das Brot, das eure Väter gegessen haben und doch gestorben sind."

Wir beziehen das Wort „Wer von diesem Brot ißt ...'' zu leicht auf diese Hostie, als ob es allein um dieses Stück Brot ginge. Dieses Brot ist Zeichen für die Wirklichkeit Leben, die sich unserem leiblichen Auge verbirgt. Im Brot soll sie uns aufleuchten. Und so wie sie uns im Brot aufleuchtet, soll sie uns in allem aufleuchten, was existiert. Es gibt nichts, worin nicht das Göttliche aufleuchtet. Ob wir es erkennen oder nicht, spielt dabei keine Rolle. Brot ist nur herausgehoben, damit wir erkennen, Gott leuchtet in allem auf. Alles ist nur das Geglitzer des Ewigen. Wer das erfährt, der geht mit großer Ehrfurcht durch das Leben und geht mit allem Leben sehr ehrfürchtig um.

Wenn wir dieses Leben in uns befreien können, verwandeln wir uns und die Welt. Dann hindern wir Gott nicht mehr, sich in uns und durch uns auszuformen. Dann erfahren wir ihn in uns und in allen Dingen.

„Müht euch nicht um Speise, die verdirbt'', sagt Jesus, „sondern um die Speise, die für das ewige Leben bleibt'', d. h. erkennt euer eigenes tiefstes Wesen, erkennt euern göttlichen Urgrund! Es ist im Grunde so einfach. Wir sollen das Leben zuerst in uns erkennen, in dieser unserer Übung mit dem Atem, in diesem Schritt, in jenem Handgriff, in den einfachen Dingen .... .

Immer wieder feiern wir Eucharistie, damit wir innewerden:

So wie Gott in diesem Brot west, west er in jedem von uns, in jedem Schritt, in jedem Atemzug. Und so west er in allem. Er hat sich nicht eine Symphonie komponiert, die er sich vorspielt, die er vielleicht von irgendwoher dirigiert. Er *ist* die Symphonie, die erklingt. Und wir haben nichts zu tun, als mitzuklingen und möglichst wenig Mißtöne von uns zu geben.

Um das zu verstehen, feiern wir immer wieder dieses Mahl.

Wasser des Lebens (Jo 7,37)

Von den Strömen des lebendigen Wassers ist hier die Rede. Wasser, das aus unserem Innern fließt. Wasser ist Symbol für das göttliche Sein. Unser tiefstes Wesen ist göttliches Sein.

Am Jakobsbrunnen sprach Jesus ebenfalls von diesem Wasser des Lebens: „Wer von diesem Wasser trinkt, wird wieder Durst bekommen'', sagt er zur Frau. „Wer aber von dem Wasser trinkt, das ich ihm geben werde, wird niemals mehr Durst haben; vielmehr wird das Wasser, das ich ihm geben werde, zur sprudelnden Quelle, deren Wasser ewiges Leben schenkt'' (Jo 4,14).

Wir Menschen haben einen existentiellen Durst. Wir versuchen, diesen Durst an vielen Quellen zu stillen, indem wir vielen Dingen nachlaufen. Hier trifft sich die Aussage Jesu mit der Aussage Buddhas und den Aussagen anderer heiliger Bücher. Solange der Mensch nur Durst nach Nahrung, Vergnügen und vordergründigen Dingen hat, ist das Leid unumgänglich. Obwohl er seinem Triebbedürfnis nachgibt, wird es sich periodisch immer wieder melden, und er kann sein Leben verschleißen im Gang zu immer neuen Brunnen, bis er merkt, daß er in Wahrheit gar nicht den Durst des Leibes löschen will, sondern die viel tiefere Sehnsucht nach dem Wasser des Lebens, die Sehnsucht nach ewigem Leben.

Dostojewski meint, daß das Geheimnis des Kreislaufes darin besteht, daß der Mensch, wenn er vom irdischen Wasser getrunken hat, wieder Durst bekommt und fragt: „Und was nun?" So schreibt er in einem Buch vom Brot: „Steine in Brot verwandeln, sagen sie, ist das wirklich das Größte?" „Nicht das Größte (antwortete der Gegenüber); groß, aber zweitrangig; hat der Mensch sich satt gegessen, denkt er nicht mehr daran. Im Gegenteil, er sagt: So nun habe ich mich satt gegessen, und was soll ich jetzt tun? Die Frage bleibt ewig offen."[20]

All unser Glücksverlangen ist latente Verzweiflung. Ruhe und Geborgenheit finden wir nur in unserem göttlichen Kern. Den wahren Durst kann man nicht mit dem Wasser des Irdischen löschen.

Die Gefahr, daß wir den Menschen auch in der Religion nur irdisches Wasser anbieten, ist sehr groß; denn selbst in der Religion kann man im Formalen hängenbleiben und vergessen, daß nur spirituelle Wege zum Eigentlichen führen. Kein echter Guru und kein Zenmeister würde einen Schüler annehmen, der nur Fitness und Entspannung bei ihm sucht.

Das Wasser des Lebens ist das Leben Gottes, das wir alle in uns tragen. Es ist das Göttliche Prinzip, das unsere wahre Natur ist. Es ist uns nicht fern. Nur wenn wir dieses Wasser des Lebens finden, macht auch alles andere Sinn: die Freuden und Erlebnisse dieser Welt.

Beides gehört zusammen, Gott und die Dinge. Aber nur, wenn sich uns Gott in den Dingen offenbart, werden wir glücklich damit.

Jüngerschaft (Mk 3,31)

Wir Menschen sind von Haus aus Herdentiere. Über Tausende von Jahren haben wir in der Gruppe, im Clan, in der Partei, im Verein, im Vaterland, in der Nation, in einer Kaste gelebt. Es gibt gar nicht so viele Individualisten unter uns, wie wir meinen. Selbst die sogenannten „drop outs" sind noch sehr stark in die Gesellschaft integriert.

Wer einen esoterischen Weg geht, tritt ein in eine Jüngerschaft. Jünger Jesu (oder Jünger Gottes, was das gleiche ist) zu sein, aber heißt, Abschied zu nehmen vom Kollektiv, von jedweder Gruppenidentifikation, unter Umständen auch von einer organisierten Religion.

Das ist keine Aufforderung zum Kirchenaustritt. Es geht um etwas ganz anderes. Es geht um die Befreiung von einer Bindung, die tief in unserem Unbewußten sitzt und uns hindert, Individuen zu sein und unser Christentum kompromißlos zu leben. Jünger Christi (Jünger Gottes) wird man nur als Individuum.

Die einzige Möglichkeit, sich von der Gruppenloyalität zu befreien, die zu den strengsten irdischen Bindungen gehört, ist der Wille, sich in die höhere Loyalität der Jüngerschaft Gottes zu begeben. „Des Menschen Feinde sind die eigenen Hausgenossen", sagt Jesus (Mt 10,36). „Wenn einer zu mir kommt und nicht Vater und Mutter und Weib und Kinder und Brüder und Schwestern und dazu auch sein eigenes Leben haßt, kann er nicht mein Jünger sein" (Lk 14,25 ff). Das hat nichts mit einer äußeren Trennung zu tun. Es geht um eine Selbstwerdung und ein radikales Einlassen auf Gott allein.

Ein Individuum zu werden fordert die Trennung von jeder Gruppenidentifikation, auch von der religiösen. Es ist ein „innerer Haß", den Jesus fordert, nicht den äußeren. Es geht nicht um Querelen mit unserer Familie, unseren religiösen oder politischen Vorgesetzten. Im Gegenteil, wer innerlich frei geworden ist, kann eine kreative und positive Beziehung zu seinen Mitmenschen aufbauen. Das ist es, was Jesus fordert: „Ich bin gekommen, den Menschen zu entzweien mit seinem Vater und die Tochter mit der Mutter und die Schwiegertochter mit ihrer Schwiegermutter" (Mt 10,35).

Wenn wir in unseren Träumen gegen andere kämpfen, wenn der junge Mensch sich darin gegen alle Autorität wendet, wenn wir im Traum mit jemandem streiten, den wir eigentlich lieben, wird diese Auseinandersetzung mit der unbewußten Identifikation sichtbar.

Einmal müssen wir ungeschützt und auf eigenen Füßen unser Heil wirken und dieser inneren Stimme folgen. Wie sich der Mensch von der einschnürenden Loyalität zur Mutter zu befreien hat, hat er sich auch von jeder Verfilzung in eine Gruppe zu befreien. Bevor Individualität wachsen kann, muß die Loslösung kommen. Die unbewußte Bindung muß zerbrochen werden, damit die gottgewollte Einmaligkeit des Individuums zutage treten kann.

Das gilt von jeder Bindung, die ihre Wurzeln tief im Unbewußten hat, auch von unserer Bindung an religiöse Institutionen, theologische Systeme usw. Darf ich noch einmal betonen, daß eine solche Lösung nichts mit Kirchenaustritt zu tun haben muß. Sie soll uns vielmehr zur Freiheit der Jüngerschaft mit Christus in der Kirche führen. Jünger Christi zu sein heißt, alle anderen Loyalitäten zugunsten der Loyalität zu Christus bzw. Gott zu brechen.

Der Möchtegern-Jünger kommt zu Jesus und sagt: „Laß mich erst meinen Vater beerdigen", d. h. meiner familiären Pietät nachkommen. Die Stelle will nicht sagen, daß er nicht seinen Vater beerdigen soll, sie will sagen, daß er die tief im Unbewußten sitzende Bindung an seine Familie noch nicht lösen kann. Er hängt noch fest.

Zu viele in unserer Kirche haben diese unbewußte Bindung an ihre Mutter noch nicht gelöst. Sie sind noch nicht Jünger Christi, auch wenn manche von ihnen hohe Ämter bekleiden. Sie sind noch verhaftet in einer Mutterbindung und tragen so die Maske eines anderen. Aber wenn einer zu Jesus kommt und sagt: „Meister, ich will dir folgen, wohin du auch gehst", wird ihm zuerst gesagt: „Die Füchse haben Höhlen und die Vögel des Himmels Nester. Der Menschensohn aber hat nichts, wohin er sein Haupt legen kann" (Mt 8,20).

Und glaubt ja nicht, daß das etwas mit äußerer Armut zu tun hat. Es hat mit diesem inneren Wagnis zu tun, meine gottgewollte Identität in einer Gemeinschaft zu leben.

Jünger Gottes zu werden gleicht einem Balanceakt. Es geht um die Balance zwischen Individuum und Gemeinschaft. Diese Balance zu finden ist nicht leicht. Wachsen soll dabei vor allem jene innere Freiheit, die uns zur vollen menschlichen Reife führt. Begleitet wird dieser Befreiungsakt von der Liebe. Sie ist das einzige ethische Moment, das dabei eine Rolle spielt. Aber es ist eine Liebe, die bereit ist, Vater und Mutter und Bruder und Schwester zu „hassen", d. h. sich von aller unbewußten Konditionierung zu trennen.

Das Übernatürliche möchte sich in uns entfalten. Es will uns nicht hindern an unserer Selbstentfaltung, obwohl es im Laufe der Geschichte oft eine Last geworden ist. Daß Religion zur Moral degradiert wurde, war wohl mit das Verhängnisvollste, was geschehen konnte.

Ich bin mir klar darüber, daß sich theoretisch leicht über dieses Thema reden läßt, daß es im Einzelfall jedoch sehr schwierig sein kann, wenn ich z. B. erziehen muß und die Balance zwischen Gewissensbildung und Freiheit zu finden habe oder wenn ich eine Lebensentscheidung treffen muß, ob ich in einer Gemeinschaft, einer Partnerschaft bleibe oder mich löse. Vor ein paar Jahren habe ich einmal zu sagen gewagt: „Gott kann einen Menschen ins Kloster hineinführen, er kann ihn aber auch wieder herausführen". Das wurde mir sehr verübelt. Unbestritten gibt es auch die Tugend der Treue, die abzuwägen hat, ob ich bei einer anfänglichen Entscheidung bleiben muß oder nicht. Aber mir geht es hier vor allem um die innere Freiheit in der Religion. Die Verquickung von Religion und Moral war sicher eine der verhängnisvollsten Entwicklungen in der Religionsgeschichte. Religion ist nicht in erster Linie Ethik. Religion kündet uns von jener transpersonalen Seite unseres Seins, die wir in uns zu entdecken haben. Das ist auch die Botschaft dieser Osterzeit. Nicht Buße und Vergebung sind das Hauptthema, sondern die Erkenntnis, daß wir Auferstandene sind. Aus dieser Erkenntnis kommt die Umkehr und das rechte Handeln.

Moral ist eine Konsequenz aus der Erfahrung der Transzendenz. Wenn ich zu meinem wahren Wesen gefunden habe, entspringt daraus das rechte Handeln. Im Leben geht natürlich beides Hand in Hand. Ich kann nicht sagen: erst das und dann das. Daher hat Ethik einen legitimen Platz in der Erziehung und in unserem Leben.

Die Karmalehre der östlichen Religionen ist oft eine stärkere Motivation für die Ethik als Furcht vor Strafe. Diese Lehre sagt, daß ich mir und meinem Reifungsprozeß schade, wenn ich nicht entsprechend handle. Weil ich zur religiösen Erfahrung durchbrechen möchte, tue ich manches und anderes nicht. Die Hölle und der strafende Gott sind ein schlechtes Erziehungsmittel.

Aber es ist kein leichter Weg, den wir gehen. Er ist oft ungeschützt, und es steht uns nicht unbedingt jemand zur Seite und sagt uns: Du bist auf dem richtigen Weg. Er bleibt ein Wagnis. Des Menschen Hausgenossen sind seine Feinde. In das Reich Gottes können wir nur allein eintreten.

Mancher wird unsicher, weil heute auch von offizieller Seite die Wege der Kontemplation oder des Zen und Yoga verdammt werden. Hört auf euer Inneres! Und bleibt in eurer Entscheidung unabhängig von der Meinung anderer, die vielleicht nur wenig von einem solchen spirituellen Weg verstehen!

Gleichgestaltung – nicht Nachahmung

In den esoterischen Wegen geht es um einen Wandlungsprozeß und nicht um einen Nachahmungsprozeß. Konkret auf das Christentum bezogen heißt da: Im Menschen soll stattfinden, was in Jesus Christus stattgefunden hat. Jesus Christus, der ganz Gott ist und ganz Mensch, ist der Typus für jeden von uns. Jeder ist mit der gleichen Aufgabe wie er konfrontiert. Jeder ist berufen, das Göttliche in sich ungehindert zum

Ausdruck kommen zu lassen. Wir sollen Jesus gleich werden im Vollzug unseres eigenen Lebens.

Wir machen aus Jesus Christus zu leicht einen Kultgegenstand. Er ist uns aber zur Nachfolge gegeben. Jesus Christus ist nicht in erster Linie ein Objekt der Verehrung, er ist vielmehr Subjekt eines inneren Prozesses, des Erfülltwerdens mit der göttlichen Fülle (Eph 3,19).

Die Schrift drückt das aus mit Bildern:

Als Weg, Tür und Licht öffnet uns Christus einen inneren Zugang zum göttlichen Grund, mit dem wir eins werden sollen, wie er damit eins geworden ist. Als Brot, als Wasser und Saft des Weinstocks soll er in uns eingehen, damit wir das durch ihn erschlossene göttliche Leben in uns erspüren können. Diese johanneischen Christussymbole – Ich bin das Brot des Lebens, das lebendige Wasser, der wahre Weinstock – sind nicht zur Vergegenständlichung gedacht, sondern zur Verinnerlichung. Sie öffnen die göttliche Mitte unseres Lebens und machen deutlich, daß Jesus Christus die Gestalt unseres wahren erlösten Seins verkörpert. Das, was wir in ihm erfahren, ist das, was wir zu werden haben. Er begegnet uns nicht von außen, er erwacht in uns von innen: Christus ist Symbol für die erwachende göttliche Gestalt in uns.

Nicht so sehr die „Imitatio" (Nachahmung) als vielmehr die „Conformatio" (Gleichgestaltung) spielt dabei eine Rolle. Es geht um die Freilegung des Göttlichen in uns, so wie es in Jesus Christus offenbar war. Der Erlösungsprozeß in uns zielt auf einen Christus-Werdungsprozeß, was letztlich der volle Menschwerdungsprozeß ist, ja ein „Gott-Werdungs-Prozeß".

Das Göttliche schläft in jedem Menschen wie ein Samenkorn. So wie es sich im Menschen Jesus Christus entfaltet hat, soll es in jedem Menschen erwachen und sich entfalten. Jesus Christus war ganz transparent. Gott leuchtete durch ihn hindurch, er leuchtete in ihm auf. Das gleiche hat auch mit uns zu geschehen, Gott möchte sich in uns entfalten, sich zeigen, sich auswirken, sich darstellen, so wie Paulus gesagt hat: „Mit Christus bin ich gekreuzigt, ich lebe, doch nicht mehr als ich, sondern Christus lebt in mir" (Galater 2,19 f).

Jesus ist gekommen, um uns von der falschen Auffassung zu heilen, daß wir von Gott getrennt leben. Sein Kreuzestod hat diese falsche Auffassung vernichtend getroffen. Wenn es uns geschenkt wird, mit ihm zu sterben, werden wir auch mit ihm leben (Röm. 6,4). Unser Weg ist der Weg durch Leiden und Sterben in die Erfahrung der Einheit mit Gott, d. h. in die Auferstehung.

Es geht also darum, das Göttliche in uns zuzulassen, ihm Raum zu geben. Das ethische Bemühen dient der Entfaltung dessen, was in uns lebt, damit das Tun des Menschen ein „Tun Gottes" wird.

Hölle oder Verwandlung

Die Kontaktstelle zu Gott ist hier und jetzt. Hier und jetzt ist auch die Hölle. Himmel und Hölle sind nur getrennt durch unser Ich. Wer es lassen kann, geht ein ins Reich Gottes. Es gibt keine magischen Rituale, die uns dorthin führen, sondern nur das Sterben unseres vordergründigen Ich. Die Kraft dazu gibt uns einzig die Liebe.

Sie allein hilft uns, alles zu lassen, um in diese neue Seinsordnung einzutreten, in die Seinsordnung Gottes.

Die Transformation durchläuft mehrere Ebenen. Wir stehen im allgemeinen in der Ichebene. Die ständige Identifikation mit der Ichebene hat durchsichtig zu werden. Wir haben zu erkennen, daß dieses Ich nur Instrument unseres eigentlichen tieferen Wesens ist. Diese nächste Ebene erreichen wir durch das, was Jesus die Metanoia nennt, die Umkehr, die Wiedergeburt. Es ist das Eintreten in eine Jüngerschaft, die in der neuen Ebene, im Reich Gottes lebt.

Das führt bei vielen Menschen durch eine Phase der Verwirrung.[21] Für manche ist das ein vollständiger Zusammenbruch. Die Sprechzimmer der Psychotherapeuten sind voll von solchen Menschen. Es ist eine depressive Phase, die durch Unsicherheit und Verwirrung zu einer Neuorientierung führt, wenn der rechte Begleiter gefunden wird. Sie ist auf dem spirituellen Weg von größter Bedeutung. Sie gleicht einem Labyrinth, das durch viele verschlungene Kanäle in die Mitte des Wesens führt. Hier geschieht der Reinigungsprozeß, von dem die Mystik spricht. Wenn wir diesen Prozeß annehmen können, führt er zum Durchbruch, das heißt auf eine neue Bewußtseinsebene. Falsche Selbstbilder und Lebenserwartungen werden durch die Ichtranszendierung korrigiert. Die Grundlagen für Angst, Haß, Habsucht, Gier verschwinden. Ein inneres Gleichgewicht, Friede und Harmonie breiten sich aus.

Ich habe den Mut, an Möglichkeiten und Potenzen im Menschen zu glauben, die ihm helfen, aus dieser erschütternden Krise, in der er heute steckt, herauszukommen. Wenn es ihm gelingt, die heilenden Kräfte – das ist für mich nur ein anderes Wort für göttliche Kräfte – zu befreien, erhält er die Chance des Weiterbestehens. Ich kann mir mit Hilfe der neuen Bewußtseinsebene eine Welt ausmalen, die harmonischer und friedlicher ist als die jetzige. Auf dieser Ebene ist es möglich, eine globale Spiritualität zu entfalten, die nicht institutionalisiert ist, sondern die Entfaltung einer menschlichen Grundanlage darstellt. Es ist eine Spiritualität, die nicht an der Quantität, sondern der Qualität des Lebens orientiert ist.

Diese Spiritualität bedeutet, die Welt mit anderen Augen anzuschauen, sie in einer Weise zu begreifen, die nicht um das kleine Ich kreist. Das hat Jesus gemeint mit Metanoia, wenn ich ihn richtig verstanden habe.

Über das Gebet

Alle Religionen sind auf eine letzte Wirklichkeit gerichtet. Wir Abendländer nennen sie seit einigen tausend Jahren Gott, andere nennen sie Tao, Nirvana oder Brahman. Gebet ist Kommunion mit dieser letzten Wirklichkeit. Es ist der Versuch, mit dieser letzten Wirklichkeit, die uns immer durchflutet, bewußte Verbindung aufzunehmen.

Das Gebet setzt eine gewisse Polarität voraus. Es ist die Polarität zwischen Mensch und Gott, zwischen dem Endlichen und dem Unendlichen, dem Individuellen und dem Universalen, dem Unvollkommenen und dem Vollkommenen. Gebet entsteht aus diesem Zustand einer inneren Spannung. Das Gebet versucht etwas, was auseinanderklafft, zu einen. Es versucht, unser Tagesbewußtsein in Verbindung zu bringen mit unserem wahren Wesen, mit dem Göttlichen in uns. Das Gebet schafft Einheit zwischen zwei Aspekten der Wirklichkeit, die in uns Menschen auseinanderfallen.

Zum Menschen gehört das Personale und das Transpersonale oder, wie wir in der religiösen Sprache sagen, das Menschliche und das Göttliche. Es ist ein Koordinatensystem Natur – Übernatur. Nur wenn wir in der Mitte dieses Koordinatensystems stehen, können wir ganz Mensch sein. Wer dieses Göttliche in seiner Existenz vernachlässigt oder gar negiert, bleibt in seinem Wachstumsprozeß stecken. Er bleibt ein halber Mensch.

Der Mensch sollte beten, um sich dem Göttlichen in sich zu öffnen, damit es gleichsam in ihm betet. So jedenfalls meint Paulus: „Weil ihr aber Söhne seid, sandte Gott den Geist seines Sohnes in unser Herz, den Geist, der ruft: Abba, Vater" (Gal 4,6).

Wirkliches Gebet bittet um nichts. Wirkliches Gebet ist reine Hingabe. Bittgebet ist in der Mystik die unterste Form der Annäherung an Gott. Die Mystik kennt im Grunde genommen das Bittgebet nicht. So dichtet z. B. Angelus Silesius:

„Mensch, so du Gott noch pflegst für dies und das zu danken,
Bist du noch nicht versetzt aus deiner Schwachheit Schranken."

„Gott liebt und lobt sich selbst, so viel er immer kann,
Er kniet und neigt sich, er bet't sich selber an."

„Wer Gott um Gaben bitt', der ist gar übel dran.
Er betet das Geschöpf und nicht den Schöpfer an."

„Das edelste Gebet ist, wenn der Beter sich
in das, vor dem er kniet, verwandelt inniglich."

Eckehart spricht von den Menschen, die sich hindern im Gebet, indem sie zu viel auf äußeres Beten achten. „Dann wieder gibt es ‚gute' Leute, die hindern sich selber, indem sie zuviel haften an Reue und Buße und bleiben auf dem Zeichen und bemühen sich nicht, zu der lauteren Wahrheit zu kommen."[22]

„Das Gebet des Mundes aber, das hat die heilige Christenheit darum eingesetzt, damit die Seele gesammelt werde von den äußeren Sinnen, in denen sie sich zerstreut hatte, auf die Mannigfaltigkeit der vergänglichen Dinge. Wenn sie dann zusammengefaßt wird in die oberen Kräfte (in Vernunft, Wille und Gedächtnis), so wird sie vergeistet. Und wenn nun der Geist festhaftet an Gott mit ganzer Einung des Willens, so wird er vergottet. Dann allererst steht er in der wahren Anbetung, wenn er kommen ist zu seinem Ziel, zu dem er geschaffen ist. Wir sind aber einzig zu Gott geschaffen und demgemäß nach ihm gebildet. Wer es nicht bringt zu dieser Einung des Geistes mit Gott, der ist kein rechter geistlicher Mensch."[23]

„Hierbei merkst du wohl, daß auch alle Mannigfaltigkeit davon muß ausgeschieden werden; auch die Menschheit unseres Herrn als etwas sonderlich Gegenwärtiges; wie Christus selber zu seinen Jüngern gesagt hat: ‚Es ist gut, wenn ich von euch gehe, denn wenn ich nicht von euch gehe, so kann der Tröster, der heilige Geist, nicht zu euch kommen, der Geist der Wahrheit, den der Vater in meinem Namen senden wird!' Hier aber hindern sich ‚gute' geistliche Leute an rechter Vollkommenheit, indem sie mit ihres Geistes Lust am Bilde der Menschheit unseres Herrn Jesu Christi haften: Womit sie sich doch nur an Visionen verlieren, da sie denn, wenn auch im Bilde, Dinge sehen in ihrem Geiste, seien es Menschen, oder Engel, oder unsers Herrn Jesu Christi Menschliches .... . Da meinte er nicht bloß Jünger im engern Sinne, sondern alle, die hinfort seine Jünger werden sollten und ihm folgen wollen zu hoher Vollkommenheit: denen ist sein Menschliches ein Hindernis, wofern sie mit Lust daran haften."[24]

Wer meint, Beten habe nur etwas mit Verstand und formulierten Worten zu tun, ist ein Anfänger im Beten. Ein Sufi denkt ganz anders darüber:

„Frag sie", bat mich abermals der Abbé, „wie sie sich vorbereiten, vor Gott zu treten; durch Fasten?"

„Aber nein", antwortete ein junger Derwisch lachend, „wir essen und trinken und loben Gott, der dem Menschen Essen und Trinken geschenkt hat."

„Und auf welche Weise?" beharrte der Abbé.

„Tanzend", antwortete der älteste Derwisch mit dem langen, weißen Bart.

„Tanzend?" fragte der Abbé. „Warum?"

„Weil Tanzen das Ich auslöscht", meinte der alte Derwisch.

„Wenn das Ich erstorben ist, gibt es kein Hindernis, sich mit Gott zu vereinen."

Benedikt

„Der Gottesmann Benedikt stand schon vor der nächtlichen Gebetszeit auf, während die Brüder noch ruhig schliefen. Er stand am Fenster und betete .... . Wie er so um Mitternacht hinausblickte, sah er plötzlich ein Licht, das sich von oben her ausbreitete und mit einem Mal alle Dunkelheit der Nacht vertrieb. Es erstrahlte in solchem Glanz, daß es, wie es so in die Finsternis leuchtete, sogar heller war als das Tageslicht. Eine wunderbare Wahrnehmung war damit verbunden. Wie er später selbst erzählte, wurde ihm die ganze Welt wie in einem einzigen Sonnenstrahl gesammelt vor Augen geführt."[25]

Benedikt war ein Mystiker. Die oben beschriebene Begebenheit zeigt das ganz deutlich. Es gibt eine Meta-Wirklichkeit, die wir mit unserem physischen Auge nicht sehen können. Sie wird von innen als Licht erfahren, wobei Licht auch nur ein Symbol ist für das, was erfahren wird.

Der entscheidende Satz in dieser Beschreibung der Schau des hl. Benedikt ist: „... wurde ihm die ganze Welt wie in einem Sonnenstrahl vor Augen geführt". Diese Meta-Wirklichkeit, die wir als Christen Gott nennen, ist eine holistische Wirklichkeit, um ein zeitgemäßes Wort dafür zu gebrauchen. Benedikt hat Gott in seiner kosmischen Einheit erfahren.

In uns Menschen sind Möglichkeiten angelegt, die alles, was wir kognitiv wissen können, überschreiten. Im Grunde tun wir mit unserer kontemplativen Gebetsübung nichts anderes, als uns für diese holistische Wirklichkeit zu öffnen. Wir bemühen uns, in diesen feinstofflichen Bewußtseinsraum zu kommen, der normalerweise von den grobstofflichen Räumen überdeckt wird. Diese sind ein Gefängnis. Aber es dauert lange, bis der Mensch das überhaupt merkt, und noch länger, bis er wirklich heraus möchte. Dann sucht er nach einem Weg, wie wir ihn hier gehen.

Was uns dabei widerfährt, muß uns nicht unbedingt auf unserem Kissen widerfahren. Benedikt stand vor Tagesanbruch auf dem Turm und schaute in die Landschaft. Eine tiefe mystische Erfahrung hängt weder von Ort und Zeit noch von unserem Glaubensbekenntnis ab, sondern einzig von der Kraft unserer Hingabe und Entschlossenheit, dieser Meta-Wirklichkeit Gott nichts vorzuziehen, wie Benedikt es formuliert. Alles, was ist, kann Tor in die Erfahrung dieser Wirklichkeit werden. Erst wenn wir erkannt haben, daß Religion Alltag ist, daß sich das Göttliche in dem vollzieht, was gerade ist, daß wir nur hier und jetzt einzubrechen haben, werden wir unser Leben als eine heilige Pilgerreise verstehen und leben.

Benedikt hat seinen Weg mit drei wichtigen Sätzen umschrieben:

„Vacare Deo". Freisein für Gott. Zeit haben für Gott. Das, was wir hier in der Kontemplationsübung tun, ist Zeit nehmen, zu uns selber und damit zu dieser Metawirklichkeit zu kommen. Zeit haben für Gott.

„Habitare secum". Bei sich wohnen. Bei sich bleiben. Genau das können wir nur sehr schwer, bei uns bleiben, nicht ausreißen.

„Ora et labora". Es gibt keine Trennung zwischen Religion und Alltag. Erst wenn wir das verstanden haben, sind wir wirklich religiös. Benedikt erläutert das noch mit den Worten: „Alle Dinge behandeln wie heiliges Altargerät". Das bedeutet eine Sakralisierung unseres Lebens.

Viele, die in dieses Haus kommen, sind kirchengeschädigt. Sie haben eine Kirchen-Neurose. Nichts geht ihnen mehr auf die Nerven als diese religiöse Terminologie. Dabei wollte Benedikt nichts anderes sagen als Bodhidharma vor dem Kaiser Wu: „Nichts ist heilig" (vgl. Hekiganroku 1). Es ist alles so, wie es ist. Und so, wie es ist, ist es ‚heiliges Altargerät', nicht weil wir es für religiöse Zwecke benützen. Es ist in sich ‚heilig'. Alles ist Ausdrucksform des Göttlichen. Religion ist Alltag und Alltag ist Religion – so vollzieht sich das Göttliche nun einmal. Erst wenn wir das verstanden haben, sind wir religiöse Menschen.

Visionen (Lk 2,36 ff)

Im heutigen Evangelium begegnet uns eine Prophetin, Hanna. Sie war verheiratet und ist sehr jung Witwe geworden. Das hat sie offensichtlich auf den Weg nach innen gebracht. Sie verließ den Tempel nicht mehr, heißt es. Es ist immer die Not, die uns Menschen auf den Weg nach innen bringt. Und wenn diese Not ihre größte Bedrängnis erreicht hat, kommt oft eine tiefe Erfahrung, eine Erfahrung, die für unser Leben und vielleicht auch für das Leben anderer bedeutsam sein kann. Wir erkennen plötzlich unser eigenes Wesen. Wir erkennen unsere wahre Gestalt. Eine Vision, wie sie Hanna hatte, ist eine Erkenntnis, die in der Überzeugung gipfelt: das Leben macht trotz allem einen tiefen Sinn.

Nicht wenige haben solche Erkenntnisse im Laufe eines Kurses. Ich will sie nicht gleich Visionen nennen, obwohl sie dem sehr nahekommen können. Auch hier gibt es ganz verschiedene Tiefen. Fast alle erleben einmal, daß ihnen über eine Sache, um die sie lange gerungen haben, plötzlich absolute Klarheit wird. Oft erscheint diese Klarheit in einem Bild. Die Erkenntnis fließt in einer symbolhaften Struktur oder Figur zusammen. „Sie sprach über das Kind zu allen, die auf die Erlösung Jerusalems warteten." In diesem Kind erkennt sie das Heil für sich und für ihr Volk. Oft sind solche Erkenntnisse nichts anderes als die Heimkehr abgespalteter Teile unseres Bewußtseins. Das wertet eine solche Erfahrung nicht ab, sondern zeigt uns, daß uns das Göttliche nicht fern ist, sondern daß es sich in solchen Bildern und Zeichen aus unserem tiefsten Wesen heraus offenbart. Wir können ja zu uns sagen und weiterleben.

So können Visionen und Erkenntnisse, die uns plötzlich widerfahren, eine starke Motivation für unser Leben sein. Aber wir sollen sie nicht festhalten, sondern ihre Botschaft erkennen.

Für Hanna war die Vision ein tiefes religiöses Erlebnis. Und sie hat anderen mit ihrer Erfahrung Mut gemacht.

Weisheit

Weisheit ist für uns ein abstrakter Begriff. Wir verbinden ihn nicht mehr mit einer Gestalt. Und doch war Chochma (Weisheit) ursprünglich wohl eine weibliche Gottheit, eine mythische Figur, die im Judentum später als abstrakte, männliche, göttliche Kraft bezeichnet wurde.

Weisheit ist zunächst Lebensweisheit, die Weisheit des Abwartens, Annehmens und Reifens. Sie steht dem Wachsen und der Ganzheit sehr nahe. Ihre Heimat ist die Tiefe des Bewußtseins. In den Weisheitsbüchern spricht die Weisheit den Sohn an, nicht die Tochter. Da spricht gleichsam unsere weibliche Hälfte zur männlichen. Es geht hier nicht um Mann und Frau, sondern immer um männliche und weibliche Grundhaltungen in jedem von uns.

Von der Weisheit wird gesagt: „Von Urzeit an, von Anfang an ward ich erschaffen, und bis in Ewigkeit vergehe ich nicht" (Sir 24,9). Die Weisheit ist ein den ganzen Kosmos durchdringendes weibliches Prinzip und reicht über den Tod hinaus.

„Wer mich findet, findet das Leben
und erlangt Heil vom Herrn.
Wer aber mich verfehlt, schädigt sich selbst:
alle die mich hassen, lieben den Tod."

Die Weisheitslehre ist eine ‚Anima-Erziehung'. Das Weibliche spricht zum Männlichen. Das Weibliche ist das Umfassendere. Es ist das Schöpferische, das bei der Erschaffung der Welt dabei war, das aber auch in uns der Urquell des Lebens ist.

Wir haben uns im Westen in eine Richtung entwickelt, in der die Tat, die Leistung zählt, nicht das Sein. Herrschen, Dirigieren, Ordnen und Schaffen stehen obenan. Logik und intellektuelles Wissen werden geschult und zählen dann auch in unserer Gesellschaft.

Weisheit ist nicht intellektuelles Wissen. Sie ist Einsicht in die wahre Natur der Dinge. Sie ist das ordnende Prinzip im Kosmos und im Menschen. Während das männliche Prinzip sich leicht selbstherrlich gegen die Ordnung des Kosmos verfehlt, sich auflehnt, ist das weibliche Prinzip identisch mit der Grundordnung der Welt und so auch mit dem Willen Gottes. Ja, es ist die Grundordnung der Welt, der Wille Gottes selber.

Das patriarchale Element hat die Gebote geschaffen, die unbedingten, oft unsinnigen Gehorsam verlangen. Sie können so verabsolutiert werden, daß sie gegen die Natur gerichtet sind. Sie tyrannisieren oft den Menschen. Man nehme nur die Reinheitsgebote für eine menstruierende Frau.

Weisheit ist nicht orientiert an einem maskulinen, autoritären Willen Gottes, sondern an der kosmischen Ordnung, die der Mensch erfährt, wenn er in sein Inneres einkehrt. Es geht um das wirkliche Leben des Menschen. Es ist nicht ein Denken in Gegensätzen, sondern ein Erfahren der Einheit und Ganzheit. Die Bilder der Weisheit sind der Lebensbaum, der wächst und sich von innen her entfaltet, und die Lebensquelle, aus der alles fließt.

Daher ist es auch Weisheit, die den vollendeten Menschen prägt. Weise zu werden ist unser Ziel. Am Ende des esoterischen Weges steht der Weise.

Die Gestalt der Weisheit ist eindeutig ein matriarchal geprägter Traditionsstrang, der in der Bibel der patriarchalen Jahwistischen Tradition entgegensteht. Die Gestalt der Weisheit kommt sicher aus der matriarchalen Religion. So ist sie eine notwendige Ergänzung in unserem patriarchalen Gottes- und Menschenbild.

Sie stellt aber auch eine Seite in uns dar, die es zuzulassen und zu entfalten gilt.[26]

Das apokryphe Evangelium der Maria – Das Weibliche im Menschen

Jede Religion schenkt dem Menschen eine visionäre Vorwegnahme des Zieles. Aber nicht allen Menschen ist offensichtlich die Gabe geschenkt, dieses Ziel zu erschauen. Denn das Organ, welches das neue Ziel schaut, kann nicht das alte Bewußtsein sein. Es muß schon Teil des neuen Menschen sein, des Menschen, der die Initiation der Wiedergeburt, der Metanoia vollzogen hat. Nur wer aus der Wahrheit ist, kann die Stimme der Wahrheit hören. „Nur in seinem Licht schauen wir das Licht." Mag dieses neue Bewußtsein, ich könnte es auch Christusbewußtsein nennen, auch noch rudimentär sein, es ist die Voraussetzung, daß in uns eine Resonanz des neuen Lebens geweckt wird.[27]

Die meisten Menschen, die eine Ahnung bekommen von diesem neuen Leben, dieser neuen Existenzmöglichkeit, wehren sie instinktiv ab. Sie ahnen, daß sie ihr altes Leben erschüttern würde. Dieser Erschütterung wollen sie sich nicht aussetzen.

Das zeigt uns sehr deutlich das apokryphe Evanglium der Maria. Es will uns sagen, daß der Mensch nicht mit seinem natürlichen Streben, Verstand und Willen, sein Ziel erkennen und verfolgen kann. Es hat keinen Zweck, sich mit Intellekt, Willen und natürlicher Sehnsucht von den Gewalten der Vergänglichkeit distanzieren zu wollen; diese Kräfte gehören selber der Vergänglichkeit an. Das ist hart für den Christen, der getrimmt ist auf gute Vorsätze, auf das Einhalten von Geboten und auf Gesetzesfrömmigkeit. Der Eintritt in das Christusbewußtsein ist nur möglich, wenn dieses Unvergängliche selbst im Menschen wach wird und ihm zu Hilfe kommt. Das Lichtvolle, das in jedem Menschen west, wenn auch verborgen, muß die Fragwürdigkeit des Dunkels erleuchten, damit der Mensch sich wirklich auf den Weg macht.

Es ist das weibliche Element, das Empfangende und Hörende, das allein als Instrument tauglich ist, das neue Bewußtsein zu spüren und zu ahnen. So sagt es uns das Evangelium der Maria. Das Weibliche wird dargestellt durch Maria. Leidenschaft, Verstand und Wille werden von den männlichen Figuren Petrus, Andreas und Jakobus dargestellt.

Das erste große Hindernis, sichtbar gemacht an der Symbolfigur Petrus, ist die Leidenschaft und Sehnsucht des Menschen, die sich auch des neuen Bewußtseins bemächtigen möchte. Die Sehnsucht ist raffiniert. Sie sagt Maria (der Seele): ‚Du belügst dich. Dein Suchen nach dem Ewigen ist nur eine Kompensation unerfüllter und enttäuschter Wünsche. Du meinst, deine Sehnsucht sei von oben und richte sich nach etwas Unvergänglichem. In Wirklichkeit sind es Kindheitsmuster, Verlassenheitsgefühle, Enttäuschungen mit einer regressiven Tendenz. Du hältst die Unsicherheit des Daseins nicht aus und flüchtest dich in eine falsche Geborgenheit‘. So mancher Psychologe versucht, religiöse Tendenzen genauso abzuschmettern. Alles sei nur Regression.

Das zweite große Hindernis, das in der Symbolfigur von Andreas dargestellt wird, ist der Verstand. Er wirft dem neuen Bewußtsein Unwissenheit vor. Der Verstand ist doch schließlich die Instanz, nach der man sein Leben auszurichten hat. Das gilt auch für den religiösen Bereich.

‚Warum meinst du, mehr zu wissen?‘, sagt der Verstand zu dieser inneren Erkenntnis. ‚Du hast keine Maßstäbe für deine innere Erfahrung. Woher willst du deine Sicherheit nehmen? Ist deine Erkenntnis wirklich authentisch? Läufst du nicht wieder einem Phantom nach?‘ Es gehört zunächst Mut dazu, sich auf diese schwache innere Tendenz zu verlassen, bis sie so stark wird, daß sie sich vom Verstand nicht mehr verurteilen und abbringen läßt.

Die dritte Kraft, dargestellt in der Symbolfigur des Jakobus, ist der Wille. Er sagt der Seele, daß doch er zuständig sei für den Weg zu Gott. Mit Bemühen, Anstrengung und Energie meint er letztlich, die Motivation für die Heimkehr zu geben.

Die Seele in der Gestalt der Maria muß ihm aber sagen, daß er auf einem Ichtrip ist, ohne es zu merken, weil er meint, er könne das Heil erreichen mit Wohlverhalten, mit Methoden und Bemühungen, mit Planen und Streben und Einhalten von Geboten. In Wirklichkeit gehe es aber nur um dieses alte Ich, das seinen Herrschaftsbereich auch in der neuen Welt aufrechterhalten will.

Die Kräfte des alten Bewußtseins versuchen, den Menschen zurückzuholen in ihren Machtbereich. Sie können nicht annehmen, daß Ruhe, Ausschauhalten, stille Aufmerksamkeit, Schauen nach innen und Empfänglichkeit die einzigen Haltungen sind, mit denen wir unser wahres Wesen, das Göttliche in uns, erkennen, da doch auch in der Religion Aktivität und Planen, intellektuelle Wahrheiten und gute Vorsätze als die Hauptinstrumente gelehrt werden, die zum neuen Bewußtsein führen sollen.

Maria ist die Symbolfigur des Weiblichen im Menschen, man kann sagen des neuen Menschen des Reiches Gottes. Es geht also im Evangelium nicht um Maria contra Petrus, Andreas und Jakobus, sondern darum, daß das Weibliche, das Empfängliche eher geeignet ist, das Göttliche zu erfahren, als das Aktive, das Männliche.

Das Weibliche schenkt uns den Zugang zu unserem tiefsten Wesen. Es hat eine Affinität zu Gott, die dem Verstand und Willen nicht eigen ist.

Hagios gamos – Heilige Hochzeit (Trauungsansprache)

Dieser Raum hier ist Euch sehr vertraut. Ihr seid immer wieder hierher gekommen zu Stunden und Tagen der Einkehr und Besinnung. Heute hat nicht nur der Raum einen ganz anderen Charakter, auch Ihr seid aus einem ganz anderen Grund da. Ihr habt Euch für diese Zeremonie entschieden. Warum? Mancher Eurer Bekannten schüttelt vielleicht den Kopf und sagt: „Na ja, laßt ihnen ihre fixe Idee. Es gehört eben immer noch zu unseren Gesellschaftsformen". Euer Hiersein ist mehr als ein religiös verbrämter, von der Gesellschaft gewünschter oder noch akzeptierter Akt.

Ehe ist die Initiation für einen Heilsweg.

Was sich in einer Hochzeit vollzieht, ist die Initiation für eine Weggemeinschaft. Es ist die Einweihung in einen Lebensweg, mehr noch in einen Heilsweg. Die Ehe ist nicht ein Glückshafen, sondern ein Heilsweg. Wer in der Ehe nur narzißtische Selbstbefriedigung sieht, wird scheitern, das weiß heute jeder Therapeut, der Ehepaare zu beraten hat.

Zwei Menschen finden sich nicht zufällig. Sie finden sich, weil sie zusammen ihrer endgültigen Bestimmung entgegengehen und entgegenreifen sollen. Ich möchte etwas weiter ausholen, um das zu erläutern.

Das Wesen Gottes ist Eins. In der Schöpfung teilt sich das Eine in eine unbegrenzte Zahl von Möglichkeiten. Das Eine manifestierte sich im Vielen. Es teilte sich in eine unbegrenzte Zahl von Erscheinungsformen, die alle aufeinander bezogen bleiben und doch ein ganz individueller Ausdruck des Einen sind.

Am Anfang steht also das Eine. Das Eine ist das Heilige, das Heile, Ungeteilte. Aller Schmerz ist Trennungsschmerz. Aller Erlösungsschmerz ist Ergänzungsdrang, Sehnsucht des Teils nach dem Ganzen, nach der Überwindung des Urleidens der Vereinzelung.[28]

Wir haben eine Ahnung vom Ganzen behalten, und das weckt die Sehnsucht in uns. Heimweh gibt es nur, weil man weiß, daß es eine Heimat gibt. Jede Liebe ist der Eingang und Anfang des Weges nach Hause, d. h. zu Gott, zum Einen.

Das Eine muß aus sich heraustreten. Ohne daß es aus sich heraustritt und zwei und viele wird, gibt es keine Schöpfung. Aber mit der Schöpfung kommt es zu einer Spaltung des Einen und damit zur Unruhe. Alle Wesen spüren, daß sie nicht mehr ganz sind. Und so drängt das Aufgespaltene zurück zur Einheit. Einheit ist auch Euer tiefstes Wesen.

Als Menschen spüren wir dieses Defizit der Spaltung stärker als andere Wesen. Und so mußte mit der Menschwerdung die Suche nach dem ergänzenden Teil beginnen. Denn jede Hälfte braucht die andere, um sich als Ganzes zu erleben. Unser tiefstes Wesen ist nämlich nicht weiblich und nicht männlich, sondern eins.

Wir haben dieser unserer Sehnsucht nach Einheit einen Namen gegeben. Dieser Name ist Liebe. Liebe sprengt die Grenzen der Einsamkeit, in der jeder Mensch gefangen ist, und befreit ihn zum Ganzen. Die Liebe ist Sehnsucht nach der verlorenen Einheit, nach unserem ursprünglichen Zustand.

Mit unserer Menschwerdung begann die „Urtragödie der Vereinzelung". Sie ist der Urschmerz des Menschen, ein Trennungsschmerz, der nicht aufhören wird, bis der Mensch wieder ins Eine zurückgefunden hat. Und was wir Sünde nennen, ist im Grunde nichts anderes als Absonderung, Absonderung von unserem tiefsten Wesen. Sie ist dieser eigenartige Trieb zur Autonomie, Individualität und Abgrenzung.

Unsere wahre Identität liegt viel tiefer. Wir finden sie nur, wenn wir dieses vordergründige Ich lassen. Ehe ist die Initiation für den gemeinsamen Versuch, diesen Grund zu finden, wo allein Einheit erfahren werden kann.

Liebe ist ein anderes Wort für Heimweh. Die Aufspaltung des Einen brachte eine Trennung. Sie brachte aber auch etwas absolut Neues: Die Energie der Liebe. Liebe ist weit mehr als der Trieb zur Fortpflanzung. Sie ist jene zentripetale Kraft, die mit Macht zurückdrängt zum Einen. Sie ist zwischen den Geschlechtern besonders stark. So wie zwischen zwei Magnetpolen die Kraft der Anziehung entsteht, entsteht zwischen Mann und Frau die Liebe.

Damit erscheint in der Schöpfung ein neues starkes Energiefeld, das viel mehr ist als die Summe seiner Teile. Liebe ist etwas, was sich nicht erklären läßt, weil es weit über die körperliche und seelische Struktur des Menschen hinausgeht. Sie ist jene metaphysische Sehnsucht, die wiederum die Urkraft der Evolution darstellt. Sie führt zu jener unbegreiflichen Ichentgrenzung, die notwendig ist, damit wir zum Einen zurückfinden.

Unser Ich aber hat die Tendenz, sich der Grundkraft zur Verschmelzung mit dem Einen entgegenzusetzen. Es steht jeder mystischen Einung entgegen, weil es sich nicht aufgeben will. Es unterscheidet sich von diesem mystischen Drang zur Einheit dadurch, daß es festhalten und für sich haben will. Zum Ganzen kommen wir aber nur zurück durch Hingabe, nicht durch Besitzen-wollen oder Eroberung. Darin liegt die Tragik des Menschen und vor allem die Tragik des Mannes, der immer wieder versucht hat und versucht, Einheit und Ganzheit zu machen.

Das Ich hat die Tendenz, den anderen zu benützen, um sich zu bereichern und davon zu profitieren. Es will etwas haben und sich steigern, sucht aber nicht die höhere Einheit in der Vereinigung mit dem anderen. Es will der Angelpunkt seiner kleinen Welt bleiben. Es macht den anderen zum Mittel für persönliche Zwecke und zum Mittel des Genusses.

Es erniedrigt die Partnerin oder den Partner zur Ware, die beliebig gebraucht und verbraucht werden kann. Es saugt ihn aus und wirft ihn weg. Eine solche Liebe ist nur Erweiterung der Selbstsucht. Niemand hat das mit einem liebloseren Wort benannt als Kant, der schreibt, Ehe sei ein „Vertrag auf gegenseitige Benutzung der Geschlechtseigenschaften". Die Gefahr jeder Ehe ist, daß sie nicht zur Einheit drängt, sondern zum Besitzenwollen.

Euer gemeinsamer Weg ist also ein Wachstumsprozeß. Ein Wachstumsprozeß ist schmerzhaft. Liebe und Leid stehen eng beieinander. Und es scheint, daß die Liebe sogar das Leid braucht, um reif zu werden. Seid also gefaßt auf Stunden, in denen Euch Zweifel kommen, in denen ihr voreinander davonlaufen wollt. Es sind wichtige Stunden des Reifens und Wachsens.

Der Mystiker und der wirklich Liebende haben viel Ähnlichkeit miteinander. Der Weg der Wüste und der Nacht ist der Mystik wohlbekannt. Diese Dunkelheit gibt es auch in der menschlichen Beziehung. Es geht darum, das Sinnliche durch das Übersinnliche zu ergänzen, und das ist offensichtlich ohne Leid nicht möglich.

Was Mann und Frau verbindet, nennt die spirituelle Tradition ‚Hagios Gamos‘ (Heilige Hochzeit). Ehe wird zu einer Kommunion, zum Symbol für die Einheit des Göttlichen mit dem Menschlichen.

Viele Beispiele aus der Hl. Schrift symbolisieren das. So steht z. B. bei Hosea: „Dann wirst du mir angetraut auf immer, angetraut in Gerechtigkeit und Recht, in Liebe und Erbarmen. Du wirst mir angetraut in Treue, auf daß du erkennst, daß ich Jahwe bin“ (2,22). Bei Jesaia heißt es: „Dein Gemahl ist ja dein Schöpfer – Jahwe Zebaoth ist sein Name –, und dein Erlöser ist der Heilige Israels . . . . Denn wie ein verlassenes und herzbetrübtes Weib ruft dich der Herr zurück. ‚Kann man die Gattin der Jugend verschmähen?‘ spricht dein Gott“ (Jes 54,5 ff).

Das wahre menschliche Wesen ist das Paar aus Mann und Frau. Das ist es, was uns der Schöpfungsbericht sagt: „Als Mann und Frau erschuf er sie“. Der wahre Mensch ist der Gottmensch, der Mensch, der weiß, daß zu seiner Ganzheit die göttliche Dimension gehört.

Euer letztes Ziel ist nicht die andere Person. Euer gemeinsames Ziel ist diese göttliche Dimension, die ihr miteinander finden sollt. Und das ist der eigentliche Grund, warum Ihr Euch gefunden habt und Euch nun gemeinsam auf den Weg machen sollt. Ihr seid euch gegenseitig Führer zur Einheit. Eure Liebe ist Aufbruch aus der Einsamkeit zur Heimkehr in Gottes Ganzheit. Eure Hochzeit ist die Initiation, die Einweihung für diesen Weg nach Hause.

Woher sind wir?

Lesung aus dem Thomasevangelium:

„Jesus sprach: . . . das Reich ist in euch und außerhalb von euch. Wenn ihr euch erkennt, werdet ihr erkannt werden und werdet erkennen, daß ihr Söhne des lebendigen Vaters seid. Wenn ihr euch aber nicht erkennt, so seit ihr (geistig) arm“.(3)

„Jesus sprach: Wenn man euch fragt: Woher seid ihr gekommen? antwortet: Wir sind aus dem Licht gekommen, von dort, wo das Licht geworden ist aus sich selbst.

Wenn man zu euch sagt: Wer seid ihr? sagt: Wir sind seine Söhne und Töchter, und wir sind die Erwählten des lebendigen Vaters.

Wenn man euch fragt: Was ist das Zeichen eures Vaters an euch? sagt ihnen: ‚Bewegung ist es und Ruhe‘.“ (50)

„Seine Jünger fragten ihn: Wann wird die Ruhe der Toten eintreten, und wann wird die neue Welt kommen? Er antwortete: Die Ruhe . . . ist schon gekommen. Aber ihr erkennt sie nicht.“ (51)

Religion sollte uns sagen, wer wir sind und was der Sinn unseres Daseins ist. Sie sollte uns nicht Angst machen vor einem rächenden Gott, der uns am Ende unseres Lebens richtet. Es ist schlimm, wie dieses primitive Gottesbild immer noch in den Köpfen spukt und den Menschen Angst macht.

Wenn wir uns dagegen an die tröstlichen Bilder halten, die uns gerade in der Lesung aufgezeigt worden sind, werden wir nicht in Angst vor einem Richter sterben. Wir sind seine Söhne und Töchter, und wir sind die Erwählten des lebendigen Vaters.

Wir gehören in diese Familie Gott. ‚Gott' ist gleichsam unser Nachname. Und wenn man uns fragt: ‚woher seid ihr?' können wir antworten: ‚Wir sind aus dem Licht gekommen'. Und es ist das Licht, das durch diese unsere Augen schaut – oft verdunkelt und entstellt, aber es ist das göttliche Licht.

Und dorthin werden wir zurückkehren. Ich hoffe und wünsche, daß der Weg, den wir gehen, uns so verwandelt, daß wir frei von Angst über diese Schwelle treten können, die uns von der nächsten Existenz trennt. Es ist nur eine Türschwelle. Wir haben zu viel vom Tod geredet in unserer Religion und zu viel vom Gericht. Wir haben zu wenig vom ewigen Leben gesprochen, obwohl die Schrift voll davon ist.

Unsere Identität ist das Leben Gottes, das im Evangelium mit Licht bezeichnet wird. Wenn wir unsere wahre Identität erkennen könnten, hätten wir keine Angst.

‚Wann wird die Ruhe der Toten kommen?' fragten die Jünger Jesus. Und Jesus antwortete: „Die Ruhe, die ihr erwartet, ist schon da, aber ihr erkennt sie nicht". Das ewige Leben ist da, aber wir erkennen es nicht. Und darum haben wir Angst.

Der Weg der Kontemplation ist ein Stück Aufarbeitung der Todesangst. Daher ist das Sterben des Ich das Grundthema aller Mystik des Ostens und des Westens. „Wer stirbt, bevor er stirbt, stirbt nicht, wenn er stirbt" (Abraham a Santa Clara).

Der Tod ist das Zwischenziel aller mystischen Erfahrung. Die neue Geburt, die danach erfolgt, ist das letzte Ziel. Der Weg ins wahre Leben führt mitten durch den Tod hindurch.

Vor dem Tod steht die Angst. Jede Transformation ist versperrt durch die Angst. Sie steigt oft auf, wenn wir sitzen. Alle Angst ist letztlich Todesangst des Ich. Unsere Übung ist die beste Vorbereitung auf das Sterben. Alles, was wir zu tun haben, ist loszulassen, damit das aufscheinen kann, was wir wirklich sind.

Ich hoffe, daß trotz Angst und Schmerz in uns allen auch in den dunklen Stunden eine Ahnung von diesem Licht bleibt, das in uns leidet, das auch in Jesus Christus gelitten hat bis hin zum Wort am Kreuz: „Gott, mein Gott, warum hast du mich verlassen?" Aber dies war nicht das letzte Wort. Ich hoffe, daß unser aller Leben enden kann wie das seine: „Vater, in Deine Hände empfehle ich meinen Geist".

Endzeit (Mk 13,24 ff)

Was sollen wir mit diesem Evangelium anfangen? Daß wir es nicht wörtlich nehmen dürfen, wissen wir. Was ist also seine mythische Aussage? Wir haben es auf die Subjektebene zu heben, d. h., wir haben uns zu fragen, welche Horizonte in uns fallen müssen, was in uns untergehen muß, welche Sonne in uns sich verdunkeln muß, welche Sterne in uns vom Himmel fallen müssen, damit der Menschensohn in uns auferstehen kann und die Vollendung in uns anhebt.

Es geht um einen inneren Vorgang. Wir sollen heraustreten aus der Bewußtseinsverengung. Jesus hat dafür das Wort Wiedergeburt gefunden. Das hat nichts mit einer leiblichen Wiedergeburt zu tun, sondern mit der Erweiterung unseres Bewußtseins durch die Dimension des Göttlichen.

Eigentlich sind wir immer in diesem Zustand der Wiedergeburt, in dieser Dimension des Göttlichen, wir können sie nur nicht wahrnehmen. Mit unserem Tagesbewußtsein sitzen wir wie in einem Aquarium (Drewermann) und meinen, daß an der Glaswand der Kosmos zu Ende sei. Und dann sind wir frustriert und deprimiert, weil diese Enge keinen Sinn macht.

Wir besitzen chronische Abwehrmechanismen, die uns hindern, durch die Scheiben des Aquariums zu schauen. Das ist die Ursünde. Wir wissen nicht, wir wissen noch nicht, wer wir sind. Und darum machen wir alle die Dummheiten, die wir Sünde nennen. Wir halten uns für eingeschlossen in eine Miniwelt. Wir kehren an der Glasscheibe des Aquariums um und schauen nicht hinaus.

Diese Miniwelt muß untergehen, damit die Welt Gottes aufgehen kann. Diese falschen Sterne, an die wir uns klammern, von denen wir die Erfüllung unseres Lebens erwarten, müssen vom Himmel fallen. Diese falsche Sonne unseres kleinen Ich muß sich verdunkeln. Wir gehen durch persönliche Ängste und Nöte und durch gesellschaftliche und politische Umwälzungen, vielleicht auch durch Revolutionen.

Der Menschensohn wird mit Macht und Herrlichkeit kommen. Darunter verstehe ich nicht die Rückkehr eines historischen Jesus, sondern das Erscheinen des wahren Menschen in uns, das Aufbrechen des Göttlichen in uns, das wir in der christlichen Sprache Kindschaft Gottes nennen.

Der neue Himmel und die neue Erde sind nicht Plätze irgendwo im Weltenraum, sie sind hier und jetzt, gleich hinter den Glasscheiben des Aquariums, in dem wir sitzen. Eines Tages werden wir merken, daß diese Glasscheiben nie existierten.

Diese Generation wird nicht vergehen, bis das alles eintrifft. Das hat nichts mit Zeit zu tun. Es kann jeden Augenblick passieren. Die Wiederkunft Christi ist eine zeitlose Erscheinung. Der Menschensohn, der neue Mensch, der göttliche Mensch ist in uns. Wir können ihn nur noch nicht erkennen.

Und was hat das alles mit diesem Gottesdienst zu tun? Hier feiern wir den gekommenen Menschensohn und die gekommene Menschentochter. Hier feiern wir, was wir wirklich sind und noch nicht erkennen. Hier feiern wir den neuen Himmel und die neue Erde und den neuen Menschen. Hier feiern wir das Göttliche, das nicht nur alle Universen durchdringt, sondern das sich in allen Universen manifestiert. Wir sind nicht diese armseligen Fische, die stumpfsinnig ständig an die Glaswand eines Aquariums stoßen müssen. Wir sind mit allem durch dieses göttliche Leben verbunden, ob wir das erkennen oder nicht. Hier und jetzt feiern wir es.

Ewiges Leben

Was heißt eigentlich „Ewiges Leben", dieses Wort, das bei Johannes immer wieder vorkommt? Wir gebrauchen oft religiöse Begriffe, ohne uns zu fragen, was sie wirklich bedeuten. Sie bedürfen in jeder Zeit einer neuen Deutung; denn ihre Aussage wandelt sich.

Die Geschichte des Universums auf ein Jahr zusammengedrängt – jeder Monat entspricht gut einer Milliarde von Jahren – ergibt folgendes Bild:

Durch den Schwung der geheimnisvollen Urexplosion dehnte sich der Urstoff gegen seine Schwerkraft aus und kühlte sich dabei ab. Schon in einem winzigen Bruchteil der ersten Sekunde des ersten Januar entsteht die Materie: die Elementarteilchen und gleich darauf die einfachsten Atomkerne, Wasserstoffe und Helium. Noch vor Ende Januar entkoppeln sich Strahlung und Materie, und die Galaxen entstehen.

Mitte August entsteht aus einer zusammenstürzenden Wolke von Gas und Staub unser Sonnensystem. Auf der Erde entstehen zuerst komplizierte chemische, dann biologische Strukturen. Die ältesten Gesteine der Erdoberfläche gibt es seit Mitte September. Anfang Oktober ist die Entstehungszeit fossiler Algen. Im Lauf von zwei Monaten wächst nun zunächst in den Gewässern eine ungeheure Vielfalt von Pflanzen und Tierarten heran.

Am 19. Dezember besiedeln die Pflanzen die Kontinente. Am 20. Dezember sind die Landmassen mit Wald bedeckt. Das Leben schafft sich selbst eine sauerstoffreiche Atmosphäre. Am 22. und 23. Dezember entstehen aus Fischen amphibische Vierfüßler und erobern feuchtes Land.

Aus ihnen entwickeln sich am 24. Dezember die Reptilien, die auch das trockene Land besiedeln. Am 25. Dezember gibt es die ersten Warmblüter. Neben den dominierenden Sauriern erscheinen spät abends die ersten Säugetiere. In der Nacht zum 30. Dezember beginnt die Auffaltung der Alpen. In der Nacht zum 31. Dezember (also am letzten Tag) entspringt der Menschenzweig aus einem Affenzweig. 5 Minuten vor Zwölf leben die Neandertaler, 15 Sekunden vor Zwölf wird Jesus Christus geboren, eine halbe Sekunde vor Zwölf beginnt das technische Zeitalter.[29]

Wir können nicht so tun, als ob Religion begonnen habe mit der Offenbarungsgeschichte Israels vor etwa 6000 Jahren. Wo und was war Gott vorher? Was wir menschliche Seele nennen, ist aus dem Tierreich hervorgegangen, hat sich von dort her entfaltet wie unser Körper. Es ist einfach nicht vorstellbar, daß der Mensch in einem Augenblick noch Tier, im anderen Mensch war.

So bleibt uns nichts anderes übrig, als anzunehmen, daß wir als Menschen auf diesem Staubkorn Erde Teil der kosmischen Evolution sind. Wir tun, als ob die 17 Milliarden Jahre gewartet hätten, daß endlich diese Species, die seit ein paar hunderttausend Jahren über sich selbst reflektieren kann, erscheint. Die Wissenschaft sagt uns, daß ständig Galaxen entstehen und vergehen. Und wir halten uns für so bedeutsam, daß wir das Weltall um uns kreisen lassen und uns als den absoluten Kulminationspunkt der Schöpfung verstehen! Wann werden wir unsere überzogene Anthropologie endlich einer kosmologischen Sicht opfern? Sind wir Menschen wirklich das Hauptthema der evolvierenden Galaxen und Welten, von denen wir nur wenig Ahnung haben? Wenn die Theologen öfters durch das Mikroskop und das Teleskop schauen würden, würden sie sicher anders vom Menschen und von Gott reden. Wir verstehen uns immer noch nicht als Teil einer ungeheuren kosmischen Evolution, die letztlich nichts anderes als die Evolution des göttlichen Prinzips selber ist. Der anthropologische Ausgangspunkt des abendländischen Denkens bedarf notwendig der Korrektur durch das kosmische Denken.

Das hat auch Konsequenzen für unseren Auferstehungsglauben. Der Mensch existiert seit zwei bis drei Millionen Jahren. Wir haben keinen Grund zu zweifeln, daß er weitere zwei Millionen Jahre existieren wird. Der Abstand zum jetzigen Menschen wird dann so groß sein wie jetzt der Abstand zwischen Affe und Mensch. In welchem Leib werden wir auferstehen?

Leben Gottes ist das Strukturprinzip aller komplexen Systeme. Was hindert uns, Geist und Leben Gottes gleichzusetzen? Dann heißt das, daß alles vom Leben Gottes durchseelt ist und daß alle Strukturen nichts anderes sind als Inkarnation Gottes. Der Kosmos ist nichts anderes als die Entfaltung des göttlichen Prinzips. Es ist der Tanz des Göttlichen selber, den wir Kosmos nennen. Und wir Menschen tanzen mit. Wir sind ein Tanzschritt, ein ganz individueller und unverzichtbarer Tanzschritt Gottes, jetzt und in einer nächsten Existenz und einer übernächsten und überübernächsten ... .

Was hat das mit dem zu tun, was wir hier vollziehen? Wir feiern einen uralten Ritus, der so alt ist wie die Menschheit selber. Das Heilige Mahl feiert die beiden Aspekte der Wirklichkeit, den sichtbaren und den nicht sichtbaren. Darum haben wir Brot und Wein gerichtet. Brot und Wein sehen wir, indem wir Kerzen anzünden und Weihrauch, uns verneigen und singen. Es sind die beiden Aspekte der Wirklichkeit, die wir im Ritus feiern. Und all unser Bemühen in der Kontemplation hat nur diesen einen Sinn, die beiden Aspekte als eines zu erfahren, um schließlich auch uns selber als die Ausdrucksform des Göttlichen zu erfahren. Darin liegt unsere einmalige Bedeutung.

Das Neue Jerusalem (Off 21,1 ff)

Religion drückt sich in Bildern, Parabeln und Mythen aus. Abstrakte Lehrsätze sind eine Erfindung der Ratio und können uns im Grund nicht vollständig befriedigen. Trotzdem fällt es vielen Menschen gar nicht leicht, dieses angeblich so feste Fundament unseres Intellekts zu verlassen und sich einer tieferen Erfahrung anzuvertrauen. Im Westen ist die Ratio zur obersten Instanz für das Erfassen von Wirklichkeit geworden. Der westliche Mensch bildet sich ein, mit ihr alles begreifen zu können. Aber hinter der Ratio liegt noch eine ganz andere Dimension des Erkennens.

Der heutige Text versucht, uns in diese Dimension des Begreifens zu führen. Zwei Bilder werden ins Bewußtsein gerufen: Das ‚Neue Jerusalem' und das ‚Zelt Gottes' unter den Menschen.

Das ‚Neue Jerusalem' ist ein Bild für einen Bewußtseinszustand, kein Ort. Dieser Bewußtseinsstand kann hier und jetzt eintreten. In der Schrift wird er auch ‚ewiges Leben' genannt oder ‚Reich Gottes'. Das ‚Neue Jerusalem' ist nicht etwas Kommendes. Es ist hier und jetzt. Nur eine Erkenntnisschranke trennt uns davon. Wenn wir sie durchschreiten können, erfahren wir, daß wir diesen göttlichen Funken in uns tragen, von dem alle Religionen sprechen. In diesem Bewußtseinsstand gibt es keine Tränen. Denn selbst die Tränen offenbaren das Göttliche.

Es wird keinen Tod mehr geben. Wer das Leben in seiner Tiefe erfährt, weiß, daß Geborenwerden und Sterben der Vollzug des Göttlichen sind. Er erfährt Einheit mit dem Leben. Er wohnt im Neuen Jerusalem. Das Neue Jerusalem ist die Erfahrung des Göttlichen.

Dasselbe soll uns auch das Bild vom ‚Zelt Gottes unter den Menschen' sagen. Wie alle Bilder unseres Innern ist auch dieses archetypisch, d. h., es geht weit zurück in die menschliche Vergangenheit, in die Vorstellungswelt der Nomaden. Zelt ist ihre Behausung, ihr Daheim. Und so sagt uns dieses Bild: Das Göttliche kann als unser Daheim erfahren werden, als unsere wahre Natur. Gott ist daheim bei uns, und wir sind daheim bei Gott.

Da gibt es kein Klagegeschrei mehr. Denn der Tod wird als Übergang in eine neue Existenzform verstanden. Er ist der große Verwandler. Das, was an uns göttlich und ewig ist, bleibt in allen Existenzformen gleich.

Was hat das mit diesem Ritual zu tun, das wir hier feiern, mit der Eucharistie? Wir feiern unseren Hinübergang in die neue Existenz, die wir Christen Auferstehung nennen. Wir feiern in der Eucharistie unsere Auferstehung. Wir feiern das ‚Neue Jerusalem'. Wir feiern diese neue Wirklichkeit, obwohl sie uns oft so ganz fern zu sein scheint. Wir glauben daran, und indem wir daran glauben, erhalten wir Motivation für unseren Weg, der uns in die Erfahrung dieser Wirklichkeit führen soll.

Jesus Christus ist der Typus, an dem wir unseren eigenen Weg erkennen. Er ist durch Leid und Tod hinübergegangen in die Auferstehung. Genau das wird auch uns beschieden. Wir feiern, was wir zutiefst schon sind, aber nicht erfahren. Wir wohnen schon in diesem Neuen Jerusalem, ohne es zu merken. Der Punkt Omega ist nicht zeitlich von uns entfernt, sondern nur erfahrungsmäßig. Der neue Himmel und die neue Erde sind da. Das Zelt Gottes ist mitten unter uns.

III. Teil:
Erfahrungsberichte

Vorbemerkung

Die folgenden Berichte sind sehr persönliche Erfahrungen, die das Innewerden einer umfassenderen Wirklichkeit schildern. Am besten liest man sie mit der Einsicht, die Johannes vom Kreuz für die Lektüre solcher Erfahrungen empfiehlt:

„Es wäre sogar Unwissenheit, zu meinen, man könne diese Worte der Liebe im mystischen Sinne – wie doch in diesen Strophen hier gegeben ist – mit irgendwelchen Reden erklären .... Darum verhüllen sie eher das Gefühlte mit Vergleichen, Metaphern und Bildern und übersetzen die Fülle des Geistes in geheimnisvolle Rede, als daß sie eine rationale Erklärung versuchen. Liest man all diese bildhaften Umsetzungen nicht im schlichten Geiste der Liebe und Meinung, die sie beseelt, so scheinen sie eher unsinnig als sinnvoll, wie es sich am Hohenlied Salomos und anderen Büchern der Hl. Schrift zeigt"[30].

Wir haben uns zu hüten, mystische Erfahrung nur im religiösen Raum zu suchen oder im konfessionellen Vokabular einer Religion. Die letzte Wirklichkeit läßt sich auch von der Religion nicht eingrenzen. Sie widerfährt dem Menschen zu einer Zeit, da er nicht daran denkt. Oft ist er vollkommen unvorbereitet darauf. Sie überfällt ihn in einer Weise, die er nicht vorhergesehen hat. Ich habe Ordensleute erlebt, die enttäuscht waren, daß ihr Erlebnis mit Christentum nichts zu tun hatte, und ich habe Agnostiker erlebt, die verwundert waren über ihre tief christliche Erfahrung.

Mystische Erfahrung drückt sich ganz unterschiedlich aus. Manchmal ist es eine Erfahrung von ‚Licht‘ und ‚Einheit‘. Aber es ist nicht das übliche Licht, und es ist nicht eins mit etwas, sondern nur Einheit.

Eine zweite Form der Erfahrung ist die Verbundenheit mit allem, was lebt. Eine tiefe Zuwendung und Liebe zu allen Geschöpfen wächst aus dieser Verbundenheit. Das Gegenüber verschwindet. Was bleibt, ist Baum, Schrei eines Vogels, Anblick einer Blume oder eines einfachen Gebrauchsgegenstandes.

Wenn jemand nach einer tiefen Erfahrung sagt: „Ich bin Gott!", klingt das in unseren Ohren blasphemisch. Aber es ist die Erfahrung, allerdings nicht die Erfahrung des vordergründigen Ich – das wäre in der Tat Blasphemie –, es ist die Erfahrung des wahren Selbst, des göttlichen Kerns im Menschen. Es ist die Erfahrung Gottes mit sich selber.

Oft ist diese Erfahrung sehr unspezifisch und tritt als starke Energie ins Bewußtsein. Diese Energie kann sehr schmerzhaft empfunden werden. Meistens steht sie im Zusammenhang mit dem Reinigunsprozeß. Der Mensch fühlt sich ausgeliefert, einsam und verlassen. Es ist die dunkle Nacht, die keinen tröstlichen Augenblick kennt.

Lange kann der Alltag nach einer Erfahrung verändert sein, bis die Routine des Lebens wieder überhand nimmt.

Aus vielen Erfahrungsberichten habe ich einige ausgewählt.

... Alles ist Licht ...

Angst, Zweifel, ob es Wahrheit gibt, ob es Gott gibt, und wenn es sie gibt, ob ich sie jemals erkennen kann. Und gleichzeitig das Wissen, ohne Wahrheit, ohne Sinn, ohne Ewigkeit nicht leben zu können. Dieser Konflikt führt zu einer unerträglichen Spannung. Mit diesem inneren Kampf gehe ich in den Wald. Auf einmal löst sich die Spannung. Alles i s t Licht – nicht voller Licht –, alles vibriert, pulsiert, aber ganz sanft. Nicht nur die Bäume, auch die Luft. Kein Ich und Du, nur Licht, eins.

Als die Erfahrung mich verläßt, finde ich mich auf einem Baumstumpf sitzend wieder. Alles ist leicht, die Spannung gelöst, aber bald darauf beginnen die Fragen: Wer ist Gott, wer ich? Ist das Ich nur eine Illusion, hat das Ich einen freien Willen?

Keine Formulierung paßt. – Sie sagen: ,Gott wohnt im Herzen' oder ,in der Wesensmitte'! Als ob es so einen eigenen Bezirk, so eine Abgrenzung gäbe!

... daß es keinen Tod gibt ...

Ich setze mich zur Zeit tief mit dem Sterben auseinander und fühle, daß es jetzt „dran" ist, obwohl ich weiß, daß es zutiefst keinen Tod gibt, sondern nur den äußeren Zerfall der Materie. Unsterblichkeit ist hier und jetzt, oder sie ist überhaupt nicht!! Ich fühle im Grund ein tiefes Einssein, und aus dieser Einheit kann ich nicht herausfallen – auch nicht im Tode. Es gibt keine Grenzen, die werden nur vom Menschen gesetzt.

... wir zerhacken das Jetzt ...

Mitternacht. Wann ist gestern, wann ist morgen? Wir versuchen das Jetzt zu zerhacken, um es zu registrieren. Aber es ist unteilbar.

Ewigkeit ist nicht zusammengesetzt aus Zeit wie eine Gnade aus unendlich vielen einzelnen Punkten. Ewigkeit, Unendlichkeit, Himmel ist pulsierendes Jetzt. „Heute habe ich dich gezeugt".

... Ich habe das ,Fürchtet euch nicht' erlebt ...

Ich atmete, als plötzlich in mir aufkam: atme ich oder atmet jemand in mir? Bin ich in Gott oder ist Gott in mir?

Da, der 1. Zweifel: Drinnen? Draußen? Was ist drinnen, was ist draußen? Ich erlebte es als eins und habe mir gesagt: Atme oder laß es in dir atmen!

So ging es eine Weile weiter, und es tauchte der 2. Zweifel auf: Gott in mir, Zeit, Ewigkeit. Auch das habe ich als eins erfahren und habe gemerkt, daß es kein Gestern und kein Morgen gibt, nur ein Heute. Der 3. Zweifel hat mich beängstigt: Ich Gott? Gott ich? Und ich habe mir gesagt: Ich glaube an meinen Herrn Jesus Christus, der gestorben und auferstanden ist. Verfalle ich jetzt einem Pantheismus? (Ich mußte an den Bach und die Quelle denken, habe gemerkt, daß ich in gewisser Weise immer in Gott gewesen bin.) Ich habe weitergeatmet, aber mit einem Gefühl, wie wenn das ganze Universum es war, das da atmete. Ich habe eine tiefe Einheit mit allen erfahren, und das hat mich mit tiefer Freude erfüllt und zugleich mit großer Traurigkeit bei dem Gedanken an so viele Menschen, die das nicht erfahren, und ich habe gewünscht, daß alle es erfahren könnten.

Ich hatte bei all dem Angst, Angst nicht im Richtigen zu sein. Es hat mir großen Frieden gegeben, als P. W. mir sagte: „Haben Sie keine Angst! Die Wirklichkeit ist so, weder innen noch außen, weder gestern noch morgen". Ich habe da das „Fürchtet euch nicht", das so oft in der Bibel wiederholt wird, erlebt, und ein großer Friede und stille Freude sind geblieben.

... kein Raum, keine Menschen, keine Grenze ...

Ich meditiere mit zwei anderen zusammen. Mit dem Ausatmen spreche ich innerlich: „loslassen". Ein Riß – ein grelles Licht – eine Hitze ausgehend von meinem Herzen – da ist kein Raum, keine Menschen, keine Grenzen, kein „Sich-loslassen". Mit allem verbunden, auch mit dem, was ich gar nicht kenne. Totale Stille. Sie fragen: „Wie lange?" – „keine Zeit!" Ich saß zu Ende, wir aßen zusammen zu Abend, gingen in den Abendgottesdienst und ich anschließend nach Hause. Ich habe auf die Stille gelauscht und bin ins Bett gegangen. Alles wie immer. Ich habe das erste Mal Menschen sehen und zuhören können. Ich habe mich ihnen und den Dingen nahe gefühlt. Über Wochen und Monate.

... auf einmal war ich ohne Angst ...

Während eines Kurses im Garten: Es war auf einmal ganz dicht erfüllt. Ich habe gespürt, daß ich eingebunden bin in etwas, was vom Garten bis zu den Sternen reicht. Alles um mich herum war vertraut und auf eine bis dahin neue Weise mit mir verbunden. Mich überkam dabei so etwas wie ein unendlich tiefer Friede, wie eine grenzenlose Freude.

Nach dem Kurs während eines Gesprächs: Auf einmal hat sich mein Erleben des Raumes und der Menschen in ihm geändert. Die Distanz in mir gegenüber anderen hat sich plötzlich in ein Sich-vertraut-fühlen, in eine Nähe und Verbundenheit verändert, die ich als Wärme, Lebendigkeit erlebt habe.

Auf einmal war ich ohne Angst. Beim Blick durch das große Fenster war die Landschaft wie von etwas Unsichtbarem erfüllt, zum einen wie durchsichtig und doch gestochen scharf, und zum anderen ganz nah, wie ein Teil von mir. Auf allem lag wie ein Glanz ein Strahlen, das alles klarer, bunter, intensiver erscheinen ließ.

... keine Frage mehr ...

Heute nachmittag überstürzten sich die Ereignisse. Mehr als Ruhe, Frieden, alles ist gut, keine Fragen mehr. Es ist nicht zu beschreiben. Dann das Gefühl, vom Licht umflossen zu sein, Kraft zu empfangen. Abends bei der Eucharistiefeier hatte ich plötzlich das Gefühl, mit allen verbunden zu sein in Liebe, im Miteinanderleiden. Bei einem ähnlichen Erlebnis früher wollte ich nicht leiden. Tränen. Danke für das Mitleiden-können.

... ja, ich war in ihm...

Am Karfreitag nahm ich am Gottesdienst teil und hatte folgende Erfahrung: Es waren etwa 25 Teenager in einem Exerzitienhaus. Als die Liturgie begann, habe ich alles vergessen, ich habe einfach getan, was getan werden mußte. Ein anderer Priester war der Zelebrant. Nach der Liturgie habe ich festgestellt, daß ich einfach mit dem anderen Priester war, ja ich war in ihm. Die Erfahrung war so sanft, mehr wie das Kräuseln der Wellen auf einem Teich. Wenn ich nicht darüber nachgedacht hätte, wäre es unbemerkt geblieben.

Es scheint mir, daß man, je mehr das Ichbewußtsein wegfällt, desto mehr gegenwärtig ist in dieser inneren Wirklichkeit, in diesem „Nichts".

... zwischen Sitzen und Gehen war kein Bruch ...

Am 4. oder 5. Tag des Kurses war es ganz einfach da. Es war ein Ton und doch kein Ton. Ich mußte es nicht mehr machen. Es war einfach da. Ich mußte es nicht mehr atmen. Es hat geatmet. Mir sind Tränen geflossen, und ich hab' immer gestammelt: „Warum ich, ich bin so unwürdig, warum ausgerechnet ich?". Zwischen Sitzen und Gehen war kein Bruch mehr. Es ging einfach. Im Hof, wenn ich das Gras angeschaut hab', hätte ich immerfort weinen können. Alles war verwandelt. Da war nicht mehr das Gras und ich. Es war mir so nah, eine innige Verbundenheit. Traurigfroh und voller Wohlwollen und Zärtlichkeit für alle und alles, das war in der Erinnerung – glaub' ich – die Grundstimmung.

So, das war es. Besser kann ich es nicht wiedergeben, obwohl ich es nicht ganz getroffen habe, was war. Es war eben einfach alles verwandelt, obwohl es dasselbe war wie vorher.

... wer geht die Treppe hoch? ...

Ich habe versucht, Alltag zu leben, aufmerksam in meinem Tun, wach für das, was geschieht. Und auf einmal waren sie da, die Fragen:
– wer geht die Treppe hoch?
– wer putzt da das Gemüse?
– wer ist es, der das Telefon klingeln hört und dann abhebt?
– wer läßt den Ton auf meiner Violine entstehen?
– was in mir schaut, wenn ich schaue?
– was ist es, das die Menschen und Autos durch die Straßen fluten läßt?
– was berührt da im Sinken der Schneeflocke die Erde?
– was treibt die ersten grünen Spitzen aus dem Boden?
– woher kommt die Kraft, die in der kleinen Amselkehle einen solch durchdringenden Ruf hervorbringt?

Und hinter allem immer wieder: Wer bin ich, zutiefst, uranfänglich, letztendlich? Was i s t überhaupt? Es läßt mir keine Ruhe, so als hinge an einer Antwort darauf mein ganzes Leben. Irgendwie hat sich in meinem früheren Weltgefüge das Unterste zuoberst gekehrt, ein wirbelnd-brodelndes Tohuwabohu.

... einfach ein Löffel ...

Ich bin 70 Jahre, aber ich hab heute zum erstenmal in meinem Leben einen Löffel gesehen ... einfach einen Löffel ... zum Lachen, einfach einen Löffel ... nur einen Löffel!

... ja, das ist es, das Radieschen auf dem Teller ...

Ich konnte nicht mehr aus der Übung herausgehen. Ich empfand eine große Anspannung. Und plötzlich war ich da. Aber es gab kein Ich mehr, das ‚da‘ war. Es gab nur noch ‚da‘. Keine Enge mehr und keine Sehnsucht, irgendwo hinzukommen. Ich gewahrte meinen Atem, der einfach da war ... so wie die Uhr tickte, ohne Grenzen.

Ich konnte das nicht ausdrücken, nicht sagen. Ich wollte die Erfahrung nicht mit meinen Worten verstümmeln. Auch jetzt sind die Worte hölzern.

Als ich beim Abendessen war: Ja, das ist es, das Radieschen auf dem Teller, das ist es. Freude! Die Verneigung! Ins Radieschen beißen, weinen, lachen, das ist es! Wie schön!

... die Regentropfen fielen ins Wasser, das war alles ...

Ich stand am Teich und sah, wie die Regentropfen ins Wasser fielen. Da war eigentlich schon alles enthalten: dieses ständige Wandeln der äußeren Form, ein ewiges Verlieren in sich selbst. Und als ich dann am Kompost vorüberkam: die Gewißheit, daß alles sich nur in sich selbst verlieren kann. Und später beim Sitzen: daß alles überhaupt aus demselben lebt und daß es überhaupt nichts gibt, was außerhalb sein kann.

... eingereiht in die ausgestülpten Finger Gottes ...

Heute war ich lange durch die Landschaft unterwegs. Die Erde treibt aus: erstes Grün, Anemonen, Vögel beim Nestbau, Feldarbeit. Und in all dem Treiben die eine Kraft, dieselbe Fülle, die unerschöpflich zum Leben drängt! Ich weiß mich eingereiht in diese abermillionen ausgestülpten Finger Gottes.

... ein Sehen, als sähe ich nicht ...

Die Frühe der Morgenstunde lockt mich hinaus auf die Felder und läßt mich teilnehmen am Schöpfungswunder eines aufgehenden Sonnentages. . . . Während ich in vollkommenem Schweigen verharre, wird meine ganze Existenz plötzlich wie von einem Schauer erfaßt, als wenn mich ein Blitz getroffen hätte. Aber es gibt daran nichts festzuhalten, nichts konkret Gewußtes oder Faßbares. Ich bin betroffen, wie verbrannt, gebrandmarkt, wie von einem Blitz in die Leere der Unwissenheit geschleudert. Es ist ein Sehen, als sähe ich nicht, ein Hören, als hörte ich nicht, ein Erkennen, als erkennte ich nicht. Das Glockengeläut der Abtei zeigt die Wandlung in der Feier der Eucharistie an. Vergegenwärtigung göttlicher Wesenhaftigkeit – Mysterium auf dem Kornfeld. Alle Wahrheit ist einfach.

... wenn ich näher hinschaue, ist es nicht mehr ...

Seit einiger Zeit kann ich mich nicht mehr einverstanden erklären mit diesem persönlichen Gott, diesem Bruder, Partner, Freund, der immer da ist für uns und auf uns wartet. Ich erlebe Gott zur Zeit dunkel, gesichtslos, apersonal; nicht den Gott-

menschen Jesus Christus auf dieser Erde, sondern Gott-heit in den Dingen dieser Erde, auch in mir, als Kraft, als Intensität, als das Da-sein von allem. Und ich kann die glatte Heilsgewißheit der Christen nicht mehr teilen, diesen Jubelruf der ein für allemal Erlösten; denn mein Gotterleben ist so neu, so verletzbar, mit sehr viel Umbruch und Schmerz verbunden. Und wenn ich versuche, auf Erfahrenes näher hinzuschauen, ist es nicht mehr. Es braucht Zeit und Schweigen zum Wachsen in mir, nicht vielwortige Gottesdienste. Und noch etwas fällt mir auf: mein Sprachvermögen versagt. Wie und wovon soll ich zu den Menschen sprechen, ohne daß sie mich für verrückt erklären?

… Grenzen hörten auf zu existieren …

Der Hund, der draußen bellte, war in mir – die Tür zum Saal war eine Tür in meinem Innern. Ich war im Raum, und der Raum war in mir. Es gab kein außer mir. Die Grenzen hörten auf zu existieren. Ein tiefes Glücksgefühl erfüllte mich. … Meine Schau der Dinge war plötzlich im Lot, und ich spürte die Norm in mir, die der Ursprung aller Normen ist.

Beim Spaziergang waren die Bäume meine geliebten und verehrten Brüder. Ich küßte sie und preßte die dunkle, feuchte Erde an meine Lippen. Der Morgen war wie eine Geburtstat. Die Schöpfung war für mich erschaffen worden, und ich sprach mit den Bäumen, dem See und den Bergen.

… alles ist Er …

Während eines Waldlaufs spürte, wußte, sah ich plötzlich, daß alles, was in mir Leben ist, was mich zu einem lebendigen Wesen macht, Gott ist. Er selbst i s t mein Leben. Was suche ich nach seiner Gegenwart! Er ist doch mein Leben, also viel näher als nah. Er ist nicht b e i mir. Es ist viel, viel mehr. Er i s t mein Leben! Ich kann es nicht ausdrücken, wie gewaltig das war! Und all die Bäume und Sträucher um mich herum – alles ist Er!

Im Winter hatte ich auch einmal eine so tiefe Gotteserfahrung mit einem Baum. Und einmal, im Frühjahr, wurde ich wach und spürte so gewaltig das pulsierende Leben, Sein Leben, in mir und draußen in der Natur, und die jubelnde, wahnsinnige Freude! Nach dem Kurs war ich viele Wochen lang in einer übergroßen Freude, einer reinen Freude über das Leben, weil ich sein darf.

… wo alles ist, wie es ist …

Wo der Zeitrhythmus endet
und die Ortsbegrenzung.
Wo kein Gedankenstrom hinreicht.
Wo Gefühle nicht mehr wirbeln.
Wo nichts hinzugefügt ist zu den Dingen
an Deutung, Absicht, Unterschied.
Wo alles ist, wie es ist, rein.
Und alles im Wesen gleich.
Wo ich mit Gott spazieren gehe,
im Wesen gleich.

... warum habe ich Theologie studiert? ...

Im Baum bist du Baum,
dort fliegst du im Vogel,
vorhin weintest du im Kind,
und jetzt lachst du in der Nachbarin.
Warum habe ich Theologie studiert?
Als ich alles wieder vergessen,
warst Du da.

... es ist ein grandioses Spiel ...

Ist es blasphemisch, eine Evolution Gottes zu sehen? Mir sind heute in totaler Radikalität Schöpfer und Schöpfung identisch. Das heißt, diese Terminologie kann ich gar nicht mehr verwenden. Völlig identisch – total! Auch nicht mehr so, wie es in der Gestalt des tanzenden Shiva dargestellt wird. Es ist ein grandioses Spiel: Spieler, Spiel und Spielregeln sind in Evolution. So sind Leid und Freude, Tod und Leben – alles alles alles miteinander eins. Schöpfer und Schöpfung einander gegenüber sehe ich nicht mehr. Und so ist auch die Zerstörung der Natur Bestandteil dieses Spiels. Wobei doch irgendwie die Liebe ein Movens ist? Darf auch ich mich in diesem Sinne mit Gott identisch wissen? Mir ist so.

... in allen Dingen schaut mich Gott an ...

Während einer Übungswoche, es war am 2. Abend in meinem Zimmer, da kam eine ganz große Ruhe über mich, wie ich sie noch nie erlebt hatte.
Und in allen Dingen schaute mich Gott an – und ich war Gott. Es war so wunderbar und doch so ganz selbstverständlich. So bin ich in den Schlaf hinübergegangen. Am nächsten Morgen war alles wie immer und doch alles ganz anders.

... einfach sitzend ...

Beim Sitzen heute nahm ich wieder meine Unruhe im Schulterbereich wahr und meine Tendenz, mich dort zusammenzuziehen, zu verschließen. Ich ließ die Schultern bewußt sinken. Mit einem Mal war es, als würde mir der ganze Brustkorb aufgebrochen und ich aus mir selbst hinausgeschleudert. Ein einziger Impuls nach außen. Sekunden ohne Ich, leer und weit ohne Anfang und Ende. Ich fand mich wieder: einfach sitzend.

... keine Moral, kein Gewissen ...

Ich stehe im Buchladen, ziehe ein Buch aus dem Regal, irgendwas über die Bedeutung der bildenden Kunst. Ich blättere und lese einen Satz, an den ich mich heute nicht mehr erinnern kann, und bin wie vom Schlag getroffen: das ist es! Eine Woge setzt sich in Bewegung. Mir wird alles klar, alles. Ich bin in einer eigenartigen Hochstimmung, laufe aus der Bücherei hinaus. Eine Erkenntnis jagt die andere. Totales Erkennen ohne Erkenntnisgegenstand. Ich bin völlig außer mir vor Glück und Begeisterung. Ich weiß, worum es geht. Als würde ich schweben. Ich fühle mich eingehüllt in einen warmen Wirbelwind. Ich weiß, daß ich ganz nah dran bin. Alles klar. Und dann das Gefühl, ich bin frei, völlig frei. Ost und West, ich habe die freie Wahl. Ich bin an absolut nichts mehr gebunden, an keine Ethik, keine Moral, kein Gewissen, da ist überhaupt rein gar nichts mehr. Ich laufe die Straße hinunter. Das Ganze ist einfach unwirklich. Ich bin vollkommen entspannt und strotze vor Energie, ich fühle mich übermenschlich. Gleichzeitig weiß ich, daß ich zu etwas viel Größerem gehöre, es ist gigantisch groß, unbeschreiblich groß, viel größer als die Erde, unvorstellbar. Es ist, als stünde ich mitten in einem riesigen Wirbelwind, wie ein Orkan, genau in der Mitte, um mich herum ist eine unvorstellbare Energie, aber ich fühle mich geborgen. Geborgen gerade durch diese Energie. Man könnte es auch Gott nennen. Es sprengt jede nennbare Dimension.

… ich bin immer noch am Schauen! Ich? …

Es war wie Sterben, was ich erlebt habe: Schon oft stand ich vor der Tür ins Leere, ins nebelige, bodenlose Nichts. Ich kenne den Sog, hindurchgehen zu müssen; und gleichzeitig die Angst, das Maß an Intensität, das mich dort erwartet, nicht zu verkraften; ja die Todesangst, in allem, was ich bisher war, ausgelöscht zu werden angesichts einer Wirklichkeit, neben der es nichts mehr gibt. Rechtzeitig umkehren war bisher meine „Lösung". Doch was, wenn plötzlich die Leere wie eine Flutwelle auf mich zukommt und über und unter und um mich herum? Ich kann's nicht näher beschreiben, nur: nicht Katastrophe, nicht Vernichtung. Nur Schauen. Ich bin immer noch am Schauen. Ich?

… ich war noch nie so wach … ohne alle Zeit …

Es ist wie Gehen im Feuer, seit Wochen. Der alte Hufschmied aus unserem Dorf hat das so gemacht: das Eisen hat er in der Glut der Form des Hufes angepaßt. Etwas geschieht mit mir, wie mit dem Eisen. Und ich kann nur geschehen lassen; denn es geht nicht mehr um mich. Abschiednehmen und Loslassen sind nicht Leistung von mir, sondern meine klammernden Hände w e r d e n geöffnet, Liebgewordenes verliert wie von selbst seine Anziehungskraft, Vorstellungen fallen ab, Interessen, Lebensweise, eigentlich alles ist in Veränderung. Nur insofern hinkt der Vergleich mit dem Hufschmied: am Ende – und gestern abend beim Sitzen war so ein Ende – kein letzter Hammerschlag und dann ein umgeformtes Eisen, sondern wie ein heftiger Hauch von Glut, der alles einschmolz, und kein „Dann", kein Eisen. Nur Feuer. Ich Feuer, alles Feuer. Formlos, lautlos. Glühende Kraft, ohne Ursprung, ohne Verglühen. Ich war noch nie so wach wie in diesem Augenblick ohne alle Zeit. Es fällt mir nicht schwer, das Ganze in religiöse Zusammenhänge zu stellen als Erfahrung von Gottheit, Gottsein, solange die Begriffe in dem, was sie herkömmlich besagen, durchsichtig bleiben dürfen für das, was ganz anders ist, als je ein Begriff ausdrücken kann.

… es war Gott als ‚der ganz andere' …

Am 3. Kurstag kam ich immer nach ganz kurzer Zeit in die Bewußtseinsleere. Es war jedesmal so, daß es mich von einem Moment zum anderen wie von einem Sog hineinzog ins Nichts, in die totale Stille und Bewegungslosigkeit. Dann war ich ganz in mir geeint und war in einer tiefen Versunkenheit, in der ich mühelos bleiben konnte. Aber ich fühlte mich nicht befreit und leicht, sondern eher wie gebannt, wie festgewurzelt. Das Einzige, was ich schaute, war jede Regung meines Seins. Das war mir nicht genug. Ich wollte nicht nur mein Sein schauen. Pater W. sagte, ich solle ganz vorsichtig mich zu Gott hin öffnen, eine ganz zarte Bewegung zu Ihm hin. Ich versuchte es, und da geschah etwas unbeschreiblich Großes: Ein dicker, roter, warmer Strom floß aus meinem Herzen zu „Ihm" hin . . . . Das war das wirkliche „Gebet des Schweigens". Ein Fließen von Liebe, Vertrauen und Frieden . . . . Es hörte nicht mehr auf. Der Zustand hielt auch im Bett weiter an. Ob Sitzen oder Liegen, es war dasselbe. Trotzdem war ich am nächsten Morgen frisch und ausgeruht.

Nun kam das erste Sitzen am Morgen. Ich sagte mir: „Mich vorsichtig zu Gott hin öffnen!" Ich habe es kaum gedacht, da kommt „Etwas" an, eine ungreifbare, gewaltige Wirklichkeit, eine Präsenz, oder die Gottheit (wie soll ich es nennen?). Es war Gott als „der ganz andere". Ich sah Ihn nicht, aber ich spürte Ihn, und es war so gewaltig und fast unheimlich! Ich kann es nicht genau in Worten ausdrücken. Und im selben Moment wußte ich: Das Nichts, die Leere, das ist ER!

... ich begann ‚Nichts' zu sehen. Es war die zaunlose Wirklichkeit ...

Vor einigen Tagen las ich über Kontemplation: „. . . Wenn du Gott schaust, siehst du nichts, und das ist genau der Punkt: wenn du auf nichts schaust, dann ist nichts; das ist nicht irgendeine Erfahrung oder eine Art von Erkenntnis, in der Tat, es ist, was Gott ist; Gott ist nichts." Gleich darauf begann ich „nichts" zu sehen. Es war die zaunlose Wirklichkeit, die randlose Wirklichkeit, und alle meine Anhänglichkeit schien verschwunden zu sein in diesem Sehen. Es kam eine große Entspannung über mich, es mußte nichts getan werden. Kurz vor dieser Erfahrung gab es eine Zeit von etwa zwei Wochen, wo ich fast ständig am Rand des Weinens war. Da war kein Grund für dieses Weinen, es war nur eine sanfte Berührung in mir, eine Zartheit, die mich nicht von meinen Pflichten abhielt.

... alles war so richtig ...

Mein Kissen, auf dem ich sitze, bildet eine hauchdünne Grenze zwischen dem Leib, der ich bin, und einer abgründigen Transzendenz, die sich immer mehr öffnet zu einer grenzenlosen Weite . . . . Das Gewaltige dieser Grenzenlosigkeit brach in einer nächtlichen Meditationssitzung derart über mich herein, daß jenseits meiner Erlebnis- und Wahrnehmungsfähigkeit nur noch SEIN existierte, gesammelte Energie ohne Kraftausströmung. Ich befand mich in einem Zustand ohne Ich-Bewußtsein, ohne Geschlechtsbewußtsein, unfähig zur Liebe, unfähig zur Sünde, ohne Angst, ohne Seligkeit. Alles war so richtig, daß es nichts Absurderes gegeben hätte, als diese Erfahrung hinterfragen zu wollen oder zu benennen.

... nur dieses Namenlose ...

. . . Dann kamen die Male, wo ich beim Sitzen den Eindruck hatte, ich trete heraus aus der, die da sitzt, und betrachte von weit draußen mein und der ganzen Welt

Theaterspiel. Was war das, was da austrat? Und wer blieb sitzen? Wo war „ich"?
„Mein" Bewußtsein hatte keinerlei individuelle Färbung mehr, und in den Augen-
blicken von Gotteserfahrung gab es nicht einmal mehr Bewußtsein von . . ., sondern
nur dieses Namenlose. In solchen Zuständen – meine ich jetzt nachträglich – ist nur
noch geistiges Existieren.

. . . es ist ein radikales Irrewerden . . .

Am Ende des letzten Kurses war ich im Sitzen tiefer gesunken als je zuvor, wie
nicht mehr existent, frei geworden von mir selbst. Und zum ersten Mal ging die
Wahrnehmung dieses Zustandes und die Wahrnehmung meines Tagesbewußtseins
(daß ich da sitze und atme, daß der Nachbar schluckt, jemand im Meditationsraum
geht usw.) gleichzeitig vor sich. Solches Überlappen von zwei Bewußtseinszustän-
den passiert mir jetzt öfters, manchmal stehen mir beide wie zur freien Verfügung.
Ich kenne mich nicht mehr aus – es ist ein ganz elementares und radikales Irre-
werden.

. . . es lief . . .

Beim Waldlauf löste sich etwas in mir, nachdem wir eine Stunde gelaufen waren.
Ich war plötzlich in einem Zustand von Mühelosigkeit und Leichtigkeit – das war
nicht mehr ich, die da lief – „es" lief. Es war eine wunderbare Erfahrung.

. . . es gilt, nicht e i n e n Schritt zu tun . . .

Ich merke: ich selbst muß gar nichts leisten. Ich bin nur der Stoff, aus dem Leben
vollzogen wird – der Faden, aus dem der kosmische Teppich gewebt wird. Diese
Dimension von Leben ist weder einsehbar noch ergründbar – nur entdeckbar und
erfahrbar, jenseits aller Gründe. Du selbst wirst aufgeschlossen für diesen Grund;
du bringst nichts dafür auf – außer daß du alles wegläßt und nichts durch dein Tun
hinzufügst. Nicht einmal das Weglassen geschieht willentlich, es ist ein Über-sich-
Ergehen-Lassen, ein Geschehen, das du weder herbeiführen noch verhindern
kannst, nur wahrnimmst, zuläßt, „erleidest".
Das Gehen des Weges gleicht mehr einem Gezogenwerden. Es gilt, selber nicht
einmal e i n e n Schritt zu tun. „Sich gehen lassen" – wie leicht klingt das, wie schwer
ist das!

. . . es betet innen, es atmet innen . . .

Ich lebe in einem Zustand von Unfähigkeit, von innerer Ohnmacht, von Kranksein
– ohne organisch krank zu sein – von intensivem inwendigem Schmerz. Es ist die
subtilste und zugleich massivste Form von Ausgeliefertsein, die ich je erlebte.
Mein wirkliches Leben vollzieht sich immer mehr im „Innen". Es betet innen, es
atmet innen, es lacht innen, es weint innen – und seit Tagen ist nichts als liebendes
Weinen oder weinende Liebe. Dieser Schmerz läßt sich mit Worten nicht beschrei-
ben. Es ist, als müßten sämtliche Neigungen ausgezehrt werden, die noch unlauter
sind . . ., als könne nur durch Verwundung und Auslöschen Verwandlung geschehen.

... Ohne mein Zutun werde ich in ein Ausglühen hineingezogen, wobei nichts in mir Widerstand leistet, noch davonläuft, noch nach dem Warum fragt, noch versteht, was da eigentlich vor sich geht.

... das ist ein Untergehen auf Leben und Tod ...

Mit zunehmendem Schmerz und wachsender Häufigkeit erfahre ich meine Sinne als untauglich für die Wahrnehmung des Seins; sie verstellen und verdunkeln die Wahrheit mehr, als daß sie sie erhellen. Sie bedürfen einer gründlichen Reinigung in Form einer Entledigung ihrer Eigenerfahrung, um nackt und unverfälscht die Wahrheit aufnehmen zu können, um für das Licht durchlässig zu werden.

Ich spüre jedoch ein leidvolles Unvermögen, zu diesem Prozeß aktiv etwas beitragen zu können. Mitsamt meinen Sinnen muß ich eintauchen in einen Ozean der Leere, des Nichts. Das ist ein Untergehen auf Leben und Tod – und ich habe Angst, mich loszulassen. Es gibt noch viele vermeintliche „Schätze", an die sich mein Ich zu klammern versucht. Wie weit ist der Weg?

... warum hat der göttliche Weg so unmenschliche Züge? ...

Gott zieht sich total zurück. Ein Greifen-Wollen nach Ihm bedeutet: eine leere Hülle in Händen halten. Mein Herz wird unfähig zur Sehnsucht; ich verspüre auf einmal keinen Durst mehr nach Gott. Sein Brot essen oder nicht essen bedeutet eins – so als seien Voll-sein von Gott und Leer-sein von Gott dasselbe. Ich habe den Geschmack an Gott und an den Dingen über Nacht verloren. Ich kann plötzlich die Schöpfung nicht mehr besingen, die frühere Begeisterung ist verschwunden und einer für mich erschreckenden Gleichgültigkeit gewichen .... .

Ich nehme eine Veränderung meiner Sinne wahr: meine Ohren sind wie taub, meine Augen wie blind, mein Geschmack abgetötet, mein Mund verstummt, weil Worte, die sich formen wollen, nichtig werden.

Oft befällt mich eine beklemmende Angst ob der Unberechenbarkeit dieser Entwicklung, die meine Initiative völlig auszuschalten droht. Der Anteil, den ich einzubringen vermag, wird immer kleiner. Das, was mein Menschsein, meine Eigenprägung ausmachte, schrumpft zur Unbedeutsamkeit. Irgendetwas im Kern zerfällt, ohne daß ich die Kraft hätte, es zu bewahren. Der jetzige Zustand, der mein ganzes Sein schmerzhaft erfaßt, ist vergleichbar der verzweifelten Lage eines Ertrinkenden, dem der Hilfeschrei im Mund erstickt. Ob dieser Verzweiflung steigen Zweifel auf, ob ich den Weg überhaupt noch in der bisherigen Weise fortsetzen kann. Ich habe noch nie solche Angst verspürt, einer tiefen depressiven Gemütshaltung zu verfallen wie in letzter Zeit, als mir jegliche Aktivität entzogen und eine Haut nach der anderen genommen zu werden schien. Das kann doch nicht Sinn des Ganzwerdungsprozesses sein, nur durch Verlieren und Einbußen von Potential wahrhaft Mensch zu werden! Warum hat der göttliche Weg so unmenschliche Züge!

... Gott, warum lockst du mich? ...

Immer drängender taucht die Frage auf: Hat meine Liebe, meine Hingabe, meine Intensität, meine Präsenz vielleicht einem Gott gegolten, der gar nicht Gott war?

Sollte ich diesen wahrhaft göttlichen Gott mit meiner menschlichen Vorstellung und Erfahrensweise bisher so drastisch verfehlt haben? Gott – warum lockst du mich so vehement, so unbedingt, so ganzheitlich auf diesen Weg – und entziehst nun meinem Schritt Deine Gegenwart, die mir Freude, Hoffnung und Mut bedeutet?

Warum kann ich so schwer verstehen, daß der Weg offensichtlich nur über das totale Lassen meiner gesamten Vorstellungen und Bilder und Wünsche zu einem Weg der gottmenschlichen Einswerdung reift?

Ich tapse im Dunkeln; ich muß jede scheinbare Sicherheit, die mir mein Bewußtsein und meine Sinne zu vermitteln vorgeben, zurücklassen, um in einen Zustand des Nichtwissens und Nicht-Vermögens und Nicht-mehr-wollens Schritt vor Schritt zu setzen. Oh, wie sträubt sich meine Natur noch gegen diese Gegenwart, die die einzig mögliche für den göttlichen Weg zu sein scheint.

Alle Dinge sind so leer, so maßlos leer. Die sonnenbeschienenen Gipfel sind leer, der Baum ist leer, der Gesang des Vogels ist leer, Freunde, die mir begegnen, sind leer, Gott ist leer, mein Herz ist leer. Gab es nicht in der Vergangenheit desselben Herzens genug Tiefenerlebnisse, wo alles mit Gottesfülle durchtränkt war? Ist diese wie jene Erfahrung nur ein unterschiedliches Zeugnis ein und derselben unnennbaren Wirklichkeit?

... Ich bin scheinbar gottlos geworden ...

„Mein Gott", es ist eine eingeübte Formel, aber da ist kein göttliches Gegenüber, an das sich das Herz wenden kann. Ich bin scheinbar gottlos geworden. Würde ich jetzt wie früher in meiner Not zu Gott beten, es wäre Sünde – Sonderung. Der einstige Glaube steht Kopf!

Ein Schluchzen bricht aus. Das Herz weint lange in sich hinein. Schließlich ist da nur noch die große Klarheit: Das Nein ist in der Tiefe Ja. Alles ist Ja, was in dieser Tiefe wurzelt und als Liebe aus ihr geboren wird. Alles ist absolut Ja.

Viele Stunden danach formt sich ein „Abba"! Aber nun nicht mehr wie früher als Anrede an einen „Gott". Aber so: Aus dem urgründigen A kommt etwas in die Sprache, stammelt b, b... (das stellvertretend für alle stummen Zeichen des Alphabets, für alle Ausdrucksformen des Wahrnehmbaren im Nichtartikulierten steht) – und drängt, fließt, sinkt zurück ins A.

Abba von vorne und rückwärts, es ist kein Unterschied. Urbild und Spiegelbild, Ausfalten und Zurückkehren, vorher und nachher, es ist Nicht-Zwei. Kann ein Gottloser beten?

Abba! A!

... auch die lebensbedrohlichste Krankheit verliert jede Bedeutung ...

Als ich nach Hause kam, erfuhr ich wieder, was es ist, das Leben, und was es bedeutet, leben zu dürfen. Ich erfuhr vor allem die unermeßliche Kraft, die unaussprechliche Freude, die jeder Augenblick birgt. (Und jetzt erfahre ich die große Armut meines Wortschatzes, weil ich gar nicht ausdrücken kann, was ich wirklich erfuhr!) Würden wir den Augenblick in seinem Licht und seiner Größe erfassen, es würde uns zersprengen. Meine Seele jubelte und dachte: Jeder Augenblick ist so kostbar – und blieben mir auch nur noch wenige, die ich aufmerksam und bewußt lebe, das wäre Fülle genug. Vorher hatte ich Sorgen um meine Gesundheit gehabt. Jetzt sah ich klar: daß auch die lebensbedrohlichste Krankheit beim Anblick dieser kostbaren Fülle des Augenblicks jede Bedeutung verliert und daß jede Angst nichtig ist.

… nur Ölbäume, nur Zikaden …

Als ich aus dem Flugzeug steige, geschieht etwas Seltsames: die Ölbäume sind keine symbolbefrachteten Naturwesen mehr, die sofort in meinem Hirn die Schaffung einer Metapher auslösen, sondern sie sind ganz einfach „nur" Ölbäume!

Ich bin jeden Morgen gesessen. Heute habe ich eine Veränderung bemerkt: Es gab mich nicht mehr, da waren nur noch Zikaden, dann eine Tür, die auf- und zuschlug. Und diese Geräusche waren nicht so wie sonst, sie waren ein Kunstwerk, vollkommen!

… nur dieser Schritt, diese Bewegung …

Ich gehe, um etwas zu holen, zu telefonieren, zu schreiben usw. – aber da ist nur dieser Schritt, diese Bewegung, diese Nummer, dieses Buch, diese Rechnung. . . . Es ist ein Wunder und doch ganz banal, es ist kein Platz für „wenn und aber".

… ohne warum …

> *Ich sitze, weil ich sitze;*
> *ich gehe, weil ich gehe;*
> *ich esse, weil ich esse;*
> *ich schlafe, weil ich schlafe.*
> *Leer. Ohne warum.*
> *Tal ist Tal und Berg ist Berg.*
> *Da ist nur Atmen, da ist nur Gehen, da ist nur Sitzen.*
> *Sonst nichts; nichts mehr.*
> *Ich trinke das klare Wasser des Augenblicks – Quellwasser. Jetzt weiß ich, wie Jetzt schmeckt!*

… jedes Blatt und das Pflaster … jedes Ding war ER …

Früh am Morgen machte ich Langlauf. Statt den Rosenkranz dabei zu beten, wie ich es sonst tat, war ich nur in dem, was ist, und wurde plötzlich übermannt von Seiner Gegenwart in allen Dingen. Jeder Klang und jede Bewegung, jedes Blatt und das Pflaster unter meinen Füßen war mit göttlichem Leben erfüllt. Jedes Ding war ER. Ich war ekstatisch herausgehoben und doch mit allem verbunden. Die Erfahrung dauerte mehrere Tage an. Ich war von Seinem Überallsein überwältigt.

… ich liebe so wenig …

Mittagessen, Abwasch, liege draußen auf der Bank, will nach drinnen gehen, komme bei einem Bäumchen vorbei, und dann geschieht es: ich spüre, wie es Liebe ausstrahlt, wie mich alles, was ich sehe, mit Liebe umgibt. Und ich habe es nie gesehen. Tränen kommen immer wieder, ich erfahre Liebe und kann lieben – und liebe so wenig. Ich spüre, daß es der Anfang ist von etwas, das viel tiefer geht.

Irgendwann komme ich wieder in den Alltag. Alles ist so, wie es ist, doch alles ist anders. Ich sehe, höre anders, gehe anders. Ich mache die Tür anders auf. Ich sehe die Birke, den weißen Stamm, und erfahre plötzlich, daß ich, indem ich sie ansehe, alles erfahre.

… für einen Augenblick war ich dieses Geräusch …

Der Hund raste durchs Zimmer und hatte irgendwo ein Stück Papier erwischt. Es raschelte. Für einen Augenblick war ich dieses Geräusch.

Auf einmal erkenne ich beim Spazierengehen mit dem Hund: Wenn ich nichts bin, bin ich alles. Wenn ich nichts und alles bin und du nichts und alles bist, dann sind wir beide allein alles. Und zusammen sind wir auch alles. Also sind wir ein und dasselbe … und das ist es, was ich schon als Baby der ganzen Welt sagen wollte. Denn allein das würde jeden ‚retten‘ und jeden ‚heilen‘. Das allen mitzuteilen, heißt den Nächsten lieben, und nur das. Ich wollte dieses Wissen behalten und alle Wesen retten und habe es doch wieder vergessen. Dieses Retten- und Helfenwollen nistete sich in mir als Drang ein, in die Dritte Welt zu gehen, um allen Menschen zu helfen. Diese Illusion hat mich zeit meines Lebens geplagt, zumal sie unerfüllt blieb.

Plötzlich erkannte ich, daß ich nicht in die Dritte Welt gehen muß, denn das ‚Heilbringende‘ habe ich wieder erkannt. Was hätte ich den Leuten denn schon bringen können? Nichts! Nichts, was zu ihrem Heil beigetragen hätte. Ich brauche nur auf meinem Kissen weiter auszuharren und meine innere Wandlung den anderen vorleben, das ist mein Geschenk. Frei von dieser Illusion habe ich laut gelacht, stundenlang habe ich laut gelacht, geweint und gelacht!

… das war es, was ich schon als Baby der ganzen Welt sagen wollte!

… das Papier ist weiß, die Tinte blau …

Ruhe und Durcheinander. Freude und Schmerz, oft alles gleichzeitig. In allem ist was verändert, alles ist Eins. Mir fehlen die Worte. Alles ist verändert, alles ist gleich. Das Papier ist weiß, die Tinte blau, der Füller schwarz.

… alles ist gleich … Gott-Wirklichkeit …

Gott ist Wirklichkeit geworden, und die große Frage: „Gibt es Dich?“ ist verstummt. Ich bin eingebunden und komme gar nicht mehr frei. Immer wieder Gott, Leben, Fülle! Die Welt ist anders geworden. Es gibt keine so großen Unterschiede mehr zwischen Arbeit und Freizeit, weil alles gleich ist, ‚Gott-Wirklichkeit‘.

… es gibt kein Gegenüber mehr …

Das Erleben der Natur geschieht auf einer ganz neuen Ebene. Nichts schaut mich an, spricht mich an, regt mich an, geht mich an – weil nichts mehr Gegenstand meines Erlebens ist. Es gibt kein Gegenüber mehr, keine Zweiheit von Objekt und Sub-

jekt. Geschautes verschmilzt mit dem, der schaut, zu einer Wesenheit. Ich bin der Baum, der Baum ist ich.

... hörst du, wie draußen alles grün wird ...

Heute schrieb ich in einem Brief: „Hörst Du, wie draußen alles grün wird?" – und merkte erst hinterher, was ich da geschrieben habe.

... darin bin ich wichtig und unwichtig zugleich ...

Durch Sie fließt, was ich in meiner beschränkten Ausdrucksweise als Licht bezeichne. Darin erkenne ich Licht in mir, und doch bleibt es nicht in mir; andere werden es durch mich erahnen können, und so wird es weitergehen. Darin bin „ich" wichtig und unwichtig zugleich. In diesem „Ich" kann ich erkennen, sehen, hören und spüren, riechen und schmecken und wieder lassen. Es bin nicht „ich", aber es findet in mir Raum, Zeit und Heimat, und ich verliere darin Raum und Zeit und finde Heimat.

Ich danke Ihnen so sehr für das, was ich erfahre. Es gibt kein „Richtig", kein „Falsch", auch keine Stufe oder ein Ziel, das zu erreichen ist, nur ein immerwährendes Bemühen, das eigentlich kein Bemühen ist, sondern ein Öffnen und Befreien, eben Leben. Das zählt, und darin hat jeder Mensch und alles die gleiche Chance. Es ist nicht der Stand der Befreiung, sondern die Bereitschaft zur Befreiung.

... daß ich mein Leben lang daran vorbeigelaufen bin ...

Als ich wieder nach Hause kam, war mein Wesen völlig verändert. Ich war ganz durchdrungen von Zärtlichkeit. Nach vielen Jahren der Dunkelheit hat mein Herz wieder zu leben begonnen. Eines Morgens bin ich plötzlich in Tränen ausgebrochen. Einen Augenblick lang habe ich gefühlt oder gesehen, wonach sich mein Herz das ganze Leben gesehnt hat. Ich habe gespürt, daß eigentlich alles da ist, aber daß ich mein Leben lang daran vorbeigelaufen bin. Am meisten hat mich geschmerzt, daß ich so wenig geliebt habe und immer in meinem eigenen Wahnsinn gefangen war und daß ich diesen Liebesmangel nie mehr gutmachen kann.

Mein Ego hat aus diesem Augenblick nichts mitnehmen können. Langsam spüre ich aber doch, daß Tiefgreifendes in mir passiert ist.

... bin ja schon immer ‚innerhalb' des Tores gewesen ...

Ich sitze zunächst ganz entspannt und ruhig, habe für mich kein Anliegen und keine Aufgabe. Ich sitze und versuche „leer" zu werden.

Im Dokusan bekomme ich die Aufgabe: „Wer bin ich, wenn ich nicht getrieben bin?"

Bis zu diesem Augenblick hat mich nichts getrieben – ich protestiere innerlich gegen diese Aufgabe. – Ich gehe zum nächsten Gespräch: „Es ist alles in Ordnung, deine Gedanken, dein Erleben. Frage trotzdem!"

Nun, ich „sitze" wieder mit der alten Aufgabe: „Dein Gebet sei Hingabe". Was nun geschieht, ist eigentlich unbeschreiblich. Es passierte im Augenblick einer

Sekunde. Ich will versuchen, es einigermaßen verständlich zu schildern. Ich setze mich auf mein Kissen, richte mich ein und sage mir selbst noch einmal, was W. mir kurz vorher im Dokusan mitgegeben hat. „Hingabe, Hingabe . . .". Nach kurzer Zeit trifft mich eine ungeheuere Woge der Kraft, die Liebe heißt, wie die Welle einer Explosion, gleichzeitig mit einem unermeßlichen Licht. Dieses Licht und die Liebe treffen mich wie eine Riesenkraft. Ich bin eingetaucht in Licht, unbeschreiblich hell, und in Liebe. Vor mir sehe ich ein großes goldenes Tor in gleißendem Licht. Ich höre Musik und ich fühle mich gedrängt, durch das Tor zu gehen. Die Situation ist so, als befände sich hinter dem Tor eine Stadt mit vielen Menschen, die alle sehr fröhlich und zufrieden sind. Alles ist eingetaucht und umhüllt mit ungeheuer viel Licht. Wie aus goldenen Strahlen wirkt dieses Licht und alles ist zusätzlich von Musik durchdrungen. Das himmlische Jerusalem fiel mir dazu vergleichsweise ein, obwohl ich diese christliche Terminologie im Grunde nicht mag. Es ist mir, als würde die Stimme sagen: „Geh durch das Tor".

Ich bin erschüttert durch das, was mir widerfährt, und gleichzeitig bekomme ich schreckliche Angst. Etwas in mir sagt: „Wenn die dich innerhalb des Tores bei diesem hellen Licht sehen, werden sie bemerken, daß du nicht dazugehörst. Sie werden dich, wenn du durch das Tor gehst, wieder hinauswerfen". Ein Widerstreit entbrennt in mir. Ich weine und verlasse meinen Platz, gehe in den Garten. Ich bin verzweifelt. Bei der nächsten Sitzrunde habe ich mich gefaßt. Ich bin traurig, daß ich nicht gewagt habe, durch das Tor zu gehen. Nun sitze ich und bemühe mich, das Tor wieder zu finden. Ich will einen neuen Anlauf nehmen, mich durch das verheißungsvolle Tor zu wagen.

Mit all meinem Willen und all der großen Anstrengung, die ich unternehme, gelingt es mir nicht, das Tor zu finden, um hindurchgehen zu können. Ich erinnere mich an meine Gebetsübung: „Dein Gebet sei Hingabe", nur das. Ich lasse mich ein auf das, was in meinem Körper geschieht. Wieder die Erinnerung: „Hingabe". Wieder überlasse ich mich dem, was geschieht. Ich fühle ein Verschmelzen mit dem Druck. Aus dem Druck mit Gegendruck wird Kraft, Energie. Aus dem Druck heraus entfaltet sich in meiner Brust eine große Lilie. Ich denke, mein Herzchakra hat sich geöffnet.

Es ist wie ein Dammbruch. Die Welt hat sich total verändert, obwohl sie natürlich gleichgeblieben ist. Ein Energiestoß geht durch mich hindurch, wie mit 100 000 Volt. Ich empfinde Lebenskraft, Lebensenergie, Lebensfreude. Alles an mir ist lebendig und vital. Es ist mir, als sei ich eingetaucht, eingehüllt von Liebe – von Anfang an. Ich muß das Tor nicht mehr finden, ich brauche nicht hindurchzuschreiten, denn ich bin ja schon immer „innerhalb" des Tores gewesen, und ich werde immer innerhalb des Tores sein. Das, was mich von dem Zustand trennt, „innerhalb des Tores zu sein", ist eigentlich nur meine Gedankenwelt. Gedanken und die daraus resultierenden Gefühle erzeugen eine fiktive Welt.

Egal, was ich tue, egal, wohin ich mich wende, ich bin eingehüllt und umgeben von Liebe. Alles Sein i s t Liebe. Es gibt nur noch eine einzige echte Wirklichkeit, nämlich die Liebe. Diese Liebe verkörpert Werden und Vergehen, beinhaltet alles, aber auch alles, was wir hier im Leben vorfinden, und darüber hinaus auch den Tod. Es ist eine satte, reiche, alles verströmende Liebe; keine ausgemergelte, kleinlich-auf-rechnende Liebe. Ich empfinde Freude, Freude, Sonne und Liebe. Sind wir nicht alle Kinder, die das große Spiel des Lebens spielen? Nur tun wir es nicht mit viel zuviel tödlichem Ernst und mit allzu vielen verkehrten Wirklichkeiten?

Mir ist, als wäre ein Schleier von meinen Augen genommen. Ich sehe die Welt anders als vorher. Ich verstehe, was mit dem „schlafenden Menschen" gemeint ist. Mit dem Verstand hatte ich es beim Lesen erfaßt, wußte worum es geht. Jetzt fühle und erlebe ich es.

... nichts außer dem großen Schweigen ...

Herr, ich fürchte mich vor dem Loslassen, vor dem Nichtssein und -haben, vor der Leere, vor dem Nichtsichtbaren und -greifbaren, vor der Einsamkeit, Blaßheit, vor dem Springen in dieses Raum-Zeitlose. Ich höre nichts außer dem großen Schweigen. Plötzlich atmet es mich – ich spüre es ganz deutlich.

Herr, heute freue ich mich darüber, nichts sein zu müssen. Ich arbeite und über-lege mir nicht, wofür ich arbeite, einfach so – heute leicht und beschwingt, morgen, wenn das Ich seinen Anspruch erhebt, wird es beschwerlicher sein. Ich arbeite und freue mich, daß ich bin.

Herr, es ist manchmal so anstrengend auf dem Weg. Plötzlich geht mein Pfad durchs Dickicht, und mein Gang kommt ins Stocken. Herr, nur dieser eine Schritt und dann der nächste.

... wo könnte ich mich verirren ...

Herr, du bist kein Oben und kein Unten, du bist kein Drinnen und kein Draußen, kein Klein und kein Groß, kein Voll und kein Leer. Herr, du bist alles! Die ganze Begrifflichkeit liegt in dir! Alles beginnt und endet mit dir. Wo kann ich mich da für immer verirren?

... ich bin ... und Du bist ich ...

Herr, ich bin! Ich weiß nicht, wozu und weshalb. Ich muß es nicht wissen, denn da Du alles bist, ist es unwichtig, zu fragen nach Was und Warum. Ich bin, da ich bin! Eingeschmolzen ins Universum, ins Mikro und Makro. Herr, Du bist das Zentrum, und Du umfaßt alles. Du bist nach allen Seiten. Du bist rund und in der Länge. Du bist mein Nachbar, und Du bist ich.

Herr, wenn ich loslasse und mich in blindem Vertrauen auf Dich werfe, habe ich im wildesten Alltag das Gefühl, warm und geborgen in einem „Schoß" zu liegen. Ich arbeite und freue mich, daß ich arbeite. Ich lese und freue mich, daß ich lese. Herr, ich sehe nicht in die Ferne oder in das Morgen, ich sehe und spüre nur, was jetzt ist im Moment, und wieder jetzt im Moment. Jetzt ist Ruhe, jetzt ist Schmerz, jetzt ist Erregung, jetzt ist Spannung, jetzt ist Stille, jetzt ist Hören.

... wann werden die letzten Stricke reißen ... ?

Ich stehe im Raum und spreche das Raumlose an; ich stehe in der Zeit und spreche das Zeitlose an. Im Moment hänge ich zwischen Raum und Raumlosem, und mir ist zum Kotzen übel.

Herr, wann werden die letzten Stricke reißen? Ich wünsche mir, die Augen schließen zu dürfen und weit und tief zu fallen. Im Fallen werde ich verwandelt.

Herr, nach Tagen innerlicher Kämpfe und Schmerzen fühle ich mich heute befreiter. Ich weiß nichts über dieses innere Geschehen. Vielleicht wolltest Du ausräumen, und ich habe festgehalten.

Herr, obwohl ich mir wünsche, von mir wegzukommen, bin ich sauer auf die Weise, wie Du es tust.

Ich fühle mich schwach und erbärmlich, und gerade das hab' ich nicht gern. Es ist schwer für mich, von meinem Idealbild wegzukommen und mich anzunehmen, wie ich bin.

Herr, welche Sprache sprichst Du, ich höre Dich nicht!? Herr, alles, was ich höre, ist Schweigen, nicht das beruhigende Schweigen, sondern das verzehrende. Herr, tiefer als die tiefste Tiefe falle ich. In dieser tiefen Dunkelheit sehe ich nicht mehr, ob ich gehe. Ich fühle und sehe nichts außer Dunkel. Meine Bewegungen sind wankend vor lauter Übelkeit und Schwäche.

Mein momentanes Abschiednehmen ist ein Abschied von Wünschen und Vorstellungen, eingefahrenen Traditionen und Sicherheiten. Ein Abschied von der breiten, geraden Straße, wo alles laut, bunt, hastig und hell ist. Er führt auf einen Pfad, der schmal ist, voller Geröll, dunkel und schweigsam.

Herr, der Mensch schweigt, die Natur schweigt, und Du schweigst; da ist tiefste Nacht.

Herr, ich wußte nicht, daß ich im Mitleiden aktiv werden kann. Stillwerden, aushalten, standhalten mit Dir, in Dir, für Dich und somit für andere, und umgekehrt.

Es ist ein großer Verlustschmerz in mir, den ich kaum zu artikulieren fähig bin. Es schmerzt, ich bin Schmerz, alles ist Schmerz!

Herr, wer bist Du, zu dem ich spreche? Alles ist wie losgelassen in mir – stumm! Und um mich herum eine Sturmflut, ein Chaos, ein Wirbelsturm. Mitten im Wirbelsturm stehend fühle ich mich nicht mitgewirbelt. Ich fühle mich wie eine stehengebliebene Uhr unter lauter tickenden Uhren.

Herr, meine ganze Dunkelheit bin ich selbst. Der Weg zum ungeteilten Licht ist ein langer Weg und ganz besonders für mich, da ich einen eisernen Willen und ein starkes Temperament habe.

Herr, im Dunkel bin ich Dir und mir am nächsten. Da wird mein wahres Wesen frei. In dieser Dunkelheit werden aber auch Gesichte erkennbar, die im grellen Tageslicht verschwinden. Sie lauern mir auf und versuchen, mich in meiner Losgelassenheit zu erhaschen und abzuführen.

Herr, Du bist alles, der Müllberg und der gepflegte Stadtpark, die breite und die schmale Straße, der Richter und der Verurteilte, der Zaun und die Freiheit.

Herr, meine Abhängigkeit von Menschen und Dingen schreit zum Himmel. Die Umpolung verursacht solche Entziehungsschwierigkeiten bei mir, daß ich kaum fähig bin, meinen Körper zu bewegen.

Herr, das ganze Übel ist das Festhalten an der Materie.

Herr, ich bin weder gut noch schlecht, so bin ich!

Herr, ich fühle mich wie das Atom, aufgespalten, zerteilt und wieder eingeschmolzen. Ich bin nicht mehr ich! Herr, ich fürchte Deine Heilungsmethoden und Deine bittere Medizin, doch bitte ich, daß Du eingreifst, wenn es nottut!

Herr, wenn ich meiner ledig werde, bin ich ein Heimatloser. Ich habe weder Eltern noch Geschwister, weder Mann noch Kinder, weder Haus noch Tradition, weder Religion noch Gesetze. Ich habe keine guten Meinungen und Ratschläge. Ich bin ein Losgelassener, ein Fremdling.

... Was ist mein Wesen? ...

Was ist mein tiefstes Wesen? ,Überquellendes Licht und Liebe'. Gott ist Licht! Gott ist Liebe! – Schauen und das Geschaute sein. Mein tiefstes Wesen ist unwandelbar.

Die Welt sehen, als würde man zum erstenmal die Augen öffnen. Jeder Augenblick der erste Augenblick. Der Baum rauscht und der Wind kühlt mein Gesicht ... und der Zeigefinger durchringt das ganze Weltall. Die Dinge haben keine Namen. Ich habe das Streichholz ausgeblasen, und doch brennt es weiter. Stundenlang das mächtige tiefe Lachen, das alles erschüttert.

Alle Dinge kommen aus der Leere und gehen in die Leere. Gong ... Gong ... Gong – Klick ... Klick ... Klick!

... Spiegel, meine Augen, darin erkenne ich ES – ICH, DU, GOTT, ALLES ...

Bin zu Hause angekommen auf meinem Kissen. Weine innerlich vor Freude. Wußte nicht, daß alles so einfach ist. Mein ganzes Leben habe ich nach dem ,großen Blauen' gesucht, und muß doch nur die Hände öffnen und annehmen.

Christus steht für Leben, für alles. Christus Herrscher – heute und für immer. Ich habe es auf die Wände eines dorischen Tempels geschrieben. Es bleibt, bis der Regen im Winter fällt.

Ich verstehe, verstehe und wußte es nicht. Das ist der Weg: Umwege, verlaufen, nicht mehr weitergehen wollen und nun: den Brunnen sehen, den Baum sehen. Das Kamel ist schon lange durchs Nadelöhr, und ich sitze da und überlege, wie es geschehen könnte. Es gibt gar kein Nadelöhr. Ich habe Angst, Todesangst. Wenn ich dabei umkomme?

Kyrie eleison für mich und für alle. – Früher habe ich um Stärke gebetet, jetzt bete ich um Schwäche, damit ich meine Bedürftigkeit spüre.

Werde ich Gott finden? Werde ich gefunden werden? – Abends. Es gibt nichts zu suchen oder zu finden. K l a r h e i t, K l a r h e i t. Die Hände wissen es, die Schultern wissen es, aber mein Kopf?

Ich habe Angst, in den Spiegel zu schauen; denn da sehe ich IHN. In meinen Augen sehe ich IHN. Ich fürchte mich vor meinen Augen. Die Füße wissen es, die

Hände, meine Knie. Sie beten das Kyrie. Und nun haben es auch meine Augen gesehen.

Das Mädchen, das vor mir ging, ich wollte es berühren, ihm die Hände auf die Schultern legen, es umarmen, und fürchtete, doch das Gesicht zu sehen.

Angst! Wenn ich Dich und Du mich erkennst, sei vorsichtig mit mir, damit ich nicht in der Dunkelheit vor Dir schrecken muß.

Ich spüre Deine Liebe in mir so stark, daß ich meine Patienten umarmen möchte. Sie ist wie Feuer, Deine Liebe. – Freiheit! Ich muß nichts tun, nur einfach sein wie Du. Weder gut noch böse, weder weise noch töricht, weder stark noch schwach, – nein, einfach so, wie es ist. Wenn der Wind durch die Weidenblüten weht, fliegen die Samen davon. Er ist überall. Ich bin überall. Wenn ich mich nun ganz von Dir verliere? Behandle mich wie einen schwerkranken Patienten, sehr liebevoll, sprich mir gut zu, verbiete mir, über alles nachzudenken.

Ich habe das Gefühl, es ist Ostern. Die Erde riecht nach Tod und Auferstehung. Ich höre die Vögel ein neues Lied singen. Form ist Leere, Leere ist Form. – Der Kreis schließt sich. Christus – austauschbare Form des Göttlichen – Mutter Maria, Athene, Gott, Vater, Sohn. Ich kann nur noch stammeln: Mein Gott! Es gibt keine Worte mehr.

Ich bin in den Garten gelaufen und sah alles zum erstenmal. Das Mädchen am Teich. Wir fütterten die Kaulquappen und erfanden Namen für sie.

Eucharistie. Ich habe Angst vor Deiner Nähe im Symbol Brot und Wein. Angst, daß du mir zu nahe kommst, daß ich mich in Dir verliere. Ich halte mich an der Stimme des jungen Mannes fest, der neben mir kniet. Er schaut mich verwundert an, als ich ihm danach danke.

Ich sitze auf der Treppenstufe und weine. Ich weiß nicht mehr, wer ich bin, wo ich bin. Löse mich in den Tönen auf. Schaue in den Spiegel, schaue in meine Augen, ich weiß nicht wie lange. Ich schaue und suche und suche und schaue. Dann sehe ich es: ,Mond der Wahrheit'. Spiegel, meine Augen, darin erkenne ich ES – ICH, DU, GOTT, ALLES.

Auf der Heimfahrt schreibe ich das Halleluja in die Notenzeilen der Telegraphenmasten.

... die Tür ist geöffnet, das wußte ich nicht ...

> *Die Tür ist geöffnet, das wußte ich nicht.*
> *Die Tür ist ganz nah neben mir, das sah ich nicht.*
> *Die Tür ist zum Eintreten, das wollte ich nicht!?*

I. Suche nach dem Sinn des Lebens

[1] Daio Kokushi
[2] Nach: G. Börner, Die Entstehung der Welt aus astronomischer Sicht, Vortrag in Alpbach 1989.
[3] G. Zukav, Die tanzenden Wu Li Meister, Ro TB 7910, S. 351.
[4] Rabbi Nackmann von Brazlar.
[5] Josef Quint, Meister Eckehart, München 1979, S. 34.
[6] Al-Halladsch, „O Leute, rettet mich vor Gott", Texte zum Nachdenken, Herder TB 1240, S. 26.
[7] C. G. Jung, Gesammelte Werke, Stuttgart 1963, S. 362.
[8] Johannes vom Kreuz, Gesammelte Werke, Die Liebesflamme, Einsiedeln 1964, IV 9. (Diese Quelle wird in den folgenden Anmerkungen mit LV abgekürzt.)
[9] Johannes vom Kreuz, SW, Aufstieg zum Berge Kamel, Einsiedeln 1964, III, 12. (Diese Quelle wird in den folgenden Anmerkungen mit ABK abgekürzt.)
[10] J. Quint, Meister Eckehart, München 1979, S. 353, 23.
[11] ebd. S. 308, 6.
[12] ebd. S. 60 ff.
[13] LF IV. 5.

II. Naturwissenschaft und Mystik

[1] Vgl. C. Lilly, Das Zentrum des Zyklons, Fischer TB 1768.
[2] Vgl. Harald Burr, Elektrische Felder des Lebens, im: Lesebuch zu bedrängenden Fragen unserer Zeit II/85, Hrsg. E. Naudascher, Karlsruhe.
[3] Rupert Sheldrake, Das Schöpferische Universum, Goldmann TB 14014, Vorwort.

III. Transpersonale Erfahrung

[1] Vgl. K. Wilber, Halbzeit der Evolution, München 1984.
[2] Josef Quint, Meister Eckehart, München 1979, S. 29.
[3] A. a. O., S. 180.
[4] A. a. O., S. 355.
[5] Johannes vom Kreuz, ABK III, 12,1.
[6] Kabir, im Garten der Gottesliebe, Heidelberg 1984, S. 1
[7] Gesänge des tanzenden Gottesfreundes, Texte zum Nachdenken, Herderbücherei 679, S. 67.
[8] LF IV,9.
[9] LF IV, 10.
[10] Vgl. Z. Shibayama, Zen in Gleichnis und Bild, München 1979, S. 82.
[11] Josef Quint, Meister Eckehart, München 1979, S. 102,12.
[12] Up from Eden, Anchor Press/Doubleday, New York 1981, S. 297 ff.
[13] Josef Quint, Meister Eckehart, München 1979, S. 358,21 ff.
[14] Josef Quint, Meister Eckehart, München 1979, S. 397.
[15] Garma C. C. Chang, Mahamudra-Fibel, Octopus Verlag, Wien 1979.
[16] Josef Quint, Meister Eckehart, München 1979, S. 61,16.

IV. Religion oder Esoterik

[1] Esoterik kommt vom griechischen Wort „esoteros" = drinnen, innerhalb. Exoterik kommt von „exoteros" = populär, für Laien verständlich. Das Wort Esoterik wird hier aber nicht im Sinne von Eingeweihten gebraucht, Menschen also, die sich zu einer esoterischen Gruppe zählen; und das Wort Exoterik nicht im Sinne von Nichteingeweihten, Außenstehenden. Mit dem Wort Esoterik wird vielmehr eine Spiritualität benannt, die auf Erfahrung zielt und in diesem Ziel auch den Sinn der Religion sieht.
[2] Josef Quint, Meister Eckehart, S. 450,3.
[3] A. a. O., S. 450,3.
[4] Vgl. Nikolaus v. Kues, Verteidigung der wissenden Unwissenheit, Philosophisch-theologische Schriften I, Wien 1962
[5] Was in der Welt ist und vor sich geht, erhält seinen Sinn und wird verstehbar von dem her, was in der „Urzeit" immer schon war und als göttliches Geschehen sich ereignete, im Mythos und im Kultus nachvollzogen wird. Der Mythos ist so eine Form der Religion. (Der große Henker, Bd. 6, S. 851)
[6] Vgl. Thorwald Dethlefsen, Das Ostermysterium, Vortrag.
[7] Vgl. J. Campbell, Lebendiger Mythos, München 1987
[8] Vgl. Th. Dethlefsen, Gedanken zum Ostermysterium, Vortrag.

V. Christliche Mystik und die östlichen esoterischen Wege

[1] Vgl. Green B. Michael, in der Zeitschrift: Spektrum der Wissenschaft, November 1986, S. 54.
[2] G. Zukav, Die tanzenden Wu Li Meister, Rororo 7910, 1985, S. 354.
[3] A. a. O., S. 351.
[4] Nikolaus von Kues, Studienausgabe III, S. 133.
[5] Thomasevangelium Nr. 22, zitiert nach: Apokryphe Evangelien aus Nag Hammadi, Andechs 1988, S. 198 f.
[6] Josef Quint, Meister Eckehart, S. 436,9 ff.
[7] C. G. Jung, Zur Psychologie westlicher und östlicher Religion, Band II, Olten 1971, S. 116.

VI. Kontemplatives Beten

[1] Vgl. Joh. v. Kreuz, ABK II,15.
[2] A. a. O. III,14.
[3] A. a. O. und Joh. v. Kreuz, Die dunkle Nacht, SW, Einsiedeln 1977, II,18. (Wird bei den folgenden Anmerkungen mit DN abgekürzt)
[4] Vgl. M. Guyon, Kurzer und sehr leichter Weg zum inneren Gebet, Hrsg. v. E. Jungclaussen, Freiburg 1988, S. 51.
[5] DN I, 1,1.
[6] F. de Osuna, Versenkung, Herderbücherei 938, S. 30.
[7] ABK II,14,2.
[8] ABK II,13,7.
[9] Vgl. Hugo v. St. Viktor, De sacramentis I,10,2.
[10] Vgl. Bonaventura, Itinerarium, München 1961, 41.
[11] Wolke des Nichtwissens, Hersg. v. W. Massa, Topos TB 30. Wolke des Schweigens, Hrsg. v. W. Massa, Kevelaer 1974.
[12] Vgl. E. Jungclaussen, Suche Gott in dir, Freiburg 1986, S. 51.
[13] ABK, Einleitung.
[14] C. Naranjo / R. E. Ornstein, Psychologie der Meditation, Fischer TB 42298, Frankfurt 1988
[15] Vgl. Ken Wilber, Halbzeit der Evolution, München 1981
[16] Vgl. Writings from the Philokalia, Faber and Faber, London 1979, S. 194 ff.
[17] Cassianus J., Collationes X.
[18] Demetrias v. Nagel, Puritas Cordis, in: G. Stachel, Ungegenständliche Meditation, Mainz 1978, S. 140.
[19] A. a. O., S. 195.
[20] J. E. Berendt, Nada Brahma, Die Welt ist Klang, rororo 7949, S. 38.
[21] Vgl. Aufrichtige Erz. eines russ. Pilgers, Hrsg. von E. Jungclaussen, Freiburg 1968, S. 25.
[22] Vgl. J. E. Berendt, a. a. O., S. 102.
[23] J. E. Berendt, a. a. O., S. 152.
[24] Vgl. J. E. Berendt, a. a. O., S. 55.

VII. Gebetswege großer Mystiker

[1] Cassianus J., Collationes Prolog.
[2] A. a. O., 1,4.
[3] A. a. O., 1,7.
[4] Demetrias v. Nagel, in: munen muso, Ungegenständliche Meditation, Hrsg. von G. Stachel, Mainz 1978, S. 140.
[5] A. a. O., S. 141.
[6] Evagrius Ponticus, Praktikos Nr. 64.
[7] A. a. O., S. 146.
[8] A. a. O., S. 149.
[9] A. a. O., S. 152.
[10] A. a. O., S. 153.
[11] A. a. O., S. 154.
[12] Meister Eckehart, Die lateinischen Werke, hrsg. von J. Quint, IV, 198,11.
[13] Meister Eckehart, Die deutschen Werke, hrsg. von J. Quint, I, 253,6 ff. (In den folgenden Anmerkungen abgekürzt mit DW)

[14] Mumonkan 19.
[15] Meister Eckehart, Deutsche Predigten und Traktate, hrsg. von J. Quint, München 1977, S. 436,9 ff. (Abkürzung: DPT)
[16] DW V, 403,4 f.
[17] DPT S. 438,4 f.
[18] DW III, 485, 10-11.
[19] DW V, 209,1 ff.
[20] DW I, 52,9 f.
[21] DPT S. 433,22 ff.
[22] DW III, 196,14.
[23] DW III, 19,2 f.
[24] DPT S. 420,24 ff.
[25] DW I, 312,8 f.
[26] DW III, 240,3 ff.
[27] DW I, 351,8 f.
[28] DW I, 170,1.
[29] DW I, 203,3 f.
[30] DW III, 284,1 f.
[31] Kabir, Im Garten der Gottesliebe, Heidelberg 1984, S. 6.
[32] DW, Pr. 53.
[33] D. Mieth, Meister Eckehart, Freiburg 1979, S. 96.
[34] A. a. O., S. 92.
[35] DW V, 203 ff.
[36] DW V, 275,10.
[37] DW V, 277,1 ff.
[38] Vgl. hierzu: Gottwald Wolz, Übung und Gnade, in: Zeitschr. für Philosophie und Theologie, Bd. 34, 1987, Heft 1–2, S. 147.
[39] LF III, 33.
[40] Vgl. LF III, 34.
[41] LF III, 34.
[42] LF I, 12.
[43] LF III, 41.
[44] LF III, 55.
[45] ABK II, 4,2.
[46] ABK II, 13,7.
[47] ABK, II, 14,9.
[48] ABK II, 14,1.
[49] ABK II, 14,2,3.
[50] ABK II, 15.
[51] ABK II, 14,2.
[52] ABK II, 14,2,3.
[53] Brenan G., St. John of the Cross, London 1950, S. 43, 47, 48, 53, 55.
[54] Vgl. DN IV, 2.
[55] Vgl. May, Will and Spirit, Harper & Row, San Francisco 1982, S. 108 ff.
[56] DN I, 10,2.
[57] DN I, 10,4.
[58] ABK Vorrede 3.
[59] Vgl. LF III, alle Absätze von 53 bis 66.
[60] LF III, 60.
[61] LF III, 43.
[62] LF III, 52.
[63] LF III, 62.
[64] LF 3,30.
[65] Tauler, Predigten, Band I, Einsiedeln 1979, S. 204.
[66] Joh. Tauler, a. a. O., S. 201.
[67] LF 3,30.
[68] LF 3,46.

[69] ABK II, 22.
[70] Jungclaussen E., Suche Gott in dir, Freiburg 1986, S. 55,73. (In den folgenden Anmerkungen mit SGID abgekürzt)
[71] GS S. 12.
[72] GS S. 13.
[73] GS S. 19.
[74] GS S. 24.
[75] GS S. 21.
[76] GS S. 23.
[77] GS S. 19.
[78] GS S. 280.
[79] GS S. 26.
[80] SGID S. 112.
[81] A. a. O., S. 191.
[82] SGID S. 90.
[83] SGID S. 86.
[84] SGID S. 85.
[85] GS S. 45.
[86] GS S. 46.
[87] GS S. 50.
[88] GS S. 81 ff.
[89] GS S. 109.
[90] GS S. 108.
[91] GS S. 86.
[92] GS S. 100.
[93] GS S. 102
[94] E. Jungclaussen, Suche Gott in dir, Freiburg 1986, S. 51.
[95] Keating Th., Das Gebet der Sammlung, Münsterschwarzach 1987, S. 43.
[96] Th. Keating, a. a. O., S. 44.
[97] Th. Keating, a. a. O., S. 45.
[98] E. Lorenz, Der nahe Gott, Freiburg 1985, S. 122.
[99] A. a. O., S. 15.
[100] A. a. O., S. 109.
[101] G. Denzler, Die verbotene Lust, Piper 1988, S. 252.
[102] I. Behn, Spanische Mystik, Düsseldorf 1957, S. 265.
[103] Zukav G., Die tanzenden Wu Li Meister, rororo 7910, S. 351.

VIII. Jesus Christus in der Kontemplation

[1] ABK II, 11,7.
[2] ABK II, 11,12.
[3] S. Kirkegaard, Einübung im Christentum, XII, 102.
[4] Painadath, in: Christ in der Gegenwart, Nr. 47, Herder, Freiburg.
[5] ABK II, 7,11.
[6] ABK II, 12,5.
[7] ABK II, 7,12.
[8] Vgl. Apokryphe Evangelien aus Nag Hammadi, hrsg. v. K. Dietzfelbinger, Dingfelder Verlag, Andechs 1988)

IX. Psychologische Aspekte des inneren Weges

[1] Aus Zenso Mondo – Dialoge von Zenmeistern.
[2] Vgl. Ken Wilber, Wege zum Selbst, München 1984, S. 174 f.
[3] A. a. O., S. 170 f.
[4] LF IV, 9.
[5] Shibayama, Zen in Gleichnis und Bild, Barthverl., S. 82.
[6] Jean D. Laussade, Hingabe an Gottes Vorsehung, Zürich 1981, S. 146
[7] A. a. O., S. 68/69.

[8] A. a. O., S. 147.

[9] A. a. O., S. 153.

[10] A. a. O., S. 30.

[11] A. a. O., S. 33.

[12] Aus dem Sanskrit.

[13] Josef Quint, Meister Eckehart, S. 63.

[14] A. a. O., S. 58/59.

[15] A. a. O., S. 324.

[16] A. a. O., S. 60/61.

[17] A. a. O., S. 61.

[18] Vgl. Lexikon der östlichen Weisheitslehren, München 1986, S. 425.

[19] A. a. O., S. 317.

[20] J. Quint, Meister Eckehart, S. 180,9.

[21] A. a. O., S. 181,38. Vgl. auch Ken Wilber, Psychologie der Befreiung, Scherz-Verlag München 1988, Beitrag von Brown, S. 229.

[22] Die folgenden Ausführungen halten sich an J. White und seinen Beitrag im Buch von S. Grof, Die Chance der Menschheit, München 1988, S. 234 ff.

[23] Mihajlo Mihajlov, in: Lesebuch zu bedrängenden Fragen unserer Zeit, hersg. von E. Naudascher, II, 83.

[24] Zu diesem Abschnitt vgl. auch das Kapitel IX: „Depression oder Transformationsprozeß?".

[25] Vgl. Maha-Satibatthana-Sutta = Lehre über die Erweckung der Achtsamkeit im Hinayana Buddhismus.

[26] Vgl. Weisung der Väter, Hrsg. B. Miller, Freiburg 1965.

[27] J. Campbell, The Power of Myth, Doubleday NY, 1988.

[28] Vgl. Platon, Sämtliche Werke, Bd. III, Hamburg 1988, S. 224.

[29] Vgl. Dürr H., Physik und Transzendenz, München 1986, S. 14.

[30] C. G. Jung, Gesammelte Werke IX, zweiter Halbband, Olten 1976, S. 18.

[31] Vgl. Beitrag von R. Metzner, Der innere Feind, in: Grof S., Die Chance der Menschheit, S. 78.

[32] A. a. O., S. 79.

[33] Vgl. A. a. O., S. 64.

[34] Kabir, Im Garten der Gottesliebe, Heidelberg 1984, S. 55.

[35] Vgl. Willigis, Jäger, Kontemplatives Betes, Münsterschwarzach 1985, S. 15.

[36] Kabir, Im Garten der Gottesliebe, Heidelberg 1984, S. 51.

[37] Kabir, a. a. O., S. 58.

[38] Meister Eckehart, Deutsche Predigten Nr. 10

X. Sittliches Verhalten

[1] B. Toban, Raumzeit und erweitertes Bewußtsein, Synthesis Verl., S. 134.

[2] Martin Buber, Die Geschichten der Chassidim, Zürich 1949, S. 715.

[3] Mumonkan 19.

[4] Vgl. L. Govinda, Lebendiger Buddhismus im Abendland, München 1986, S. 96.

[5] M. Buber, Die Erzählungen der Chassidim, Zürich 1949.

[6] L. Govinda, Lebendiger Buddhismus im Abendland, S. 102.

[7] A. a. O., S. 107.

[8] A. Watts, Dies ist Es, rororo 7908, S. 94.

XII. Mystik – Weltflucht oder Weltverantwortung

[1] J. Quint, Meister Eckehart, S. 277, 25.

[2] E. Neumann, Kulturentwicklung und Religion, Frankfurt/M. 1981, S. 178.

[3] E. Neumann, a. a. O., S. 182 f.

[4] E. Neumann, a. a. O., S. 178.

[5] E. Neumann, a. a. O., S. 169.

[6] J. Quint, Meister Eckehart, S. 450, 3.

[7] A. a. O., 450, 2.

[8] Vgl. G. Schmid, Die Mystik der Weltreligionen.

[9] Vgl. E. Neumann.

[1] Ausgangspunkt für manche Ansprachen ist die Auslegung des Markusevangeliums von Eugen Drewermann, Olten 1979

[1] Gertrud v. Le Fort, Die ewige Frau, München 1962, S. 21.

[2] Josef Quint, Meister Eckehart, S. 258, 13.

[3] A. a. O., S. 451, 12.

[4] A. a. O., S. 178, 16.

[5] A. a. O., S. 227, 23.

[6] A. a. O., S. 317, 30.

[7] A. a. O., S. 178, 31.

[8] A. a. O., S. 450, 3.; A. a. O., S. 450, 2.

[9] A. a. O., S. 161, 25.

[10] A. a. O., 172, 12.

[11] A. a. O., S. 185, 21.

[12] A. a. O., S. 317, 19; 317, 30; 318, 12; 319, 10; 319, 30.

[13] A. a. O., S. 180, 16 ff.

[14] A. a. O., S. 317, 24.

[15] A. a. O., 178, 15.

[16] Evagnius, Ponticus, Praktikos, Münsterschwarzach 1989, S. 18.

[17] Johannes vom Kreuz, Aufstieg zum Berge Karmel, II, 7, 11.

[18] Vgl. Bäumer-Despeigne, Hadewijch v. Antwerpen, Copr.: Bannhalde 25, CH-8500 Frauenfeld, S. 16 ff.

[19] Vgl. Schuré E., Die großen Eingeweihten, München 1986.

[20] F. Dostojewski, Der Jüngling, nach E. Drewermann, Tiefenpsychologie, S. 691.

[21] Vgl. Grof Stanislav, Spirituelle Krisen, München 1990, S. 234.

[22] F. Pfeiffer, Meister Eckehart, Aalen 1962, S. 239, 17 ff.

[23] A. a. O., S. 249, 8 – 18.

[24] A. a. O., S. 240, 19 – 35.

[25] Gregor d. Gr., Vita des hl. Benedikt.

[26] Vgl. Christa Mulack, Die Weiblichkeit Gottes, Stuttgart 1984, S. 178.

[27] Vgl. K. Dietzfelbinger, apokryphe Evangelien aus Nag Hammadi, Andechs 1988, S. 256 ff).

[28] Schubart Walter, Religion und Eros, München 1966, S. 93.

[29] Nach: G. Börner, Die Entstehung der Welt aus astronomischer Sicht, Vortrag in Alpbach 1989.

[30] Vgl. E. Lorenz, „Ins Dunkel geschrieben", Herder TB 1505, S. 65.

Bücher zum Thema

Alt, F., C. G. Jung, Von Religion und Christentum, Walter Verlag, Olten 1987
Assagioli, Roberto, Psychosynthese, Zürich 1988
Berendt J. E., Nada Brahme, rororo 7949
Bäumer, Bettina, Patanjali, Die Wurzeln des Yoga, München 1979
Binnig, Gert, Aus dem Nichts, München 1989
Briggs, John, Die Entdeckung des Chaos, München/Wien 1990
Brück von, Michael, Einheit der Wirklichkeit, München 1986
Brück von, Michael, Weisheit der Leere, Zürich 1989
Campbell, Joseph, Lebendiger Mythos, München 1988
Cleary, Thomas, Zen essence, Boston 1989
Davies, Paul, Prinzip Chaos, München 1988
Dethlefsen T., Ödipus, München 1990
Dietzfelbinger, Konrad, Apokryphe Evangelien, Dießen 1988
Dietzfelbinger, Konrad, Schöpfungsberichte aus Nag Hammadi, Andechs 1989
Ditfurth von, Hoimar, Innenansichten eines Artgenossen, Düsseldorf 1989
Drewermann, Eugen, Das Markusevangelium, Band I u. II, Olten 1987
Dürr H. P., Physik und Transzendenz, München 1986
Eccles, John C., Gehirn und Seele, München 1987
Egner-Walter, U., Das innere Gebet der M. Guyon, Münsterschwarzach 1989
Evagrius, Ponticus, Praktikos, Münsterschwarzach 1986
Fernando, Antony, Zu den Quellen des Buddhismus, Sri Lanka 1981
Fischer-Schreiber, I., Herg., Lex. der östl. Weisheitslehren, Bern 1986
Franz von, Marie-Louise, Schöpfungsmythen, München 1990
Franzoni, Giovanni, Der Teufel mein Bruder, München 1990
Gorinda Lama Anagarika, Schöpferische Meditation, Freiburg 1982
Grof, Stanislav u. Christina, Spirituelle Krisen, München 1990
Grof, Stanislav, Das Abenteuer der Selbstentdeckung, München 1987
Grof, Stanislav, Geburt, Tod und Transzendenz, München 1985
Grof, Stanislav, Die Chance der Menschheit, München 1988
Hillman, James, Die Suche nach Innen, Zürich 1981
Hillman, James, Puer Papers, Dallas 1987
Jäger, Willigis, Gebet des Schweigens, Salzburg 1984
Jäger, Willigis, Kontemplation, Salzburg 1983
Jantsch, Erich, Die Selbstorganisation des Universums, München 1979
Johannes vom Kreuz, Gesammelte Werke, Einsiedeln 1957
Johannes vom Kreuz, Gesammelte Werke, Einsiedeln 1964
Jungclaussen, E., Das Jesusgebet, Regensburg 1976
Jungclaussen, E., Der Meister in Dir, Freiburg 1975
Jungclaussen, E., (Hrsg.) Aufrichte Erzählungen
Jungclaussen, Emmanuel, Suche Gott in dir, Freiburg i. Br. 1986
Keating, Thomas, Das Gebet der Sammlung, Münsterschwarzach 1987
Kues, Nikolaus v., Philosophisch-Theologische Schriften, Wien 1982
Küng, Hans, Objekt Weltethos, München 1990
Läpple, Alfred, Ketzer und Mystiker, München 1988
Le Saux, Henri, Das Geheimnis des heiligen Berges, Freiburg i. Br. 1989
Lilly, John C., Das Zentrum des Zyklons, Fischer Tb. 1976
Lilly, John C., Simulationen von Gott, Basel 1986
Lipsett, P. R., Wege zur Transzendenz-Erfahrung, Frankfurt/M. 1988
Lorenz, Erika, Der nahe Gott, Freiburg i. Br. 1985
Lorenz, Erika, Teresa von Avila, Schaffhausen 1982
Massa, Willi, Kontemplative Meditation, Mainz 1974

Mensching G., Die Religion, Stuttgart 1959
Miller, Bonifaz, Weisung der Väter, Freiburg i. Br. 1965
Mindell, Arnold, City shadows . . ., London 1989
Mindell, Arnold, Schlüssel zum Erwachen, Olten 1989
Mulack, Christa, Die Weiblichkeit Gottes, Stuttgart 1984
Mulack, Christa, Maria, Die geheime Göttin, Stuttgart 1985
Naranjo C / Ornstein R. E., Psychologie der Meditation, Fischer TB 42298, Frankfurt 1988
Neumann, Erich, Kulturentwicklung und Religion, Frankfurt/M. 1978
Obrist, Willi, Neues Bewußtsein und Religiosität, Olten 1988
Pagels, Elaine, Versuchung durch Erkenntnis, Frankfurt/M. 1981
Palmer, G. E. H., The Philokalia, Volume I–V, London 1984
Panikkar, Raimon, Den Mönch in sich entdecken, München 1989
Panikkar, Raimon, Der neue religiöse Weg, München 1990
Pietschmann H., Das Ende des naturwissenschaftlichen Zeitalters, Hamburg 1980
Quint, Josef, Eckehart Konkordanz, Berlin 1986
Quint, Josef, Meister Eckehart, München 1977
Repges, Walter, Johannes vom Kreuz, Der Sänger der Liebe, Würzburg 1985
Ruh, Kurt, Geschichte der abendländischen Mystik, München 1990
Ruh, Kurt, Meister Eckhart, München 1985
Schillebeeckx, Edward, Christus und die Christen, Freiburg i. Br. 1977
Schillebeeckx, Edward, Jesus, Freiburg 1976
Schmid, Georg, Die Mystik der Weltreligionen, Stuttgart 1990
Schubart, Walter, Religion und Eros, München 1966
Sheldrake R., Das schöpferische Universum, München 1984
Sheldrake R., Das Gedächtnis der Natur, München 1990
Seuse, Heinrich, Deutsche mystische Schriften, Düsseldorf 1986
Smothermon, Ron, Drehbuch für Meisterschaft im Leben, Bielefeld 1989
Theresa v. Jesu, Sämtliche Schriften, München 1956
Thiele, Johannes, Hrsg. Mein Herz schmilzt wie Eis, Stuttgart 1988
Toben, Bob, Raum – Zeit und erweitertes Bewußtsein, Frankfurt/M. 1990
Walker, Susan, Speaking of Silence, New York 1987
Wehr, Gerhard, Heilige Hochzeit, München 1986
Welte, Bernhard, Meister Eckhart, Freiburg i. Br. 1979
Wilber, Ken, Der glaubende Mensch, München 1988
Wilber, Ken, Hrsg., Psychologie der Befreiung, Bern 1988
Zukav, Gary, Die tanzenden Wu Li Meister, Reinbek bei Hamburg 1988

Geheimnis der Verwandlung

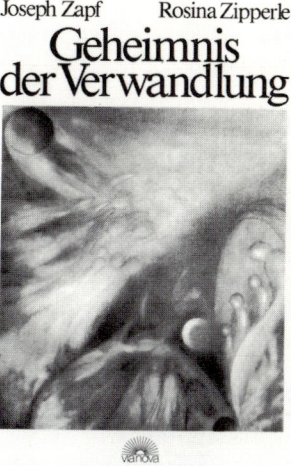

Joseph Zapf   Rosina Zipperle
64 Seiten, gebunden
28 ganzseitige Bilder
ISBN 3-9801787-1-8

24,80 DM

Existentielle Verwandlung ist das Kernanliegen dieses pracht-
vollen Bildbandes.
Joseph Zapf, Professor für Religionswissenschaften und
Meditationsleiter für kontenplative Meditation hat aus dem
reichen Schatz seiner spirituellen Erfahrung alle wichtigen
Grundthemen des geistigen Weges dargestellt. Als Meister
des Wortes ist seine Sprache
klar, intensiv, meditativ, inspirativ. Die knappe Textfassung
richtet sich auf das Wesentliche.
Die Bilder von Rosina Zipperle, einer jungen begabten
Künstlerin aus Südtirol, die jeweils den Texten gegenüber-
stehen, erhellen deren Zug zur Verwesentlichung durch ihre
Transparenz. Diese aus einer hohen Spiritualität gemalten Bilder verwandeln den Betrachter.
Es geht um den Durchbruch zum Licht: in uns und um uns. Text und Bild verstärken gegenseitig dieses
Anliegen. Das Wort weckt die Sehnsucht nach Licht, das Herz läßt sich davon ergreifen, das Auge
schaut in Sinnbild und Symbol die Strahlkraft des Lichtes. Dieser Dreiklang kann unsere besten Stunden
erfüllen. Er nährt die ewige Melodie in uns, bis unser Leben selber Licht und Liebe ausstrahlt.

Sehnsucht nach Herzensweisheit

Joseph Zapf   Rosina Zipperle
64 Seiten, gebunden
28 farbige, ganzseitige Bilder
ISBN 3-928632-01-9

28,— DM

Der Theologe, Meditationsleiter, Dichter und Schriftsteller
Joseph Zapf und die Künstlerin Rosina Zipperle haben in ihrem
neuen Buch mit einer das Herz des Menschen anrührenden
Sprache und mit lichtdurchstrahlten Bildern die innerste Sehnsucht
des Menschen nach Herzensweisheit angesprochen.
Das aus innerer Erkenntnis und Erfahrung geborene Wort,
gewachsen aus der Gnade geistiger Schau, reißt die Schleier der
Unwissenheit entzwei, rüttelt an der Enge unseres auf das Diesseits
einseitig ausgerichteten Denkens und Verhaltens, durchbricht die
Welt der Sinne und setzt Verwandlungsprozesse in Gang, die in die
Tiefe des Lichtgrundes im Menschen führen.
Die lichtdurchfluteten Bilder lassen eigenes mystisches Erleben durchsichtig werden. Hauchzarte Farben,
strahlende Lichtglut, durchschimmernde Transparenz lichterfüllter Welten wecken die Sehnsucht
nach Ganzheit, Heilsein und Erlösung in der liebenden Geborgenheit der Lichtfülle Gottes.
In der schweigenden Betrachtung des Bildes und in dem Offensein für das wegweisende Wort kommt
mystische Erfahrung auch dem modernen Menschen nahe. So wird ein solches Buch zu einem kostbaren
Geschenk.

Das Geheimnis der Quelle

Barbara Schenkbier
144 Seiten, gebunden
12 farbige, ganzseitige Illustrationen
und 24 Zeichnungen
ISBN 3-9801787-0-6

36,— DM

Barbara Schenkbier ist es in ihrem Buch „Das Geheimnis der
Quelle" gelungen, in Märchenform tiefe Lebensweisheiten
und die wichtigsten Stufen des Yoga-Weges zu beschreiben.
Die Natur in ihrer Vielfalt wird zum Sprachrohr der geistigen
Welt.
Naturkräfte, Blumen, Tiere und Naturwesen lehren wichtige
Hatha-Yogahaltungen, die auch in Abbildungen am Schluß
des Buches darstellt sind.
Der Leser lernt die wesentlichen Grundgesetze des Daseins,
eine gesunde Lebensweise und Wege zu einem glücklichen,
erfüllten Leben kennen. Er erfährt bedeutende Weisheiten der Yoga-Philosophie,
und es werden ihm die großen traditionellen Yogawege aufgezeigt.
Das Märchen ist ganz durchwoben von zarter Poesie, überraschenden Ideen, tiefgründigen Erkenntnissen, geistigen Impulsen und spiritueller Kraft.
Das Buch unterhält nicht nur, es belehrt und regt an, die Weisheit des göttlichen Lebens selbst zu entdecken. Es gibt Antworten auf viele Fragen, vermittelt Lebenshilfen und führt zum Lebenssinn. Es begleitet den Leser auf seinem eigenen Weg und motiviert ihn, das Geheimnis der Quelle selbst zu er-
gründen.

Der Yogaweg des Patanjali

Gérard Blitz
96 Seiten, gebunden
2 Zeichnungen
ISBN 3-9801787-3-0

24,80 DM

Gérard Blitz, der große europäische Yogalehrer, weit über die
Grenzen Frankreichs bekannt, Begründer der Europäischen
Yoga-Union, hat aus seinem großen Erfahrungsschatz heraus in
verdichteter Form und leicht verständlicher Sprache auf der
Grundlage der Sutraś (Lehrsätze) von Patanjali den Yogaweg dargestellt.
Der Verfasser beschreibt sehr genau und tiefgründig die Grundregeln eines richtig durchgeführten Hatha-Yoga sowie die wichtigsten
körperlichen, seelischen und feinstofflichen Wirkungen der Asanas
und Pranayamas. Er macht dem Leser bewußt, was die Yoga-
haltungen wirklich bedeuten können, und zeigt auf, wie die Zerstreuung durch Prana in Sammlung und
Konzentration umgewandelt werden kann.
Hatha-Yoga, so wie ihn Gérard Blitz lehrt, führt auf ganz natürliche Weise zu den geistigen Grundhaltungen, die Patanjali an den Beginn seines Weges stellt, zur Meditation und zur Wandlung des Bewußtseins.

Der Weg des Yoga

Handbuch für Übende und Lehrende
Herausgegeben vom Berufsverband Deutscher Yogalehrer
380 Seiten, gebunden, 238 Zeichnungen
ISBN 3-928632-02-7

54,— DM

30 Verfasser, jeweils auf ihrem Fachgebiet kompetent und
erfahren, haben in diesem großen Yogabuch, vom Berufs-
verband Deutscher Yogalehrer herausgegeben, den ganzen
Reichtum der Yogawelt in komprimierter Form dargestellt.
Mehrere Kapitel über die wichtigsten Quellentexte des Yoga,
über die Yogameditation sowie über die verschiedenen
Schulen und Meister des Yoga führen in die große Tradi-
tion des Yoga ein.
Hatha-Yoga wird umfassend in all seinen Ausformungen
und Übungswegen beschrieben und von seinem spirituellen
Ziel her betrachtet.
Yoga im Westen setzt die wissenschaftlichen Forschungen und Erkenntnisse unserer Zeit und der west-
lichen Kulturtradition in Bezug zum Yoga.
Der Bau und die Funktion des menschlichen Körpers wird genauso grundlegend behandelt wie die
Gestaltung des Yogaunterrichts.
Das Buch bietet eine Fülle von wichtigen Informationen, Anregungen und vertiefenden Impulsen
sowohl für den Yogaübenden als auch für den Yogalehrer.

YOGA —
Tradition und Erfahrung

T.K.V. Desikachar
240 Seiten, gebunden, 215 Zeichnungen
ISBN 3-928632-00-0

36,— DM

T.K.V. Desikachar ist Sohn und engster Schüler von
T. Krishnamacharya, einem der bedeutendsten Yoga-
meister unseres Jahrhunderts.

Folgende Kriterien zeichnen dieses Buch aus:
— Anpassung des Yoga an den einzelnen Menschen,
  an seine Bedürfnisse und seine Erfordernisse.
— Erläuterung der psychologischen und philosophischen
  Konzepte des Yoga-Sutra des Patañjali und deren Ver-
  bindung mit der alltäglichen Yogapraxis.
— Darstellung der Bedeutung des Atems und des Wertes von Asana, Pranayama und Bandha für die
  Hinführung zu Dharana und Dhyana.
— Verwirklichung des Prinzips von Vinyasa Krama: Das schrittweise Hinführen zu den unterschied-
  lichen Techniken des Yoga.
— Reichhaltig illustrierte Übungsabfolgen und die Beschreibung vieler Variationen der klassischen
  Asanas.
— Viele Beispiele, die die Prinzipien des Yoga, die hinter der Yogapraxis von Asana, Pranayame und
  Bhanda stehen, erklären und somit ein besseres Verständnis des Yoga vermitteln.

Grundlagen des Yoga der Energie

Roger Clerc
160 Seiten, gebunden
126 Zeichnungen
und 1 Übungsplakat
ISBN 3-9801787-7-3

34,— DM

RogerClerc
Grundlagen
des Yoga der Energie
Eine Lebenskunst

Roger Clerc, der berühmte Begründer des Yoga der Energie, hat die Summe seiner jahrzehntelangen Yogaerfahrung als Übender und als intuitiv begnadeter Yogalehrer in diesem Meisterwerk niedergeschrieben.

Es geht dem Verfasser in seinem Buch vor allem darum, einen elementaren Yogaunterricht zu beschreiben, der dem von Streß und Überforderung geplagten Menschen unserer Zeit hilft, gesünder zu werden, Energieblockaden aufzuheben, sich besser entspannen zu können, Zerstreuungen zu überwinden, um tatkräftiger zu sein und um mehr Lebensfreude zu erhalten. Ob der Autor die Grundregeln richtigen Übens, die Bedeutung der Atmung und der Entspannung oder einzelne Grundhaltungen des klassischen Yoga beschreibt, immer wird dem Yogaübenden ein tieferes Verstehen des Yogaweges vermittelt.

Höhepunkt des Buches ist die ausführliche Darstellung der 18 vorbereitenden Bewegungen des Yoga der Energie, deren ausgleichende Kraft zu einer harmonischen Vibration führt, Energie freisetzt, der Entwicklung der Sensibilität dient, Gesundheit und persönliche Ausstrahlung bewirkt.

Durchbruch ins Licht

Werner Vogel
48 Seiten, gebunden
12 farbige, ganzseitige Fotos
ISBN 3-9801787-6-5

19,80 DM

Werner Vogel
Durchbruch ins Licht
Gedichte der Zuversicht
und der Hoffnung

Menschen, die von Sorgen, Ängsten, Nöten und Leiden bedrängt sind, werden in diesen Gedichten wieder das Licht der Hoffnung und der Zuversicht erfahren.

Menschen, die nach Selbsterkenntnis und Höherentwicklung streben, werden in diesem Gedichtbändchen einen hilfreichen, lichtvollen Wegbegleiter finden.

Menschen, die die Liebe als alles verwandelnde göttliche Kraft leben möchten und Sehnsucht haben nach dem erlösenden Christuslicht, erhalten in diesen Versen neue Impulse und mutmachende Wegweisung.

Beeindruckend schöne Farbfotos, vom Verfasser selbst fotografiert, verstärken die lichtvollen Aussagen der Gedichte. Die Verse eignen sich sehr gut zur Meditation. Wenn die in den Gedichten ausgesprochenen Lebensgesetze und Weisheiten verinnerlicht werden, dann verwandeln sie das Leben zum Lichte hin.